KREIS WESEL

Jahrbuch
2005

KREIS WESEL

Jahrbuch 2005

MERCATOR-VERLAG

Umschlag: Friedrich Geselschap: Beethovens Geburt, 1895.
Vignette: Burg Schermbeck (U. Rohde)
Kalendarium: Szuka

Bildnachweis (Abbildungen soweit nicht vom Verfasser / von der Verfasserin)

Foto Armin Fischer	S. 69, 92, 111, 122, 127, 129, 145, 147, 149, 153, 159, 176, 208, 215, 229, 240, 242, 245
Kreisarchiv Wesel	S. 30, 32, 35, 84, 203
Foto Hafe, Moers	S. 127–129
Foto Henseler, Rheinberg	S. 175–179
Stadtarchiv Rheinberg	S. 180–181
Foto T. Königs, RAB, AS Xanten	S. 184
Wild- und Hund-Verlag	S. 149

Die Deutsche Bibliothek verzeichnet diese Publikation in der Deutschen Nationalbibliografie; detaillierte bibliografische Daten sind im Internet über http://dnb.ddb.de abrufbar.

26. Jahrgang

Herausgeber: Der Landrat des Kreises Wesel
Redaktion: Meinhard Pohl
Schriftleitung: Kreisarchiv Wesel, Kreishaus
Layout: Dagmar Berlin
Für den Inhalt der Beiträge zeichnen die Autoren und Autorinnen verantwortlich
Alle Rechte vorbehalten. Nachdruck verboten

© Copyright 2004 by GERT WOHLFARTH GmbH
Verlag Fachtechnik + Mercator-Verlag, Duisburg

ISSN 0939-2041
ISBN 3-87463-373-X

Kalendarium 2005

	Januar	Februar	März	April
Montag	3 10 17 24 31	7 14 21 28	7 14 21 28	4 11 18 25
Dienstag	4 11 18 25	1 8 15 22	1 8 15 22 29	5 12 19 26
Mittwoch	5 12 19 26	2 9 16 23	2 9 16 23 30	6 13 20 27
Donnerstag	6 13 20 27	3 10 17 24	3 10 17 24 31	7 14 21 28
Freitag	7 14 21 28	4 11 18 25	4 11 18 25	1 8 15 22 29
Samstag	1 8 15 22 29	5 12 19 26	5 12 19 26	2 9 16 23 30
Sonntag	2 9 16 23 30	6 13 20 27	6 13 20 27	3 10 17 24

	Mai	Juni	Juli	August
Montag	2 9 16 23 30	6 13 20 27	4 11 18 25	1 8 15 22 29
Dienstag	3 10 17 24 31	7 14 21 28	5 12 19 26	2 9 16 23 30
Mittwoch	4 11 18 25	1 8 15 22 29	6 13 20 27	3 10 17 24 31
Donnerstag	5 12 19 26	2 9 16 23 30	7 14 21 28	4 11 18 25
Freitag	6 13 20 27	3 10 17 24	1 8 15 22 29	5 12 19 26
Samstag	7 14 21 28	4 11 18 25	2 9 16 23 30	6 13 20 27
Sonntag	1 8 15 22 29	5 12 19 26	3 10 17 24 31	7 14 21 28

	September	Oktober	November	Dezember
Montag	5 12 19 26	3 10 17 24 31	7 14 21 28	5 12 19 26
Dienstag	6 13 20 27	4 11 18 25	1 8 15 22 29	6 13 20 27
Mittwoch	7 14 21 28	5 12 19 26	2 9 16 23 30	7 14 21 28
Donnerstag	1 8 15 22 29	6 13 20 27	3 10 17 24	1 8 15 22 29
Freitag	2 9 16 23 30	7 14 21 28	4 11 18 25	2 9 16 23 30
Samstag	3 10 17 24	1 8 15 22 29	5 12 19 26	3 10 17 24 31
Sonntag	4 11 18 25	2 9 16 23 30	6 13 20 27	4 11 18 25

Zum Geleit

Liebe Leserin, lieber Leser,

unser diesjähriges Titelbild, die Geburt Beethovens, auf dem neben dem Kind die gute und die böse Fee dargestellt sind, die dem Neugeborenen ihre Gaben überreichen, soll uns in allegorischer Form auf eine der kostbarsten Gaben unseres Lebens hinweisen - unsere Kinder. Ihre Lebenskraft und ihre Fähigkeiten in allen Lebenssituationen werden auch unsere Zukunft prägen. Nun wissen wir ja alle, dass Kinder nicht stets und immer ein „Quell der Freude" sein können, so sehr wir sie auch lieben. Um Eltern und Kindern sowie ihren Lehrern in schwierigen Lebenssituationen beistehen zu können, hat der Kreistag – einstimmig – die Verwaltung beauftragt, eine regionale Schulberatungsstelle ins Leben zu rufen, die mit pädagogisch-psychologischen Einzelfallhilfen den Betroffenen mit Rat und Tat zur Seite stehen kann. Diese Einrichtung stellt sich Ihnen in diesem Jahrbuch vor und darauf beziehen sich die vielen Bilder von Kindern und Jugendlichen in diesem Band.

Aber natürlich finden Sie auch in diesem Jahr wieder die gewohnte vielseitige Mischung von Aufsätzen über die Natur, Geschichte, Kultur und Umwelt im Kreis Wesel und an unserem schönen Niederrhein, wie in den vergangenen Jahren. Deren Zustandekommen ist den Mühen der vielen Autoren zu verdanken, die auch dieses Mal für Sie fleißig geforscht und geschrieben haben. Ihnen sei an dieser Stelle ein herzliches Dankeschön ausgesprochen, denn ihre vielseitigen und immer neuen Themen spiegeln die Liebe und Verbundenheit, die sie ihrer Heimat im Kreis Wesel entgegenbringen.

Ihnen allen, die Sie dieses Jahrbuch erworben haben, wünsche ich viel Freude beim Lesen der interessanten Beiträge.

Ihr

Dr. Ansgar Müller
Landrat

Zu unserem Titelbild

MARGARET A. ROSE

Theodor Mintrops „Album für Minna"

und die in Wesel erzogenen Künstler Eduard und Friedrich Geselschap[1]

Der Düsseldorfer Maler Theodor Mintrop (7. April 1814 – 30. Juni 1870) wurde 1844 von dem in Wesel erzogenen Maler Eduard Geselschap „entdeckt".

Eduard (Ludwig Christian) Geselschap (22. März 1814–5. Januar 1878) studierte von 1833/4 bis 1844/5 an der Kunstakademie zu Düsseldorf und war der älteste Bruder von (Gerhard Ludwig) Friedrich Geselschap (5. Mai 1835 – 31. Mai 1898), der ab 1854 bis 1864 an der Düsseldorfer Kunstakademie studierte und später durch seine Fresken in der Ruhmeshalle des alten Zeughauses in Berlin berühmt wurde. Beide Brüder gingen auf das Gymnasium zu Wesel. Eduard soll im Weseler Gymnasium von dem Zeichenlehrer Johann Friedrich Welsch (1796–1871) 1823/4 unterrichtet worden sein[2]. Ein Abgangszeugnis existiert für Friedrich Geselschap vom 21. April 1851, als er nach zweieinhalb Jahren wegen des Todes seines Vaters Wesel „jetzt elternlos" verlassen hat[3]. Der Vater, der Weinhändler Johann Friedrich Geselschap, hatte mit seiner Frau Anna Gertrude, geb. Klopmann, und ihren vielen Kindern in der „Breite Brückstraße" gewohnt[4]. Eine Postkarte des Geburtshauses von Friedrich Geselschap ist im Archiv des

Eduard Geselschap und Theodor Mintrop um 1857

T. Mintrop 1855 „Vivat Minna!" in Theodor Mintrops „Album für Minna"

Zu unserem Titelbild | **Theodor Mintrops neu entdecktes „Album für Minna"**

Friedrich Geselschap um 1875; aus dem Porträt von Rudolf Eichstaedt 1898; vgl. „Die Kunst für Alle", XIV, 10, 15. Februar 1899, S. 145[10].

T. Mintrop 1856 „Abendlied. Es war ein König in Thule". Friedrich („Fritz") Geselschap ist rechts auf den beiden Bildern zu sehen.

Kunstvereins „Malkasten" in Düsseldorf aufbewahrt[5]. Sowohl Eduard als auch Friedrich Geselschap wurden wie Geschwister im Willibrordi-Dom zu Wesel getauft. Ab 1851 wohnte der junge Friedrich Geselschap bei Verwandten in Schlesien, und besuchte Gymnasien in Neiße und in Breslau, wo er im letzteren bei dem Bildnis- und Landschaftsmaler Ernst Resch Zeichenunterricht genommen hat. Danach hat Friedrich Geselschap ein Jahr in Dresden verbracht, wo er „sich [...], durch Schnorr von Carolsfeld angeregt, in Compositionen zu Dante versucht hat"[6], bevor er 1854 nach Düsseldorf „übersiedelte". Dort fing er seine Studien an der königlichen Kunstakademie zu Düsseldorf in der 2. Klasse bei C. F. Sohn und H. Mücke an. Friedrich Geselschap wird heute noch als ein bedeutender Maler der Gründerzeit gefeiert. Viele seiner Fresken – wie diejenigen für die Ruhmeshalle in Berlin – existieren leider nicht mehr, obwohl Skizzen und Kartons erhalten geblieben sind[7]. Eine im Jahre 1906 erschienene Monographie über Friedrich Geselschap von Max Jordan mit dem Titel „Geselschap" erwähnt nur kurz den Bruder Eduard Geselschap sowie den Freund Theodor Mintrop, ohne deren Werke zu illustrieren[8]. Ein im Stadtarchiv Wesel zum Teil erhaltener Artikel von H. Vollmar über Friedrich Geselschap aus der Zeitschrift „Moderne Kunst"[9] gibt zu verstehen, dass Friedrich Geselschaps Jahre in Düsseldorf nicht die glücklichsten waren. Doch lernte er hier Theodor Mintrop, den Freund seines Bruders, kennen und schätzen. „Selten hat zwischen Künstlern so verschiedenen Alters eine solche Innigkeit des geistigen Verkehrs bestanden"[11].

Das im NW Staatsarchiv Detmold neu entdeckte Album von Zeichnungen, das Theodor Mintrop 1855–1857 für Eduard Geselschaps Schwägerin Minna Bozi (geb. Rose) angefertigt hat, zeigt uns im übrigen Mintrops Porträts des jungen in Düsseldorf studierenden Malers Friedrich („Fritz") Geselschap, die ihn als Teilnehmer an der Feier im Bozi-Haus in der

Theodor Mintrops neu entdecktes „Album für Minna"

Zu unserem Titelbild

Grünstraße Düsseldorf (wenn auch manchmal als einen am Rande stehenden oder sich zurückhaltenden Gast) darstellen. Theodor Mintrop und Eduard Geselschap haben oft dieselben Stoffe bearbeitet, und Mintrop soll den jungen Fritz Geselschap nach dessen Ankunft in Düsseldorf beeinflusst haben (vgl. Jordan S. 40). Eduard Geselschap wurde für historische Gemälde wie „Die Auffindung der Leiche Gustav Adolfs" (1848, öl auf Leinwand, 115 x 165 cm; „museum kunst palast" Düsseldorf) sowie für Illustrationen von literarischen Stoffen und für Genrebilder bekannt[12]. Sowohl Theodor Mintrop als auch Eduard Geselschap sind in dem „Modernen Vasari" des damaligen Direktors der Düsseldorfer Kunstakademie, Wilhelm von Schadow (1788–1862), geschildert und gelobt worden[13]. Obwohl Schadow seine Musen der Poesie auf nazarenische Weise nach Raphael auf Wolken gezeichnet hat (vgl. z. B. seine Porträts von Elise Fränkel als die Poesie von 1825–1826), hat Mintrop seine Musen eher unter den Menschen dargestellt[14].

Friedrich Geselschap hat musizierende Engel sowie musizierende Musen oder „Genien" auf Wolken dargestellt, aber bei seiner Darstellung der Geburt Beethovens von 1895 weilt seine Muse wie Theodor Mintrops Musen für Anna und Theodor Piderit unter den Menschen und nicht auf Wolken[15].

Max Jordan schreibt zu Friedrich Geselschaps Bild „Beethovens Geburt": „Großen Anteil an der Harmonie seiner Seele hatte, wie wir schon angedeutet haben, die Musik[16]. Beethoven war ihm ein Arzt geworden. Und als das Geburtshaus des Heros in Bonn wieder zu Ehren gebracht und zu einem Museum der Erinnerungen an den Unvergleichlichen gemacht wurde, beteiligte sich Geselschap zur besonderen Freude Joseph Joachims an den Werken der Pietät, indem er ein Bild ‚Beethovens Geburt' dorthin stiftete. Bei der Komposition dieses schlichten, tief zu Herzen gehenden Bildes scheint ihm ein Werk seines Freundes Dores vorgeschwebt zu haben. Wir blicken in das enge Mansardenstübchen mit dem schrägen Dachfenster. Im Winkel steht das Bett, die Mutter hat es verlassen, um den Knaben in seine niedrige Wiege zu legen. Auf dem Stuhl hinter ihr lehnt der Vater und blickt voll Kümmernis auf den Knaben herab. Der aber breitet mit frohem Anblick die Händchen aus und lächelt den Blumen zu, die eine hohe Frauengestalt, die Musik, ihm reicht. Neben ihr aber tritt eine zweite, alt und hässlich, herzu – die Sorge. Sie bringt den Dornenkranz als Angebinde. Chorknaben stehen zur Seite und begrüßen in dem Neugebornen den künftigen Heros."[17]

Jordan sagt uns nicht, welches Bild von Geselschaps Freund „Dores" (Theodor Mintrop) hier als Vorbild gelten soll. Außer den Bildern Mintrops, welche die Musen des

links: T. Mintrop 1856 „Die Bescherung wird vorbereitet". Fr. Geselschap ist wieder rechts auf dem Bild zu sehen; sein Bruder Eduard steht auf der Leiter.

rechts: T. Mintrop 1856 „Die Bescherung". Fr. Geselschap ist in der Mitte zu sehen, während sein Bruder Eduard links mit seiner Verlobten, Lotte Rose, zu finden ist. (Eduard Geselschap heiratete Charlotte Rose, geb. Bielefeld 1833, in Bielefeld am 24. Juli 1856. Zeichnungen der Hochzeit sind in Mintrops Album für Minna zu finden.)

Zu unserem Titelbild

Theodor Mintrops neu entdecktes „Album für Minna"

Oben: T. Mintrop „Der Kronleuchter". Eduard Geselschap (Mitte) deutet auf den Kronleuchter (ein Geschenk für Minna) hin. Friedrich Geselschap ist als Zuschauer der Szene links zu sehen.

Mitte: Blatt 38 aus Theodor Mintrops „Mammelitzken und die Heinzelmänner"

Unten: Eine Zeichnung „in Lichtdruck" aus Theodor Mintrops postum erschienenen Zeichnungen von 1866, die 1875 in Betty Lucas' „König Heinzelmanns" Liebe gedruckt wurden. Auf beiden Zeichnungen fährt die Muse des Gesanges mit Dr. Theodor Piderit (Anna Roses künftigem Mann) zum Bielefelder Sängerfest im Juli 1860. (Vgl. Rose 2003, S. 38)

rechts: Wilhelm von Schadow „Die Poesie" (1825/6)

Gesanges und der Poesie illustrieren, gab es eine Zeichnung Mintrops zur Geburt Mozarts zur Zeit des hundertjährigen Geburtstages Mozarts im Januar 1856 sowie eine Zeichnung, die ein Kindchen mit Musen zeigt, die vielleicht ebenfalls zur Ehre Mozarts geschaffen worden ist (vgl. Ute Ricke-Immel, „Die Handzeichnungen des neunzehnten Jahrhunderts", 1980, S. 227: „Genien und Amor beschützen ein neugeborenes Kind [= die Poesie?]", 1856; Kat. Nr. 646-Bl. 34). Dr. Ricke-Immel schreibt zu dem letzten Bild, das dem ursprünglich 1855 geschaffenen Album für Minnas Schwester Anna hinzugefügt wurde, bevor die Zeichnungen zur Geschichte von Annas Verlobung mit Dr. Piderit beim Bielefelder Sängerfest vom Juli 1860 hinzukamen: „Das Thema hat der Künstler 1868 nochmals in der Zeichnung „Drei Grazien, einen geborenen Genius beschützend" bearbeitet, die im Verlag von H. Reinhardt in Dresden als Lichtdruck erschienen ist."[18]

Gabriele Zangs bemerkt ferner zu Geselschaps „Geburt Beethovens": „mit Ausnahme der Muse der Musik könnte es sich bei Geselschaps Szene um eine Profanisierung eines religiösen Motivs (Geburt Christi - Parallele zum ‚göttlichen' Beethoven) gehandelt haben. So erinnert die Haltung des Vaters an Joseph in einer Bleistiftzeichnung Mintrops im Museum Folkwang Essen, ‚Hl. Familie' Kat. Nr. C 307; die vier Chorknaben an vier Engel in Mintrops ‚Hl. Nacht', 1862 im Stadtmuseum Düsseldorf, C 4120; Haltung Josephs in ‚Anbetung des Kindes', 1856 im Kunstmuseum

Theodor Mintrops neu entdecktes „Album für Minna"

Zu unserem Titelbild

Düsseldorf, Kat. Nr. 551 ([Ricke-Immel] Abb. 742). Ferner wird bei Klapheck [vgl. Klapheck, „Theodor Mintrop. Das Wunderkind der Romantik", Dortmund 1923] in der ehemaligen Sammlung Stroetgen IIA, 82 eine Szene erwähnt, die auch in Zusammenhang gebracht werden könnte: ‚Maria hat das schlafende Christkind aus der Wiege genommen', datiert 1854". Außerdem erinnert Fr. Geselschaps „Geburt Beethovens" an die Komposition seiner Studien zur neutestamentarischen Geschichte der Anbetung der Hirten, in welchen das Christkind von seiner knienden Mutter aus seiner Wiege gehoben wird.

Theodor Mintrops Bilder für Minna Bozi schließen zudem das Bild eines „lebenden Bildes" des Herbstes für Minnas Geburtstag im Oktober 1855 ein, das für Friedrich Geselschaps Bild des Herbstes für Schloss Klee bei Aachen (abgebildet Jordan, S. 8) relevant sein kann. (Mintrops erste Abbildung von Fritz Geselschap im Album für Minna gehört zur selben Reihe wie Mintrops Zeichnung des lebenden Bildes.) Außerdem stellt das lebende Bild vielleicht eine Allegorie des Herbstes dar, die von Mintrop selbst gezeichnet worden ist[19].

Richard Klapheck schreibt über Fritz Geselschap: „Friedrich Geselschap, Eduards jüngerer Bruder, Historienmaler, wurde geboren zu Wesel am 5. Mai 1835, siedelte 1855 [sic.] von der Akademie zu Dresden nach Düsseldorf über, wo er die herzlich-

Fr. Geselschap, Musen bzw. Genien (vgl. „Die Kunst für Alle", XIV, 1898/1899, S. 148 und Max Jordan, „Geselschap" 1906, S. 25 sowie Arndt 1985 S. 73, Abb. 39; Fr. Geselschap „Triumphzug", 1883, Herrscherhalle)

Friedrich Geselschap „Beethovens Geburt" (bezeichnet unten rechts und datiert 1895), Aquarell „im Privatbesitz"; „Moderne Kunst in Meister-Holzschnitten nach Gemälden und Skulpturen berühmter Meister der Gegenwart", XIII. Band (1898/1899), kolorierter Holzschnitt XIII.10.11. (Vgl. Stadtarchiv Wesel „Aus Studienmappe deutscher Meister. F. Geselschap")

11

Zu unserem Titelbild

Theodor Mintrops neu entdecktes „Album für Minna"

rechts: T. Mintrop 1856 „Mozarts Geburt zu Ehren" (T. Mintrops „Album für Minna")

links: T. Mintrop 1856 „Genien und Amor beschützen ein neugeborenes Kind" (Vgl. Ute Ricke-Immel, „Die Handzeichnungen des neunzehnten Jahrhunderts", Düsseldorf 1978 und 1980)

ste und anregende Freundschaft Mintrops genoß, die nicht ohne Einfluss auf sein frühes Schaffen blieb. Anfänglich nazarenerhaft arbeitend, entwickelte er sich immer mehr auf eine monumentale Linie hinaus. Von 1866–1871 in Rom, dann in Berlin. Vergl. ausführlich über das große Schaffen des begabten Künstlers: Walter Gensel i. d. Allg. Deutschen Biographie, Band 49, S. 317 ff. (1904), Max Jordan i. d. Künstlermonographien, Band 86 (1906), W. Kurth i. Allg. Lexikon d. bild. Künstler Band 13, S. 493 (1920). Geistig umnachtet erhing er sich an einem Baum bei Acqua Acetosa bei Rom am 31. Mai 1898." (Fr. Geselschap soll vorher einen Unfall gehabt und ein Bein verletzt haben, so daß er seine Fresken selbst nicht malen konnte. Wie Theodor Mintrop soll der Junggeselle Friedrich Geselschap „für die Kunst gelebt" haben.) Ein Porträtrelief mit Fries auf Fr. Geselschaps Grabmal auf dem protestantischen Friedhof zu Rom wurde von dem Bildhauer Rudolf Siemering (1835–1905) auf Anlass der Berliner Akademie der Künste (vgl. H. Vollmar, „Friedrich Geselschap" in „Moderne Kunst", XIII, S. 150) geschaffen. Die Inschrift heißt: „Friedrich Geselschap. Ueber den Tod hinaus als Herold des Schoenen. Ewig zu leben ist Deiner Tage goldene Frucht. R. Siemering seinem Freunde."[20]

Fr. Geselschap, „Anbetung der Hirten" (Karton zum Wandgemälde für die Friedenskirche zu Potsdam 1897); vgl. „Die Kunst für Alle", XIV, 1898/1899, S. 156-157 sowie H. Vollmars Artikel zu Fr. Geselschap in der Zeitschrift „Moderne Kunst" XIII, 1898/1899, S. 151 und vgl. auch die beiden Abb. bei Jordan, S. 65. (Hier wird im übrigen Musik – wie auf Geselschaps Beethoven-Bild – dargestellt.)

Theodor Mintrops neu entdecktes „Album für Minna"

Zu unserem Titelbild

Friedrich Geselschap hat zudem mit Theodor Mintrop Illustrationen zu Balladen für Dr. Gustav Wendts „Balladenkranz aus deutschen Dichtern gesammelt" (Berlin 1866) angefertigt: vgl. Fr. Geselschaps Illustrationen zu Bürgers „Lenore" bei Wendt S. 23 und zu A. von Platens „Der Pilgrim von St. Just" bei Wendt S. 154. Theodor Mintrops Bilder schließen seine Illustrationen zu Goethes „Erlkönig" und „Fischer" Balladen sowie zu Kopischs humoristischem „Heinzelmännchen" Gedicht ein[21]. Friedrich Geselschaps Bild des Christkindes für Ludwig Bunds „Weihnachtsklänge", Berlin 1866, evoziert Mintrops viele Christkind-Bilder[22] sowie Bilder von Eduard Geselschap[23].

T. Mintrop 1855 „Anna als lebendes Bild"

Beide Künstler sollen zudem „das Schöne" – wie es in den Werken Raphaels zu finden war – als Vorbild gehabt haben[24]. Der Protestant Friedrich Geselschap hat im Übrigen – wie der Katholik Theodor Mintrop – Werke zu religiösen Themen wie die „Anbetung der Hirten" geschaffen[25]. Friedrich Geselschaps Bild der Bergpredigt für ein (im Zweiten Weltkrieg zerstörtes) Glasfenster des Willibrordi-Doms in Wesel[26] erinnert weiterhin an die vielen Bergpredigt-Bilder, die Theodor Mintrop geschaffen hat[27].

Friedrich Geselschaps Fries „Die Nacht" für die Heckmannsche Villa (Berlin, Schlesische Str. 25) erinnert außerdem an Mintrops Nachahmungen der allegorischen Darstellungen der „Nacht" von dem Bildhauer Bertel Thorwaldsen[28].

Mintrops ideelle und von Fritz Geselschap oft nachgeahmte Kunst wurde schon von Wilhelm von Schadow in seiner Künstlernovelle „Der moderne Vasari" 1854 gelobt. Dort wird im Übrigen Eduard Geselschaps Liebe für lebende Bilder und Genrebilder mit Humor beschrieben, und das gesellige Leben der Künstler im Malkastenverein dargestellt, von dem Friedrich Geselschap Mitglied nach seiner Ankunft in Düsseldorf wurde (vgl. auch H. Brenners Gruppenkarikatur von Fr. Geselschap und anderen Malkästlern: „Haus Giesen im Sommer 1856", im Malkasten Archiv Düsseldorf; KVM Skizzenbuch S. 59, 8 Blatt-Nr.11 [6])[29]. Andere Bilder des Malers Friedrich Geselschap erinnern weiterhin an Bilder im neu

Fr. Geselschap „Der Herbst", Schloss Klee bei Aachen. Geselschaps „Herbst" hält eine Schale voll Obst sowie den Zweig eines Apfelbaums; vgl. auch das folgende Bild in Mintrops „Album für Minna" (Rose 2003, S. 90), Bild 4, in welchem Äpfel und Weinlaub auf dem Boden des Zimmers zu sehen sind.

13

Zu unserem Titelbild | Theodor Mintrops neu entdecktes „Album für Minna"

Friedrich Geselschap („FG") und T. Mintrop; Abbildungen für Ludwig Bunds „Weihnachtsklänge", Berlin 1866. (Gabriel Zangs bemerkt, dass Friedrich Geselschaps und Theodor Mintrops Weihnachtsbilder auch an Werke von Ludwig Richter erinnern.)

Diese unvollendete Skizze Friedrich Geselschaps zum Wandgemälde „Die Bergpredigt" für die Friedenskirche zu Potsdam erinnert auch sehr an die Skizze der Bergpredigt von Theodor Mintrop.

entdeckten Album Mintrops für Minna Bozi, wie, z. B., Mintrops witziges Bild einer „Musikalischen Walpurgisnacht", in dem die Pianistin Minna auf ihrem jetzt im aerodynamischen Sinn dargestellten Flügel mit Hexen auf Schweinen und Böcken über die Dächer von Düsseldorf hinweg fliegt:

Minnas „Musikalische Walpurgisnacht" spielt auch auf andere gut bekannte Werke der Zeit ironisch an; wie z. B., das Relief auf dem Sockel von Hähnels Beethoven Statue in Bonn, das die Sonate als „fantasia" als eine auf einer Sphinx reitende Frau darstellt, die Zeichnung „Mephistopheles über Paris" von Eugene Delacroix (1828) und Christian Daniel Rauchs Siegesgöttin auf dem Relief seines Blücher-Denkmals in Berlin (1820), die über den von Blücher befreiten Städten schwebt.

Zu unserem Titelbild

Friedrich Geselschap „Die Nacht", Villa Heckmann

Ölskizze der Bergpredigt von Theodor Mintrop aus den 1860er Jahren

Friedrich Geselschaps in der Zeitschrift „Moderne Kunst" abgebildete „Walpurgisnacht" („Moderne Kunst", XIII, S. 151) für die Villa Heckmann (vgl. Jordan, S. 9) zeigt ebenfalls wie Mintrops „Musikalische Walpurgisnacht" einen Schornstein, aus welchem Hexen geflogen sind. Jordan schreibt zu Geselschaps Werk: „ein humoristischer Kaminschmuck ‚Die Vertreibung der bösen Geister', die durch den Schornstein entfliehen, in all ihrer Bescheidenheit anmutvolle künstlerische Gebilde, von denen der Besteller jüngst mir sagte: ‚Ich mag manchen Fehler gemacht in meiner Laufbahn; dass ich aber dem Geselschap die Hand geboten, rechne ich mir lebenslang zur Ehre an'." Humoristische Anspielungen und Versteckspiele sind oft in Mintrops Zeichnungen zu finden und manchmal auch in den Werken von Eduard Geselschap zu sehen (vgl. Eduard Geselschaps Weihnachtsbilder von 1855 und 1858 mit Mintrops Bild für Minna Nr. 15; Rose 2003, S. 101). Friedrich Geselschaps Bild eines Fischerknaben mit Meernixen (vgl. Jordan 1906 Abb. 4, S. 7) könnte wohl auch eine freundliche Parodie auf Bilder wie Mintrops „Fischer" sein[30], in dem Geselschaps Fischerknabe die Nixen mit seiner Musik bezaubert, anstatt von ihrer Musik ins Wasser gelockt zu werden. Friedrich Geselschaps Bild „Der Narr und der Weise" scheint eher ein ernstes als

Friedrich Geselschap „Die Bergpredigt"; Bildfenster, Willibrordi-Dom Wesel

Zu unserem Titelbild | Theodor Mintrops neu entdecktes „Album für Minna"

rechts: T. Mintrop 1866 „Die Nacht"

links: Bertel Thorwaldsens „Die Nacht" von Hugo Bürkner

„Musikalische Walpurgisnacht". T. Mintrop 5. April 1856. (Das Bild folgt der Szene, in der Friedrich Geselschap dem Lied „Es war ein König in Thule" aus „Faust" zuhört.)

ein ganz humoristisches Bild zu sein, obwohl wir auch hier Beziehungen zu Mintrops Werken finden können.
Friedrich Geselschaps satirisches Bild eines dicken Kardinals (vgl. Jordan Abb.1 und S. 7) ist übrigens eher eine ernste Satire als ein humoristisches Bild im Stile Mintrops, obwohl Jordan das 1868 in Rom angefertigte Bild als „eine Reminiszenz aus der Düsseldorfer Zeit" beschrieben hat. Mintrop soll Shakespeares Cardinal Wolsey in einem Malkasten-Fest dargestellt haben; vgl. Schroyen 2001, S. 233 und Rose 2003, S. 127. Fr. Geselschaps Bild des Kardinals konnte aber auch mit Werken wie „Die schlesischen Weber" des Düsseldorfer Malers Carl Wilhelm Hübner verglichen werden. Es gibt zudem weitere Beziehungen zwischen den Werken von Friedrich Geselschap und Theodor Mintrop, die außer solchen satirischen und humoristischen Aspekten weiter untersucht werden können.
Friedrich Geselschaps im Städtischen Museum Wesel befindliches Bild „Rügen" (1879) scheint z. B. auf den ersten Blick ein einfaches realistisches Bild zu sein. Auch hier aber hilft das Verständnis der Werke Mintrops und anderer Künstler aus Fritz Geselschaps Düsseldorfer Zeit (sowie derjenigen von anderen zeitgenössischen

Friedrich Geselschap „Die Vertreibung der bösen Geister"; vgl. die Zeitschrift „Moderne Kunst" XIII, S. 151 (im Stadtarchiv Wesel; „Aus Studienmappe deutscher Meister. F. Geselschap")

Theodor Mintrops neu entdecktes „Album für Minna" | Zu unserem Titelbild

Künstlern wie Edmund Kanoldt[31]) Geselschaps Bild zu interpretieren[32]. Hier wird z. B. der Künstler als Rückenfigur wie auf den Landschaftsbildern des großen romantischen Künstlers Caspar David Friedrich gezeigt[33]. Zudem wird er aber auf fast Spitzwegsche Weise mit einem modernen bürgerlichen Regenschirm dargestellt (vgl. auch Ludwig Ottos Bild eines Malers vor der Staffelei, „Ein Morgen am Chiemsee" 1889; abgebildet in der „Kunst für Alle", XIV, S. 302)[34]. Wie auf manchen ironischen Zeichnungen seines Freundes Theodor Mintrop (vgl. Mintrops Bild „Die Bescherung wird vorbereitet", in dem die Rückenfigur auf die geheimnisvolle Vorbereitung eines Geschenks für Minna Bozi blickt) kann eine solche Rückenfigur auch auf metakünstlerische Gedanken, „Versteckspiele" oder Geheimnisse deuten[35].

In Friedrich Geselschaps „Rügen" scheint der Künstler sich selbst als Landschaftsmaler darzustellen. Zudem zeichnet er sich aber zweimal, indem der Schatten von seinem Hut auf seinem im Bild dargestellten Bild (dem „Bild-im-Bild") erscheint; der Künstler malt die Phänomene der Welt, reflektiert darüber sowie über seine Kunst und zeigt uns auch diese Idee. Wie auf Caspar David Friedrichs „mystischem" Bild vom Mönch am Meer (1809/10)[36] wird er sowohl als Einzelgänger am Meer als auch als der im Vordergrund zeichnende Künstler dargestellt. Das hier angedeutete „Geheimnis" oder „Mysterium" des Bildes ist für diesen modernen Künstler die Kunst selbst; wie sie das Schöne oder das für die Menschen Interessante und Wichtige in der Welt interpretieren und darstellen kann. Der gemalte Schatten kann außerdem an die Le-

Friedrich Geselschap „Der Narr und der Weise"

Theodor Mintrops Friese für den Malkasten

Zu unserem Titelbild | Theodor Mintrops neu entdecktes „Album für Minna"

Friedrich Geselschap 1879 „Rügen"

gende der Entdeckung der Malerei durch Dibutades Zeichnung der Silhouette ihres Geliebten Endymion anspielen. (Vgl. auch Julius Hübners ironische Anspielung auf die Legende in Wilhelm von Schadows „Künstlernovelle"; „Der Moderne Vasari", 1854, S. 96.) In Friedrich Geselschaps Bild „Rügen" spiegelt der Schatten (bzw. die von dem Licht hervorgebrachte Silhouette des Malers) den Maler selbst sowie Schadows und Mintrops Glauben wider, dass der Künstler seine Bilder sowohl nach der Natur als auch nach den höheren Idealen der Kunst malen soll[37].

Wie in Geselschaps anderen Werken können wir hier die Spuren jener Düsseldorfer Zeit finden, in welcher der junge Friedrich Geselschap ein Freund und „Schüler" des Malers und Schadow-Schülers Theodor Mintrop wurde.

Ludwig Otto 1889 „Ein Morgen am Chiemsee". (Hier scheint aber der fast durchsichtige Regenschirm keine weich-malerische Landschaft wie diejenige in Friedrich Geselschaps Rügen-Bild zu symbolisieren; vgl. auch Anmerkung 34).

Theodor Mintrops neu entdecktes „Album für Minna"

Zu unserem Titelbild

Theodor Mintrop zeichnet sich mit seinem Album am Ende des Albums für Minna im April 1856.

Julius Hübner; vgl. Wilhelm von Schadows „Novelle", „Der moderne Vasari" 1854, Kapitel 4, S. 96. Ein Amor mit Perücke und Brille stellt einen philisterhaften Kunstkenner dar. Er sitzt vor einer auf einer Staffelei aufgestellten Leinwand, auf dem das Bild einer Figur mit Heiligenschein sowie die Widerspiegelung einer vorbei fliegenden Biene und der zornigen Gesichtszüge des Kunstkenners selbst in einem witzigen „Schattenbild" zu sehen sind. Der Kunstkenner sitzt auf Büchern, aber hinter ihm sind Disteln und eine Kuh mit Heiligenschein zu sehen. (Auf S. 28 seiner „Novelle" kritisiert Schadow diejenigen, „welche die Kunst nicht wie eine Himmelstochter, sondern wie eine melkende Kuh betrachten".) Die ersten Zeilen eines Gedichts Schadows folgen: „O Kennerschaft! O Kennerschaft! / Wer einmal die sich angeschafft, / Der wird gar häufig wirr. Wer er den Schnaase und Rumohr / Gelesen, kommt es ihm so vor, / Als ob er nimmer irr." Hübners Bild wiederholt Schadows Kritik an die philisterhaften Kunstkritiker bzw. Kunstkenner seiner Zeit. Theodor Mintrops und Friedrich Geselschaps Bilder feiern die bildende Kunst, wie sie laut Wilhelm von Schadows Glauben sowohl die Idealen als auch die Umwelt des Malers darstellen soll und kann.

Anmerkungen:
1 Theodor Mintrop. „Das Album für Minna" (1855–1857), hrsg. Margaret A. Rose, Aisthesis Verlag Bielefeld 2003, basiert auf einem Album für Minna Bozi (geb. Rose), das der Familie ihrer Schwester Anna Piderit (geb. Rose) gehört und 1964 im Staatsarchiv Detmold deponiert wurde. Die Genehmigung, die im Stadtarchiv Detmold aufbewahrten Fotos und Zeichnungen zu veröffentlichen, wurde freundlicherweise von dem Staatsarchiv Detmold gegeben; die Bilder wurden von Herrn Matthias Schulte, Stadtarchiv Detmold, fotografiert (vgl. auch Rose 2003).
2 Vgl. „Schätze im verborgenen Wesel." Städtisches Museum Wesel. Auswahl aus den Beständen. 6. März– –24. April 1994, hrsg. Werner Arand, S. 110 f. und auch die Artikel zu Eduard und Friedrich Geselschap von Ekkehard Mai und Guido Krey im „Lexikon der Düsseldorfer Schule: 1819–1918", Bd. 1, München 1997, S. 404–407 und S. 407–408.
3 Vgl. „Mitteilungen der Historischen Vereinigung Wesel", Nr. 99, September 2001.
4 Die Familie hatte die von den Franzosen belagerte Stadt Wesel Anfang 1814 vorübergehend verlassen. Insgesamt gab es elf Kinder. Die Auskunft verdanke ich Herrn Gottaut, Archiv der evangelischen Kirchengemeinde Wesel (vgl. auch Rose 2003, S. 13).

Zu unserem Titelbild

Theodor Mintrops neu entdecktes „Album für Minna"

5 Vgl. „Bildquellen zur Geschichte des Künstlervereins Malkasten in Düsseldorf", bearbeitet von Sabine Schroyen, Düsseldorf 2001, S. 138; D-G 75-7638.
6 Vgl. W. Gensel „Friedrich Geselschap", „Allgemeine deutsche Biographie", 49. Band, Leipzig 1904, S. 317–322.
7 Vgl. Guido Krey „Friedrich Geselschap", a. a. O., S. 407–408: im Kupferstichkabinett Berlin sind 100 Studienblätter zu den Kuppelbildern in der Ruhmeshalle des Berliner Zeughauses (1879–1890) und in Brüssel (Musées Royaux des Beaux-Arts de Belgique) Kartons zu den Kuppelbildern in der Ruhmeshalle des Berliner Zeughauses (1883-1890) aufbewahrt. (Vgl. auch Monika Arndt, „Die ‚Ruhmeshalle' im Berliner Zeughaus: eine Selbstdarstellung Preußens nach der Reichsgründung", Berlin 1985.) Fr. Geselschap hat zudem Werke für Kirchen in Berlin und Potsdam sowie für das Hamburger Rathaus vorbereitet; vgl. Jordan 1906, W. Kurth im „Allgemeinen Lexikon der bildenden Künstler", 13. Band, Leipzig 1920, hrsg. Ulrich Thieme, S. 493-494, und „Die Kunst für Alle", XIV, 10, 15.02.1899, S. 145–158.
8 Vgl. Max Jordan, „Geselschap", Bielefeld & Leipzig 1906, S. 4–5 und S. 40. (Vgl. auch folgendes zu Jordan S. 40.)
9 Vgl. „Moderne Kunst in Meister-Holzschnitten nach Gemälden und Skulpturen berühmter Meister der Gegenwart", XIII. Band (1898/1899), S. 149-159: H. Vollmar „Friedrich Geselschap", S. 150–152.
10 Ich bedanke mich bei Eva Rothkirch, Abteilung historische Drucke, Staatsbibliothek zu Berlin, preußischer Kulturbesitz, für Kopien der Bilder Geselschaps, die in der Zeitschrift „Die Kunst für Alle", XIV, 10, 15.02.1899, S. 145-158 zu finden sind, sowie für die Kopie von H. Vollmars Artikel „Friedrich Geselschap" („Die Kunst für Alle", XIV, S. 146–149).
11 Vgl. Max Jordan, S. 5.
12 Vgl. Ekkehard Mai, a. a. O., S. 404–407.
13 Vgl. Wilhelm von Schadows „Künstlernovelle", „Der moderne Vasari", Berlin 1854.
14 Später beschreibt Wilhelm von Schadow ein von ihm diktiertes Festspiel mit einer auf der Erde weilenden Muse in seinem „Modernen Vasari" von 1854 (S. 39ff.). Schadow plädiert dort – wie in anderen Schriften – für eine Union von Idealismus und Realismus in der Kunst; vgl. auch Barbara Camilla Tucholski, „Friedrich Wilhelm von Schadow 1789–1862, Künstlerische Konzeption und Poetische Malerei", Diss. Phil., Bonn 1984 und Cordula Grewe, „Wilhelm von Schadow 1788–1862", Diss. Phil. Freiburg im Breisgau 1998.
15 Vgl. die Aquarellstudie im Bildarchiv des Beethoven-Hauses Bonn (83 x 127 cm. Auskunft; Dr. Nicole Kämpken). Das Bildarchiv des Beethoven-Hauses Bonn besitzt zudem eine Kohlenzeichnung der Szene (83 x 127 cm); vgl. auch „Die Kunst für Alle", XIV, 10, 15. Februar 1899, S. 152–153.
16 Sowohl Eduard als auch Friedrich Geselschap haben die Musik in Bildern gefeiert. Ihre Nichte Maria Geselschap (*Batavia 1879) war zudem Pianistin und Komponistin; vgl. „Deutsche biographische Enzyklopädie", Bd. 3, hrsg. Walther Killy, München 1996, S. 665.
17 Vgl. Jordan, S. 40 zu Abb. 54, S. 52. H. Vollmar schrieb hierzu in seinem Artikel „Friedrich Geselschap" in der Zeitschrift „Die Kunst für Alle", XIV, S. 148: „Auch das Bild, welches er dem „Beethoven-Haus zu Bonn" widmen wollte, entstand zu glücklicher Stunde; er fühlte, dass sein Geschick dem des großen Tonkünstlers ähnelte, auch ihm legte der Genius neben Lorbeer und Rose den Dornenkranz in die Wiege."
18 Theodor Mintrop hat auch Bilder zur Musik Beethovens geschaffen (vgl. Rose 2003, S. 93 & 118). Wilhelm Müller von Königswinter schreibt im Vorwort zu seiner Schilderung der Düsseldorfer Malerschule („Düsseldorfer Künstler aus den letzten fünfundzwanzig Jahren", Leipzig 1854, S. vii), dass die in Düsseldorf stattgefundene 1851 Feier für Wilhelm von Schadow mit Beethovens C-Moll Symphonie begann. Weitere Bilder zur Musik von Fritz Geselschap sind in Max Jordans „Geselschap" (Bielefeld & Leipzig 1906) illustriert worden (vgl. Jordan 1906, Abb. 56 zu Artur Rubinsteins „Ozean"-Symphonie sowie die musizierenden Engel für die Gedächtniskirche Berlin; Jordan 1906, Abb. 62 und 63, S. 60).
19 Vgl. Richard Klapheck über Mintrops Allegorien der Jahreszeiten in Klapheck, „Theodor Mintrop. Das Wunderkind der Romantik", Dortmund 1923, S. 151 und Rose 2003, S. 152.
20 Richard Klapheck, a. a. O., S. 147. Siemering hatte das Standbild von Kaiser Wilhelm I. für die Ruhmeshalle im Berliner Zeughaus geschaffen. (Vgl. auch Berthold Dauns 1906 Künstlermonogram zu Siemering.)
21 Ich bedanke mich bei Gabriele Zangs für ihren Hinweis auf diese Bilder.
22 Vgl. auch Rose 2003, Bild 14, S. 100.
23 Vgl. z. B. T. Mintrops „Bescherung durch das Christkind" im Stadtmuseum Düsseldorf (Inv. Nr. C4071) und Eduard Geselschaps „Die Christbescherung" (ausgestellt Düsseldorf 1850; gest. von Alph. Martinet); vgl. Friedrich von Boetticher, „Malerwerke des neunzehnten Jahrhunderts. Beitrag zur Kunstgeschichte", 4 Halbbände, Dresden 1891–1901, Neudruck Hofheim / Taunus 1979, Bd. 1/1, S. 403: „Das Christkind ist in eine Hütte getreten, begleitende Engel bringen den Kindern Geschenke".
24 Fr. Geselschap soll 1866 von einem „kunstbegeisterten Mäcen", August Lucius in Erfurt, nach Rom geschickt worden sein „um dort und anderwärts" Kopien nach „Raffaelischen Werken" auszuführen; vgl. Jordan 1906, S. 6.
25 Gensel schreibt („Allgemeine deutsche Biographie", Bd. 49, S. 317), dass Fr. Geselschap während seiner ersten Jahre in Düsseldorf sich zunächst an seinen Bruder Eduard sowie seinen Freund „den religiösen Maler" Mintrop und den „Madonnenmaler" Eduard Deger angeschlossen hat. (Mintrop schuf 1856–1859 sein Madonnenbild mit den heiligen Ludgerus und Benedikt für Werden; vgl. Wilhelm Mintrops „Einiges aus dem Leben des Historienmalers Theodor Mintrop", Heidhausen 1911, hrsg. Gabriele und Ludger Zangs, Essen-Werden/Heidhausen 2000, S. 44).
26 Vgl. Jordan 1906, Abb. 65 und S. 48. Das Glasfenster wurde im Krieg zerstört. Vgl. den Entwurf (Bleistift und Aquarell) aus dem Jahr 1896 im Städtischen Museum Wesel.
27 Vgl. Rose 2003, S. 23 und Klapheck 1923, S. 148. (Ein Verzeichnis der Werke Mintrops wird von Gabriele Zangs vorbereitet.)

Zu unserem Titelbild

Theodor Mintrops neu entdecktes „Album für Minna"

28 Mintrops Lehrer Wilhelm von Schadow kannte Bertel Thorwaldsen; vgl. Schadows Selbstporträt von 1815 und seinen „Modernen Vasari" von 1854.

29 Eduard Geselschap und Theodor Mintrop waren Gründungsmitglieder des Vereins im Jahre 1848.

30 Vgl. T. Mintrop, „Der Fischer", in Gustav Wendts „Balladenkranz aus deutschen Dichtern gesammelt", Berlin 1866, S. 57.

31 35 Briefe Friedrich Geselschaps aus den 1870er Jahren und 15 aus den 1890er Jahren an den Maler Professor Edmund Kanoldt (1845-1904) in Karlsruhe sind im Stadtarchiv Wesel („Aus Studienmappe deutscher Meister. F. Geselschap") aufbewahrt und erwähnen Städte wie Venedig, Firenze, Berlin oder die Insel Rügen, wo Friedrich Geselschap gewohnt und gemalt hat (vgl. Friedrich Geselschaps Bild „Rügen" im Städtischen Museum Wesel).

32 Edmund Kanoldt hat später Theodor Storms „Immensee" illustriert; vgl. Theodor Storm, „Immensee", Leipzig 1887. Dort sind auf S. 19 und 23 Rückenfiguren in Landschaften zu finden, obwohl sie nur im Hintergrund – im Stile C. D. Friedrichs „Der Chasseur im Wald" von 1813/1814 – zu sehen sind. Kanoldts „weich-malerische" Landschaften (vgl. Paul Weber, „Edmund Kanoldt", „Allgemeines Lexikon der bildenden Künstler", Bd. 19, Leipzig 1926, hrsg. Ulrich Thieme, S. 536) können weiterhin mit Fr. Geselschaps „weich-malerischer" Landschaft von Rügen verglichen werden (vgl. „Edmund Kanoldt: Landschaft als Abbild der Sehnsucht": Städtische Galerie im Prinz-Max-Palais Karlsruhe, 10. Dezember 1994 bis 19. Februar 1995, Redaktion Ursula Merkel und Erika Rüdiger-Diruf, Karlsruhe Städtische Galerie 1994 und Angelika Müller-Scherf, „Edmund Kanoldt: Leben und Werk", Pfaffenweiler 1992).

33 Friedrichs Freund und Schüler Carl Gustav Carus hat auch Bilder von Rügen gemalt; vgl. Carl Gustav Carus „Mondnacht bei Rügen" (Dresden Gemäldegalerie).

34 Der Regenschirm versinnbildlicht vielleicht außerdem die von Leonardo da Vinci empfohlene Zerstreuung des Sonnenlichtes durch das Aufstellen eines Zeltes für Bilder (wie Porträts), die auf weich-malerische Effekte zielen.

35 Auf der Karikatur von Friedrich Geselschap im Malkasten-Archiv Düsseldorf (Georg Brenners „Haus Giesen im Sommer" 1856; Künstlerverein Malkasten Archiv und Sammlung Düsseldorf S59, 8 Blatt-Nr.11 [6]) sehen wir auch nur seinen Rücken, wie er mit anderen „Malkästlern" von uns weggeht.

36 Eckart Kleßmann schreibt („Die deutsche Romantik", Köln 1979, S. 123): „Fast immer stehen [Caspar David] Friedrichs Gestalten mit dem Rücken zum Betrachter; der Blick wird so von außen über die betrachtende Figur ins Bild hineingezogen und auf die Natur gelenkt. ‚Nicht die treue Darstellung von Luft, Wasser, Felsen und Bäumen ist die Aufgabe des Bildners', schrieb Friedrich, ‚sondern seine Seele, seine Empfindung soll sich darin widerspiegeln'." (Vgl. auch Joseph Leo Koerner, „Caspar David Friedrich and the subject of landscape", London 1990, S. 162ff.)

37 Ich bedanke mich bei dem Leiter des Stadtarchivs in Wesel, Dr. Martin Roelen, für die Möglichkeit, die hier erwähnten Materialien zu Friedrich Geselschap anschauen zu können, sowie für weitere Informationen, die für diesen Artikel nützlich waren, Jürgen Becks und Ute Heymann gen. Hagedorn, Städtisches Museum Wesel, Eva Rothkirch, Staatsbibliothek Berlin, Nicole Kämpken, Beethoven-Haus-Bildarchiv Bonn sowie Gabriele Zangs und Liesel Meyer. Den Anlass diesen Artikel zu schreiben, verdanke ich Dr. Jutta Prieur-Pohl, der Direktorin des NW Staatsarchivs Detmold, und Dr. Meinhard Pohl, dem Leiter des Kreisarchivs Wesel.

Geschichte

GÜNTER WARTHUYSEN

Rheingold aus Büderich

Goldwäscher am Niederrhein

Sommer 1768. – Schnell hat sich die Kunde verbreitet, dass am Rheinufer bei Büderich einige Goldwäscher mit Erfolg tätig sind. Wie ein Magnet zieht das aufkommende Goldfieber Büdericher Einwohner und auswärtige Schatzsucher in seinen Bann. Die Stadt Büderich und die preußischen Behörden erkennen die Chancen und Probleme. Sie begleiten mit Anweisungen und Hilfe die weitere Entwicklung.

Im Hauptstaatsarchiv Düsseldorf befinden sich zwei Akten, die über interessante Einzelheiten der „Gold-Wäscherey im Rhein bey Büderich" in den Jahren 1768–1773 berichten. Eine dieser Akten stammt aus der Magistratsregistratur der Stadt Büderich[1], die andere ist uns aus der ehemaligen preußischen Verwaltung des Kreises Xanten erhalten geblieben[2].
Die nachfolgenden Ausführungen basieren im Wesentlichen auf diesem Aktenmaterial[3]. Die auf andere Quellen und Informationen zurückgehenden bisherigen Veröffentlichungen zum Thema behandeln zumeist nur in Kurzform und in größeren Zusammenhängen Teilaspekte der Büdericher Goldwäscherei[4].

Alt-Büderich, Teilansicht aus der Rheinlaufkarte v. Johann Bucker von 1713

In Alt-Büderich gab es eine Goldstraße. Das erinnert an bessere Zeiten der vom Schicksal nicht verwöhnten mittelalterlichen Stadt, die auf Befehl Napoleons im Dezember 1813 aus strategischen Gründen dem Erdboden gleichgemacht wurde. Bereits um 1350 prägte man in Büderich die ersten Goldmünzen (Gulden) der Grafschaft Kleve[5]. Ob schon zu dieser Zeit Rheingold aus hiesiger Gegend für die Münzprägung verfügbar war, ist nicht zu belegen, jedoch nicht auszuschließen. Immerhin ist vom Oberrhein bekannt, dass dort zwischen Basel und Mainz im Mittelalter und bereits früher von den Kelten und Römern die Goldwäscherei betrieben worden ist[6]. Münzprägungen aus späterer Zeit verweisen durch ihre Aufschrift „Aus Rheingold" ausdrücklich auf die Tradition der Goldgewinnung an den Ufern des Rheinstromes[7]. Wie noch darzustellen bleibt, zeigte nach 1768 auch der preußische Staat reges Interesse an dem in Büderich gewonnenen Gold für die Königliche Münzstätte in Berlin.

Bereits den ersten Schreiben der Kriegs- und Domänenkammer in Kleve an den Büdericher Magistrat im Oktober 1768 entnehmen wir, dass Einzelheiten der seit einigen Monaten angelaufenen Goldwäscherei preußischen Stellen bestens bekannt waren. Obwohl zu dieser Zeit erst wenige Goldwäscher ihre Tätigkeit aufgenommen hatten, wird das Wohnungsproblem deutlich. Der Magistrat der Stadt Büderich wird aufgefordert, den Leuten Wohnraum zuzuweisen, weil es unverantwortlich sei, dass weiterhin auf freiem Feld übernachtet werden müsse. Fürsorgliches Handeln sei geboten, weil die „allerhöchste Königl. Intention dahin geht, dass dergleichen Leuten überall geholfen und ein Unterkommen geschafft werden solle"[8].

Der Rhein zwischen Wesel und Büderich mit dem Rheindurchstich von 1718/85 (heutiger Rheinverlauf). Ausschnitt aus der ‚Hydrographischen und militärischen Karte vom Niederrhein' v. Wiebeking, 1796

Die Goldwäscherei wurde auf dem ‚Büderich'schen Orth' im Uferbereich des Rheins betrieben. Das Rheinvorland vor den Toren Büderichs hatte zu jener Zeit noch eine wesentlich weitere Ausdehnung nach Osten, umschlossen von einer großen Rheinschleife, die bis etwa zum heutigen Lippelauf reichte und bei Hochwasser und Eisgang die Weseler Festungsanlagen gefährdete. Erst 1784/85 wurde der so genannte ‚Büdericher Kanal' in einer Breite von zunächst lediglich 19 Metern gegraben und damit der heutige Rheinverlauf vorgegeben. Hochwasser und zusätzliche Ausbaumaßnahmen führten im Laufe der Zeit zur Verbreiterung des neuen Strombettes und zur völligen Abbindung und Stilllegung des alten Rheinarmes. Zuvor reichte also die Uferzone des

Rheins, an der die Goldwäscher tätig waren, sehr nah an Weseler Gebiet. An den heute rechtsrheinisch gelegenen Teil des ehemals linksrheinisch zu Büderich gehörenden Geländes erinnert die Flurbezeichnung ‚Büdericher Insel'.

Im November 1768 berichtet der Magistrat zu Büderich auf Anfrage der klevischen Kammer, dass seit den Sommermonaten zwei Familien als Goldwäscher vor den Toren der Stadt tätig sind. Sie verfügen offenbar über die erforderlichen Fachkenntnisse, um „das Gold von der schwarzen Erde zu separieren". Im März 1769 sind es bereits zwölf Personen, die an acht Tischen (Waschbänken) arbeiten. Bis auf den Goldwäscher Peter Wolff mit seinen Kindern sind es Einheimische, die ihr Glück am Rheinufer suchen. Nach dem Bericht sind weitere Einwohner sehr daran interessiert, „in Hoffnung, ein mehreres als beym Fischen und Kribben zu profitieren, die Goldwäscherey zu erlernen"[9]. Darunter befindet sich auch der Torschreiber Graeff, „welcher 2 Taglöhner angenommen", und seine Tätigkeit in städtischen Diensten aufgibt, woraus zu schließen ist, dass er seine Gewinnchancen sehr optimistisch einschätzt.

Goldwäscherei, Holzschnitt v. Georg Agricola, 1557

Wenig später, am 17. Juni 1769, berichtet Kriegsrat Sandrart nach Kleve, dass sich die Goldwäscherei bei Büderich von Tag zu Tag glücklicher entwickelt und nunmehr schon an 50 Tischen gearbeitet wird. Immer mehr Büdericher geben ihre Tagelohnarbeit zu Gunsten der Goldsuche auf. Als bekannt wird, dass sich am Büdericher Rheinufer mit etwas Glück das Doppelte des bisherigen Verdienstes erreichen lässt, bringt die weitere explosionsartige Entwicklung zusätzliche Probleme. Im Juli 1769 wird bereits an über 100 Tischen Gold gewaschen[10], so dass man bei vorsichtiger

Schätzung von mindestens 150 dort tätigen Goldwäschern ausgehen kann. Da viele Auswärtige Unterkunft suchen, ist die kleine Stadt Büderich mit ihren knapp 900 Einwohnern und etwa 170 Gebäuden bei allem guten Willen völlig überfordert.
Auch die preußischen Dienststellen in Xanten, Kleve und Berlin sind sichtlich bemüht, für die wesentlichen Probleme zügig und wirksam Antworten zu finden. Die Fragestellungen lauten: Wie wird sichergestellt, dass das in Büderich gewonnene Gold ausschließlich an Treuhänder verkauft wird und an die Königl. Münze in Berlin gelangt? Besteht die Möglichkeit, durch Konzentrierung der Kompetenzen auf einen privaten Unternehmer eine bessere Handhabung zu erreichen? Wie begegnet man den zunehmend aufkommenden zwischenmenschlichen Konflikten? Wie lässt sich durch den Einsatz technischer Hilfsmittel die Produktion steigern?
Von Anfang an ist das vorrangige Interesse der preußischen Dienststellen erkennbar, das Büdericher Gold vollständig in staatlichen Besitz zu bringen. Lokale Belange und das an sich verständliche Interesse der Goldwäscher, im freien Handel den besten Preis zu erzielen, haben sich unterzuordnen. Mit erstaunlicher Selbstverständlichkeit wird verbindlich geregelt, an wen und zu welchem Preis das mühsam gewonnene Edelmetall verkauft werden darf. Im April 1769 wird der Büdericher Bürgermeister Bach verpflichtet, die Goldwäscher anzuweisen, dass „sie das gewonnene Gold an Jemanden zu Wesel verkaufen, der solches zur Berlinischen Münze abliefern kann"[11]. Weitergehende Weisungen ergehen zunächst nicht. Die preußischen Behörden erwägen über mehrere Monate, die Oberaufsicht über die Goldsuche am Rhein auf geschäftstüchtige private Interessenten zu übertragen. Beworben haben sich zunächst Isaac Meyer aus Kleve und Bendix Levi aus Wesel, die bereit sind, auf vertraglicher Basis den ferneren Betrieb des Goldwaschens zu übernehmen.
Konkretere Einzelheiten entnehmen wir dem Angebot der Konkurrenten Bendix und Levy Isaak aus Wesel vom 26. Juni 1769[12]. Danach müsste die erbetene Konzession ausschließlich ihnen, und zwar „gratis und auf 5 Jahre frey ertheilet werden,[…] und das nicht allein bey Büderich, sondern am ganzen Rhein" auf preußischem Territorium. Als Gegenleistung wird zugesichert, dass „alles Gold zur Königl. Münze tax-mäßig geliefert werde". Ferner würde die Goldsuche durch den Einsatz von Maschinen und anderen Hilfsmitteln optimiert. Das Angebot wird ernsthaft geprüft. Nach Einschaltung des Etat-Ministers von Hagen in Berlin entscheidet im Dezember 1769 die klevische Kammer, dass die Goldwäscherei nicht in private Regie gegeben werden solle, sondern den „Unterthanen der Verdienst jedoch unter der Bedingung gelassen werden soll, dass sie das gewaschene Gold an den Saltz-Factor Rasch zu Wesel zum Verkauf bringen sollen, welcher solches nach Berlin zur Münze abliefern müsse." Im Februar 1770 wird bei Leibesstrafe die Anordnung wiederholt, „alles Gold […] an Niemand anders als für die Berliner Münze an den Rasch zu Wesel abzuliefern". Angesichts dieser Androhung überrascht, dass der Büdericher Magistrat im März 1770 nach Xanten berichtet, dass das Gold „theils an hiesige Juden, theils nach Wesel an dortige Goldschmiede" verkauft werde. Der offiziell auf 173 Reichstaler festgesetzte Preis für das über 21 Karat haltige Gold je Mark fein kann offenbar mit dem im freien Handel erzielbaren Erlös nicht Schritt halten.
Ob die im September 1770 auf 190 Taler festgesetzte Erhöhung und die wiederholten Anordnungen, das Gold ausschließlich an den Beauftragten Rasch in Wesel oder den Kreiseinnehmer Kühlenthal in Xanten abzuliefern, wirklich Erfolg hatten, ist fraglich. Die Gesetze des ‚freien Marktes' waren wohl stärker als die Vaterlandsliebe der Goldwä-

Geschichte | Rheingold aus Büderich

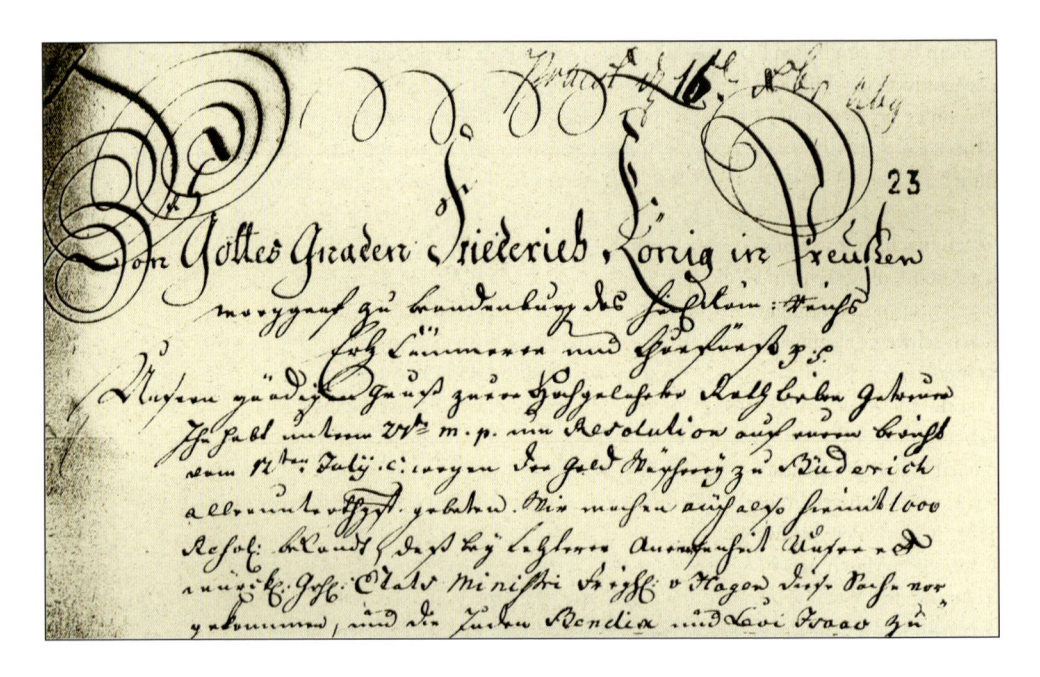

Verfügung der Kriegs- und Domänenkammer Kleve vom 4. Dezember 1769 zur Goldwäscherei in Büderich (Ausschnitt)

scher und deren Furcht vor Bestrafung. Jedenfalls wird mit Verfügung aus Berlin vom 19. April 1771 der Verkauf des Goldes an Goldschmiede im Lande freigestellt, wobei lediglich sicherzustellen sei, dass „solches nicht außer Landes geschleppet werde"[13].

Diese letztlich nachgiebige Entscheidung zur Praxis des Goldhandels ist sicherlich auch darauf zurückzuführen, dass nach der anfänglichen Euphorie die Goldausbeute zurückging. Ferner hatten die Streitigkeiten der Goldwäscher untereinander zugenommen, insbesondere in dem Verhältnis der Einheimischen zu den Auswärtigen. Am Beispiel des Goldwäschers Peter Wolff lässt sich die Vielschichtigkeit der Schwierigkeiten gut nachvollziehen[14]: Obwohl die preußischen Dienststellen in Kleve und Xanten großen Wert auf sein Verbleiben legen, gibt Peter Wolff bereits frühzeitig seine Goldsuche vor Büderich auf. Er sucht sein Glück wenig weiter rheinabwärts beim ‚Werricher Domainen Hof', ‚unterhalb der Rose', ‚auf der Hübsch' und später in Rees. Es beeindruckt, mit welcher Ausdauer die preußischen Behörden seinen Weg verfolgen und mit mancherlei Vergünstigungen versuchen, ihn zur Rückkehr zu bewegen, jedoch vergeblich. Im Februar 1770 gibt Wolff in Xanten zu Protokoll, dass ihm die Kribber den besten Goldgrund in seiner Gegenwart unter der Hand weggenommen hätten. Hinzu käme noch, dass ihm „von denen Bauern jenseits des Rheins hin und wieder sehr übel begegnet wurde, und sie ihm, wo sie nur könnten, allen Tort anthäten. Ja er könnte von ihnen nicht einmahl die nöthigen Lebens-Mittel gegen bare Bezahlung erhalten, sondern sagten beständig, dass sie nichts zu verkaufen hätten, ob sie gleich damit je Woche 2 mal nach Wesel zum Markte gingen". Den Büderich'schen Orth habe er „wegen der üblen Begegnungen der dortigen Bürger" verlassen, die ihn „schlechterdings nicht dulden wollen, sondern gesagt, der Grund gehöre der Bürgerschaft und er könne sich wieder nach seinem Lande begeben, wo er hergekommen".

Die meisten Konflikte betreffen Einheimische und Auswärtige in gleicher Weise. Neben den Kribbern, die für den Schutz der Rheinufer zu sorgen haben, sind es besonders die durch die ‚Schlütherey' in Dinslaken vertretenen Fischer, die den Goldsuchern Schwierigkeiten bereiten. Sie fordern kompromisslos das völlige Verbot der Goldwäscherei im Rhein. Die Stadt Büderich muss nach Xanten berichten, ob es sich dabei um eine berechtigte Forderung oder aber um Schikane handelt. Die Beschwerden reißen nicht ab. Im September 1772 berichtet die klevische Kammer von zunehmenden Klagen über die Goldwäscher, die in erheblichem Maße die angrenzenden Weiden am Rhein beschädigt haben sollen. Der Büdericher Magistrat wird aufgefordert, den Goldwäschern „die nöthigen Weisungen zu geben, dass sie sich hüten, die anderen Eingesessenen darunter zu benachtheiligen"[15].

Noch schwerer als die angesprochenen Konflikte machen den Goldwäschern die nachlassenden Verdienstmöglichkeiten zu schaffen. Da in den Wintermonaten bei Hochwasser und Eisgang der Betrieb zwangsläufig ruht, muss der Lebensunterhalt in der verbleibenden Jahreszeit gesichert werden. Es liegt deshalb auch im öffentlichen Interesse, durch Verbesserung der Arbeitstechnik die Goldgewinnung zu fördern. Die Hoffnung, von dem bereits erwähnten, in der Goldwäscherei erfahrenen Peter Wolff etwas über den Einsatz von Maschinen zu erfahren, hat sich nicht erfüllt.

Besonders intensiv befasst sich die Kreisverwaltung in Xanten mit der Technik des Goldwaschens. Sie pflegt regen Kontakt mit dem Oberkonsistorialrat Silberschlag in Berlin, der mit viel Sachverstand und großer Geduld Verbesserungsmöglichkeiten erläutert. Seine mehrseitigen Berichte, zum Teil durch Handskizzen ergänzt, werden mit Interesse aufgenommen und durch Rücksprachen mit den Goldwäschern ausgewertet. Im Wesentlichen geht es um die Frage, wie das Auswaschen des Uferschlamms durch verbesserte Wasserzufuhr aus dem Rhein, z. B. durch Wasserräder zwischen Kähnen, optimiert werden kann. Ferner wird das „Amalgamieren mit dem Quecksilber" erörtert[16]. In diesem Arbeitsgang entsteht durch die Verbindung der gewonnenen Goldflitter mit Quecksilber Goldamalgam als Grundlage für das „Brennen" des Goldes.

Doch alle Anstrengungen, die Goldwäscherei nach Kräften zu fördern, können das sich anbahnende Ende allenfalls verzögern, jedoch letztlich nicht aufhalten. Dafür sind nicht die zwangsläufigen Arbeitsunterbrechungen während der Wintermonate oder die angesprochenen Konflikte vorrangig verantwortlich, sondern die stetig nachlassende Goldausbeute und damit die versiegende Erwerbsquelle. Die Goldablagerung im Uferbereich des Rheins ist zwar ein fortdauernder Prozess, bei dem die ständige Aktivität des Stromes mit Geröllführung, Zerreibungsvorgängen und Überschwemmungen zu erneuter Ablagerung der winzigen Goldflitter (ca. 20.000 Flitter = 1 g Gold) an besonders geeigneten Stellen führen kann. Intensiv bearbeitete Uferzonen brauchen jedoch einen längeren Zeitraum, um sich für eine lohnende Goldwäscherei zu regenerieren. In besonderer Weise gilt das für den Niederrhein, da Häufigkeit und Gewicht der Goldflitter flussabwärts kontinuierlich abnehmen. Das ist durch Messungen eindeutig belegt, die im übrigen ergeben haben, dass jährlich etwa 200 kg Gold über den Rhein ins Meer gelangen. An eine Ausbeute ist jedoch aus ökonomischen und anderen Gründen nicht zu denken.

Während man im Frühjahr 1769 mit einer Tageseinnahme von zwei bis drei Talern erheblich mehr als den durchschnittlichen Tagelohn verdienen konnte, gab es bereits ein Jahr später deutliche Anzeichen für eine rückläufige Tendenz. Im März 1770 wird berichtet, dass wegen strenger Witterung die Goldwäscherei eingestellt wurde und

1/2 Friedrich d'or von 1770 (Dm 21 mm). Auch das in Büderich gewonnene Rheingold musste für die Herstellung solcher Münzen an die preußische Münzstätte in Berlin verkauft werden.

keine Fremden mehr anwesend seien. Im Mai 1770 hatte sich die Situation wieder leicht erholt. Das ist jedenfalls aus einer Anfrage des Büdericher Magistrats an die Kreisverwaltung in Xanten zu schließen, „ob hiesige Cämerey von dem Betrieb des Goldwaschens nicht etwas profitieren könne". Nach Einschätzung des Magistrats wäre eine Abgabe von zwei Talern wöchentlich je Tisch angemessen und würde von den Goldwäschern auch akzeptiert. Doch die Klagen der Goldwäscher wegen nachlassender Erträge reißen nicht ab. Im Juni 1770 wird der klevischen Kammer berichtet, dass die Goldwäscherei zu Büderich rückläufig sei, nur noch an acht Tischen gearbeitet werde, und sich die Schwerstarbeit für die Goldwäscher kaum noch lohne. Die Einheimischen würden sich wieder zunehmend ihrer Gartenarbeit zuwenden, um mit dem Verkauf von Kartoffeln, Bohnen und Erbsen in Wesel ihren Unterhalt zu sichern. Aufschlussreich ist auch der Schriftverkehr der Monate Juni und Juli 1771, als einige Büdericher Goldwäscher der ersten Stunde, so u.a. Gottfried und Christian Thiele, beantragen, „zur Fortsetzung dieses ihres Metiers den Rhein herunter bis nach Arnheim zu gehen…", um an geeigneten Plätzen erneut ihr Glück als Goldwäscher zu suchen. Auch der bereits erwähnte Torschreiber Jacob Graeff ist nicht mehr in Büderich zu halten. Er bittet um einen „kleinen Schutz und Schirm" und einen Pass für sich und seine Kinder, um an anderen Orten „hiesiger Königl. Preußischen Provinzen" seine Chancen wahrnehmen zu können[17]. Mit Schreiben vom 23. Juli 1771 wird dem Antrag stattgegeben und gleichzeitig „ ein jeder gewarnt, besagtem Graeff oder seinen Kindern hierunter nicht hinderlich zu seyn, oder sie etwa gar von den Gründen, wo sich Gold findet, zu vertreiben…".

In der Folgezeit konzentriert sich der Schriftverkehr vorrangig auf die bereits behandelten Beschwerden gegen die Goldwäscher. Die Ertragslage ließ sich trotz aller Bemühungen um technische Verbesserungen nicht steigern. Der Bericht der Stadt Büderich von August 1773 lässt keinen Zweifel, dass die fünf Jahre zuvor so aussichtsreich begonnene Goldwäscherei ihr Ende gefunden hatte. Noch einmal wird wehmütig auf den Anfang zurückgeblickt, als sich innerhalb kurzer Zeit 80–90 Goldwäscher voller Zuversicht auf dem Büderich'schen Orth vor den Toren der Stadt eingefunden hatten. Nach dem Höhepunkt im Jahre 1769, als an mehr als 100 Waschbänken gearbeitet wurde, begann der stetige Rückgang, bis schließlich 1773 die Goldwäscherei völlig eingestellt werden musste, weil sich „die Ausbeute dergestalt vermindert (hatte), dass kein Tagelohn verdient werden konnte".

Anmerkungen:
1 Nordrhein-Westfälisches Hauptstaatsarchiv Düsseldorf (HStAD), Acta wegen der hierselbst etablierten Goldwäscherey. Dep. Büderich I (alt) VIII/3, Bl. 1–46.
2 HStAD, Acta wegen der Goldwäscherey im Rhein bey Büderich 1768–1772, Xantner Kreisregistratur 967, Bl. 1–86.
3 Diese Archivakten wurden bisher kaum ausgewertet. Das gilt auch für die im Übrigen schon wegen ihrer Hinweise auf ältere Literatur aufschlussreiche Abhandlung von Hans Seeling: Vom Büdericher Rheingold – Goldwäscherei am Niederrhein, in: Heimatkalender Kreis Moers 1966, S. 35–41 sowie auch für die frühesten Nachrichten des niederländischen Pfarrers Johannes F. Martinet über das Büdericher Gold in: Waarneming omtrent het Goud van de Rhyn, in: Verhandelingen en Verneminingen ober de natuurlijke historie meerendeels van ons vaderland, Amsterdam 1795. Lediglich die kurz gefassten Hinweise von Jörg Lorenz auf S. 31 der Schrift: Dem Erdboden gleichgemacht – Zeugnisse zur Geschichte der alten Stadt Büderich, Köln/Bonn 1989, gehen z.T. auf die unter Anm.1 genannte Akte zurück.
4 So u.a. Gisela Vollmer in ihrer wirtschaftswissenschaftlichen Abhandlung: Handel und Gewerbe im Xantener Städtekreis nach dem Siebenjährigen Kriege, in: Geschichte und Landeskunde, Bonn 1960, S. 611. Diese Informationen gehen auf monatliche „Zeitungsberichte" aus den Jahren 1768 und 1769 zurück. Ferner Wilhelm Meier: Die klevischen Städte unter brandenburgisch – preußischer Herrschaft im 17. und 18. Jahrhundert, in : Städtisches Gymnasium und Realgymnasium an der Klosterstraße zu Düsseldorf, Festschrift, Düsseldorf 1913, S. 181. Beide Arbeiten auszugsweise in: Hans Seeling, wie Anm. 3, S. 36.

5 Hierzu Günter Warthuysen: Die Münzstätten der Grafen und Herzöge von Kleve in Wesel und Büderich, in: Jahrbuch Kreis Wesel (JKW) 2002, S. 12–25 und JKW 2003, S. 98.
6 Carl Lepper, bearbeitet von R. Kunz und W. Lizalek: Die Goldwäscherei am Rhein – Geschichte und Technik, Münzen und Medaillen aus Rheingold, Heppenheim 1980, S. 10–15. Für die Zeit des 16.–19. Jahrhunderts sind zwischen Basel und Mainz mehr als 50 Waschorte nachgewiesen. Auch noch im 20. Jahrhundert wurde gelegentlich versucht, die Goldwäscherei neu zu beleben, so z. B. 1935 in dem Dorf Ketsch bei Mannheim. Hierzu Bericht im Heimatspiegel, Wochenbeilage zum General-Anzeiger Wesel, vom 27. Sept. 1935.
7 Auch andere Aufschriften wie „DUCATUS.AURI.RHENANI", „EX AURO RHENI", „AURUM RHENI" kennzeichnen die aus Rheingold hergestellten Münzen. Von den insgesamt 82 verschiedenen Flussgoldmünzen (ohne Varianten u. Medaillen) des 17.–19. Jahrhunderts sind 48 aus Rheingold, je neun aus Isar-, Inn- und Donaugold und sieben aus Edergold geprägt. Rheingoldprägungen insbes. aus Baden, Pfalz und Bayern.
8 Die Krieges- und Domainen Cammer zu Cleve (nachfolgend kurz klevische Kammer) führt als preußische Regierungsbehörde im Kopf ihres Schriftverkehrs den kunstvoll geschriebenen Titel: „Von Gottes Gnaden Friedrich König in Preußen, Markgraf zu Brandenburg…". Die Schreiben dieser Behörde an die Stadt Büderich, die meist fünf Unterschriften tragen, sind in der Regel an den Bürgermeister und Krieges-Commissar Bach gerichtet. Die Schriftstücke der Xantener Dienststelle sind grundsätzlich vom Krieges- und Steuer-Rath Sandrart unterzeichnet.
9 HStAD, wie Anm. 2, Bl. 5r–7r. In dem fünfseitigen Bericht des Büdericher Bürgermeisters Bach an die klevische Kammer vom 24. März 1769 sind namentlich genannt: Torschreiber Graeff mit zwei Tagelöhnern, Johann Sticht, Gottfried Thiele, Wilhelm Besten, Lorentz Meyekens, Lambert van Rechtern.
10 Zu der rasanten Entwicklung in den Monaten Juni u. Juli 1769: HStAD, wie Anm. 2, Bl. 9r–20v.
11 In der Verfügung vom 12. April 1769 fordert die klevische Kammer ferner, „die fremden Arbeiter zu Eintracht und Frieden zu ermahnen…" und nach Kräften den reibungslosen Ablauf der Arbeiten zu fördern.
12 Bendix Isaac gehörte zu den wohlhabenden Juden in Wesel und war Vorsteher der klevischen Judenschaft. Hierzu Gabriele u. Kurt Tohermes: Die jüdische Gemeinde in Wesel zwischen 1600 und 1933, in: Jutta Prieur (Hg.): Auf den Spuren der Juden in Wesel. Aufsätze zur Geschichte der jüdischen Gemeinde Wesel seit dem Mittelalter (SQGW 11), Wesel 1988, S. 42.
13 Zur Regelung des Goldverkaufs, des Goldpreises und der Regie durch Private insbes. HStAD, wie Anm. 1, Bl. 10r, 18r, 20r u. HStAD, wie Anm. 2, Bl. 4v, 9r–20v, 23r, 39r, 44r, 69r–73v, 79r–83v.
14 In einer Verfügung der Krieges- und Domainen Cammer zu Cleve vom 4. Dezember 1768 wird Peter Wolff als „der eigentliche Anfänger dieser Gold Wäscherey" bezeichnet. Zu den folgenden Ausführungen insbes. HStAD, wie Anm. 2, Bl. 31r–38v.
15 Zu den Konflikten der Goldwäscher mit den Fischern, Kribbern und landwirtschaftlichen Nutzern: HStAD, wie Anm. 1, Bl. 24r/v, 25r, 35r, 41r u. HStAD, wie Anm. 2, Bl. 85 r/v.
16 Zur Technik insbes. die Darlegungen vom 3. u. 9. Mai 1770. HStAD, wie Anm. 2, Bl. 51r–52v, 53r–55r.
17 Hierzu HStAD, wie Anm. 2, Bl. 81r–83v. Es ist sehr wahrscheinlich, dass auch an anderen Orten des Niederrheins Goldwäscherei betrieben worden ist. Hans Seeling, wie Anm. 3, verweist in diesem Zusammenhang u. a. auf die alte Flurbezeichnung ‚Der neue Goldgräber' am Rhein zwischen Vynen und Obermörmter.

Geschichte

ANTON WEISE

Das Dinslakener Stadtgründungsprivileg

vom 2. August 1273

Ausgangslage

Die Stadtgründung Dinslakens fällt in eine Zeit schwacher Königsherrschaft[1], in der sich in dem Raum, der als niederrheinländisch (Niederrhein unter Einschluss heute niederländischer Gebiete)[2] bezeichnet werden kann, in Konkurrenz der drei Mächte Köln, Geldern und Kleve Territorien zu entwickeln begannen. Die Stadtrechtsverleihungen beginnen 1122 mit dem Privileg für Utrecht[3]. Die Grafen von Geldern folgen 1190 mit Zutphen und haben insbesondere 1233 mit Emmerich und Arnheim[4] einen Höhepunkt ihrer Stadtrechtsverleihungen erreicht. Die Erzbischöfe von Köln gründen sodann Rees und Xanten (1228), worauf weitere Stadtgründungen folgen.

Die Grafen von Kleve beginnen mit ihrer Stadtrechtspolitik bzw. der Verleihung von Stadtrechten im Jahr 1241 mit Wesel. Es schließen sich 1242 Kalkar und Kleve sowie 1255 Grieth an. Als nächste Gründung ist dann 1273 Dinslaken zu nennen, das

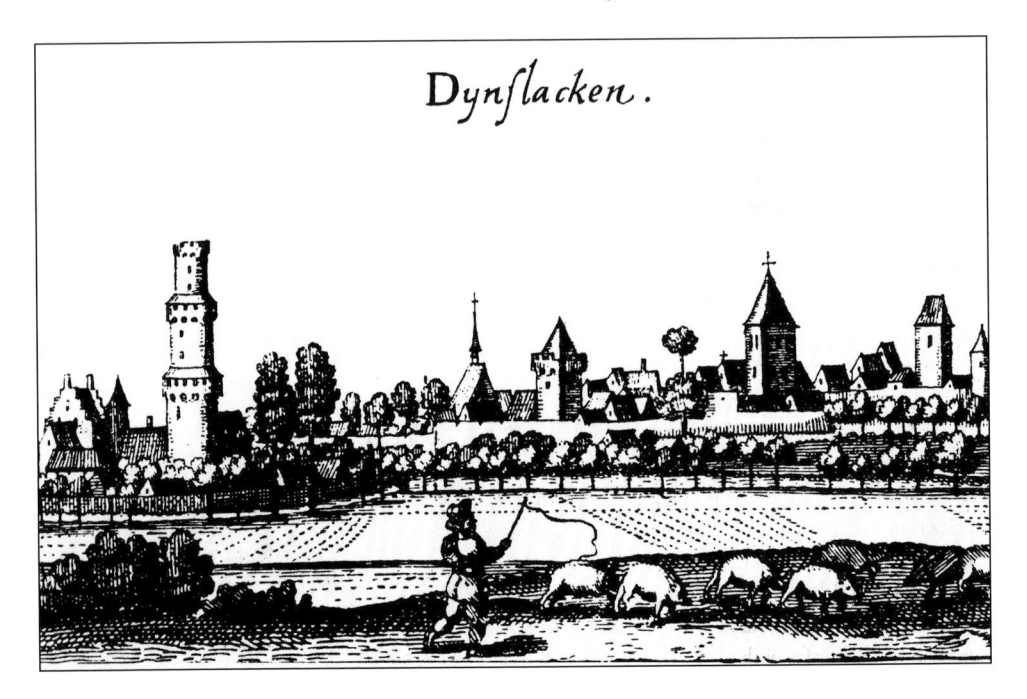

Ansicht von Dinslaken im Mittelalter

damit zu den ältesten klevischen Städten gehört. Die Klever Grafen folgen ihren Konkurrenten also mit einem Abstand von einigen Jahrzehnten. Dabei ist auffällig, dass neben den linksrheinischen Städten im Kern der klevischen Herrschaft mit Wesel und Dinslaken zwei Städte privilegiert wurden, die auf Gebiet lagen, das sich erst kurzzeitig unter klevischer Herrschaft befand[5]. So war Dinslaken wahrscheinlich in der ersten Hälfte des 13. Jahrhunderts durch Heirat an die Klever gelangt[6].
Das älteste Privileg für Dinslaken stellt die nicht im Original erhaltene Urkunde vom 2. August 1273 dar. Die Urkunde ist uns als Insert einer Bestätigung durch Graf Dietrich VIII. vom 3. August 1342 in Form zweier Abschriften des 15. Jahrhunderts überliefert[7].
Die Stadtrechtsverleihung für die Stadt Dinslaken diente in der Forschung bisher vor allem dazu, die Stadtrechtsurkunde für Kalkar zu rekonstruieren bzw. die Entstehung oder Entwicklung eines klevischen Stadtrechtsformulars zu ergründen[8].
Ein Vergleich der Klever Stadtrechtsprivilegien des 13. Jahrhunderts zeigt, wenn man von Wesel[9] absieht, große Übereinstimmungen. Trotzdem enthält die Dinslakener Urkunde auch Besonderheiten[10]. Dem folgend ist die Stadtrechtsurkunde von Dinslaken nicht als bloße Abschrift der Urkunde für Kalkar zu sehen[11], sondern die Bestimmungen sind im Einzelnen zu betrachten und auf ihren Zweck hin zu untersuchen. Da im Stadtrecht vor allem eine Heraushebung aus „herkömmlichem Recht", d. h. aus dem Recht des umliegenden Landes zu sehen ist[12], hält die Urkunde im Wesentlichen die Abweichungen zum Recht der Umgebung fest, wobei für Dinslaken gilt, dass durch das Privileg eher neues Recht geschaffen wurde, als dass schon bestehende Vorrechte bestätigt wurden. Somit ist es sinnvoll, die einzelnen Bestimmungen der Urkunde als neues, „maßgeschneidertes" Stadtrecht zu verstehen, um die Frage zu beantworten, welchen Zweck die Klever mit dem Privileg und der Ergänzung vom 3. August 1342 verfolgten[13].

Die Innere Verfassung

Graf Dietrich beginnt seine Urkunde mit der Bestimmung:
„Wir, Dietrich Graf zu Kleve machen allen, die diese vorliegende Urkunde sehen oder verlesen hören, bekannt, daß wir unseren in Dinslaken ansässigen oder zuziehenden Bürgern, die rechtmäßig aufgenommen wurden, folgende Freiheiten gegeben haben und geben:"[14]
Damit legt er fest, dass die Rechte, die er verleiht, allen Bürgern zu Gute kommen. Es wird keine Gruppe, wie zum Beispiel die Kaufleute, mit besonderen Privilegien ausgestattet.
Der Graf ordnet mit der Verleihung der Stadtrechtsurkunde auch die Verwaltung der Stadt und die Gerichtsbarkeit neu. In Artikel 15 verbietet er eine Hauptfahrt außerhalb seines Machtbereiches mit den Sätzen:
„Auch sollen unsere Bürger nicht aus ihrer Stadt in andere Städte gehen, um dort Urteil und Recht zu suchen oder Rechtsauskünfte einzuholen. Das, was unter Beirat zweier unserer edlen Burgleute oder zweier unserer Dienstmannen von edler Geburt als Recht erkannt worden ist, das soll als Recht anerkannt und nicht angefochten werden.".
Es war durchaus üblich, dass Städte bei Zweifeln in Rechtsdingen in einer anderen Stadt Rechtsauskünfte einholten. Ob für Dinslaken hiermit ein bestehender Ober-

hof untersagt wurde oder ob es sich um eine Bestimmung handelt, die ein neu entstehendes Gericht direkt an den Hof zu Kleve bindet, ist nicht klar. So geht Illgen z. B. davon aus, dass Dinslaken durch Zugehörigkeit zum Reich ähnlich wie Wesel den Oberhof Dortmund gehabt hätte[15]. Dieser Zustand sei durch die Bestimmung des Artikels 15 beendet worden. Unabhängig davon, ob man dem folgt, bleibt festzustellen, dass Dinslaken, indem es nun Rechtsauskünfte nur von zwei adligen Burgleuten oder Dienstmannen des Grafen einholen konnte, in die Gerichtsbarkeit der Grafschaft eingebunden war.

Artikel 14 bestimmt, dass es das Amt eines Bürgermeisters gibt sowie Schöffen und einen Richter.

„Weiter sollen die Bürger alle Jahre am Feste der Beschneidung unseres lieben Herrn den Bürgermeister und die Schöffen wählen, dazu den von uns gegebenen Richter wählen und einsetzen."

Diese Bestimmung teilt uns neben der Existenz dieser drei Ämter auch deren Amtszeit von einem Jahr mit, wobei das Erscheinen einer solchen Regelung im Privileg dafür spricht, dass es sich um eine Neuerung handelt[16]. Darüber hinaus ergibt sich aus dem letzten Halbsatz des Artikels 14, dass der Graf bei der Besetzung des Richteramtes mitwirkt.

Die Persönlichkeitsrechte

Die Einwohner Dinslakens waren vor der Verleihung des Stadtrechtes im Jahre 1273 wohl überwiegend der Grundherrschaft des Grafen unterworfen gewesen.

Dass dem Grafen in Dinslaken der Grund und Boden gehörte, kann Meister folgend[17] aus Artikel 16 von 1342 hergeleitet werden, mit dem das Stadtrechtsprivileg noch ergänzt wurde, worauf später noch zurückgekommen wird[18].

Siegel des Stadtgründers Dietrich VII. von Kleve

Von besonderer Bedeutung war für die Einwohner Dinslakens, die zu einem großen Teil Unfreie gewesen sein dürften, folgende Bestimmung:

„Außerdem sollen alle Menschen, die jetzt in der Stadt Dinslaken wohnen, welchen Standes sie auch sind, ob Unfreie oder Schützlinge, auf ewig frei sein."

Dadurch entlässt Dietrich die Einwohner Dinslakens aus seiner Grundherrschaft. Sie sind nicht länger an den Grund gebunden, wie noch deutlicher aus Artikel 13 zu erkennen ist. Freiheit stellt in diesem Zusammenhang keinen feststehenden Begriff dar. Die hier verliehene Freiheit wird durch Traditionen und Privilegien, z. B. durch die Gewährung des freien Erbrechtes, dem Inhalt und dem Umfang nach bestimmt.

Hat Dietrich zu Beginn der Urkunde diese Privilegien an die bereits ansässigen und rechtmäßig zuziehenden Bürger verliehen, so definiert er die letztgenannte Gruppe näher mit den Sätzen:

„Wir bestimmen weiter und gebieten, daß die vorgenannte Stadt keinen als Mitbürger aufnehmen darf, der uns oder unseren Burgleuten oder unseren Vasallen in irgendeiner Weise verpflichtet ist, es sei denn mit unserer oder unserer Getreuen ausdrücklichen Einwilligung und Erlaubnis."

Er ordnet damit an, dass keine weiteren Personen, die seiner oder seiner Vasallen Grundherrschaft unterliegen, in die Stadt Dinslaken abwandern und so seine Rechte schmälern. Er beugt damit einer Landflucht aus seinem Herrschaftsbereich in die Stadt vor, erlaubt jedoch geregelten Zuzug. So schont er seinen eigenen Herrschaftsbereich und vermeidet dadurch Widerstand aus demselben. Gleichzeitig ermöglicht er aber der Bevölkerung, die der Grund- und Leibherrschaft benachbarter (Territorial-)Herren unterworfen ist, in die Stadt zu kommen und das Bürgerrecht zu erlangen, was ihn wiederum gegenüber den konkurrierenden Nachbarn stärken sollte. In der Ergänzung der Stadtrechtsurkunde vom 3. August 1342 trifft er weitere Regelungen zum Erwerb des Stadtrechts.

„Auch setzen wir fest und gebieten, daß die Bürger keinen fremden oder unbekannten als Mitbürger bei sich aufnehmen sollen, er sei denn 18[19] Tage lang geprüft und erprobt worden. Wenn er innerhalb der erwähnten Tage wegen irgendeiner Missetat oder einer anderen Sache gesucht und beklagt wird, so soll man ihn nach gemeinem und nicht nach Bürgerrecht verteidigen, schützen und richten.
Wenn aber in dieser Frist niemand erscheint, um etwas gegen ihn vorzubringen und Klage zu erheben, dann soll man ihn rechtmäßig und billig als Mitbürger aufnehmen. Und danach soll man ihn schützen und beschirmen nach Bürgerrecht."

Mit dieser Bestimmung legt er eine sehr kurze Frist fest, nach der man das Bürgerrecht erwerben kann. Vor Ablauf dieser Frist ist der Zugezogene, falls er eines Verbrechens angeklagt wird oder aus einem anderen Grund Klage gegen ihn erhoben wird, nach „gemeinem", d. h. nach allgemein im Land geltendem Recht zu behandeln.[20] Nach Ablauf dieser Probezeit ist er als Bürger aufzunehmen. Er genießt dann den Schutz als Bürger. Die volle Freiheit auch außerhalb der Stadt wird den Bürgern jedoch erst nach einem Jahr und sechs Wochen verliehen.
Artikel 13 legt fest:
„Weiter haben wir angeordnet, daß derjenige, der in dieser Stadt das Bürgerrecht erworben hat, nach Verlauf von einem Jahr und sechs Wochen aus freiem Willen mit seinem Vermögen abziehen oder bleiben kann."
Dadurch werden die Bürger eine gewisse Zeit an die Stadt gebunden, erlangen jedoch trotzdem sehr früh das Recht der freien Wahl des Wohnsitzes. Die Gültigkeit ihrer Freiheit ist dann nicht mehr auf das Stadtgebiet beschränkt.

Das Strafrecht

Nach den Vorschriften, die sich auf das Erbrecht beziehen, folgen im Text der Urkunde strafrechtliche Bestimmungen, wobei lediglich Körperverletzungen und Tötungsdelikte geregelt werden. Diese Delikte werden nunmehr in einen vollkommen neuen Kontext gestellt. Zum einen sind sie nun nicht mehr Gewalttaten, die den herkömmlichen Fehde- und Rachemechanismen unterworfen sind, sondern als Störungen des durch den Grafen gesetzten Friedens anzusehen. Er erhält die Strafgelder und bestraft. Die genannten Gewalttaten werden aus der Sphäre des Zwischenmenschlichen auf eine offizielle Ebene gehoben.
Gleichzeitig wird jedoch dadurch, dass das Strafmaß festliegt, die Reaktion bestimmt und somit die Gegengewalt eingedämmt. Der Graf tritt folglich in die Funktion als Schutzherr des Individuums ein. Er zieht das Recht, Gewalt auszuüben, an sich.
Der Graf verfügt:

Geschichte | Das Dinslakener Stadtgründungsprivileg

„Wenn jemand freitags, samstags, sonntags oder an einem Heiligenfeste einem anderen waffenlos Gewalt antut, so soll er dem Grafen 27 Schillinge nach der Stadtwährung der Stadt Dinslaken zahlen. Wenn aber jemand einem anderen an gewöhnlichen, eben nicht genannten Tagen Gewalt antut, so soll er 3 Schillinge bezahlen."

Somit beginnen die Vorschriften mit leichteren Gewalttaten, die ohne Waffe ausgeführt werden. Sie werden an Tagen, die als besondere angesehen werden, d. h. Freitag, Samstag, Sonntag (Leidenstage des Herrn) und Heiligenfeste, mit einer Geldstrafe von 27 Schillingen bestraft. Auffällig ist hierbei, dass es sich bei diesem Betrag um das dreimal Dreifache des Betrages von drei Schillingen nach der Dinslakener Stadtwährung handelt, die für diese Straftaten an den anderen, weiter unten „gewöhnlich" genannten Tagen verlangt werden, also ein Vielfaches davon, was den besonderen Schutz dieser Tage zeigt und eine Anlehnung an den Gottesfrieden bedeutet.

Es schließen sich die Strafen für eine Verletzung an, die mit bestimmten Waffen (Schwert und Lanze) beigebracht wurde, deren Tragen wohl erlaubt war, da anschließend von verbotenen Waffen gesprochen wird. Deren Gebrauch wurde wesentlich härter, konkret mindestens dreimal so stark bestraft.

„Wer an diesen gewöhnlichen Tagen jemanden mit einem Schwert oder einer Lanze verwundet, ohne seine Hände und Füße zu lähmen, der soll dem Grafen 27 Schillinge zahlen. Geschieht es aber an den oben erwähnten Tagen, nämlich am Freitag, Samstag, Sonntag oder an Heiligenfesten, so soll er 100 Schillinge bezahlen."

Diese Verwundungen sind lediglich mit Geldstrafen belegt. Im Vergleich zur im nichtstädtischen Bereich üblichen Vergeltung muss darin auch dann eine milde Strafe gesehen werden, wenn bei Betrachtung der übernächsten Bestimmung nur solche Verwundungen, die nicht zum Verlust eines Fußes oder einer Hand führen, entsprechend sanktioniert werden. Verletzungen, die zu Verstümmelungen führen, sind von dieser Regelung ausgenommen.

Die Urkunde fährt fort:

„Wer einen anderen mit einer verbotenen Waffe, einem Stock oder einem Messer, verwundet, der hat die Todesstrafe verdient, und die Hälfte seines Gutes soll dem Grafen zufallen."

Diese Vorschrift stellt die Körperverletzungen, die mit Messern, Stöcken und „verbotenen" Waffen erzeugt werden, unter besonders strenge Strafe, indem sie mit der Todesstrafe geahndet werden. Das kann wohl nur bedeuten, dass die Benutzung von alltäglichen, nicht vordringlich als Waffen dienenden Gegenständen verhindert werden soll. Es wird folglich bezweckt, spontane Gewalt einzudämmen.

Es folgt die Bestimmung:

„Wenn jemand dem anderen eine Hand oder einen Fuß abschlägt, oder ihn totschlägt, so soll er die selbe Strafe erleiden, und die Hälfte seines Gutes soll zu Gunsten des Grafen eingezogen werden."

Tötungen und Verletzungen, die zum Verlust von Hand oder Fuß führen, sollen mit dem gleichen Übel bestraft werden. Es folgt also eine Sühne im Verhältnis eins zu eins. Aus dem vorstehenden Absatz der Urkunde ergibt sich jedoch, dass dieses Strafmaß lediglich für Verstümmelungen gilt, die nicht mit Messer, Stock oder verbotenen Waffen herbeigeführt wurden, da für solche Körperverletzungen pauschal die Todesstrafe vorgesehen ist.

Insgesamt versucht der Graf, durch vorstehende Regelungen Gewalt in Dinslaken zurückzudrängen, und nutzt die Gerichtstätigkeit gleichzeitig, um Einnahmen zu erzielen.

Das Erbrecht

Dem Grundherrn stand im Allgemeinen ein Teil des Nachlasses als Todfallabgabe zu, wobei diese Abgabe verschiedene Formen und Ausprägungen hatte[21]. Wenn also Dietrich bestimmt
„Wenn einer von ihnen stirbt, soll der nächste Erbe die Erbschaft ohne jemandes Widerspruch antreten.",
so lässt er den Erben das Erbe ohne Einschränkung und somit auch ohne irgendwelche Abgaben antreten. Er verleiht ihnen also das nicht eingeschränkte Erbrecht. Er verzichtet jedoch nicht darauf, dass herrenloses Erbe an ihn fällt.
„Wenn aber kein rechtmäßiger Erbe vorhanden ist, soll die Erbschaft ein Jahr und sechs Wochen lang von unserem Drosten und den Amtsleuten in Obhut genommen werden, bis ein Verwandter in dieser Frist erscheint und sich als rechtmäßiger Erbe ausweist. Wenn aber innerhalb der genannten Frist kein rechtmäßiger Erbe erscheint, so soll das Erbteil dem Grafen zufallen."
Indem er dies festlegt, ermöglicht er die Erbfolge von Verwandten, auch wenn sie nicht direkt am Ort ansässig sind. Mit der langen Aufbewahrungsfrist von einem Jahr und sechs Wochen trifft er eine Regelung, die möglichen Anspruchstellern viel Zeit gewährt, ihre Rechte geltend zu machen. Diese erbrechtlichen Passagen befreien die Erben vor allem von Abgaben, ohne die Erbfolge zu verändern oder Testierfreiheit einzuführen.

Stadtsiegel von Dinslaken

Wirtschaftsförderung

Der Graf schützt nicht nur die Person des Bürgers sondern auch dessen Eigentum.
„Ferner setzen wir fest und gebieten, daß niemand in unserem Lande die Bürger festnehmen oder ihr Gut beschlagnahmen darf. Wenn jemand Ansprüche an einen Bürger hat, so soll er in die genannte Stadt Dinslaken kommen und dort von ihm das Bürgerrecht fordern. Wenn aber jemand sie außerhalb unseres Landes zu beeinträchtigen und zu belästigen wagt, so werden wir ihnen eifrig zu Hilfe kommen mit unserer Fürsprache, um ihnen Genugtuung zu verschaffen."
Mit dieser Bestimmung bewahrt er die Bürger vor Zugriffen in seinem Herrschaftsgebiet und legt als Gerichtsstand für Ansprüche gegen Dinslakener Bürger ausschließlich die Stadt Dinslaken fest. Insbesondere schließt er jede mit Gewalt verbundene Durchsetzung von Ansprüchen gegen die Bürger der Stadt aus und verspricht ihnen Hilfe gegen Eigenmacht Dritter.
Neben den strafrechtlichen Bestimmungen und dem o. g. Schutz des Eigentums enthält die Stadtrechtsurkunde von Dinslaken auch wirtschaftliche Bestimmungen.

> So befreit der Graf die Bürger von Dinslaken in seiner Herrschaft von allen Zöllen:
> „Des weiteren befreien wir alle Güter, die die Bürger der oben genannten Stadt über Land führen, von allen uns zustehenden Zöllen. Auch die Güter, die sie auf dem Wasserwege in ihre Stadt bringen, ob sie dieselben nun dort oder an anderen Orten unserer Herrschaft und in der Grafschaft Kleve verbrauchen oder verzehren wollen, befreien wir von allen Marktzöllen innerhalb unserer Länder."

Hierbei ist zu beachten, dass sich die Befreiung nur auf Waren bezieht, die im Land genutzt werden, wobei Liesegang[22] darauf hinweist, dass diese Einschränkung wegen der fehlenden Kontrollmöglichkeiten in der Praxis kaum von Bedeutung war.

> „Weiter schenken wir ihnen die bei der Stadt gelegenen Wasserläufe und Weiden mit dem Bruche, unter Vorbehalt aller uns und unseren Erben darin zustehenden landesherrlichen Rechten, dem sogenannten Wildbann."

Mit diesen Sätzen sorgt der Graf für eine ausreichende Ausstattung der Stadt mit Land und Erwerbsmöglichkeiten. So sichert er, dass die Stadt über eine Allmende verfügt. Er gibt der Stadt die umliegenden Weiden und den Bruch, so dass sie diese Flächen nutzen kann. Weiterhin können die Dinslakener Bürger die umliegenden Wasserläufe nutzen. Diese Nutzung ist jedoch insofern eingeschränkt, dass sich der Graf den Wildbann vorbehält, er also weiterhin das Jagdrecht und die weiteren Hoheitsrechte ausschließlich für sich beansprucht. Das aufgeführte Gebiet entspricht hierbei dem sogenannten Averbruch[23].

Abgaben und Verpflichtungen gegenüber dem Grafen

Es wird festgelegt:
> „Von jeder Hofstatt der Stadt, die 140 Fuß in der Länge und 44 Fuß in der Breite umfaßt, sollen uns an St. Stephan, des ersten Märtyrers Tag, 6 kölnische Pfennige und 2 Hühner entrichtet werden."

Darin sieht Meister „den Rest der gewöhnlichen Hühnerzinse für Erbleihe von Grundstücken"[24].

Eine Vergünstigung stellt in diesem Zusammenhang die Befreiung vom kleinen Zehnt dar. Der Graf verfügt:
> „Weiter erlassen wir Ihnen den kleinen Zehnt."

Während grundsätzlich alle Einkünfte zehntpflichtig waren, hat sich in der Rechtsausübung die Zehntpflicht als eine Abgabe auf den Boden, als eine Grundabgabe entwickelt. Es musste ein Zehntel der Erträge entrichtet werden. Hierbei wurde unter anderem zwischen „großem" und „kleinem" Zehnt unterschieden. Der kleine Zehnt bezog sich dabei auf akzessorische Erträge. Das waren z. B. Tierprodukte wie Lämmer, Wolle oder Milch. Diese Abgaben standen nach kanonischer Vorstellung den Pfarreien zu, wobei sich viele Laien insbesondere über die Institution des Eigenkirchenwesens in den Besitz des Zehnten gebracht hatten.

Mit der Zusage
> „Weiter erlassen wir den Bürgern alle unrechtmäßige Schatzung."

befreit er die Stadt Dinslaken bzw. ihre Bürger von als „unrechtmäßig" bezeichneten Steuern, was nicht bedeutet, das sie generell keine Steuern entrichteten, sondern nur, dass sie begründet sein mussten und die Stadt nicht überforderten[25].

Neben den vorgenannten Vergünstigungen wurden auch Verpflichtungen der Stadt festgeschrieben.

„Deshalb haben sie gelobt, uns in unserem Lande auf eigene Kosten sechs Wochen lang zu dienen. Wenn es not tut, unser Land gegen unsere Feinde zu schützen."

Durch diese Bestimmung sind die Bürger von Dinslaken verpflichtet, dem Grafen sechs Wochen lang auf eigene Kosten bei der Landesverteidigung Unterstützung zu leisten. Das ist zwar eine Belastung, stellt jedoch auch eine Einschränkung gegenüber einer allgemeinen und zeitlich nicht beschränkten Verpflichtung zur militärischen Hilfe dar, wobei die zu erbringende Verpflichtung viel stärker ist als die der Weseler:

„Die Bürger der Stadt Wesel sollen nur insoweit zu unseren kriegerischen Unternehmungen verpflichtet sein, daß sie bei Nacht zur Stadt Wesel zurückkehren können, es sei denn, sie tun es freiwillig."[26]

Ganz verzichtet Graf Dietrich jedoch nicht auf Abgaben, sondern legt fest:

„Zur Schwertleite unserer ehelichen Söhne und zur Heirat unserer ehelichen Töchter sind sie verpflichtet uns eine angemessene Beisteuer zu leisten."

Er verlangt somit eine Abgabe, die wohl nicht allzu häufig zu entrichten war und somit die Stadt nicht überforderte. Man darf annehmen, dass eine ähnliche Abgabenpflicht schon vorher bestanden hat.

Resümee

Das Stadtrecht von Dinslaken, wie es sich anhand der Stadtrechtsurkunde darstellt, zeigt zum einen in den Artikeln 1, 9 und 13, dass durch die Gewährung von Persönlichkeitsrechten Menschen angezogen werden sollten.

Die Urkunde trägt aber auch dem Sicherheitsbedürfnis der städtischen Gemeinschaft Rechnung. Wirtschaftliche Entwicklung braucht Schutz vor Gewalt. Eine Stadt kann daher nur durch Sicherheit für ihre Bürger den rechtlichen Rahmen für Handel und Gewerbe bieten. Dieses Verlangen wird innerhalb der Stadt durch die Artikel 2 bis 4 befriedigt. Im Gebiet des Grafen von Kleve, soweit es außerhalb der Stadt liegt, dient hierzu der Artikel 5.

Die Entwicklungsmöglichkeiten von Dinslaken unterlagen aber auch gewissen Beschränkungen. So bleibt die Stadt mit dem Verbot der Hauptfahrt (Artikel 15), der Beteiligung des Grafen bei der Bestimmung des Richters (Artikel 14), der, wenn auch beschränkten, Heerfolge und den Abgaben (Artikel 12 und 16) in die klevische Herrschaft eingebunden. Die Stadtrechtsurkunde stellte somit keinen Beginn einer möglichen Loslösung dar.

Artikel 16 zeigt auch, dass Dinslaken vor allem landwirtschaftlich geprägt war und wohl auch kein grundlegender Wandel erwartet wurde. Trotzdem besaß die Stadt rechtlich alle Voraussetzungen für eine positive Entwicklung. Der Zuzug war ausreichend begünstigt (Artikel 13 und 17) und die wirtschaftliche Entwicklung hatte auf Grund der Ausstattung mit Privilegien (Artikel 6 und 7) eine gesunde Basis.

In der vorliegenden Urkunde ist somit ein geeignetes Instrument der Territorialpolitik zu sehen, das Dinslaken rechtlich alles gab, was es brauchte, aber auch schon die Grenzen aufzeigte, die für die Stadt in ihrer Entwicklung auf Grund der Gegebenheiten, nicht zuletzt der Lage, bestanden. Es sollte kein Handelszentrum geschaffen werden. Demzufolge kann dieses Recht als „zugeschnitten auf die Bedürfnisse eines Burgstädtchens"[27] bezeichnet werden. Treffender scheint es jedoch zu sein, das Recht als den Zielen des Klever Grafen entsprechend zu bewerten, dem mehr an der

Geschichte | Das Dinslakener Stadtgründungsprivileg

Festigung seiner Position im betroffenen Raum[28] als an der Entwicklung von Handel und Gewerbe durch die Stadtgründung gelegen war, wozu auch die Nähe zum „Handelsplatz" Wesel beigetragen haben dürfte[29].

Dabei ist die Privilegierung auf Grund der späteren Entwicklung Dinslakens mit der Bedeutung als Verwaltungszentrum des näheren Umfeldes und der Stabilität der klevischen Position im Bereich Dinslaken als erfolgreich zu beurteilen.

Anmerkungen:

1. Gorrißen, Friedrich: Die Klever Grafen und die Stadtgründung. In: Jahrbuch Kreis Dinslaken 1973. Dinslaken 1972, 13 ff.
2. Flink, Klaus: Klevische Städteprivilegien (1241–1609). Kleve 1989 (Klever Archiv, 8) 44.
3. Vgl. v. Vliet, Karl: Utrecht, Stadt. In: Lexikon des Mittelalters, Band VIII, 1352–1355, hier 1354.
4. Planitz, Hans: Die deutsche Stadt des Mittelalters. Köln ⁴1976, 170 und Flink, Städteprivilegien 44.
5. Die Stadt selbst hat ihren Ursprung wohl in einer Burg, die im sumpfigem Gebiet des Rotbachs lag. Vgl. Gollnick, Rüdiger: Dinslaken. Kleve 1980 (Niederrheinische Städte in Geschichte und Gegenwart) 35 ff.
6. Gollnick, Städte 37 und Stampfuß, Rudolf / Triller, Anneliese: Geschichte der Stadt Dinslaken 1273–1973. Dinslaken 1973, 18 ff. Vgl. hiervon abweichend Illgen, Theodor: Quellen zur inneren Geschichte der niederrheinischen Territorien, Herzogtum Kleve II. Ämter und Gerichte, Band 1, Bonn 1921, 219 ff. und Dittgen, Willi: Dinslaken, ein Streifzug durch seine Geschichte von den Anfängen bis zur Gegenwart, Dinslaken 1948, 3, denen zufolge Dinslaken Reichsbesitz gewesen sei, der auf Grund der Schwäche und des Verfalls der königlichen Gewalt entfremdet worden sei.
7. Schleidgen, Wolf-Rüdiger: Textkritik und Edition des Stadtrechtsprivilegs für Kleve vom 25. April 1242 und der damit verwandten Stadtrechtsprivilegien von Grieth, Dinslaken, Kranenburg und Sonsbeck. In: Flink, Klaus: Klevische Städteprivilegien (1241–1609). Kleve 1989 (Klever Archiv, 8) 361–391, hier 374.
8. Vgl. in der neueren Literatur insbes. ebenda 41 ff. und Stampfuß / Triller, Geschichte 22 ff.
9. Flink, Städteprivilegien 38 ff.
10. Flink, Städteprivilegien 41 ff.
11. Schleidgen, Textkritik 374.
12. Dilcher, Gerhard: Bürgerrecht und Stadtverfassung im europäischen Mittelalter. Köln-Weimar-Wien 1996, 254 und Planitz, Stadt 332.
13. Das setzt wiederum voraus, dass die Privilegierten keine Verhandlungspartner des Stadtherrn waren, wie es bei anderen sog. Gründungsprivilegien der Fall war.
14. Diese und alle weiteren Zitate aus dem Stadtrechtsprivileg sind Triller, Anneliese: Stadtbuch von Dinslaken. Dokumente zur Geschichte der Stadt von 1273 bis zum Ausgang des 17. Jahrhunderts. Neustadt / Aisch 1959 (Beiträge zur Geschichte und Volkskunde des Kreises Dinslaken am Niederrhein) 3 ff. entnommen.
15. Illgen wie Anm. 6.
16. Vgl. Langhans, Adolf: Das Stadtrecht von Wesel 1241. In: Jahrbuch Kreis Rees 1941, 32–36, hier 35.
17. Meister, Aloys: Das städtische Freiheitsprivileg für Dinslaken. In: Annalen des historischen Vereins für den Niederrhein 62. Köln 1896, 158–164, hier 161.
18. „Von jeder Hofstatt der Stadt, die 140 Fuß in der Länge und 44 Fuß in der Breite umfaßt sollen uns an St. Stephan, des ersten Märtyrers Tag, 6 kölnische Pfennige und 2 Hühner entrichtet werden.".
19. In der lateinischen Fassung acht Tage.
20. Meister, Freiheitsprivileg 161 weist darauf hin, dass dies das Recht ist, von dem die Bürger Dinslakens ausgenommen (eximiert) sind.
21. Conrad, Hermann: Deutsche Rechtsgeschichte, Band 1. Karlsruhe 1954, 159 ff und 216 ff. und Kroeschell, Karl: Erbrecht, Erbe, Erbschaft, Germanisches und deutsches Recht. In: Lexikon des Mittelalters, Band III, 2105–2107, hier 2107.
22. Erich Liesegang, Niederrheinisches Städtewesen vornehmlich im Mittelalter. Untersuchungen zur Verfassungsgeschichte der clevischen Städte. In: Untersuchungen zur Deutschen Staats- und Rechtsgeschichte, 52. Heft. Breslau 1897, 51.
23. Stampfuß / Triller, Geschichte 23.
24. Meister ebenda
25. Körner, Martin: Steuern und Abgaben in Theorie und Praxis im Mittelalter und der frühen Neuzeit. In: Schremmer, Eckart (Hrsg.): Steuern, Abgaben und Dienste vom Mittelalter bis Gegenwart. Stuttgart 1994 (Vierteljahrschrift für Sozial- und Wirtschaftsgeschichte, Beiheft 114) 56–59.
26. zitiert nach Langhans, Adolf: Das Stadtrecht von Wesel 1241. Der Wortlaut der Urkunde in Uebersetzung. In: Jahrbuch Kreis Rees 1941, 32–34 (= Stadtrecht Wesel), hier 33.
27. Gorrißen, Grafen 17.
28. Vgl. Stampfuß / Triller, Geschichte 21 f.
29. Zur ungünstigen Lage siehe auch Triller, Stadtbuch VII.

TOBIAS ARAND

Die Weseler Schillfeiern von 1835 bis 1959

Wem heutzutage in der Fußgängerzone einer beliebigen Stadt, die gerade ein historisches Fest oder Jubiläum begeht, ein ‚mittelalterlich' verkleideter Mensch oder ein Soldat in der Uniform eines französischen Infanteristen der napoleonischen Zeit begegnet, der stößt dabei auf eine sehr aktuelle Mode in der Vergegenwärtigung historischer Ereignisse.

Um die Distanz zum vergangenen Geschehen vermeintlich zu überbrücken, dem interessierten Laien ein Bild der Geschichte vermitteln zu können, wie sie gewesen sein soll, häufig aber auch um das Stadtmarketing ‚anzukurbeln', schlüpfen Schauspieler oder Mitglieder historischer Trachtengruppen in nachgemachte Kostüme und sprechen oder agieren dabei so, wie man sich heute vorstellt, dass damals gesprochen oder agiert worden sei. Kostümierte Geschichte ist so ein fester Bestandteil der gegenwärtigen öffentlichen Geschichtskultur.

Diese zwar publikumswirksame, aber zumindest nicht ganz unproblematische Form der historischen Vermittlung war u. a. auch bei den Weseler Preußentagen im April 2002 zu sehen. Vor dem Zitadellentor konnten dabei als preußische Beamte und Soldaten gekleidete Schauspieler zum Thema ‚Interpretationen zum Vormärz im Rheinland 1815–1848' ins Gespräch vertieft oder bei verschiedenen ‚zeittypischen' Handlungen beobachtet werden. Dass derartige, meist feiertagsgebundene und häufig stadttouristisch motivierte, nicht zwangsläufig immer nur auf Kostümierungen beschränkte oder angewiesene Vergegenwärtigungen der Geschichte zwar gerade sehr gefragt, aber jedoch keineswegs eine

Geschichte | Die Weseler Schillfeiern von 1835 bis 1959

Erfindung des 21. Jahrhunderts sind, zeigen fünf andere Ereignisse, die ebenfalls Elemente des historischen Spiels bzw. historischer Inszenierungen beinhalteten und deren Hintergrund unter anderem auch das Weseler Zitadellentor war: Die Schillfeiern der Jahre 1835, 1859, 1909 und 1959 sowie im Besonderen die Schillfestspiele von 1934.

Die Schillfeiern vom 31. März 1835 waren die erste organisierte Festivität zu Ehren der am 16. September 1809 in Wesel erschossenen elf Offiziere des mit seinem zur Unzeit unternommenen Versuch, eine deutsche Volkserhebung zu initiieren, unglücklich gescheiterten Majors Ferdinand von Schill. Nachdem im Jahr zuvor die Gebeine der Soldaten ausgegraben und in einer Gruft in der Zitadelle beigesetzt worden waren, wurde nun im großen Rahmen in den Lippewiesen, auf dem ‚Todeshügel' der elf Offiziere, das von Karl Friedrich von Schinkel entworfene Schilldenkmal eingeweiht. Neben der ganzen Festungsgarnison, der Weseler Bürgerschaft und Offiziellen der Rheinprovinz war sogar der damalige Oberpräsident der Provinz Westfalen, Ludwig Vincke, aus dem fernen Münster an den Rhein gekommen, um der feierlichen Einweihung beizuwohnen. Bereits

Die Weseler Schillfeiern von 1835 bis 1959 — Geschichte

diese frühe Schillfeier folgte einer Inszenierung mit Elementen des historischen Spiels: „Durch das Berliner Tor ging der große Zug über den Fusternberg denselben Weg, den die elf Offiziere hatten gehen müssen. [...] Unter den Klängen eines Triumph-Marsches fiel die Hülle des Denkmals. Elf Gewehrsalven der Infanterie-Bataillone und elf Salven der Kanonen hallten über das niederrheinische Land." Versteht man den Begriff des ‚Historischen Spiels' hier bereits als aktiv gestaltende und dabei interpretierende, auf Kostümierung nicht unbedingt angewiesene Nachschöpfung eines geschichtlichen Ereignisses, fällt zumindest die Wiederholung des Zuges der Verurteilten von der Stadt zum Richtplatz unter diese Kategorie. Auf einer zeitgenössischen Abbildung sieht man schließlich noch mindestens neun junge, weiß gekleidete „edle Jungfrauen", die als Höhepunkt der Veranstaltung das enthüllte Denkmal mit Eichenlaub schmücken. Im Folgenden entwickelte sich das Schilldenkmal zum Treffpunkt alljährlich stattfindender patriotischer Feierlichkeiten wie 1940 im Ton der Zeit berichtet wird: „Seit Errichtung des Ehrenmals fand dort alljährlich eine Schillfeier statt, die in erster Linie als Fest der Jugend gedacht war [...]. Aber auch alle soldatischen und vaterländischen Feiern fanden gewöhnlich mit einem Vorbeimarsch am Ehrenmal ihren Abschluss. Die Schill-Wiese und ihr Denkmal wurden zu einer Wallfahrtsstätte des deutschen Volkes."

Auf der Gedenkfeier zum 50. Jahrestag der Erschießung, die am 16. September 1859 unter Teilnahme zahlreicher Augenzeugen des damaligen Geschehens am Schilldenkmal stattfand, gab es nun nachschöpfende Bezüge zur Denkmaleinweihung von 1835. So bestreuten z. B. auch 1859 wie schon bei der Einweihung junge, weißgekleidete Frauen das Denk-

Geschichte | Die Weseler Schillfeiern von 1835 bis 1959

Schillfeier zu Wesel
verbunden mit einer
Sammlung zur Hindenburg-Gabe
u. dem Sportfeste des Verbandes
der katholischen Jünglingsvereine
Bezirk „Niederrhein".
am Sonntag, den 30. September 1917

FESTFOLGE:

Vormittags 10¹/₄ Uhr–12¹/₄ Uhr: Turnen und Spiele der katholischen Jünglingsvereine auf der Schillwiese.
Mittags 12–1 Uhr: Musikvorträge am Berliner Tor.
Nachmittags 3 Uhr: Festzug der Schulen und Jugendvereine vom Willibrordiplatz zur Schillwiese.
Nachmittags 3¹/₄ Uhr: Festakt am Denkmal der Schill'schen Offiziere
a) Gemeinsames Lied: Wir treten zum Beten.
b) Festrede und Kaiserhoch (Herr Kaplan Kühnen)
c) Gemeinsames Lied: Heil dir im Siegerkranz. (Erste Strophe)
d) Kranzniederlegung.
e) Huldigung an Se. Exzellenz Generalfeldmarschall v. Hindenburg.
f) Gemeinsames Lied: O Deutschland hoch in Ehren.
Nachmittags 4 Uhr: Musikvorträge auf der Schillwiese. Reigen und Spiele der Schüler und Schülerinnen der Volksschulen und höheren Lehranstalten.
Nachmittags 4¹/₄ Uhr: Turnen und Spiele der Jugendvereine und Ausscheidungskämpfe der Jünglingsvereine des Bezirks „Niederrhein". Bekanntgabe der Sieger am Schilldenkmal.
Abends 6¹/₂ Uhr: Rückmarsch zum Großen Markt.
Abends 7 Uhr: Gemeinsames Lied am Kriegerdenkmal: Deutschland, Deutschland über alles.

Wortlaut der Lieder siehe Rückseite.

Die Musik stellt das I. Ersatz Bataillon des Infanterie-Regiments Nr. 56 unter Leitung des Obermusikmeisters Herrn Blättermann.

Die Hindenburg-Gabe wird Seiner Exzellenz dem Generalfeldmarschall v. Hindenburg aus Anlaß seines 70. Geburtstages am 2. Oktober 1917 zur Verfügung gestellt.

Es findet eine Büchsensammlung in den Straßen der Stadt und auf dem Festplatz statt.

mal mit Blumen, und auch der Festumzug auf den Spuren der Verurteilten wurde wieder durchgeführt. Insbesondere der Festumzug bezieht sich in einer doppelten Brechung als Form des historisches Spiels sowohl auf den Gang der Offiziere von 1809 durch die Stadt zum Erschießungsort als auch auf die Nachschöpfung dieses Zuges durch den Festzug von 1835.

An den Feiern zum 100. Jahrestag der Erschießung nahmen 1909 neben der Weseler Garnison noch der Bürgerschützenverein, der Veteranen- und Kriegerverein, die Gesangsvereine, die Turnerschaft sowie die Schulen teil. Das Programm der Feier der Weseler Turnerschaft am 26. September 1909 verdeutlicht die Dramaturgie des Gedenkens: Zuerst erfolgte um 15 Uhr das „Antreten der Vereine und Schulen mit ihren Fahnen auf der Esplanade", anschließend schlossen sich ein „Festzug durch die Stadt zur Schillwiese" und die „Aufstellung vor dem Denkmal" an. Vor dem Denkmal folgten dann Gebete, Ansprachen, Kranzniederlegungen, ein Aufmarsch mit „allgemeinen Freiübungen" sowie „Turnspiele und Sondervorführungen der Turnvereine und Schulen". Die Musik steuerte die „Kapelle des Cleve'schen Feldartillerie-Regiments Nr. 43" bei. Im Gemeindehaus wurde die Feier dann am frühen Abend fortgesetzt. Festreden, „nationale Dichtung", Musikbeiträge – u. a. Auszüge aus Richard Wagners Lohengrin – Sportvorführungen – z. B. eine „Stuhlpyramide" – sowie das Tongemälde „Militaria" bildeten hier feierliche Programmpunkte. Bei der Feier der Weseler Turner finden sich offensichtlich wieder wie schon 1859 Anklänge an die Feierlichkeiten zur Einweihung des Schilldenkmals im Jahre 1835, wie unter anderem der Festzug zeigt. Bis 1909 hatten sich feste Ausdrucksformen für die Gestaltung des Schillgedenkens ergeben: Ein Festzug auf den Spuren des letzten Gangs der jungen Offiziere gehörte so zum festen, ritualisierten Programm. Aber nicht nur die äußere Form, auch der Inhalt lehnte sich in Teilen an die Feier von 1835 an, wurde doch z. B. bei beiden Gelegenheiten Beethoven gespielt.

Die Weseler Schillfeiern von 1835 bis 1959 | Geschichte

Auch die Veranstalter der städtischen Veranstaltung vom 24. September 1909 orientierten sich in Teilen an den Einweihungsfeierlichkeiten von 1835. Es wurden wieder Gebete gesprochen, ein Ehrensalut wurde geschossen und eine Militärkapelle spielte ebenfalls. Bei einem Vergleich der Abbildungen beider Ereignisse zeigt sich erneut ein weiteres Inszenierungselement der Versuche, das Geschehen von 1835 wieder lebendig werden zu lassen. In einer Art von historischem Tableau umringen wie schon 1835 und 1859 auch 1909 wieder weiß gekleidete ‚Jungfrauen' das Denkmal und halten dabei Blumen in den Händen. Die Feier konnte im Übrigen später im ‚Elektro-Biographen' in der Schmidtstraße in zwölf Bildern – u. a. „Spalier bildende Ehrendamen" oder „Die Blumen streuenden Damen" – „in wunderbarer Schärfe" nachbetrachtet werden. Den patriotischen Tenor der Veranstaltung der Turner dokumentiert ein Bericht der Weseler Zeitung vom 26. September 1909, in welchem einen Festredner zitiert wird: „Das Vorbild der jungen Helden und jene große Zeit werde unser Volk erziehen, mit gleicher Treue und Opferwilligkeit auch in der schwersten Zeit zum Vaterland zu stehen."

Waren die regelmäßigen kleineren, aber auch die wenigen großen Schillfeiern zuvor meist ein willkommener Anlass, um der deutschen Reichseinheit zu gedenken, bekamen sie im Ersten Weltkrieg einen deutlich antifranzösischen Zug. Darüber hinaus gaben sie aber auch den Rahmen zur Sammlung sogenannter Hindenburg-Gaben als Mittel der praktischen Frontunterstützung.

Im Jahre 1934 entdeckte die Stadt Wesel

Geschichte

Die Weseler Schillfeiern von 1835 bis 1959

dann aus Anlass der 125. Wiederkehr den propagandistischen und vor allem touristischen Wert, der dem Gedächtnis an das historische Ereignis der Erschießung der Schill'schen Offiziere auch für die neuen politischen Verhältnisse innewohnen konnte. Die Stadt Wesel begründete die ‚Schillfestspiele'. Einen nicht unwesentlichen Beitrag zur deutschlandweiten Popularisierung der Schill'schen Offiziere, die die folgende Weseler Marketingoffensive überhaupt erst sinnvoll machte, hatte zuvor der Regisseur Rudolf Meinert geleistet. Meinert hatte das Leben der Helden 1926 in einem Stumm- und 1932 in einem patriotischen Tonfilm geschildert. So wurden Schill und seine Offiziere durch diese Kostümfilme noch bekannter, als sie es durch eine kurz nach den Geschehnissen einsetzende Flut an populären und wissenschaftlichen Veröffentlichungen ohnehin waren. Breite Wirkung entfalteten so z. B. Bücher wie jenes von Walter Heichen [Walter Eichner] aus dem Jahre 1934, das den programmatischen Titel ‚Schill und seine Heldenschar' trug und in dem als Abbildungen Filmstills aus Meinerts Film zu sehen waren.

Welche Art von Bedeutung die Weseler Stadtväter den Schillfestspielen des Jahres 1934 zumaßen, zeigt der Verwaltungsbericht dieses Jahres: „Für den Weseler Fremdenverkehr ist das Jahr 1934 von außerordentlicher Bedeutung gewesen. [...] Ganz besonders setzte der Fremdenzustrom aber während der mit großem Erfolge über drei Monate lang durchgeführten Weseler Schillfestspiele ein. Über 128.000 Personen wohnten den Ausführungen bei [...]." Die Stadt ließ zu diesem Anlass „450.000 Florwerbeblätter, 40.000 Briefverschlußmarken, 1.500 Plakate, 30.000 Textbücher" herstellen. Die Werbekarten zeigten unter dem Motto ‚Besucht die schöne Schillstadt Wesel' den Rhein, das gotische Rathaus, den ‚Dom' und das Berliner Tor. In der Mitte, zwischen den genannten Sehenswürdigkeiten, stand vor einer aufgehenden Sonne ein Schilloffizier in heldischer Pose – die rechte Faust auf der Brust, den linken Arm gestützt auf seinem Säbel. Bedenkt man, dass die genannten 128.000 Besucher der Festspiele mehr als die Hälfte der insgesamt 220.000 Touristen ausmachen, die der Verwaltungsbericht für 1934 nennt, kam dieser Veranstaltung eine nicht zu unterschätzende wirtschaftliche Bedeutung für die örtliche Gastronomie und das Hotelgewerbe zu.

Was die Besucher der dreimonatigen Schillfestspiele, deren erste Aufführung am 19. Juli 1934 stattfand, aber zu sehen bekamen, bezeichnet der Verwaltungsbericht voller Anerkennung als das Werk von „Laienspielern, die sich uneigennützig in den Dienst der guten Sache gestellt hatten […]." Spätere Bewertungen sprechen allerdings eher von „kitschigen Freilichtaufführungen". Auf einem Gruppenphoto, das wohl alle Darsteller und Darstellerinnen zeigt, können ungefähr 140 – nicht alle sind genau erkennbar – Laienschauspieler, darunter auch einige Kinder, gezählt werden. Dokumentiert sind die städtischen Schillfestspiele, zu denen Erich Eckert den Text geliefert hatte, durch einige in einem Album gesammelte Photos der Aufführungen mit kommentierenden Untertiteln sowie indirekt durch eine 1936 erfolgte Textveröffentlichung des für die Waldbühne der Westfälischen Heimatspiele in Hamm-Heesen erweiterten und dort auch uraufgeführten Stücks.

Der Aufführungsort der Festspiele lag vor dem Haupttor der Zitadelle, die als Bühnenbild nur notdürftig den Rahmen des mehrgestaltigen Geschehens geben konnte. Szenen des historischen Spiels, die sich anhand der Photos rekonstruieren lassen, waren u. a. die Festnahme der Offiziere, die Verkündigung des Todesurteils und der Marsch zum Erschießungsplatz. Das Schlussbild der Schillfestspiele bildete eine Versammlung der Weseler Bevölkerung, die mit hoch erhobenen Armen ausrief: „Heil Deutschland – Heil unserem Führer!" Die bruchlose Indienstnahme der Schill'schen Offiziere und der Festspiele für die nationalsozialistische Ideologie zeigt neben dem genannten Schlussbild der Aufführungen auch noch ein Zeitungsbeitrag, der vermutlich 1934 im Zusammenhang mit den Vorbereitungen zu den Festspielen über Schill unter dem Titel ‚Unsterblicher Freiheitswille' erschien: „Und so sehen wir Heutigen eine gerade Linie, die von ihm zu Schlageter führt und zu den Blutzeugen des 9. November zu Horst Wessels und seinem Sturm." Auch eine Weseler Schillausstellung im Juni hatte die Aufführungen noch zusätzlich historisch-inhaltlich vorbereitet und dabei ebenfalls nicht nur den deutschnationalen Deutungsrahmen des Geschehens vorgegeben, sondern darüber hinaus sicherlich noch einen zusätzlichen Werbeffekt ermöglicht. Eine weitere große Schillfeier vor dem Denkmal fehlte 1934 ebenfalls nicht. Für die selbstbewusste Stadt Wesel waren die Feiern und ihre Schillfestspiele des Jahres 1934 schließlich nicht weniger als eine „große nationale und das ganze deutsche Volk angehende Veranstaltung".

Ähnlich wie im Falle Peter Minuits erwies sich auch der Mythos der Schill'schen Offiziere als ein über den Wechsel der Zeiten und Herrschaftsformen hinweg brauchbares und den jeweiligen Bedürfnissen entsprechend interpretierbares Angebot der lokalen Weseler Identitätsfindung und -bestätigung.

Zum 150. Jahrestag der Erschießung fanden am 12. September 1959 in Wesel zwei Schillfeiern statt. Eine besondere Form der historischen Inszenierung entwickelte dabei die militärische Veranstaltung vor der Zitadelle. Der Marsch einer Ehrenformation der noch jungen Bundeswehr durch die Stadt und das Auftreten der Gesangsvereine nahm noch Bezug auf die Inszenierungsbestandteile der vergangenen Feiern. Eine bemerkenswerte Neuerung war jedoch der Aufmarsch von sieben Soldaten in, wie die Weseler Lokalpresse berichtet, den „blau-schwarzen Uniformen" und mit den „unverkennbare[n] Pickelhaube[n]" der „Wilhelminischen Zeit". Gemeinsam mit regulären Soldaten der noch jungen und nach erheblichen innenpolitischen Widerständen gegründeten Bundeswehr trugen sie die alten Fahnen früherer Weseler Regimenter, die „den Bataillonen im Kriege 1866, 1870/71 und 1914 vorangeweht" hatten, in das bei diesem Anlass eröffnete und in den Kasematten der Zitadelle eingerichtete Schillmuseum.

Geschichte | Die Weseler Schillfeiern von 1835 bis 1959

Der weiterführende politische Sinn der Bezugnahme auf die alten Weseler Regimenter und ihre Fahnen erschließt sich aus dem Redebeitrag des Generalmajors Schimpf. Zum einen verband dieser den Schill'schen Kampf um Freiheit mit den Gefahren für die westliche Freiheit in Zeiten des ‚Kalten Kriegs': „Den Hinweis auf den Freiheitsgedanken als Motiv der Schill-Feier (wie ihn zuvor der Weseler Bürgermeister Kurt Kräcker in seiner Rede eingebracht hatte, T. A.) griff Generalmajor Schimpf in seiner Ansprache auf. Er betonte, daß aus diesem Grunde auch die Bundeswehr an der Weseler Feier teilnehme." Zum anderen nutzte er die Feier für die Ankündigung, dass das nach dem Krieg demilitarisierte Wesel wieder eine neue Garnison bekommen sollte. Das historische Spiel diente so zur Vorspiegelung einer unproblematischen direkten Traditionsverbindung von Bundeswehr und preußisch ‚schimmernder Wehr' unter Übergehung der dazwischen liegenden Reichswehr und Wehrmacht.

Ähnliche Verbindungen stellte auch der Festredner der Schillfeier vor dem Denkmal, der Vorsitzende des Landschaftsverbands Rheinland Udo Klausa, her. Klausa stellte die Schill'schen Offiziere und ihr Opfer für die Freiheit nun in einen Bezugsrahmen, in dem nicht mehr das nationale Pathos der Zeit vor 1945 vorherrschte, sondern jene Identifikationsangebote aufgegriffen wurden, die der jungen, antikommunistischen westdeutschen Demokratie des Jahres 1959 zur Verfügung standen: „Kann man nicht eine Verbindungslinie ziehen zwischen den Idealisten von Wesel zu den Männern des 20. Juli 1944, des 17. Juni 1953 und des ungarischen Aufstands von 1956?" Wenngleich die Feier vor dem Denkmal im Vergleich zu den vorangegangenen Jubiläumsfeiern insgesamt erfolgreich versuchte, einen nüchternen Ton anzuschlagen, fanden sich auch hier wieder jene inszenatorisch-ritualisierten Elemente, die seit 1835 entwickelt und stetig kanonisiert worden waren: Militärmusik, Männerchöre, Kranzniederlegung „für die Weseler Regimenter und die alte deutsche Armee" durch einen „Ritterkreuz mit Eichenlaub" tragenden und als „Verteidiger von Breslau" bezeichneten General. Lediglich die weiß gekleideten Ehrenjungfern scheint man 1959 dem Zeitgeist geopfert zu haben.

Nach den vielfältigen Veranstaltungen, die 1984 zum 175. Jahrestag der Erschießung der Schill'schen Offiziere stattfanden – u. a. eine Ausstellung zu den weiteren Erinnerungsorten der Ereignisse des Aufstandes, eine Festrede, Besuche kostümierter Schützenbruderschaften in Schill-Uniformen – darf man nun schon auf die Formen des Gedenkens zum 200. Jubiläum im Jahre 2009 gespannt sein.

Literatur und Quellen:
Werner Arand (Hrsg.): Bronze, Stein und Eisen. Denkmäler zum Schillaufstand 1809, Köln 1984.
Dirk Blasius: Die Schill'schen Offiziere. Eine historische Würdigung nach 175 Jahren preußisch-deutscher Geschichte. Erweiterte Fassung eines Vortrags, der auf einer Gedenkveranstaltung der Stadt Wesel am 16. September 1984 gehalten wurde, Wesel 1985.
Helmut Bock: Ferdinand von Schill, Berlin 1998.
Wolfgang Cilleßen: Altäre für das Vaterland. Der Niederrhein als national-patriotische Denkmallandschaft, Wesel 2002.
Wolfgang Cilleßen (Hrsg.): Heimatliebe und Vaterlandstreue. Niederrheinische Museen vom Kaiserreich bis zum Nationalsozialismus, Wesel 2000.
Erich Eckert: Ferdinand von Schill – Ein Spiel vom deutschen Freiheitshelden in einem Vor- und Nachspiel und in acht Bildern, Uraufführung, o. O. 1936.
Adolf Langhans: Drei Gedenkstätten in Wesel. Zur Erinnerung an die Schill'schen Offiziere, in: Rheinland in Wort und Bild 2 (1940), S. 5.
Felix Richard: Das Schicksal der 11 Schill'schen Offiziere. Ein Gedenkbuch, Wesel 1962.

Text- und Bildquellen im Stadtarchiv Wesel N2.

Geschichte

ISABELLA BENNINGHOFF-LÜHL

„…und schlug ihn blunt und blaw"

In einer Zeit, in der täglich über mangelnde sittliche Maßstäbe und Verrohung der Umgangsformen geklagt wird, könnte ein Blick zurück vielleicht zu der Erkenntnis beitragen, dass alles schon einmal dagewesen war und vorausgegangene Generationen mit ähnlichen Problemen zu kämpfen hatten.

Man schrieb das Jahr 1643, der 30-jährige Krieg war noch nicht beendet. Die Bevölkerung litt unter dem pausenlosen Durchzug von Söldnerscharen der kämpfenden Parteien, die in ihrem Gefolge Mord, Brandschatzungen und Plünderungen mit sich brachten. Viele Äcker lagen wüst und konnten wegen Tod der Pächter oder Mangel an Saatgut oder nicht bewirtschaftet werden, was wiederum auch zu Einkommensverlusten der Verpächter führte. Ein großes Wehklagen lag über dem Land.
Auch die Staatsfinanzen waren erschöpft. Da kam der „Westfälische Wallenstein", Alexander Graf von Velen zu Raesfeld, Obrist zu Roß, Kaiserlicher Generalfeldzeugmeister und Hofkriegsrat, dem Kurfürsten von Brandenburg zu Hilfe und lieh diesem die damals enorme Summe von 55.000 Rtlrn. Bis zur vorgesehenen Rückzahlung nach 25 Jahren erhielt der Graf dafür als Pfandschaft das ganze Amt Schermbeck mit all seinen Einkünften[1]. Darunter fielen auch die durch den Richter jährlich eingezogenen „Civil und Criminal Brüchten", d. h. die Gelder, die für begangene Straftaten gefordert wurden[2]. Und hier begegnen uns nun Vorfälle, die wir heute entweder als Bagatellsachen in den privaten Bereich oder aber als gefährliche Körperverletzung einstufen würden.
Da gab es zunächst einmal den Tatbestand der verbalen Auseinandersetzung mit übler Nachrede, wobei vornehmlich (aber nicht nur) Frauen beteiligt waren und Worte wie „Hure, Ehebrecherin, Mörderin" fielen und man sich der Hexerei, Zauberei und des Diebstahls bezichtigte. Da meistens nicht geklärt werden konnte, wessen Aussage beweiskräftiger war, wurden vorsichtshalber beide streitenden Parteien mit Strafgeldern belegt.
Aggressiver ging es dann bei den tätlichen Angriffen zu. Die Streitigkeiten wurden mit Fäusten, Zähnen, Messern und allen erreichbaren Gegenständen ausgetragen als da waren: Steine, Stöcke, Rohre, Dreschflegel, Schüppen, Stühle, Zangen, Pfannen und Kannen. Allein für das Jahr 1643 kamen 28 Fälle dieser Art zur Anzeige und wurden bestraft, z. B.

> …"alß Heßelmann (Gahlen) seinen Bruder Hermann mit einem Stuell geschlagen und denselben verwundet 5 Tlr."

47

Geschichte

„...und schlug ihn blunt und blaw"

..."alß Johan Rademacher den vorg. Heßelmann blunt und blaw geschlagen 5 Tlr."

..."alß Johan Rademacher Heßelmann mit eine Zange inß Angesicht geschlagen, dass ihme die Nase geblutet 3 Tlr."

..."alß Henrich Foeking (Hünxe) Hermann Luggen auf freier Straßen bei finster Abendt thodtlich verwundett, ahn Haupt, Leib und Handt sehr jemmerlich zerschlagen, daß er, Lugge, lange Zeith bettlegerich 50 Rtlr."

..." alß Tönnis up Tinnen (Drevenack) Holloen gescholden und mit ein Rohr gestoßen 2 Tlr. 15 Stbr.

Und dagegen Holloe ein Meßer gezogen und Sondermannß Sohn uber die Handt geschnitten 5 Tlr."

Darauf Sondermannß Sohn Holloen mit ein Rohr dass Haupt verwundet 5 Tlr."

Besonders anfällig für Auseinandersetzungen waren Familienfeiern, bei denen reichlicher Alkoholkonsum den Ausbruch von Gewaltaktionen förderte:

..."alß Scholt zu Eßel auf Nederfeltz Hochzeit Henrich Benninck vor ein „Lecker" gescholten und darüber große Zenkereien entstanden, daß Meßer und Flegel zur Handt gegriffen worden, deswegen den Verursacher Eßel demnisirt 2 Tlr. 15 Stbr."

..." soll Schoels Scheper auf Neerfeldts Kindt Tauff ein fraw mit ein Meßer gestochen, entschuldigt sich, weiß nit, daß es geschehen, und wan es geschehen, so mußte solches auß Drunkenheit geschehen sein. 7 Tlr. 15 Stbr."

..." alß Tonnis zur Schoel auff Scholte zu Eßelß Kindt Tauffe einen von Chrechtingen, Peter Mußen genannt, mit einem Meßer zugesetzet und dadurch seine Hausfraw am Arm verletzte 5 Tlr."

Der örtliche Pastor blieb von den rauhen Umgangsformen offensichtlich nicht unbeeinflusst. So konnte es vorkommen, dass der Gahlener Küster, Henrich Richartz, dem Pfarrer die Schlüssel von der Armenkiste vor die Füße warf, nachdem dieser ihn beschuldigt hatte, sie ihm vorzuenthalten. (5 Tlr.)

..." alß Johan Berninx den Herrn Pastoren mit der Hand auff der Borst gestoßen 2 Tlr. 15 Stbr."

..." alß Goerd von Gahlen den Pastoren vor ein lugener gescholten 2 Tlr. 15 Stbr."

Aber auch die Ausdrucksweise des Geistlichen scheint sich den örtlichen Gepflogenheiten angeglichen zu haben,

..."alß der Pastor zu Gahlen wegen eines in Streit gezogenen und verpfachteten Kamps vor Gericht betaget worden, derselbe gesagt haben solle, Er sollte Ihnen vor eines Scholten Arß haben bescheiden lassen. Wehr Er dann ersten kommen, so sollte er denselben gelecket haben 2 Tlr. 15. Stbr."

Obwohl als Bagatellsache anzusehen, wurde doch die Klage des Schermbecker Pastors mit aufgeführt, die „Pastorsche zu Gahlen" habe ihm einige „Wurtzelen" (Möhren) aus dem Pfarrgarten vorenthalten, die ihm nach seinem Weggang aus dem dortigen Amt noch zugestanden hätten. (1 Tlr. 7 $^1/_2$ Stbr.)

Während das Nichterscheinen zu den geforderten Diensten, z. B. als Treiber bei der Wolfsjagd, relativ milde mit 2 Tlrn. 15 Stbrn. bestraft wurde, war es offenbar besonders schwerwiegend, wegen „Pfandkehrung" belangt zu werden, d. h. sich der angeordneten Pfändung durch den Gerichtsboten zu widersetzen. In Gahlen wurden deswegen dem Henrich Pottbroch und dem Henrich Molleken „die Iseren angelegt", ganz abgesehen von den 5 Tlrn, die sie außerdem noch bezahlen mussten. Wenn man die jeweilige Höhe der Strafgelder im Verhältnis zum begangenen Delikt betrachtet, so ergibt sich die erstaunliche Erkenntnis, dass uneheliche Schwängerung weit schwerwiegender beurteilt wurde als z. B. ein tätlicher Angriff.

> ..." alß Halßwyck (Gahlen) seine Magd fleischlich erkanndt und solches vor dem Pastoren angegeben", musste er dafür 7 Tlr. 15 Stbr. bezahlen.

> ..." alß Bernhard Nederhoff (Hünxe) seine Magdt beschwengert und sich von derselben gescheiden", wurden ihm dafür schon 15 Tlr. berechnet.

Auch als Remberg (Hünxe) nach dem Tod seiner Ehefrau deren Nichte schwängerte, wurden ihm trotz Bitte um Heiratserlaubnis beim Grafen von Velen 15 Tlr. Strafgeld berechnet.

Eine örtliche Besonderheit innerhalb des verpfändeten Amtsbezirks war die Behandlung des Themas „Hexenwesen". Während in den ehemals zum Herzogtum Kleve gehörigen Kirchspielen Gahlen, Hünxe, Drevenack und der Stadt Schermbeck die Anschuldigung, jemand befasse sich mit Hexerei und Zauberei als üble Nachrede mit Summen zwischen fünf und acht Talern bestraft wurde, sah die Situation im westfälisch beeinflussten Brünen ganz anders aus. Dort wurden noch zwei Brüder zur „Wasserprobe" nach Gemen gebracht, um durch Abtauchen oder Obenaufschwimmen festzustellen, ob sie der Zauberei schuldig wären. Als „unklar" befunden, mussten sie dann noch für das Geleit je 50 Tlr. bezahlen.

Zwei Fragen bleiben nach Durchsicht der Strafzettel:
Welche Delikte fehlen in dieser Aufstellung, und wer waren die genannten Delinquenten?

So gut wie nicht vorhanden waren Klagen über Einbruch und Diebstahl von Vieh oder Hausgerät. Noch bis zum Beginn des 20. Jahrhunderts hat man hier auf dem Land weder Haus- noch Stalltüren abgeschlossen. Verluste an Vieh oder Mobilien waren immer eine Folge kriegerischer Ereignisse.

Der zweite Aspekt berührt die Frage des betroffenen Personenkreises. Hier zeigt sich, dass (mit ganz wenigen Ausnahmen) nicht die alteingesessenen bäuerlichen Familien als Täter oder Verursacher von Streitigkeiten genannt wurden, sondern Bewohner kleiner Katen und das meist ortsfremde, auf den Höfen arbeitende Gesinde. Manche bei der Strafzumessung anzutreffenden Formulierungen:" ist unvermögend,... quia pauper,... aber von geringen mitteln,... ist ein schemeler (armseliger) Dienstknecht", deuten auf diesen Tatbestand.

Es liegt vielleicht nahe, einen Zusammenhang des rauen Umgangstons mit den kriegerischen Ereignissen jener Zeit zu sehen, aber es wird damals wie heute sicher auch eine Frage der mangelnden (Schul-)Bildung gewesen sein, die zur Gewaltbereitschaft mit beigetragen hat.

Anmerkungen:
1 Vgl. Isabella Benninghoff-Lühl/Helmut Scheffler: „Der Raum Schermbeck, Gahlen, Hünxe, Drevenack, Raesfeld, Erle im 17.Jahrhundert. (Brandenburgischer Besitz im Niederrheinisch-Westfälischen Grenzbezirk im Jahr 1640) Schermbeck 1980.
2 Staatsarchiv Münster, Landsberg-Vehlen, Akte 8885. fol. 27ff. Den Hinweis auf diese Quelle verdanke ich Herrn Günter Heiligenpahl, Brünen.

Geschichte

ADOLF BOVENKERK

Zeitreise durch die Hamminkelner Urzeit

30 000 Jahre vom Mammutelefanten bis zur Hamminkelner Geburtsurkunde

Gut Steckling in Hamminkeln-Blumenkamp heute

Hamminkeln liegt auf einer „Älteren Niederterrasse", die aus einer ca. 17 Meter dicken Kiessandschicht und einer ca. drei Meter dicken Überdeckung mit Auelehm und Flugsand besteht. Die Sande und Kiese wurden in den letzten 100 000 Jahren der letzten Eiszeit von den verwilderten Rhein-Maasströmen aufgeschüttet.

Aus der gesamten Eiszeit mit Zwischeneiszeiten, dem Quartär, welches 2,4 Millionen Jahre dauerte, sind geologisch in Hamminkeln nur noch die Spuren von 100.000 Jahren vorhanden. Der Untergrund der

Niederterrasse ist das Tertiär, eine 300 Meter dicke Schicht aus Meeresablagerungen. Diese hat sich im Zeitraum von 2,4 – 65 Millionen Jahren aus Sedimenten von Flachmeeren aufgebaut. Durch die Gletscher der Eiszeiten wurde das Tertiär vielfach abgeschoben, aufgeschoben und riesige Wassermassen aus Gletscherfluten und Flussströmen bewirkten große Erosionen. Es entstand eine fast glatte Ebene auf Höhe des jetzigen Meeresspiegels, auf dem sich die Niederterrasse ablagerte. Die Neuzeit, d. h. die jetzt während Warmzeit, das Holozän, begann erst vor 10.000 Jahren und brachte völlig neue Lebensbedingungen für Pflanzen, Tiere und Menschen.

Vor 30 000 Jahren

In der letzten Eiszeit, der Weichselkaltzeit, kam es im Rheinland nicht mehr zu einer Inlandgletscherbildung. Doch gab es noch einen starken Kälterückgang und vor etwa 20.000 Jahren erreichten die nordischen und alpinen Gletscher letztmalig eine große Ausbreitung. Der Rheingletscher füllte das Bodenseebecken aus und von Norden schoben sich die Gletscher im Westen bis nach Holstein und Hamburg. Durch die Gletscher wurde so viel Wasser gebunden, dass der Meeresspiegel um mehr als 100 Meter abgesenkt war. Die Nordsee lag bis zur Doggerbank trocken und die Ströme Rhein-Maas mussten ihren Lauf in den heutigen Ärmelkanal verlängern, nahmen die Themse und belgisch-französische Flüsse auf und mündeten im Westen im Raum Cherbourg in das Meer.

Auch wenn die hiesige Landschaft wegen des verbreiteten Dauerfrostbodens weitgehend baumfrei blieb, war sie wegen des hohen Sonnenstandes nicht unbedingt mit einer arktischen Tundra, sondern eher mit alpinen Matten zu vergleichen, ein idealer Lebensraum für viele Tiere der Kaltzeit. Reste der Kauwerkzeuge von Mammuts und der Unterkiefer eines Riesenhirsches weisen bis auf 30.000 Jahre zurück. Viele Zähne von Wollhaarelefanten (Mammuthus primigenius) lassen ahnen, dass mächtige Säugetiere bei uns sehr zahlreich waren und in Herden lebten. Das Mammut, der Wollhaarelefant, hatte eine stattliche Größe bis 4,50 Meter und eine Gewicht von 4.500 Kilo. Vor einigen Jahren wurde im ewigen Eis von Sibirien ein gut erhaltenes Mammutbaby entdeckt, eine Weltsensation. Der größte Geweihträger aller Zeiten war der Riesenhirsch. Bei einem Gewicht von 45 Kilo hatte sein Geweih bis zu vier Meter Spannweite, und bei einer Schulterhöhe von zwei Metern war er ein imposanter Zeitgenosse.

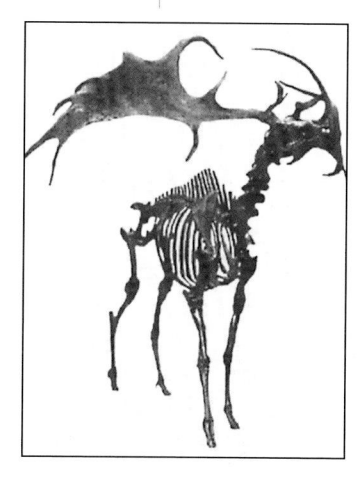

Megaloceros giganteus (Riesenhirsch)

Vor 10 000 Jahren

Im Holozän gab es neben der Klimaerwärmung durch Ablagerungen von fruchtbarem Auelehm und Flugsand neue ökologische Verhältnisse. Es entwickelten sich aus den auch heute noch vorhandenen Pflanzenarten offene Wälder und Auebereiche. Das Mammut und der Riesenhirsch starben aus, Rentierherden wichen nach Norden, aber wärmeliebende Tiere rückten nach. Knochen vom Auerochsen (Bos primigenius) und vom Wildpferd (Equus sp.) geben Zeugnis von der Vielfalt der jagdbaren Großtiere in unserer Region. Viele Wisente (Bison sp.), deren Schädel bei Auskiesungen in Hamminkeln und Dingden gefunden wurden, gehören auch dazu.

Geschichte Zeitreise durch die Hamminkelner Urzeit

Pfeilspitzen, Klingen- und Rundschaber, Steinbeil und Steinbeilfragment aus der jüngeren Steinzeit

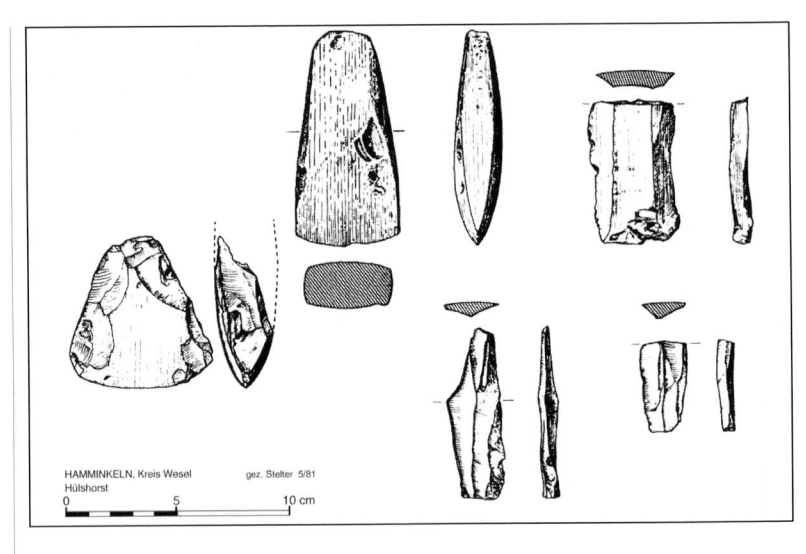

Vor 7000–10000 Jahren

Auf den Spuren der Tiere folgten die Rentierjäger, nomadisierende Jäger und Sammler. Sie sammelten Beeren, Wurzeln, Nüsse, fingen Fische und jagten Großwild. Neben den durch Knochenfunde in Hamminkeln nachgewiesenen Auerochsen, Wisenten und Wildpferden gehörten dazu Hirsche, Elche, Rentiere und auch schon das Wildschwein. Eine Geweihaxt und Knochenwerkzeuge geben uns erstmalig Kunde für die Anwesenheit der Menschen in unserer Heimat. Die Zeugnisse von Menschen und Tieren aus einem Zeitraum von 30.000 Jahren wurden von Dr. Mark Holsteg, Loikum, über mehrere Jahre in Hamminkeln gesucht, gesammelt und gesichert.

Vor 3120 Jahren

Vor über 3.000 Jahren haben schon Bauern in Hamminkeln gesiedelt. Diese ersten Siedler haben damals mit hohem technischen Verständnis und viel Aufwand Brunnen gebaut. Letzter Brunnenrest ist ein Brunnenholz, welches durch Radiokarbonverfahren auf ein Alter von 3.120 Jahren bestimmt wurde. Damit ist dieses Eichenholz das älteste von Menschenhand aus Holz gefertigte Werkstück am unteren Niederrhein.

Vor 3000 Jahren

Ein Steinbeil wurde vor vielen Jahren von Johann Hanßen, Loikum, gefunden. Es dürfte 3.000 Jahre alt sein, auch wenn es nach Material, Form und Herstellung der Jungsteinzeit 4000–2000 v. Chr. zugeordnet wird. Durch Lagerung und Fäulnis haben sich naturgemäß nur noch die Steine dieser Beile der Nachwelt erhalten.

Vor 2500 Jahren

Die Sugambrer, ein germanischer Stamm, haben in der Zeit von 500–8 v. Chr. auch in Hamminkeln gesiedelt. Als Siedlungsreste sind umfangreiche Steinwerkzeuge, Tonscherben von Graburnen, Brandreste und Grabbeigaben vorhanden. Von Prof. Dr. Dr. Rudolf Stampfuß wurden Untersuchungen und die Zeitdatierung vorgenommen. Die Römer haben aus strategischen Gründen 8 v. Chr. die Sugambrer auf die linke Rheinseite umgesiedelt. Die Steinwerkzeuge der Sugambrer wurden in den vergangenen Jahrzehnten im Wesentlichen von Ernst Paß, Hülshorst, gesammelt. Als Grundmaterial für die Herstellung von Steinbeilen, Mikrolithen, Klingen, Sicheleinsätzen, Klingenkratzern und Feuersteinspitzen benötigte man gut spaltfähige Feuersteine, auch Silex oder Flint genannt. Sie waren im Schotter der Maas und den Ablagerungen der Gletscher zu finden. Die ausliegenden Feuersteinknollen sind von Menschenhand nicht bearbeitet, doch die Kernsteine lassen das Abspalten von Feuersteinklingen erkennen.

Vor 2 000 Jahren

Beim Bau der Steinkirche als Nachfolger einer früheren Holzkirche im 10./12. Jahrhundert wurden Tuffsteine und gebrannte Tonziegel der alten römischen Stadt Ulpia Traiana und des Militärlagers Vetera II verwendet. Die Römer haben damals ihre Ziegel mit dem Legionsstempel versehen. Nach einem vorgefundenen Ziegelrest in den Fundamenten der Kirche sind die Ziegel von der XXII. Legion Primigenia hergestellt worden. Diese Legion hat zwischen 89–96 n. Chr. in Vetera II gelegen und wurde anschließend nach Mainz verlegt. 2.000 Jahre alte, von den Römern hergestellte Ziegel als Bausteine der Hamminkelner Kirche sind bemerkenswert.

Vor 1250 Jahren

Das älteste Bauwerk in Hamminkeln und auch das älteste fast noch erhaltene rechtsrheinische Bauwerk nördlich der Lippe ist die Wallburganlage Tollborg. Nicht die Römer, aber Karl Martell und Karl der Große können auf ihren Heerzügen gegen

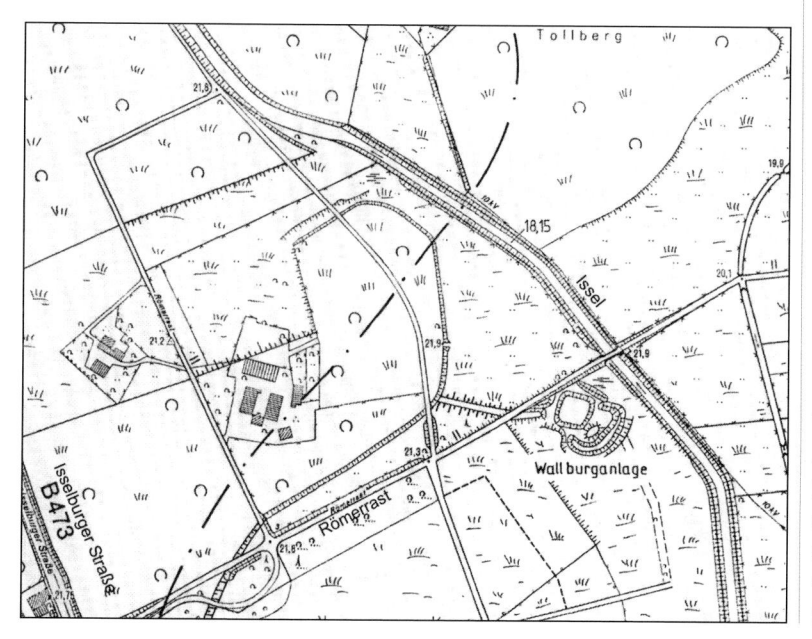

Fränkische Wallburganlage aus dem 8. Jahrhundert, Ausschnitt Deutsche Grundkarte 1 : 5 000 (verkleinert)

die rebellierenden Sachsen hier Rast gemacht haben, denn Karl Martell hat 738 und Karl der Große 779 von Lippeham nach Sachsen/Westfalen den Weg über Hamminkeln genommen. Die palisadengeschützte Wallburganlage, Grenzsicherung und Vorposten zugleich, stammt aus der Zeit von Karl Martell.

Vor 1050 Jahren

Der Hof Hamwinkili gehörte im 10. Jahrhundert dem sächsischen Stift Essen und kam um 950 in den Besitz des Stiftes Xanten. Auf diesem Hof bauten die Xantener eine Kirche, sie waren die Patronatsherren, Eigentümer und Bauherren. Zehntzahlungen zu Gunsten dieser Kirche mussten an Xanten geleistet werden. Durch den Bau der Kirche auf dem Hof Hamwinkili an der Grenze vor dem Bistum Münster wollte der Erzbischof Bruno von Köln (und damit Xanten) seinen rechtsrheinischen Gebietsanspruch absichern. Der Hofname entwickelte sich zum Namen des späteren Kirchsprengels.

Vor 850 Jahren

Die Geburtsurkunde des Kirchsprengels Hamminkeln datiert auf 1154 und stammt von den Cappenberger Grafen. Diese hatten in Wesel-Oberndorf (Averdorp) ein Prämonstratenserinnenkloster gegründet. Zu Gunsten des Klosters Averdorp machten sie mittels umfangreicher Urkundenfälschungen dem Pfarrer an der Hamminkelner Kirche den ihm seit alters her bestehenden Anspruch auf volle Zehntzahlungen des Hofes Stikelenwic (Steckling) streitig.

Vor 800 Jahren

Die Zehntzahlungen zu Gunsten der Kirchen waren unter Karl dem Großen 786 eingeführt worden. Unabhängig vom Eigentümer war die Zehntverpflichtung mit den Höfen unveränderbar verbunden. Doch 1154 hatten die Cappenberger Kürzungen vorgenommen und hierzu eine Urkunde präsentiert. Cappenberg hatte Gefallen an diesen Kürzungen gefunden und legte anno 1199 Urkunden vor mit dem Inhalt, bei dem Hof Loosen sei zu verfahren wie vormals bei Steckling. Hieraus entwickelte sich ein Streit, bei dem nicht weniger als 14 Urkunden, u. a. zwei Kaiserurkunden und zwei Papsturkunden, hergestellt wurden. Letztendlich obsiegten die Cappenberger. Die Urkunden von 1199 bestätigen die Übereinkunft, welche unter dem Archidiakon von Xanten auf dem Sendgericht in Hamminkeln vereinbart worden sei. Neben dem Probst von Xanten wird dies von Erzbischof Adolph I. von Köln bekundet. 1199 war an der Kirche Hamminkeln neben dem Pastor Gerlach auch schon ein Kaplan Lambertus tätig. Deren Einkünfte hatte man gekürzt, das Kirchspiel Hamminkeln hat es verkraftet und sich trotzdem kräftig weiterentwickelt.

Die Zeugen der Zeitreise durch die Hamminkelner Urzeit vom mächtigsten Tier der Erde der letzten zwei Millionen Jahre, dem Mammutelefanten, bis zur Hamminkelner Geburtsurkunde sind vom Hamminkelner Verkehrsverein zusammen gestellt und in der Volksbank Rhein-Lippe eG in Hamminkeln, Raiffeisenstraße 8–10, während der Banköffnungszeiten zu besichtigen.

HEINRICH REGINALD ANSCHÜTZ

Wie ich vor 60 Jahren das Kriegsende erlebte

Erlebnis in der Eisenbahn

Ich muss schon sehr überlegen, wann ich zum letzten Mal mit der Eisenbahn gefahren bin. Heutzutage fahre ich fast nur noch mit dem PKW oder mit dem Fahrrad. Manchmal auch mit einem Omnibus. Größere Reisen auch mit dem Flugzeug. Aber Eisenbahn? Da war die Situation vor rund 60 Jahren doch eine ganz andere. Im Sommer 1940 erlebte ich die erste große Reise mit der Deutschen Reichsbahn. Im Zuge der so genannten Kinder-Landverschickung wurde ich ins Sudetenland verfrachtet, und zwar nach Eger. Von der Fahrt mit der Eisenbahn habe ich nur noch die Erinnerung an einen Kameraden, der kurz vor der Rückkunft in den Heimatbahnhof den Kopf zum Fenster hinaushielt, damit seine Haare möglichst fett wurden, vom Rauch der Lokomotive. Seine Frisur war bei der Heimkehr tadellos, denn das „Lockofett" wirkte wie Pomade, nur der Geruch war anders. 1942 hatte ich meine zweite Eisenbahnreise. Wieder auf Kosten des „Dritten Reiches". Ich fuhr zur so genannten vormilitärischen Ausbildung in die Eifel. Am Pulvermar gab es damals ein Seesportlager. Dort wurden die Freiwilligen für die Kriegsmarine „wehrertüchtigt". An die Hin- und Rückreise habe ich keine Erinnerung. Die dritte Zugfahrt ging 1943 nach Remagen, zur Grundausbildung beim Reichsarbeitsdienst, die vierte zum Einsatz nach Bordeaux. Immer das Gleiche: Abschied nehmen in tristen Warteräumen, Winken am Bahnsteig, Türenschlagen, Rufe des Fahrpersonals, langsames Anfahren unter Zischen und Rattern der Lokomotive, dann schneller werdendes „Klopfklopf-klopfklopf" der Gleisansätze. Beim Blick aus dem Fenster vorübergleitende Landschaftsbilder, Häuser, Telegrafenmasten. Warten auf das unbekannte Ziel. Mein schönstes Erlebnis in der Eisenbahn fällt auch in diese Kriegszeit. Ich glaube, dass es der 4. Februar 1945 war. Ich hatte vier Tage „Einsatzurlaub" hinter mir. Meine Einheit lag in dem Dorf Waldesch auf dem Hunsrück. Von dort waren wir, nach unserem Rückzug aus Frankreich, täglich in die Stadt Koblenz gefahren worden. Rhein-Mosel-Dreieck nannte sich das damals. Die Stadt wurde jeden Tag bombardiert. Wir mussten dann für die Bevölkerung zu retten versuchen, was es noch zu retten gab. Eines Tages hieß es, dass wir einen neuen Einsatzbefehl hätten. Keiner wusste Genaues, aber alle vermuteten, dass wir an die Ostfront sollten, und so war es denn schließlich auch. Es blieb noch Zeit für diesen Kurzurlaub. Ich hatte die Abfahrt von zu Hause so lange wie möglich hinausgeschoben. In der Abenddämmerung ging ich über die Hohe Straße, Richtung Bahnhof. Einige Mädels auf der anderen Straßenseite flaxten noch hinter mir her. Die Stadt lag so ruhig, so friedlich kam sie mir vor. Es war noch fast nichts zerstört in meiner Heimatstadt Wesel. Kein Gedanke daran, dass sie in wenigen Tagen total in Schutt und Asche verwandelt werden sollte. Es stand schon ein abfahrbereiter Zug für meine Richtung da. Ich fand ein leeres Abteil, lehnte mich in die Fensterecke und schloss die Augen. Irgendwann fuhr der Zug los. Die Züge hatten damals alle Verspätung. Es gab keinen Zug, der pünktlich abfuhr. Es gab Fliegeralarm, zerbombte Strecken oder sonstige Kriegseinflüsse. Ich weiß nicht mehr, wo sie zustiegen, ob in Sterkrade oder Holten oder anderswo. Es war ein älterer Mann mit seiner Tochter. Die Bank mir gegenüber war bereits besetzt. Das schöne Mädchen mochte in meinem Alter sein, also 18 Jahre. Es setzte sich an meine Seite, der Vater neben seine Tochter. Gegrüßt wurde kaum. Eigentlich sollte immer mit „Heil Hitler" gegrüßt werden. Da grüßte man lieber gar nicht. Man konnte ja nie wissen …! Es war inzwischen dunkel geworden. Im Abteil brannte nur ein sehr schwaches Licht; oder gar keins; so genau weiß ich das nicht mehr. Gerade für die Bahn war Verdunkelung sehr wichtig. Ich hielt meine Augen geschlossen und versuchte ein bisschen zu schlafen. Aber mir war verflixt kalt. Die Heizung funktionierte nicht richtig. Ich hatte keinen Mantel. Nur die normale Uniformjacke mit einem leichten Pullover und einem Hemd drunter. Plötzlich legte mir jemand eine warme Decke über. „O", entfuhr es mir, „das ist aber sehr liebenswürdig von Ihnen." Meine schöne Nachbarin hatte anscheinend mein Zähneklappern gehört. Sie zog die Decke hinauf bis über meine Schultern. So saßen wir zu zweit unter einer Decke. Der Zug stand mehr als er fuhr. Wir sprachen nicht viel miteinander. Nur belanglose Bemerkungen. Ich hatte noch so gut wie keine Erfahrung mit Mädchen. Was sollte ich ihr auch erzählen? Dass ich in den nächsten Tagen zur Ostfront musste? Oder was ich auf unserm Rückzug durch Frankreich erlebt hatte, als wir mehrmals eingeschlossen waren? Oder dass ich, wie weiland Kaiser Nero, eine brennende Stadt gesehen hatte? Über Koblenz hatten die Alliierten Phosphor abgeworfen. Als wir nach unserm langen Einsatztag nach Waldesch zurückgebracht wurden, bot sich uns von der Höhe der Kartause ein schaurig-schöner Anblick. Die ganze Stadt brannte wie illuminiert. Die Sparren der Dächer und Türme zeichneten sich als flackernde Lichtlinien ab. Wozu sollte ich das erzählen? Es ereigneten sich so viele schreckliche Dinge. Was hatte sie vielleicht schon alles erlebt? Wir schwiegen meistens. Ich genoss das wohlige Gefühl, mit ihr unter einer Decke zu sein; ihre Wärme und ihre Sympathie zu spüren. Vielleicht sind wir hin und wieder ein bisschen eingeschlafen. Es wurde schon allmählich hell, als Vater und Tochter an ihrem Zielbahnhof waren. Ich hatte auch nicht mehr weit bis Koblenz. Wir standen auf, um uns zu verabschieden. „Es war ein schönes, warmes Nest", sagte sie, mit einem Blick auf unseren gemeinsamen Platz der vergangenen Nacht. Nach einem zarten Kuss auf meine Wange folgte sie ihrem Vater.

FRIEDRICH NÜHLEN

Xanten – Grünthal – Wallach im März 1945

Erlebnisse in der letzten Hauptkampflinie vor dem Rhein

Nachdem sich bereits seit Wochen die vom Westen herannahende Front durch das Dröhnen des Geschützdonners angemeldet hatte, Kanonen in den Gärten rundherum aufgestellt und die Schützengräben vor und hinter unserem Haus ausgehoben waren, wussten wir, jetzt werden wir den Krieg in aller Härte direkt erleben.

Die deutschen Landser: Fallschirmjäger, Grenadiere und Panzergrenadiere, die ziemlich erschöpft von den vorherigen Einsätzen bei uns und in den Nachbarhäusern Quartier nahmen, wunderten sich sehr, dass ausgerechnet wir in unseren Häusern bleiben wollten und nicht wie viele andere Zivilisten die Flucht über den Rhein in sicherere Gegenden vorgezogen hatten. Für sie war klar, der „Brückenkopf Wesel", der nach Hitlers Anweisungen um jeden Preis zu verteidigen war und von dem sogar ein Gegenschlag laut Propaganda vorgesehen war, würde von ihnen das Letzte verlangen und den ausharrenden Zivilisten ein grausiges Inferno vorführen.
In den Kriegsberichten der Alliierten war später zu lesen: Am 8. Februar 1945 begann der Höllentanz auf den Brückenkopf Wesel mit Bomben, Bordkanonen, Artillerie- und Panzerbeschuss, eben der totale Krieg. Die Devise Montgomerys (des Oberbefehlshaber der Alliierten) lautete: Schießen, schießen, schießen, die Deutschen dürfen den Kopf nicht mehr hochheben. Den Alliierten liegt daran, die Deutschen noch vor dem Rhein zu „zerquetschen".
Der Verteidigungsgürtel verengte sich auf den Bezirk Xanten – Grünthal – Wallach. Hier wohnten wir in unserem Häuschen, Menzelen-Rill 191. Wir, das waren meine Eltern, eine Schwester, ein Bruder, eine Tante und ich, damals elf Jahre alt. Mein Vater, Jahrgang 1894, war nicht mehr zur Wehrmacht eingezogen worden, zumal er an der Bahn unabkömmlich war. Anfang März wurden wir aber noch geschockt, als es plötzlich hieß, Vater sollte zum so genannten Volkssturm eingezogen werden. In Anbetracht der nahen Front kehrte er aber abends zurück. Für mich war Vater eine beruhigende Bezugsperson. Er war im 1. Weltkrieg Sanitäter gewesen und hatte bei den Überlebensvorbereitungen in den letzten Wochen Zuversicht bei mir erweckt, dass wir die Front irgendwie überstehen würden. Zu den Vorbereitungen gehörten, Lebensmittelvorräte anzulegen, Rucksäcke vorzupacken für den Fall, dass wir unser Heim verlassen mussten, einen kleinen Bunker in der Wiese zu bauen, den Keller

durch Stützen zu verstärken, Fenster zu verbarrikadieren und vieles mehr. Seit Anfang März spielte sich das Leben in unserem kleinen Gewölbekeller ab. Er war nur ca. 4,0 x 3,5 Meter groß und keine zwei Meter hoch. Die Regale waren als „Etagenbetten" ausgelegt. Neben den erwähnten sechs Familienmitgliedern hielten sich hier ab dem 5. März meist noch einige Soldaten auf, die die Keller in den Häusern wohl auch für sicherer hielten als die vor und hinter den Häusern ausgehobenen Schützengräben. Während ich die Kelleraufenthalte bei den Luftangriffen der ersten Kriegsjahre nicht für besonders sicher gehalten hatte, weil die Nachbarn teilweise über modernere Betondecken verfügten, vertraute ich jetzt den Aussagen meines Vaters, dass ein Gewölbe besonders belastbar sei, zumal die Soldaten das auch so sahen. Der erwähnte „Bunker", ca. 30 m in östlicher Richtung vom Hause entfernt, hatte in der bisherigen Kriegszeit hauptsächlich bei nächtlichen Fliegerangriffen als Unterstand bei der Beobachtung des schrecklichen Feuerspektakels gedient. Er war aus Holzstämmen gebaut, mit ca. 80 cm Erde bedeckt und stellte keine große Sicherheit dar, zumal der Eingang in Richtung nahende Front gelegen war.

Jetzt erhielt der Bunker eine besondere Bedeutung. Mein Bruder, 24 Jahre alt, war wegen seiner körperlichen Behinderung nicht Soldat geworden. Bis zuletzt hatte er bei der Pflugfabrik Lemken gearbeitet und hier Freundschaft mit einem französischen Fremdarbeiter geschlossen. Als dieser in den ersten Märztagen zwangsweise nach Innerdeutschland verlegt werden sollte, brachte mein Bruder ihn mit nach Hause, wo er eben in diesem Bunker versteckt wurde. Seine Anwesenheit hätte bei dem einen oder anderen Soldaten Unwillen hervorrufen können, denn obwohl einige Landser die Ausweglosigkeit der militärischen Lage erkannten, gab es auch noch Fanatiker, die die Einstellung des Generalfeldmarschalls Model teilten: Wir werden den Krieg doch gewinnen. Hiervon sollten wir noch Beispiele kennenlernen. Von den Schützengräben, die vor und hinter unserem Haus angelegt waren, habe ich bereits berichtet. Die vorgesehene Verteidigung wurde ergänzt durch eine Panzerabwehrkanone, die in westlicher Richtung an unserer Gartenhecke stand, und zwei Geschütze beim Nachbarn. Die zugeordneten Soldaten waren in den erwähnten Kellern.

Seit Mittwoch, dem 7. März 1945, lag unsere Gegend unter Artilleriebeschuss. Systematisch wurden die erkennbaren Verteidigungseinrichtungen und die Häuser beschossen. Auch sollte die „Feuersperre" den begonnenen Rückzug der deutschen Truppen über Grünthal in Richtung Wesel erschweren. Entsprechend späteren Kriegsberichten trugen die Angriffe die Handschrift Montgomerys: Große Materialmassen vorsichtig einsetzen und den schwachen Gegner ausradieren. Bei dem Feuerhagel auf unser Haus knieten die Frauen und ich auf dem Kellerboden und hielten Decken über dem Kopf, um so das nahezu unerträgliche Getöse und die Knallgeräusche zu überstehen. Es wurde gebetet. Ich glaube, dass sich auch Soldaten angeschlossen haben. Das Inferno erreichte seinen Höhepunkt am Freitag, dem 9. März. Mein Bruder war gerade unterwegs, um unserem französischen Freund im Bunker etwas Essbares zu bringen, als ein einstündiges Trommelfeuer seine baldige Rückkeh unmöglich machte. In der Wiese zwischen Haus und Bunker haben wir später etwa 30 Geschosseinschläge zählen können. Gott sei Dank wurde bis dahin keiner verletzt, da die feindliche Artillerie noch keine direkte Beobachtungsmöglichkeit hatte. Das sollte sich bald ändern. Vor unserem Haus in Richtung Westen hatte eine deutsche MG-Besatzung im Schützengraben Stellung bezogen. In einer Feuerpause der feindlichen Artillerie gegen 14.00 Uhr, wir atmeten schon auf, ertönte plötzlich das

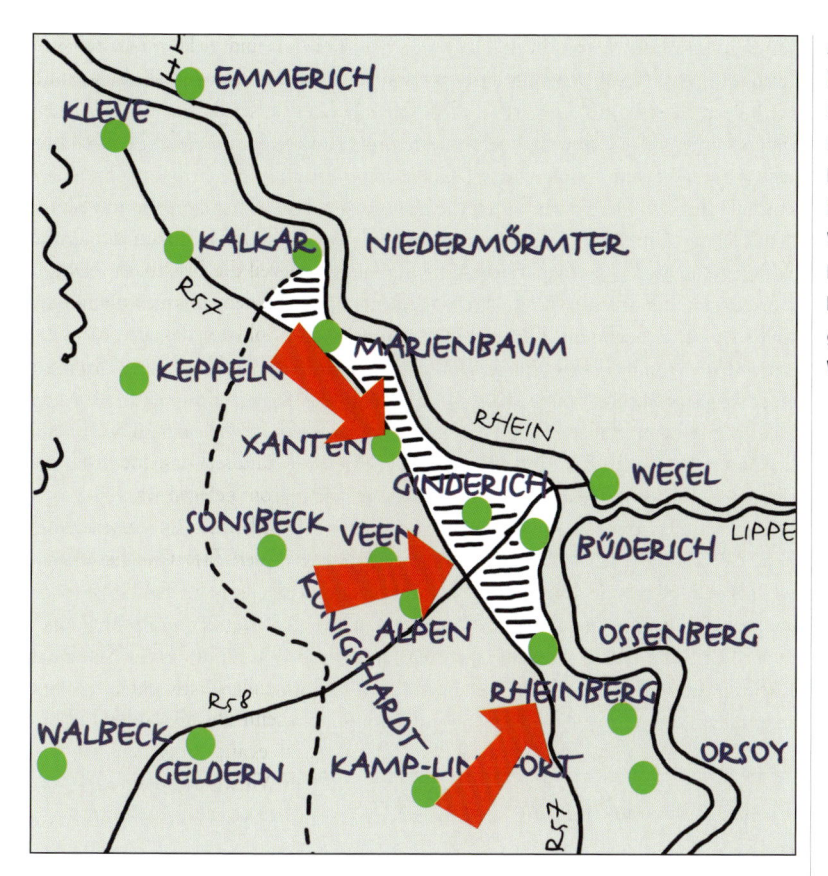

Xanten – Grünthal – Wallach im März 1945 | Geschichte

Amerikaner, Kanadier und Briten drücken in den ersten Märztagen vom Norden und Westen her den Brückenkopf im Rheinknie gegenüber Wesel ein.

Geratter eines Maschinengewehrs. Wir nehmen an, dass feindliche Infanteristen aus dem Graben der Reichsstraße 57 die Straße überwinden wollten und so ein Ziel für das deutsche MG bildeten. Das MG-Feuer verstummte bald, um einem erneuten Trommelfeuer der feindlichen Geschütze Platz zu machen. Erneut wurde die Häusergruppe unter Dauerbeschuss gelegt.

Unser Haus, ca. 14 Meter lang, lag mit den Stallungen und den Wohnräumen in Richtung Front, während sich der Keller am Ende des Hauses befand. Er war so durch drei Giebelwände, u. a. ein Brandgiebel (40 cm dick) relativ geschützt. Wir hörten zwar die Einschläge, aber der Keller hielt Stand. Die nächste Feuerpause trat ein, um unseren „tapferen" MG-Schützen erneut die Gelegenheit der Frontabwehr zu bieten. Das Ganze wiederholte sich drei- bis viermal. Die Stimmung im Keller war auf dem absoluten Tiefpunkt, uns schien es nur eine Frage der Zeit zu sein, bis ein Treffer uns erreichen oder ein Feuer ausbrechen würde. In der Zwischenzeit hatte der feindliche Beschuss unsere schützenden Giebelwände zertrümmert, der herannahende Feind hatte jetzt bei entsprechender Stellung direkten Blick auf unseren Kellerausgang. Nur so ist zu verstehen, was sich gegen 18.00 Uhr abspielte. Plötzlich erklang von oben eine Stimme – ein Soldat hatte sich wohl vom Nachbarhaus bis zu uns herangerobbt: „Panzer in 200 Meter Entfernung." Die Landser, die bei uns im Keller auf den Kartoffelsäcken hockten, teilweise in banger Vorahnung Fotos ihrer Familien betrachteten und in der Mehrzahl genau wie wir auf ein baldiges Ende des Infernos hofften, sprangen wie elektrisiert

Geschichte | Xanten – Grünthal – Wallach im März 1945

von den Kartoffelsäcken hoch und stürmten dem Kellerausgang zu, um zu ihrer Panzerabwehrkanone zu gelangen. Mein Vater wagte noch den Einspruch: „Bleibt hier, das hat keinen Zweck mehr." Jedoch das Pflichtgefühl oder die Angst vor Konsequenzen waren stärker als jede Vernunft. Zwei waren oben angelangt, da erzitterte das Haus schon unter neuem Geschosshagel. Gleichzeitig ertönten die Schmerzschreie der Hochgestürmten. Die Panzer hatten die Bewegungen beobachten können und gezielt den Zugang zum Pak-Geschütz verhindert. Als der Beschuss aufhörte, tönten die Schreie weiter durch das Haus. Keiner der unten gebliebenen Soldaten wagte, den Kameraden zu Hilfe zu eilen. Mein Vater – vielleicht vertraute er auf seine Zivilkleidung, vielleicht war es noch sein Pflichtgefühl als ausgebildeter Sanitäter – ging nach oben, und wie ein Wunder blieb es ruhig. Während zwei Soldaten bereits tot waren, lag noch einer schwer verwundet in der Küche, vier Meter vom Kellereingang entfernt. Mein Vater zog ihn zum Kellereingang, wo ihm einer der unten gebliebenen Soldaten half, den Verletzten in den Keller zu bringen. Die Schreie des Verwundeten werde ich nie vergessen. Er war schwer verletzt und wurde behelfsmäßig verbunden. Neben den Schmerzensschreien ist mir in besonderer Erinnerung geblieben, dass er immer wieder beschwörend rief: „Ich will heim ins Reich." Selbst in dieser schrecklichen, lebensbedrohten Lage konnte der Ruf bedeuten: Ich glaube an den propagierten Endsieg, ich will dabei sein. Der Dauerbeschuss hatte aufgehört, an Verteidigung dachte keiner mehr. Der Feind rückte aber auch nicht vor, so konnte nach Einbruch der Nacht der Rückzug der noch lebenden deutschen Soldaten beginnen. Der Verwundete aus unserem Haus wurde in einer Zeltplane mitgenommen, wobei sein Überleben in An-

Kriegssituation in der letzten Hauptkampflinie vor dem Rhein am 9. März 1945

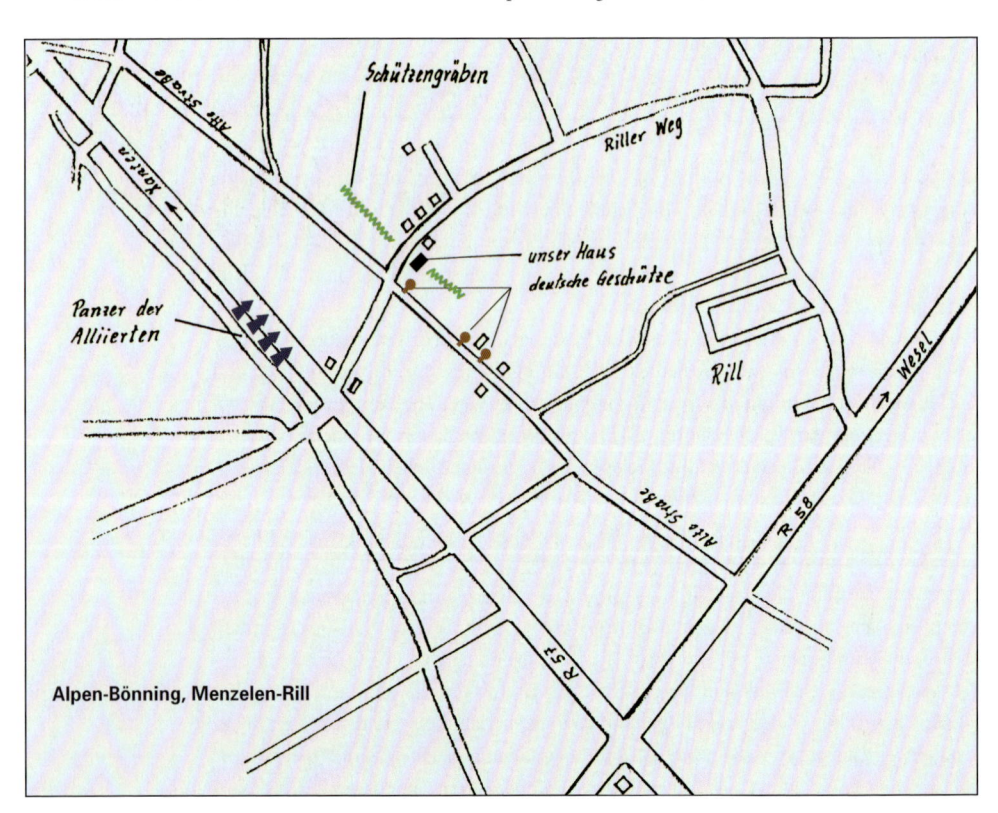

betracht der schweren Verletzungen fraglich war. Später hörten wir, dass auf dem Rückzug zum Rheinübergang noch etliche Verwundete gestorben sind. Wir Zivilisten blieben im Keller, harrten der Dinge, die da kommen sollten, und hofften, das Schlimmste überstanden zu haben. Eine besondere Aufregung gab es noch kurz nach Mitternacht, als ein deutscher Offizier mit vorgehaltener Pistole in unseren Keller stürmte und nach einem Fahnenflüchtigen suchte. Wäre er fündig geworden, wäre sicher eine standrechtliche Erschießung auch der Schutz Gewährenden die Folge gewesen. Gegen 7.00 Uhr morgens mussten wir erneut zittern. Die Alliierten durchkämmten sicherheitshalber ein weiteres Mal die Gegend mit ihren Geschosssalven. Parallel dazu erlebten wir dann noch die schreckliche Wirkung deutscher Do-Werfer, die von der anderen Rheinseite in der Meinung, der Feind sei schon vorgerückt, unsere Gegend unter Beschuss legten. Diese Waffe hatte die psychologisch zermürbende Eigenart, in 7er Serien abgefeuert zu werden und Sekunden vor dem Einschlag durch lautes Heulen die ungewisse Ankunft anzukündigen. Später konnten wir die bombenartigen Trichter dieser gefährlichen Waffe in der Nachbarschaft finden.

Am 10. März gegen 9.00 Uhr schließlich kam unser Franzose aus seinem Versteck, nahm ein weißes Bettlaken und zog querfeldein in Richtung Reichsstr. 57, um den Alliierten anzuzeigen: Die Gefahr ist gebannt. Folgendes Dokument unseres Schützlings kann ich diesem Bericht beifügen:

„Da ist ein Franzose im Garten, hinter dem Haus in einem kleinen Schutzbau. Bitte geht zu ihm, er kann englisch, französisch und deutsch sprechen."

> There is a Frenchman in the Garden, behind the house in a little Schelter. Please go to him he can speak english, french and german.

Diesen Zettel hatte er uns vorsichtshalber für den Fall übergeben, dass die alliierten Eroberer zuerst bei uns erschienen wären. Wir blieben in dem Keller, bis kurz darauf Kanadier vorsichtig mit vorgehaltener MP sich davon überzeugten, dass nur noch Zivilisten die Stellung hielten. Etwas später, wir hatten uns aus dem Keller nach oben gewagt, sahen wir, wie die Eroberer einen jungen Gefangenen vorbeiführten. Der Sechzehnjährige hatte die nächtliche Suche nach einem Fahnenflüchtigen unter der Lagerstatt einer kranken Nachbarin überstanden. Insgesamt war unser Haus von 20 bis 30 Geschossen beschädigt worden. Gott sei Dank hatte selbst das Stroh, das über den Stallungen lag und total zerfetzt war, kein Feuer gefangen. Ein Brand wäre sicher unser Ende gewesen. Mehrere Häuser in der Nachbarschaft sind abgebrannt, wobei auch der Tod von Zivilisten zu beklagen war.

Die Alliierten ließen uns in den ersten Tagen gewähren, das heißt wir haben die Toten im Garten beerdigt, begannen aufzuräumen und versuchten mit Material der verlassenen Wehrmachtseinrichtungen unser Haus provisorisch zu verbrettern bzw. wieder bewohnbar zu machen. Aber schon am Mittwoch, dem 14. März 1945, hieß es, euere

Wohngegend ist Aufmarschgebiet für die geplante Rheinüberquerung. Wir wurden evakuiert. Jeder durfte ein Päckchen mit dem Nötigsten mitnehmen. Hier bewährten sich ein weiteres Mal Vaters Vorplanungen, die vorgepackten Rucksäcke erfüllten ihren Dienst. Zu Fuß ging es nach Alpen zum Bahnhof in eine ungewisse Zukunft.

Dass wir unser Eigentum verlassen mussten, habe ich als Kind verkraftet: Die Eltern waren bei mir, irgendwie lag ein Abenteuer vor uns. Aber was mich besonders schmerzlich berührte, war, dass wir unseren Spitz, der jahrelang mein Spielgefährte und Kamerad war, zurücklassen mussten. Beim Abzug lugte er verständnislos aus dem zerschossenen Dach. Mein Vater hatte ihn wohl nach oben gesperrt, da ein Mitnehmen ausgeschlossen war. Leider erfüllte sich meine Hoffnung nicht, ihn bei unserer Rückkehr wiederzusehen. Am Bahnhof in Alpen warteten einige Lastwagen auf unseren Abtransport, während einige Nachbarn mit dem Aufsteigen zögerten – in der Hoffnung evtl. wieder nach Hause zu dürfen –, führte Vater uns zum erstbesten Wagen, und die Fahrt ging nach Kapellen bei Geldern, wo wir den Verhältnissen entsprechend eine tragbare Unterkunft für vier Wochen fanden. Wie wir später hörten, sind die Zögerlichen mit anderen Transporten in Bedburg-Hau gelandet, wo die Bedingungen wesentlich schlechter waren und viele in provisorischen Zelten vegetieren mussten. Abgesehen davon, dass Eltern und Geschwister nur mit viel Mühe und auch mit Bettelgängen unsere Ernährung sicherstellen konnten, war mit dem Aufenthalt in Kapellen der direkte Kriegskontakt für uns zu Ende.

Literatur:
Auweiler, Josef: Krieg in unserer Heimat. Landkreis Moers 1945

HERMANN JOSEF STENKAMP

Als die Maut noch Chausseegeld hieß

Der Ausbau der Verkehrsinfrastruktur stellte schon im frühen 19. Jahrhundert den Staat und vor allem die Gemeinden vor große Schwierigkeiten. Wie man damals den Chausseebau organisierte und für die neuen Straßen schließlich das Wegegeld erhob, lässt sich sehr eindrucksvoll am Beispiel der Landstraße Wesel-Bocholt aufzeigen. Heutige Straßenplaner und Mautbetreiber mögen durchaus Parallelen erkennen.

Um 1800 erfuhren erst wenige Staatsstraßen einen Ausbau zur Chaussee. Erst viel später ging man an die bis heute wichtigsten Verkehrsstrecken. So erhielten beispielsweise rechtsrheinisch die heutige B 8 und die B 70 erst in den 1840er Jahren eine feste Fahrbahn. Wohl als erste Kommunalchaussee im Kreis Rees, das heißt von der Gemeinde zu finanzierende und zu unterhaltende Straße, befestigte man die alte – und vor allem für Bocholt wichtige – Landstraße von Wesel nach Hamminkeln[1].

Kieschaussee: Fast alle Fahrbahnen der Chausseen bestanden noch bis zum Anfang des 20. Jahrhunderts aus einer fest gewalzten Kiesdecke. Die immer wieder neu ausgelegten Holzklötze sorgten für eine gleichmäßige Befahrung aller Bereiche, wie dieses Foto aus Winterswijk, NL, zeigt.

Aus dem Kreis Wesel

Als die Maut noch Chausseegeld hieß

Welche Bedeutung der Bau von Chausseen oder „Kunststraßen", wie der zeitgenössische deutsche Begriff lautet, für den damaligen Verkehr mit Frachtwagen, Postkutschen oder Kohlenkarren hatte, zeigen die zahlreichen Beschwerden über unpassierbare Wegstrecken. Nicht nur Zeitverlust, sondern auch vielfach Unfälle waren die Folge. Selbst die „Staatsstraßen" oder „Bezirksstraßen" bestanden bis dahin ausschließlich aus einem mehr oder weniger breiten Fahrweg, dessen Fahrbahn aus dem jeweils örtlich vorkommenden Boden bestand: Sand, Lehm oder Morast. Bestenfalls blieb die Fahrbahn relativ trocken. Da sie meist nur einmal pro Jahr durch die Bewohner der anliegenden Gemeinde unter Aufsicht des Bürgermeisters von Hand mit Schaufeln neu planiert wurde, bestand ihre Fahrbahn fast das ganze Jahr über aus tief ausgefahrenen Spuren und Schlaglöchern. Als Füllmaterial kam meist nur Boden, der neben der Fahrbahn abgegraben wurde, zum Einsatz. Als ungeliebte Pflicht erfolgten diese Arbeiten meist wenig gründlich, zumal das Ergebnis vor allem den durchreisenden Postkutschen und Fuhrleuten zugute kam.

Eine Chaussee hingegen hatte – oder sollte zumindest – das ganze Jahr hindurch eine feste glatte Fahrbahn besitzen. Der Unterbau aus Kies oder Steinen sorgte dafür, dass auch große Belastungen keinen Schaden anrichten konnten. Weitere bautechnische Merkmale kamen hinzu: Sie musste gewölbt sein, damit das Wasser zu beiden Seiten in die ebenfalls anzulegenden Gräben ablief und die Fahrbahn schnell trocknete und keine Schäden entstanden. Die Straße sollte möglichst gerade ohne Kurven angelegt sein und insbesondere überall die gleiche Breite besitzen. Chausseebäume rechts und links entlang der Straße gaben die Richtung vor und verhinderten ein Verlassen an nicht vorgesehenen Stellen[2].

Mit dem Begriff Chaussee verbindet man heute eine gewölbte Straße mit Kopfsteinpflaster, doch ein solcher Aufwand konnte für die Gemeindechaussee zwischen Bocholt und Wesel und auch für viele Staatsstraßen nicht finanziert werden. Der Fortschritt lag einzig darin, dass die Straße nun eine festgelegte Breite und auf dem planierten alten Sandweg eine festgewalzte Kiesdecke erhielt.

Schon im Jahr 1834 sollte ein Gutachten für die königliche Regierung in Düsseldorf über die Straße von Wesel nach Ringenberg erstellt werden[3]. Doch ein Ortstermin kam erst später zu Stande und führte dann zu dem vom Kreisbaumeister Vermeer erarbeiteten Kostenvoranschlag vom 8. März 1839. Die Beschreibung der einzelnen

Nur die kurzen Ortsdurchfahrten der Dörfer besaßen eine gepflasterte Fahrbahn mit Wölbung und Abzugsrinnen. Das Pflaster in Ringenberg wurde 1903 aus Grauwacke neu verlegt, weil das alte zu glatt geworden war (Ringenberg um 1910).

Als die Maut noch Chausseegeld hieß

Arbeiten sowie die Nachträge in den Urkatasterkarten zeigen, dass es sich bei diesem Teilabschnitt um einen reinen Ausbau des vorhandenen, fast geradlinig verlaufenden Sandweges handelte. Nur an wenigen Stellen mussten, im Gegensatz zu den Streckenabschnitten weiter Richtung Bocholt, Korrekturen und Verbreiterungen vorgenommen werden, so dass sich die geplante Baumaßnahme eigentlich hätte zügig durchführen lassen sollen.

Doch zunächst zur Beschreibung des Straßenverlaufs: Gegenüber vom heutigen Arbeitsamt in Wesel zweigte die Hamminkelner Landstraße von der Reeser Landstraße spitzwinkelig nach Norden ab. Zwei alte Chausseelinden auf dem Gelände des benachbarten Autohauses deuten den ursprünglichen Verlauf an. An der Landwehr am heutigen „Haus Blumenkamp", damals die Wirtschaft Huvermann, verließ die Straße das Stadtgebiet und führte fast geradlinig auf das Dorf Hamminkeln zu. Der weitere hier nicht mehr behandelte Chausseeverlauf führte durch Hamminkeln nach Ringenberg (Ringenberger Straße), durch das Dorf Dingden über eine völlig neu angelegte Kunststraße auf Bocholt zu. Doch wie sahen die einzelnen Arbeiten konkret aus? Auf Weseler Gebiet waren laut Kostenvoranschlag 345 Ruten (= 1.300 Meter) von der Staatsstraße (= heutige B 8) bis zur Hamminkelner Grenze zu planieren und mit einer festen Kiesdecke zu versehen, deren Kosten mit 2.100 Taler veranschlagt wurden[4]. Auf Hamminkelner Gebiet betrug die Länge insgesamt 1.647 Ruten (= 6209 Meter), deren Ausbau mit 10.341 Taler inklusive Reparatur der beiden Ringenberger Brücken veranschlagt war. Im Dorf Hamminkeln bestand bereits auf 30 Ruten Länge (= 113 Meter) ein Feldsteinpflaster. Sonst sollte die bestehende Bahn mit Schüppen bearbeitet und mit einer Fahrbahn aus Kies versehen werden, der für einen Taler pro Schachtrute (= 4,45 Kubikmeter) aus der Nähe von Brünen anzufahren sei.

Die Detailbeschreibungen lauten beispielsweise für den Ringenberger Abschnitt: „Auf dieser Strecke ist nötig die Einkiesung für die Kiesdecke auf 15 Fuß (= 6,70 Meter) breit 7 Zoll (= 18 Zentimeter) dick mit einer Wölbung von 8 Zoll (= 21 Zentimeter) auszuschneiden, den Kies lagenweise von 3+2+2 Zoll derartig aufzubringen, dass derselbe wegen der Ungleichmäßigkeit der Steine, mittelst Rollen sortiert und die obere Lage zur Decke mittelst einer halbzölligen Harfe einmal gereinigt wird. Die Einkiesung wird auf zwei Zoll hoch mit Lehm bemantelt und die obere Kieslage ebenfalls mit etwas Lehm vermischt. Ferner sind die Bankettes zu bearbeiten, planieren und die Kanten scharf aufzusetzen."[5]

Schlechter Weg: Insbesondere in der nassen Jahreszeit waren die unbefestigten Straßen völlig zerfahren und kaum passierbar.

Als die Maut noch Chausseegeld hieß

Aufgrund dieses Kostenvoranschlages fasste jede einzelne Kommune einen Ausbaubeschluss, also Wesel, Hamminkeln und im weiteren Verlauf Dingden, Liedern und Bocholt, und stellte auch deren Finanzierung sicher. Als Erster entschied sich der Gemeinderat von Hamminkeln unter Vorsitz des Bürgermeisters von Ising am 19. März 1839 für den Bau der Kieschaussee. Von Ising beantragte daraufhin über den Landrat den in Aussicht gestellten Staatszuschuss von 3.000 Talern für den Bau eine Meile (= 7.532 Meter) Kunststraße. Er selbst übernehme die Bauaufsicht, wobei mit dem Bau bereits begonnen sei und im Mai wohl die ersten 200 Ruten fertig sein dürften[6]. In Wesel fasste man den Baubeschluss am 17. August 1839.

Doch an dem ambitionierten Ausbau der Straße nahmen 41 Hamminkelner unter Führung des Schenkwirtes J. W. Busch vom Weißenstein Anstoß. Anscheinend befürchtete er erhebliche Einnahmeinbußen durch die verbesserte Straße, da nun Fuhrleute und Postkutschen nicht mehr so oft Halt machen müssten und weniger Vorspannpferde zur Überbrückung der schwierigsten Wegestellen benötigen würden. Seine in der Beschwerde angeführten Argumente waren allerdings völlig andere und zielten vor allem auf die angeblich unzumutbare finanzielle Belastung der Gemeindemitglieder durch den Straßenbau. In seiner Stellungnahme an den Landrat widerlegte von Ising diese Einwände[7]. Demnach hatte der Bürgermeister bereits 1838 und 1839 bei Frostwetter Kies aus Brünen anfahren lassen und dafür den Spanndienstleistenden 1.255 Talern gezahlt. Diese Ausgaben wurden fast vollständig durch Holzverkäufe in der Hülshorst gegenfinanziert. Pro Pferd und Karre konnten 16 Kubikfuß (= 0,48 Kubikmeter) transportiert und somit mit zwei Pferden pro Tag einen Taler und 15 Silbergroschen verdient werden. Sicherlich stellten diese Einnahmen keinen guten Verdienst dar, doch boten sie in arbeitsarmer Winterzeit ein begehrtes Zubrot. Die über den Gemeindehaushalt auf alle Mitglieder umzulegenden Ausgaben für den Straßenbau flossen auf diese Weise weitestgehend in den Ort zurück.

Damit alles ordnungsgemäß zuging, ließ von Ising aufgrund einer Regierungsverfügung vom 5. März 1840 im Februar 1841 ein Reglement drucken, in dem insbesondere die Hand- und Spanndienste mit Arbeitszeiten, ihre Anrechnung, Verzeichnung in Listen und Entlohnung geregelt wurden[8]. Die gleiche Verordnung ließ später auch die Gemeinde Dingden in einer Auflage von 400 Stück drucken und an alle Beteiligten verteilen[9]. Scheinbar blieb aber kein Exemplar erhalten.

Für seine vorbildliche Tätigkeit empfahl der Regierungspräsident 1841 eine Belobigung des Bürgermeisters: „Als einen erfreulichen Beweis, was durch umsichtige Leitung und Thätigkeit im Kommunalwegebau zu leisten steht, kann ich die von Bürgermeister von Ising neu angelegte Wegstrecke zwischen Wesel und Hamminkeln bezeichnen. Die Arbeit ist ganz planmäßig mit großer Sorgfalt ausgeführt und eben so gut unterhalten."[10] Zu den Beweggründen seines vorbildlichen Einsatzes für den Straßenbau geben die Akten keine Hinweise. Es muss offen bleiben, ob er durch aktuelle Schriften über den Chausseebau gut informiert und von dessen großer Bedeutung überzeugt war oder nur sehr eifrig auf die Vorgaben der übergeordneten Behörden reagierte, die zu jener Zeit sehr auf den Straßenausbau drängten.

Doch noch war die Straße nicht fertiggestellt. Im Sommer 1841 erfolgte der Bau der ersten Hälfte zwischen dem Dorf Hamminkeln und Ringenberg, der zweite Teil sollte im kommenden Jahr folgen. In jenem Abschnitt entschied man sich nicht für den Ausbau der direkten Linie (heute: An der Windmühle), sondern führte die

Kieschaussee ein Stück weiter geradeaus auf dem Weg Richtung Loikum, um sie dann rechtwinklig nach Ringenberg abbiegen zu lassen. In Richtung Loikum erfolgte der Ausbau allerdings erst über zwanzig Jahre später. Im Herbst 1842 meldete der Bürgermeister den Abschluss der Bauarbeiten auf der gesamten Strecke von Wesel bis Ringenberg. Doch deckte der Wegebauinspektor im Oktober 1842 Mängel in der Bauausführung auf[11]. Sie könnten die Bauabnahme verhindern und damit schließlich auch die Refinanzierung durch das zu erhebende Chausseegeld. Auch kam der Staatszuschuss von 3.000 Talern pro Meile nur bei vorschriftsmäßigem Bau zur Auszahlung. Die Nachbesserungen erfolgten umgehend.

Am 10. Oktober 1843 bewilligte der König die Prämie von 3.930 Talern für die Fertigstellung von insgesamt 2.320 Ruten (= 8,746 Kilometer) Kunststraße, die 1843 aus dem Chausseebaufonds auszuzahlen seien, und gewährte auch das Privileg zur Erhebung von Chausseegeld für eine Meile Wegstrecke. Vom 1. Juni 1843 musste fortan beim Wirt Jacob Huvermann in Blumenkamp (heute „Haus Blumenkamp") von allen Passanten das Wegegeld nach dem vorgeschriebenen Tarif von 1840 bezahlt werden:

> für jedes beladene Fahrzeug pro Zugpferd einen Silbergroschen [zu 12 Pf.]
> für jedes unbeladene Fahrzeug pro Zugpferd acht Pfennige
> für die Ackerfahrzeuge vier Pfennige pro Zugtier[12].

Als Bemessungseinheit diente die Anzahl der Zugtiere – der Pferdestärken (PS). Sie stand für die mögliche Ladekapazität eines Fahrzeuges und damit auch für die unmittelbare Belastung der Straße. Neben dem Chausseegeldtarif bestand das Chausseegeld-Reglement aus einer Reihe von Paragraphen, die Sonderregelungen und Ausnahmen bis hin zu kostenfreien Leichenzügen regelten. So musste die Schranke immer geschlossen sein, um alle Passanten zur Zahlung des Wegegeldes zu zwingen. Fuhrleute und Reisende hatten anzuhalten und beim Chausseegeldeinnehmer den Tarif zu entrichten, worauf dieser dafür eine vorgedruckte Quittung mit Datum und Unterschrift aushändigte und die Schranke zur Weiterfahrt öffnete. Diese Chausseegeldzettel waren an der nächsten Barriere wieder vorzuzeigen, falls schon für den Folgeabschnitt der Beitrag entrichtet worden war. Staatsbedienstete und weitere Personenkreise blieben natürlich von diesen Zahlungen ausgenommen. Auch für die Post galten Sonderregelungen: Der Postillon kündigte sich rechtzeitig mittels Hornsignal an und konnte ohne Halt passieren – dafür hatte der Wärter zu sorgen. Über den gültigen Chausseegeldtarif informierte die neben der Schranke anzubringende hölzerne Tafel, welche die Kosten für jeden nachvollziehbar machte und verhinderte, dass der Wärter unerlaubt höhere Gebühren verlangen konnte. Zur Ausstattung gehörte weiterhin eine Kette, mit welcher der Schlagbaum verschlossen werden konnte. Damit in der Dunkelheit die Barriere gut sichtbar war, hatte der Wärter den weiß-rot gestrichenen Schlagbaum auf eigene Kosten während der gesamten Nacht mittels Petroleumlampe zu beleuchten[13].

Über die ausgegebenen Quittungen und eingenommenen Gebühren musste detailliert Buch geführt werden. Dennoch erhielt der Barrierewärter keinen festen Einnahmeprozentsatz. Die Verpachtung der Wegegeldeinnahmen geschah meistbietend, so dass das Risiko beim Pächter lag. Bevor die Straße Wesel-Ringenberg 1856 als Bezirksstraße in Staatsbesitz überging, erfolgte eine Aufstellung der jährlichen

Aus dem Kreis Wesel

Als die Maut noch Chausseegeld hieß

Einnahmesummen für diese Strecke, die anteilig an die Gemeindekassen in Hamminkeln und Wesel gingen: Deutlich wird die Zunahme des Verkehrs. Bei 650 Taler (zu 30 Silbergroschen) plus etwa 30 Prozent Provision kommt man auf 850 Taler Jahreseinnahmen, das umgerechnet 85 einspännigen oder 42 zweispännigen Fahrzeugen pro Tag entspricht – auf 300 Werktage umgerechnet. Was aus heutiger Sicht vielleicht beschaulich anmutet, bedeutete vor 150 Jahren gewaltigen Verkehr, dem die einfache Kiesstraße auf Dauer kaum gewachsen war, wie später zahlreiche Klagen über den Abschnitt auf Dingdener Gebiet zeigen. In den folgenden Jahren betrugen die Einnahmen für eine Meile zwischen 570 und 690 Taler. Dagegen wurden allein 1859 für Reparaturen 2.000 Taler und zwei Jahre später 3.080 Taler veranschlagt[15]. Auch die Beispiele für den Abschnitt auf Bocholter Seite belegen sehr deutlich, dass mit den Chausseegeldeinnahmen bei weitem nicht die Reparaturkosten, geschweige denn die Baukosten, abgedeckt werden konnten.

1843	300 Taler
1844	448 Taler
1845	420 Taler
1847–1849	jährlich 650 Taler
1850–1852	jährlich 485 Taler
1853–1856	jährlich 650 Taler[14]

Auf hölzernen Tafeln standen die zu zahlenden Chausseegeldtarife angeschlagen.

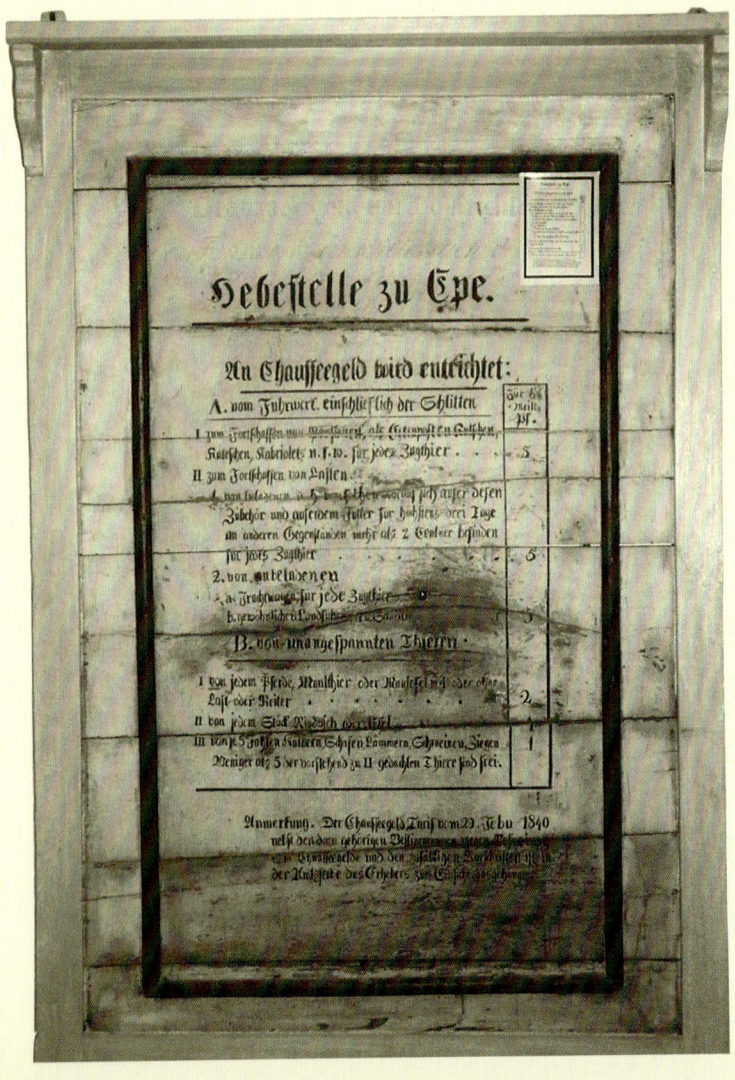

Schon vor Baubeginn der Chaussee Wesel-Bocholt gab es viele Versuche, diesen Straßenbau von Kreis oder Bezirk durchführen zu lassen und damit auf eine breitere finanzielle Basis zu stellen. Doch erst nach vielen Jahren ging diese wichtige, aber im Unterhalt sehr teuere Kommunalstraße in andere Hände über. Auf rheinischer Seite schlossen die Gemeinden Wesel, Hamminkeln und Ringenberg mit der Bezirksregierung in Düsseldorf am 31. Dezember 1856 einen entsprechenden Vertrag[16]. Zuvor mussten sie noch einmal investieren und die Kiesstrasse in einen ordnungsgemäßen Zustand versetzen. Endlich wurden Chausseewärter als Staatsdiener eingestellt, die geregelt und ganzjährig die Streckenabschnitte beaufsichtigten und kleine Reparaturen umgehend erledigten. Zu ihren Aufgaben zählte auch die aus heutiger Sicht „systematische Verkehrsbehinderung": Durch Auslegen von

Holzklötzen oder Steinen zwangen sie die Fuhrwerke in Schlangenlinien zu fahren, damit die empfindlichen Kiesfahrbahnen an allen Stellen befahren und keine Spuren eingefahren werden konnten.

Das Chausseegeld wurde noch bis 1876 erhoben[17]. Die zusätzliche Aufgabe der ehemaligen Barrierestellen an den Gaststätten „Haus Blumenkamp", bei Pollmann in Hamminkeln an der Ringenberger Straße und an der „Neuen Liebe" (ehemals „Krug zum grünen Kranze") in Bocholt geriet bald in Vergessenheit, denn diese Maut hat niemand vermisst.

Anmerkungen:
1 Eine ausführliche Darstellung der Straßenbauarbeiten der restlichen Strecke auf westfälischer Seite erscheint in der Zeitschrift „Unser Bocholt".
2 Sälter, Fritz: Entwicklung und Bedeutung des Chaussee- und Wegebaus in der Provinz Westfalen unter ihrem ersten Oberpräsidenten Ludwig Freiherrn von Vincke, 1815-1844. Marburg 1917, S. 25ff.
3 HSTA Düsseldorf, Reg. Düsseldorf 44309: Schreiben vom 11. September 1835.
4 StA Wesel, A1-278/23, 2. Oktober 1839.
5 StA Wesel, A1-278/23.
6 HSTA Düsseldorf, Reg. Düsseldorf 43929.
7 HSTA Düsseldorf, Reg. Düsseldorf 43929: Eingabe vom 31. Januar 1841 und Antwort vom 1. März 1841.
8 Privatbesitz Willi Hülsken, Hamminkeln: „Verordnung über die Vertheilung und Ausführung der Gemeinde-Wegebau-Arbeiten in der Bürgermeisterei Ringenberg.
9 StA Hamminkeln, Dingden 2206, Schreiben vom 10. Juni 1845.
10 HSTA Düsseldorf 43929: Düsseldorf, den 9. September 1841.
11 HSTA Düsseldorf 43929: Düsseldorf, den 19. Oktober 1842.
12 Amtsblatt der Königlichen Regierung zu Münster, Nr. 16, vom 18. April 1840, S. 149ff. Der gleiche Tarif galt auch im Rheinland.
13 StA Hamminkeln, Dingden 2206.
14 HSTA Düsseldorf, Reg. Düsseldorf 44169. Wesel 23. Oktober 1856: Nachweise über Hebstellen.
15 HSTA Düsseldorf, Reg. Düsseldorf 44415 und 44416.
16 HSTA Düsseldorf, Reg. Düsseldorf 44169.
17 Amtsblatt der königlichen Regierung zu Münster, Nr. 562, 1875, S. 273.

HEINRICH COOPMANN

Ziegelbäcker in und um Rheinberg

Hausnamen wie Ziegler, Tigler oder Tiggelbeck erinnern an einen der Urberufe in der Menschheitsgeschichte. Tiggelkamp und Tiegelhoven geben Auskunft über Standorte von Backstein-Produktionsstätten. Gleich, ob es sich um die historischen Bauwerke Berkas oder die prächtigen Hofanlagen im Besitz der Camper Mönche mit den vielen kleinen Katsellen im Umland der Festung handelte: Bevor der erste Backstein vermauert werden konnte, rauchten im Umfeld die Feldbrandöfen der Ziegelbäcker. Das Rohmaterial – Lehm und Ton – hielt das Tiefland des Niederrheins reichhaltig bereit.

Die Historie der Stadt Rheinberg gibt interessante Auskünfte über das Handwerk der Ziegelbäcker. Die Rheinberger Ziegelproduktionsstätten liefern geradezu ein klassisches Beispiel der verschiedenen Entwicklungstufen, vom Feldbrandofen bis hin zum modernen Brenntunnel mit ortsfester Feuerung. Dabei werden auch die Arbeitserleichterungen in diesem Beruf, der einst zu den Schwerstarbeiten gehörte, sehr deutlich erkennbar.
Westlich der Festung Berka stachen in der Leimgrube des Tichelershofes bereits die Ziegeleiarbeiter des Kölner Kurfürsten das Rohmaterial für die Backsteinherstellung. Der Hof und die Lehmgrube gingen in späteren Jahren in den Besitz der Stadt Rheinberg über. Die Ziegelbäcker des Tichelershofes, die stets in mehreren Feldbrandöfen gleichzeitig Ziegel brannten, bedienten weitgehend den Bedarf innerhalb der Umwallung. Im Umland der Stadt boten Ziegler aus dem Westerwald oder Sauerland ihre Dienste an. Die Geschichte überliefert, dass in der Mitte des 19. Jahrhunderts in Vierbaum der Bauer des Keusenhofes für den Bau seines neuen Wohnhauses den Lehm in der eigenen Grube stechen ließ, der in Hausnähe zu Ziegeln verarbeitet wurde. So hatten es auch seine Vorfahren gehalten, die im späten Mittelalter bereits die Leimgrube – wie es damals hieß – erschlossen hatten. Die leichte Bodensenke des Abgrabungsfeldes ist heute noch erkennbar. Nicht anders hielten es auch die Vorfahren von Weihbischof Heinrich Baaken in Budberg, dessen Wiege 1900 auf dem Hof am Hecklerweg stand.
Eine erste Entwicklungsstufe der Backsteinherstellung liefert die Geschichte des Rheinberger Tagelöhners Arnold van Gember, der zum Besitzer eines anerkannten Kaufhauses und einer europaweit operierenden Samenhandlung sowie der Betriebs-

stätte am Rheinberger Hafen mit Baustoffhandlung, Kalköfen und Ziegelei aufstieg. Arnold van Gember, der möglicherweise selbst noch in seinen jungen Jahren im Rheinberger Rheinfeld Lehm gestochen hatte und Erfahrungen mit dem Ziegelbrand sammelte, betrieb dort am Anfang des 19. Jahrhunderts zunächst in Feldbrandöfen die Backsteinproduktion. Den Lehm stachen seine Arbeiter in unmittelbarer Nähe der Brennstellen. Auf Schubkarren verladen gelangte er in eine Grube, in der die nächste Arbeitsgruppe mit ihren bloßen Füßen unter Zumischung von etwas Wasser den Lehm zu einem sämigen Brei zerstampften. Weitere Arbeiter füllten die Backsteinformen und lagerten die Ziegel-Rohlinge zum vierzehntägigen Trockengang unter Rietabdeckungen. Erst jetzt trat der Ofenspezialist in Aktion. Er stapelte die trockenen Lehmsteine zu einem Brennofen. Rund oder in quadratischer Form in Durchmessern von bis zu drei Metern türmte er die Rohlinge auf. In der Mitte entstand ein Hohlraum für die Befeuerung mit einer Füllöffnung zur Belüftung und Brennstoffversorgung sowie einer oberen Öffnung für den Rauchabzug.

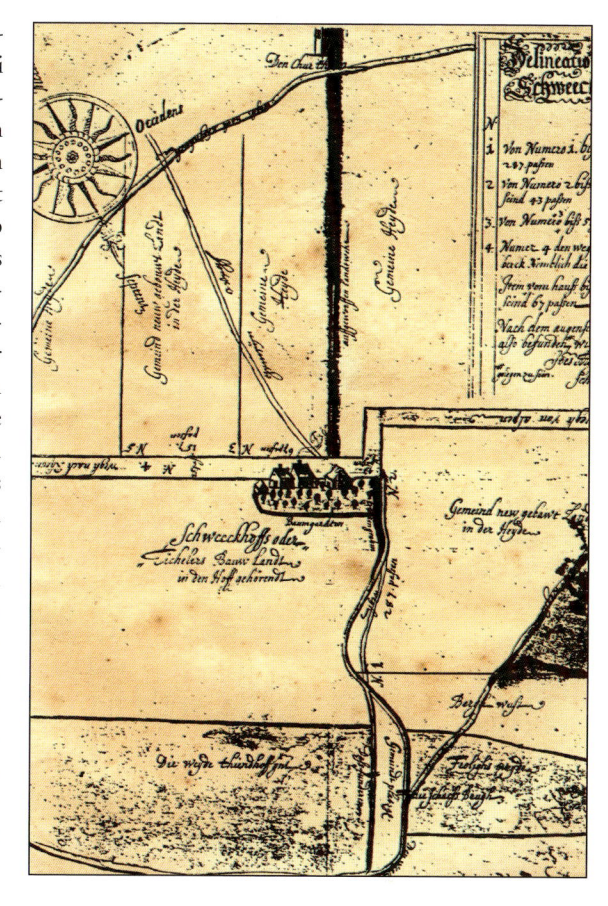

Das Leimfeld des Kurfürsten am Schweeckhof, später Tichelershof genannt

Mit einer Holzfeuerung begann der Brennvorgang, der mit Kohlen zu einer Ofenhitze von bis zu 1.000 bzw. 1.100 Grad für Sinterbrand gebracht wurde. Die Urväter dieses Handwerks schafften Sintertemperaturen allein durch Hartholzfeuerungen. Die Kohle, die mit Lastkähnen von den Bergwerken an der Ruhr den Rheinberger Hafen erreichten, konnten Arnold van Gembers Berufsvorgänger noch nicht einsetzen. Viel Erfahrung gehörte dazu, den Brennvorgang auf die Sintertemperatur ansteigen zu lassen. Die Steine im direkten Kontakt zur Feuerung liefen blau an und verformten sich stark. Es war das Material, das die Maurer im Fundamentbau einsetzten. In der Mitte der Stapelwände härtete der Brand die tiefroten Klinkersteine. Die Außenhaut des Feldbrandofens lieferte die bleichen Hintermauersteine und die Ziegel für das Innenmauerwerk. Die dicken Kontenbücher des Hauses van Gember belegen bereits in der ersten Hälfte des 19. Jahrhunderts, dass Rheinberger Ziegelsteine nach und nach die Bönninghardter Plaggenhütten ersetzten. Mit Pferdefuhrwerken transportierte Arnold van Gember Backsteine und das dazugehörige Baumaterial aus seinem Baustofflager auf den fünfzehn Kilometer nordwestlich befindlichen Höhenzug.

Der Sohn des Firmengründers, Joseph van Gember, leitete im ersten Gewerbegebiet Rheinbergs am Kanal die zweite Generation der Backsteinproduktion ein. Am

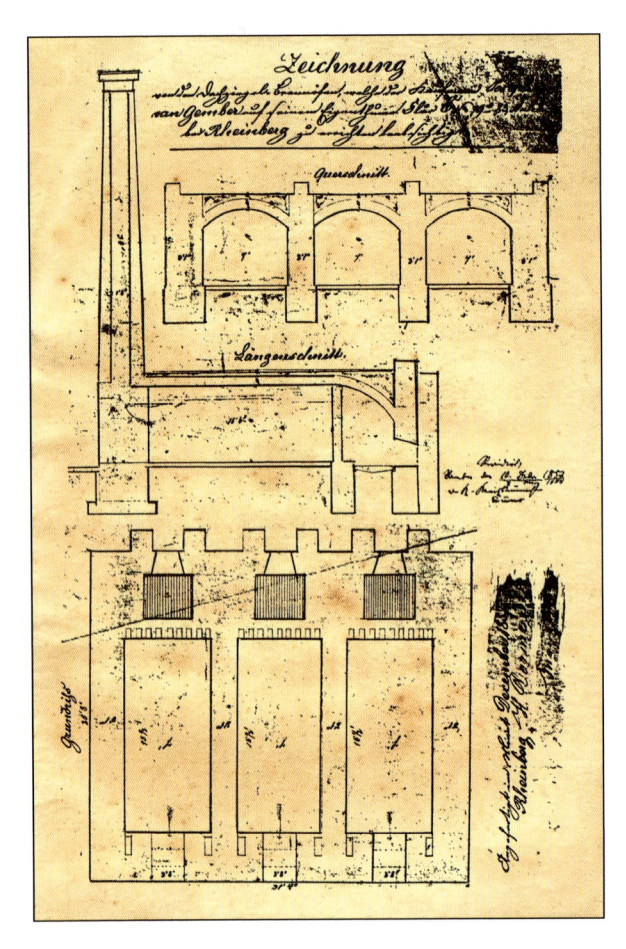

Aus dem Kreis Wesel | Ziegelbäcker in und um Rheinberg

Plan zum Bauantrag des Dreikammerofens am Rheinberger Kanal

10. Dezember 1857 reichte er den Bauantrag zur Errichtung eines Dreikammerbrennofens zur Dachziegelfabrikation ein. Entsprechend der Nachfrage rauchte der dreißig Meter hohe Kamin fortan sowohl für die Dach- wie Mauerziegelproduktion. Der in jeder Kammer 8.000 Dach- oder Mauerziegel fassende Ofen besaß den großen Vorteil, dass alle Steine gleichmäßig härteten. Es gab keine deformierten und keine bleichen Steine mehr. Der gleichmäßige Brand war eine unerlässliche Voraussetzung für die Dachziegelherstellung. Während eine Kammer bestückt wurde, härteten in der nächsten die Ziegel und in der dritten Kammer räumten die Ziegeleiarbeiter den Fertigbrand aus. Den Lehm ließ van Gember vom Rheinfeld auf Pferdefuhrwerken zur neuen Verarbeitungsstätte transportieren. Die Rohenergie Kohle landete direkt an der Kaimauer seines Betriebshofes.

Die ersten beiden Ziegelöfen der dritten Generation, in Pelden und nahe der Solvay-Niederlassung waren bereits in der Planung bzw. im Bau, da ließ der sicherlich kühl rechnende Rheinberger Bitterlikörfabrikant Hubert Underberg 1904 etwa 250 Meter südöstlich des Orsoyertores einen überdimensional großen Einkammerbrennofen errichten. Es handelte sich um einen Kuppel- oder Halbkugelofen mit einem Durchmesser von zehn Metern. Hier produzierte er den gesamten Ziegelbedarf für seine 1905 begonnene großräumige Fabrikerweiterung. Tonhaltiger Lehm lieferte das Umfeld des Brennofens in bester Qualität. 1907 wechselte der Ziegelofen den Besitzer. Der katholischen Kirchengemeinde St. Peter kam dieser Ofen mit allen Nebenanlagen für den Bau des St. Nikolaus Hospitals gerade recht. In unmittelbarer Nachbarschaft zum Brennofen sollte das neue Krankenhaus der Gasthausstiftung entstehen. Mit dem Erwerb – zum Gesamtpreis von 16.000 Mark – gingen auch 800.000 weiche und 68.000 hartgebrannte Backsteine in den Besitz der Kirchengemeinde (Gasthausstiftung) über. Eintausend Mark erließ der Fabrikherr als Stiftung für den Neubau der Rheinberger Sozialeinrichtung.

Das erste Jahrzehnt des 20. Jahrhunderts erlebte eine wirtschaftliche Blütezeit. Außerhalb Rheinbergs Umwallung herrschte eine rege private Bautätigkeit. Im Norden der Stadt richtete Solvay die Sodafabrik ein. Ein integratives Wohnumfeld für Solvay-Bedienstete prägte bald das Ossenberger Ortsbild. In der Gemarkung Lintfort entstanden die Werksanlagen der Zeche Friedrich Heinrich mit dem umfangreichen Werkswohnungsbau. Der Dreikammerbrennofen am Kanal, die kleinen Feldbrandöfen und der gewaltige Underberg-Rundofen konnten den enormen Backsteinbedarf nicht mehr decken.

Diese Erkenntnis veranlasste die Gebrüder Bruckhausen in Pelden zu einer mutigen, jedoch kalkulierbaren Investition. Sie waren im Besitz großer Ländereien mit lehmhaltigen Böden, bestens geeignet für den Ziegelbrand. Die Solvenz der Brüder ließ den Bau einer beachtlichen Ringofenanlage zu. Noch bevor sie am 20. Juli 1904 den Bauantrag für eine moderne Ziegelei stellten, hatten sie schon 1903 den Hiesfelder Ringofenbauer Theodor Schepers in ihren Dienst genommen. Der am 24. März 1882 geborene Mann hatte bei seinem Onkel in Hiesfeld den Ringofenbau erlernt. Eine gewaltige Herausforderung für einen 21-jährigen Mann, aber ein ebenso großer Vertrauensvorschuss der Bauherren in die fachliche Qualifikation des doch sehr jungen Ringofenbauers. Sie ließen sich überzeugen, dass der Hiesfelder die Dehnungsfugen des gewaltigen Ofens, die unterirdischen Belüftungskanäle (Füchse), die Rauchabzüge sowie die Brennstoffversorgungsöffnungen fachgerecht anlegen würde. Dass der Ringofen nicht beim ersten Brennumlauf auseinanderbersten würde, davon hatten sie sich überzeugen lassen. Ihr Vertrauen reichte soweit, dass sie das Wagnis mit Baukosten von 65.000 Mark eingingen.

Bereits der Plan ließ erkennen, dass der industrielle Ziegelbrand von 250.000 Backsteinen in einem vierzehntägigen Umlauf nur unter Einsatz maschineller Arbeitshilfen zu erreichen sein würde. Ein freistehendes Kesselhaus lieferte die Energie für die Aufbereitungsmaschine des tonhaltigen Lehms und für die Steinpresse. Bereits im

Grundriss des Ringofens der Gebrüder Bruckhausen in Pelden

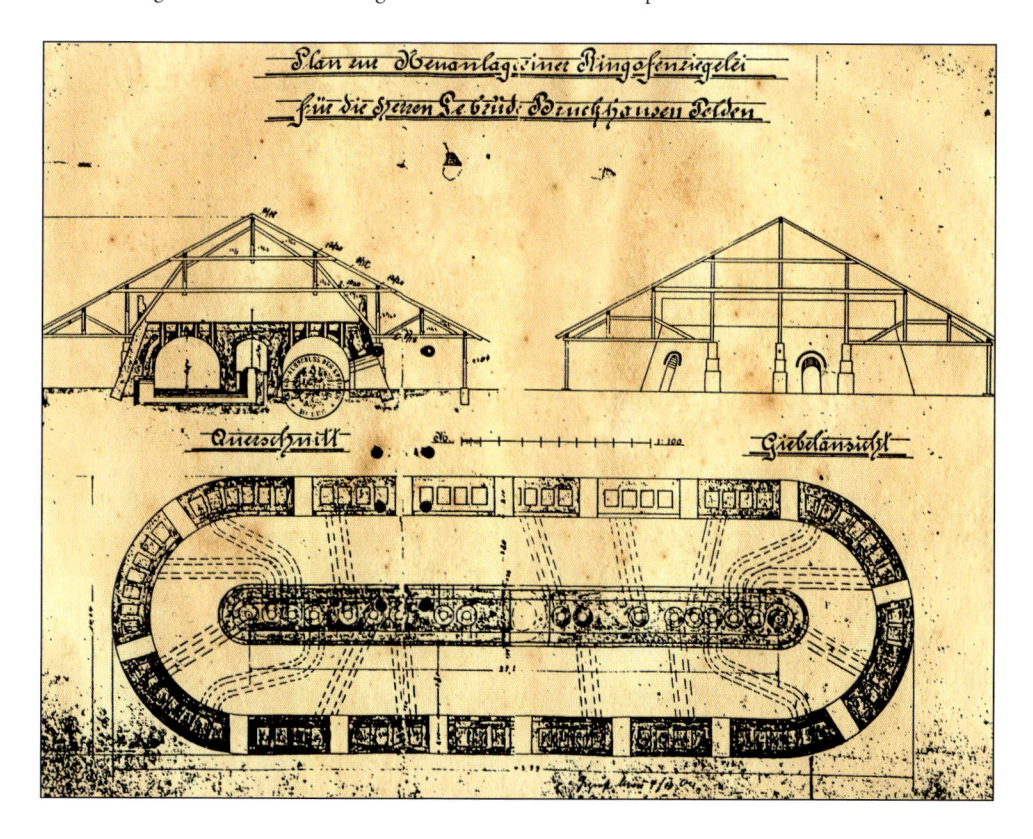

Aus dem Kreis Wesel

Ziegelbäcker in und um Rheinberg

Das Panorama der Ziegelei Bruckhausen

November 1905 ließ der Dampfkesselüberwachungsverein die Anlage unter Dampf setzen und die Lanz-Dampfmaschine anlaufen. Die bisherige doch sehr personalintensive Arbeit der Lehmstecher übernahm nunmehr ein leistungsfähiger Schaufelbagger. Eine Feldbahn mit einigen Loren im Schlepp dampfte von früh bis spät zwischen dem Abgrabungsfeld und dem Ringofen. Doch die Lagerung der Rohlinge in den Trockenschuppen sowie die kontinuierliche Füllung und Ausräumung des Ringofens blieb reine Handarbeit. Auf Schubkarren karrten die Ziegeleiarbeiter die Rohlinge in den immer noch heißen Brennkanal und nicht weniger schwere Arbeit leisteten die oft schweißtriefenden Ziegler bei der Ausräumung des Fertigbrandes. In mühsamer Arbeit schob der Heizer über eine Rampe die kohlenbeladenen Schubkarren vom Kohlenplatz auf den Ringofen zu den Heizöffnungen. Nur kerngesunde Burschen waren in der Lage, diese Schwerstarbeiten zu leisten. Für den Ziegelmeister und das teils von auswärts kommende Personal ließen die Bauherren ein Wohnhaus mit Schlafstätten für zwei und acht Personen erbauen. Die Anstellung von 24 Ziegeleiarbeitern hatten die beiden Landwirte ihrem Ziegelmeister überlassen. Von Beginn an ging fast die gesamte Produktion in die Gemarkung Lintfort zu der im Aufbau befindlichen Zeche Friedrich Heinrich. Über das Hofgelände verließen die Pferdefuhrwerke im Pendelverkehr – oft noch mit brandwarmen Backsteinen beladen – die Ziegelei. Zeitweilig betrieb die Zechenleitung den Peldener Ringofen in eigener Regie. Die Rohenergie Kohle lieferte die Zeche Rheinpreußen in Utfort. In den kalten und nassen Monaten wurde der Transport auf dem karrenspurendurchzogenen Reitweg für Pferde und Fuhrleute zu einer Tortur.

Eine vergleichbare Ziegelei wie die der Gebrüder Bruckhausen ließ Solvay-Direktor Frohnhäuser errichten. Frohnhäuser steigerte dabei die Produktionszahl in einem Brennumlauf auf dreihunderttausend Backsteine. Der tonhaltige Lehm lagerte auf den werkseigenen Äckern südlich der geplanten Fabrik. Auch der Solvay-Direktor hatte die außergewöhnliche Qualifikation des Hiesfelder Ringofenbauers erkannt. Das Kesselhaus und ein Wohngebäude für sechs Familien hatten die Zimmerleute Anfang 1905 bereits gerichtet, als der Ringofenfachmann von Pelden zur Solvay-Baustelle wechselte. Seine speziellen Kenntnisse im Gewölbebau des Brennkanals waren gefragt. Aber auch die Ofentechnik-Erfahrung des jungen Mannes schätzte der Bauherr.

Wie in Pelden, so füllte auch hier ein Schaufelbagger die Loren der Feldbahn. Die Werksbahn zum Bahnhof Millingen trennte das Abgrabungsfeld von der Ziegelei. Durch einen Tunnel schleppte die Dampflokomotive die Lehmladungen in die Verarbeitungsstätte. Am 20. Juni 1905 hatten die Kesselanlagen die kritische Überprüfung durch den Überwachungsverein bestanden und lieferten zunächst die Energie für den Baustellenbetrieb. Neben dem 27 Meter hohen Kamin des Kesselhauses rauchte auch bald der 47,5 Meter in den Niederrheinhimmel ragende Kamin des Ringofens. Auch in der Solvay-Ziegelei setzte über gewaltige Transmissionen die Dampfkraft die Räder des Rührwerkes und der Pressen in Bewegung. Von den Trockenschuppen rollten die Rohlinge auf Loren in den Ringofen. Der Fertigbrand verließ jedoch weiterhin auf Schubkarren den Ofen. Die Ziegel waren nicht selten noch so heiß, dass das Stroh, das zum Schutz vor Beschädigungen zwischen den Steinen gelegt wurde auf den Schubkarren in Brand geriet. Diese Tatsache liefert auch einen Hinweis über die Schwerstarbeit der Ziegeleiarbeiter. An heißen Sommertagen ließ Ziegelmeister August Schemel seine Arbeiter nachts um zwei Uhr die Arbeit aufnehmen und um zehn Uhr beenden. Um die Mittagszeit wurde die Arbeit unerträglich. Erst am Nachmittag, wenn die Temperaturen fielen, setzte die zweite Schicht die Arbeiten fort.

Setzte man bei den Feldbrandöfen den Multiplikator 1.000 ein, so rechneten die Ziegeleien der Gebrüder Bruckhausen und die der Solvay-Werke mit Millionen. Diese beiden Ringöfen bedienten über viele Jahre fast ausnahmslos den industriellen Sektor. Die industrielle Nordwärtswanderung im Altkreis Moers stellte aber auch hohe Anforderungen an den Wohnungsbau. Die Entwicklung Rheinbergs zählte neben den Südgemeinden zu den am stärksten expandierenden Orten des Kreises Moers. Daher ist es nicht verwunderlich, dass Investoren Bereitschaft zeigten, hier ihr Kapital einzusetzen.

Etwa zur gleichen Zeit entstand im Süden von Rheinberg, in Winterswick, ein dritter Ringofen, gleicher Qualität und Größe. Die Duisburg-Meidericher Firma Wickum u. Comp. teilte am 23. April 1907 der Presse mit, dass sie die Ziegelproduktion aufgenommen hätte. Die Rauchschwaden der zwei 25 und 45 Meter hohen Schornsteine zeigten auch hier den Weg in das Ziegelwerk. Das dazugehörige Wohnhaus bot noch einen kleinen Raum für die Schreibstube des Ziegelmeisters. 25 Mitarbeiter fertigten in einem Umlauf 240.000 Ziegel. Der Ziegelbrand des Winterswicker Ringofens bediente überwiegend den privaten Bedarf der Stadt und der südlichen Nachbargemeinden. Außer Ziegelsteinen in Bundesformat lieferte Wickum Spezialziegel, z. B. Radial-, Brunnen-, Querkeil- und Gartensteine. Besonders groß war der Bedarf an Brunnensteinen. Die weitreichenden Rohrnetze der Wasserwerke unserer Tage konnten die Bauherren am Anfang des 20. Jahrhunderts noch nicht in Anspruch nehmen. Brunnenbauer zählten damals noch zu den gefragten Handwerkern.

Was bewegte 1910, als bereits drei Ziegeleien im Umfeld von Rheinberg produzierten, den Bauer auf der „kleinen Ray" in Niederwallach zu der nicht unerheblichen Investition für den Bau einer Ziegelei? Hermann Schmitz, der Sohn des gleichnamigen Erbauers des Niederwallacher Ringofens, lieferte vor vielen Jahren die überzeugende Antwort: „In der Salzgrube und der Sodafabrik der Solvay-Werke legten nicht nur Bergleute und Chemie-Arbeiter aus den Nachbarorten an. Arbeitssuchende aus allen Teilen Deutschlands kamen mit ihren Familien an den Niederrhein. Dafür musste schnellstens Wohnraum entstehen und dies bedeutete Ziegelbedarf in gewaltigen Mengen." So wurde der Kapitaleinsatz des Bauern von der kleinen Ray zu einem kalkulierbaren Risiko. Sicherlich eine Frage, die den Bauherrn wesentlich intensiver beschäftigte als die Marktanalyse. Bereits bei der Planung musste er Abstriche machen. Einen Schaufelbagger und eine Feldbahn für die

Aus dem Kreis Wesel

Ziegelbäcker in und um Rheinberg

Gruß aus Rheinberg a. Rhein
Ziegelei d. d. Solvaywerke

Links der Solvay-Werksbahn und Ziegelei gruben die aus dem Lippischen und Schlesien kommenden Solvay-Ziegler den tonhaltigen Lehm ab.

Lehmversorgung gab die Finanzierung nicht her. Ebenso musste Hermann Schmitz sen. bei der Lehmaufbereitung und der Presse Abstriche machen. Am Ende der Presse musste ein Arbeiter mit einem dreiteiligen Drahtmesser den aus der Presse kommenden Lehmstrang zertrennen. Mußten Solvay und Bruckhausen noch die Dampfkraft nutzen, so konnte Schmitz bereits die wesentlich günstigere Elektrizität einsetzen. Das vom Kraftwerk Niederrhein in Wesel kommende Stromnetz hatte bei der Betriebsaufnahme bereits Niederwallach erreicht. Ebenso war der Lehmvorrat im Abgrabungsfeld äußerst günstig. Bis zu einer Tiefe von 2,5 Metern gab der Boden Rohmaterial bester Ziegelqualität her. Dem 75 Morgen Ackerland umfassenden Hof würde der Vorrat so schnell nicht ausgehen. Wie zu Urzeiten stachen die Arbeiter den Lehm mit Spezialspaten und verluden ihn auf Loren, die sie per Muskelkraft zur Aufbereitungsanlage schoben. Hier zog eine Seilwinde sie in die obere Etage des Maschinenhauses. Doch diese Arbeiten zählte der Sohn und spätere Buchhalter der Ziegelei, Hermann Schmitz jun., nicht zu den strapaziösesten Verrichtungen. „Der Kohletransport auf die Ofenplattform, das war Knochenarbeit." Wenn die Kraft am Ende eines zwölfstündigen Arbeitstages nachließ, reichte der Schwung auf der Rampe nicht mehr bis oben. Dann ging es mit der gefüllten Schubkarre wieder abwärts. In einer oft gefährlichen Prozedur rutschte sie bis in das Kohlenlager zurück. Ein zweiter schwungvoller Anlauf war vonnöten. Zwei Heizer, die der Besitzer in Detmold engagiert hatte, wechselten im Zwölfstundentakt ihren Dienst. Dabei nahm die Feuerung keine Rücksicht auf Ostern oder Weihnachten, der Brand musste kontinuierlich seinen Rundlauf nehmen.

Sehr lebhaft erinnerte sich noch im hohen Alter der Sohn des Gründers an die Aufbauarbeiten. Sein Vater beauftragte 1910 den ortsansässigen Bauunternehmer Kelts mit dem Bau des 30 Meter langen Ringofens. Wie der Hiesfelder Schepers beherrschte auch Kelts den Gewölbebau und die Bautechnik für Ofenanlagen dieser Dimension. Darüber hinaus führte der an der Weseler Landstraße ansässige Meister die sehr umfangreichen Zimmererarbeiten des Ringofens, Maschinenhauses und der Trockenschuppen aus. Als Landwirt dachte der Bauer der kleinen Ray auch gut vorausschauend an die kalten Wintermonate, wenn klirrender Frost die Lehmgrube stilllegte. In einer eigens dafür errichteten Halle lagerte er die Ziegelrohlinge für den Winterbetrieb, die er im Sommer bevorraten ließ.

Bei einer Ortsbesichtigung erzählte der alte Herr noch sehr begeistert über den Bau der Wallacher Solvay-Siedlung an der Salzstraße. Schmitz lieferte den gesamten Backsteinbedarf dafür. Über ein Feldbahngleis rollten die Loren mit den ofenwarmen Ziegeln direkt vom Brennkanal zur Verarbeitungsstätte. In späteren Jahren reichte der Kundenkreis bis in das Nachbarland nach Venlo, Nimwegen und Arnheim. Mit einem Traktor schleppte er zwei schwer beladene Anhänger zu den Kunden in der Grenzregion. Entsprechend der Kundenwünsche stellte Schmitz die Presse auf das in Holland beliebte Ziegel-Kleinformat ein.

Der in der Ziegelbäcker-Branche bekannte Unternehmer H. G. Stepken plante mit modernster Brenntechnik (vierte Entwicklungsstufe) die Fortsetzung einer alten Familientradition. Am 1. Oktober 1961 entstand nach den Plänen des Architekten Berns ein Brennofen, den eine hochtechnisierte Elektrotechnik steuerte. Der Mensch war nicht mehr Verrichter der Schwerstarbeit. Er beobachtete aus einer Glaskanzel das vollkommen elektronisch gesteuerte Räderwerk und den mit Elektrofühlern überwachten Brenntunnel. Doch nach einem Jahr geriet das Aufbauwerk in Schwierigkeiten. Das sehr schnell gewachsene Unternehmen Modernbau übernahm die Fortführung. Der neue Bauherr und Betreiber musste jedoch bei der Produktionsaufnahme erkennen, dass der Lehm nicht die erforderliche Qualität für hochwertige Lochziegel besaß. Mit Ton- und Lehmzumischungen aus dem Westerwald erreichte das neue Unternehmen die gewünschte Ziegelqualität. Von der Lehmbeschaffung über die moderne Maschinenanlage, Trockenkanal und Brenntunnel bis hin zum Stapelplatz berührte keine Menschenhand das Verarbeitungsmaterial. Vom Trockenkanal liefen die Rohlinge auf kleinen Waggons im Schneckentempo 48 Stunden durch den auf 1.000 Grad erhitzten Tunnel mit ortsfester Feuerung. Bei Sinterbrand fuhr der Ofen auf 1.300 Grad hoch. Mit Farbzusätzen und Mangan erzielten die Ziegelspezialisten weiße, rote, gelbe und schwarze Loch- oder Sparziegel mit unterschiedlicher Außenhaut (glatt, Baumrinde oder besandet).

Doch am Ende des 20. Jahrhunderts liefen innerhalb Rheinbergs Stadtgrenzen keine Mauersteine, gleich ob Backsteine, Schwerbeton- oder Kalksandsteine, die ebenfalls über Jahrzehnte in Budberg und Millingen produziert wurden, mehr vom Band. Im Rheinfeld und am Kanal pulsiert heute lebhaftes Gewerbetreiben und bietet schmucken Lebensraum für Rheinbergs Bürger. In Pelden entstand ein kleines Gewerbegebiet und ein fischreicher Baggersee. Der Solvay-Ringofen musste einem Umspannwerk zur Versorgung des Werkes West weichen. Dort, wo der Winterswicker Ringofen einst rauchte, türmte sich ein gewaltiger Müllberg auf, der heute mit einem grünen Bergwald überzogen ist. In Wallach erleben Petri-Jünger ein wahres Anglerparadies. Eine üppige Flora und Fauna umgibt das ehemalige Abgrabungsfeld. Die Halle der Grafschafter Ziegelei dient heute als Vorratslager. So zeichnet die Rheinberger Ziegel-Tradition für die geschichtliche Fortentwicklung ein interessantes Bild.

Aus dem Kreis Wesel

GÜNTER GERHARZ, DANIEL ECKHARDT, PATRICIA KAUB, MALTE ROSENBERGER

Der Lippemündungsraum – das neue Logistik-Zentrum?

Der folgende Beitrag ist das Ergebnis eines Projektes zum Thema „Logistik am Niederrhein", das im Frühjahr 2003 mit dem Erdkunde-Kurs 12 des Gymnasiums Voerde durchgeführt wurde.

Viele Verkehrsadern durchziehen unser Kreisgebiet – doch die vier leistungsfähigsten verlaufen alle in eine Richtung: von Süd nach Nord. Diese sind der Rhein, die rechtsrheinische Haupteisenbahnlinie von Düsseldorf nach Utrecht / Rotterdam und die beiderseits des Rheins gelegenen Autobahnen A 3 und A 57. Ein steter Güterstrom passiert tagtäglich die Niederrhein-Region – nach Süden in den Rhein-Ruhr-Ballungsraum, nach Norden in die Niederlande bzw. über Rotterdam weiter nach Übersee. Mit 140 Millionen Tonnen Transportleistung im Jahr ist der Rhein der Hauptverkehrsträger und immer häufiger entdeckt man hier eigenartige Schiffe mit hochgetürmten bunten Kästen an Deck: Containerschiffe. In Rotterdam hat sich im letzten Vierteljahrhundert der Umschlag von Containern versechsfacht und

Aus dem Kreis Wesel

Der Lippemündungsraum – das neue Logistik-Zentrum?

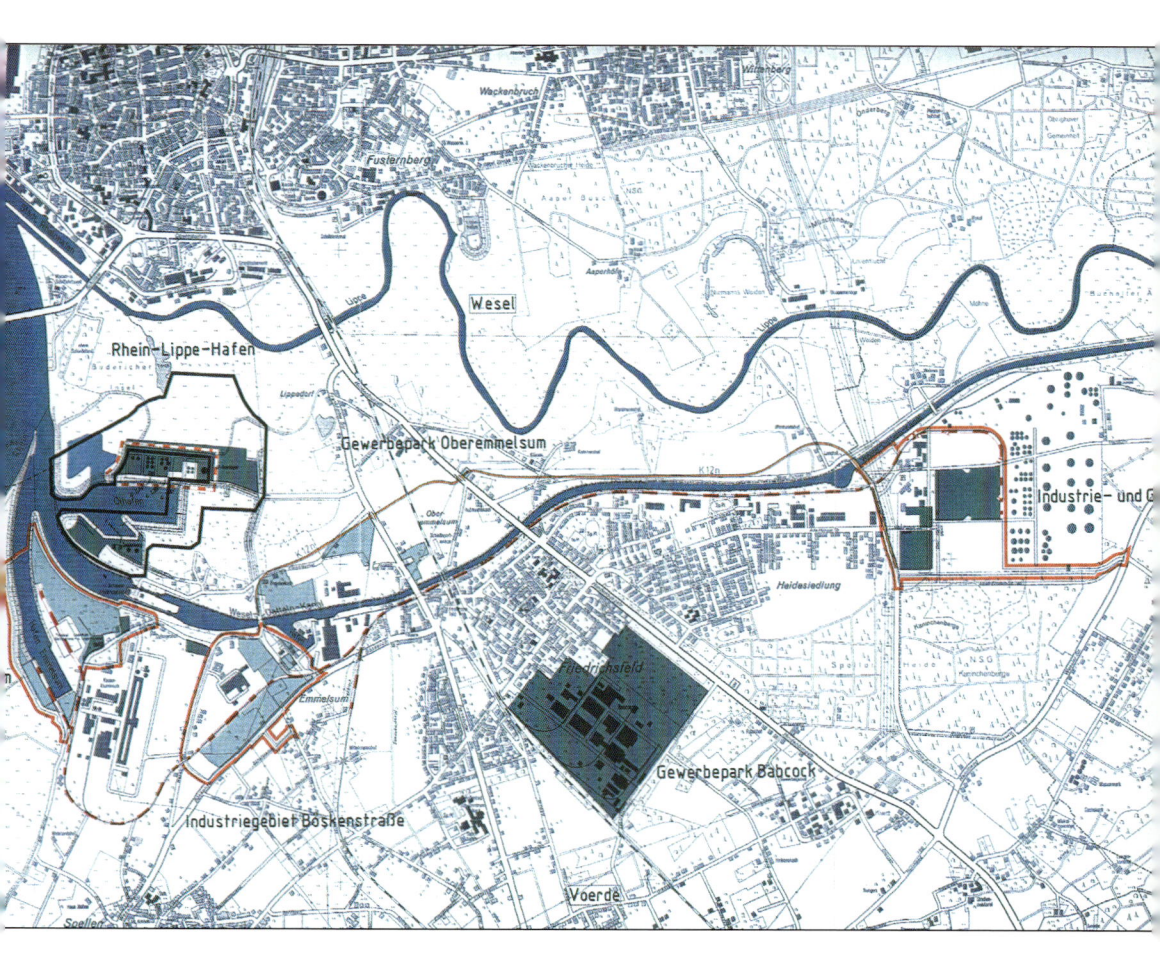

30 Prozent dieser vier Millionen Container im Jahr werden per Binnenschiff transportiert – mit weiter steigender Tendenz. Was ist der Grund für dieses extreme Wachstum des Containerverkehrs?

Der Brockhaus definiert Container als „genormten Großbehälter für die Verwendung in Transportketten"; das bedeutet folgende Vorteile: Container sind genormt, ebenso wie Transporter und Verladeeinrichtungen, die Waren im Container sind geschützt; der Container vereinfacht, beschleunigt und verbilligt den Transport von Stückgut. Alle nur denkbaren Güter werden in Containern direkt vom Produzenten zum Empfänger geliefert: Stahlbleche, T-Shirts, Kosmetika, Computer, Schrauben, Papier, Fahrräder, Mobiltelefone, Sirup und vieles mehr.

Analog den Seehäfen entstehen auch im Binnenland leistungsfähige Umschlagsplätze für Container, die Containerterminals. Der bedeutendste ist der Hafen in Duisburg, dessen Kapazitätsgrenzen aber langsam erreicht werden; im linksrheinischen Rheinhausen wurde unlängst der zweite Containerterminal im Logistikzentrum Logport eröffnet. Der weiter steigende Bedarf an verkehrsgünstig gelegenen Gewerbeflächen für Containerumschlag und Logistik bietet auch dem Kreis Wesel eine Chance.

An der Mündung der Lippe in den Rhein hatte sich bereits seit dem Mittelalter ein Verkehrsknoten herausgebildet: die Stadt Wesel und ihr Hafen. Die Rolle des in mo-

Aus dem Kreis Wesel

Der Lippemündungsraum – das neue Logistik-Zentrum?

derner Zeit nicht mehr schiffbaren Flusses hat der südlich der Lippe geführte Wesel-Datteln-Kanal übernommen, der für alle großen Motorschiffe befahrbar ist. Zwei Häfen wurden hier in den sechziger und siebziger Jahren angelegt: der Rhein-Lippe-Hafen im Norden und der Hafen Emmelsum im Süden der Einmündung des Kanals in den Rhein. Etwa zur gleichen Zeit wurde ca. zehn Kilometer ostwärts die große BP-Raffinerie am Kanal errichtet. Damit waren die Grenzen des Standortes abgesteckt, den man heute eingängig „Lippemündungsraum" nennt.

Der Lippemündungsraum erstreckt sich beiderseits des Wesel-Datteln-Kanals vom Rhein bis hin zum ehemaligen BP-Gelände in Hünxe. Sein nördlicher Teil gehört zu Wesel, der südliche im Westen zu Voerde und im Osten zu Hünxe. Neben den beiden oben genannten Rheinhäfen Emmelsum und Rhein-Lippe-Hafen gibt es am Wesel-Datteln-Kanal noch einen weiteren Hafen. Der südlich des Kanals gelegene Teil des Lippemündungsraumes ist durch Eisenbahn-Stichlinien gut erschlossen, die ihn an das nationale Schienennetz der DB anbinden. Als Straßenverkehrsverbindung dient die neue K12n, die den Hafen Emmelsum mit dem Industrie- und Gewerbepark Hünxe (= ehemaliges BP-Gelände) verbindet; von dort sind es nur noch 2,5 Kilometer bis zur Autobahn A 3.

Am Hafen Emmelsum entsteht ein Logistikschwerpunkt, wo sich bereits die Firmen Sappi, Jerich und van der Lande angesiedelt haben. Somit ist die Kapazität des Hafen Emmelsum bereits ausgereizt. Der Rhein-Lippe-Hafen hingegen birgt noch Ansiedlungsmöglichkeiten für diverse Firmen, allerdings ist er landseitig noch nicht so gut erschlossen. Weitere Logistikschwerpunkte im Lippemündungsraum bilden die ehemaligen Gelände von Babcock und BP. In diesen beiden Gewerbeparks ist der Wandel vom Großbetrieb zum mittelständischen Unternehmen und von der Produktion zur Dienstleistung deutlich zu erkennen. Die Logistik entwickelt sich somit zum wichtigsten Gewerbetyp im Lippemündungsraum. Besonders deutlich wird dies in den gerade erwähnten drei Logistikstandorten Hafen Emmelsum, Industrie- und Gewerbepark Hünxe (ehemalige BP) und der ehemaligen Babcock.

Nun ist mehrfach der Begriff „Logistik" gefallen, eine Bezeichnung, die in den letzten Jahren immer häufiger verwendet wird. Was versteht man unter Logistik? Es ist allgemein gesprochen die „Bezeichnung für alle inner- und zwischenbetrieblichen Transport- und Verkehrs-, Lager- und Warte- sowie Umschlags- und Kommissioniervorgänge." (Brockhaus Enzyklopädie 2003) Anschaulicher ist jedoch die „Sieben-R-Regel":

> Die Logistik soll sicherstellen, dass
> das richtige Gut
> zur richtigen Zeit
> am richtigen Ort
> in der richtigen Menge
> in der richtigen Qualität
> zu den richtigen Kosten
> für den richtigen Kunden zur
> Verfügung steht.

Der Lippemündungsraum – das neue Logistik-Zentrum?

Aus dem Kreis Wesel

Wie dies im Lippemündungsraum umgesetzt wird, soll ein konkretes Beispiel zeigen: Eine Großdruckerei in Lissabon erhält am 17. Oktober einen überraschenden Auftrag über eine Werbebroschüre. Sie schreibt die benötigte Papiermenge – wie heute üblich – im Internet aus und vergibt den Auftrag am 18. Oktober um 11:00 an das iberische Verkaufsbüro von Sappi Fine Paper Europe in Madrid: 80 Tonnen Druckpapier, 120 g/m^2, gerollt, 1,2 Meter Druckbreite, Liefertermin: 25. Oktober, 12:00 Ortszeit. Dieses gibt den Auftrag am gleichen Tag um 12:15 an Emmelsum weiter – umgehend werden vier Container mit den gewünschten Papierrollen beladen, etikettiert, plombiert und auf das Containerschiff geladen, das um 18:00 ablegt und Rotterdam 15 Stunden später erreicht. Am 19. Oktober um 16:00 verlassen die vier Container an Bord eines Hochseefrachters den Hafen und werden am 25. Oktober um 9:00 im Hafen von Lissabon auf vier LKWs geladen, die sie um 10:30 im Hof der Druckerei abliefern.

Der Containerterminal und Logistikbetrieb Sappi ist die Tochtergesellschaft eines Unternehmens in Österreich, welches einen Umschlagplatz für Ausgangs- und Endprodukte der Papierherstellung suchte und am Hafen in Emmelsum gefunden hat.

Sappi ist über drei Verkehrswege zu erreichen: Straßen (Lkw), Wasserstraße und Eisenbahnschienen. Folglich ist der Betrieb trimodal.

Das Ausgangsmaterial Zellstoff wird über die großen Seehäfen in Rotterdam und Antwerpen importiert. Im Vergleich zum Duisburger Hafen verfügt Emmelsum über einen Standortvorteil. Schiffe, die von den Nordseehäfen nach Emmelsum fahren, legen dort ungefähr vier Stunden früher an als in Duisburg. Die Anlieferung des Zellstoffes per Binnenschiff oder per Küstenmotorschiff erfolgt konventionell, d. h. ohne Container.

Die Lage Sappis – direkt am Hafen – ermöglicht eine Anlegestelle, an der ein Kran täglich die Schiffe löscht bzw. mit Containern belädt. Mithilfe starker Beleuchtung können Schiffe auch nachts entladen werden.

Für die anschließende Zwischenlagerung, die computerüberwacht ist, hat Sappi eigene Lagerhallen erbaut. Eine von ihnen ist die Zellstoffhalle. In ihr wird der Zellstoff gelagert, der direkt dorthin vom Pier transportiert wird. Das Fassungsvermögen dieser Halle beträgt maximal 18.000 Tonnen. Die Units, welche jeweils aus acht Ballen bestehen, sind je nach Herkunftsland (z. B. Kanada, Norwegen) unterschiedlich verpackt. An den Rückseiten der Lagerhallen befinden sich Andockstellen, wo der Zellstoff in Großraum-Güterwagen geladen wird, die ihn dann in einen Produktionsbetrieb (Hauptwerk in Österreich in der Nähe von Graz) befördern, wo er zu Papier verarbeitet wird. Hauptsächlich per Eisenbahn kommt das Endprodukt Papier zum Terminal zurück, wo es auf Paletten in einer der beiden Papierhallen zwischengelagert wird. Die Eisenbahnschienen verlaufen direkt neben den Hallen.

Aus dem Kreis Wesel

Der Lippemündungsraum – das neue Logistik-Zentrum?

Per LKW wird das Papier dann an Endkunden in Deutschland, den Niederlanden und Belgien versandt. Dies besorgt die angegliederte Spedition Jerich. Exportiert wird das Papier hauptsächlich über den Seeweg in Containern, in die die Papier-Fertigprodukte passgenau für jeden Kunden gepackt werden. Der Pier und der Containerterminal werden nach Norden weiter ausgebaut, was belegt, dass Sappi immer noch wächst.

Mit dem Babcockgelände in Voerde wird häufig noch immer der große Anlagen- und Maschinenbauer aus Oberhausen verbunden. Bilder von riesigen Werkshallen, vielen Mitarbeitern, ohrenbetäubendem Lärm und großer Geschäftigkeit kommen einem in den Sinn. Doch in den letzen Jahren hat sich das Gelände grundlegend verändert. Bereits im Jahre 1997 geriet Babcock in Schwierigkeiten. Aktionäre wurden unzufrieden, schwarze Zahlen blieben aus und der erste Abbau von Arbeitsplätzen wurden angekündigt. Besonders betroffen war auch das Werk in Voerde. 1999 scheiterten auch die letzen Versuche wenigstens einige Arbeitsplätze zu erhalten. Das Werk in Voerde musste schließen. Babcock also ging. Zurück blieb das riesige Werksgelände des Unternehmens mit seinen großen Hallen, den vielen Freiflächen und der beinahe idealen

Der Lippemündungsraum – das neue Logistik-Zentrum?

Verkehrsanbindung (Straße und Schiene führen direkt ins Gelände, der Rhein ist nicht weit entfernt). Was lag näher, als dieses Gelände nun neu zu vermarkten.

Die große Zeit der eisen- und stahlverarbeitenden Industrie war vorbei. Doch der Niederrhein entwickelte sich immer mehr zur Verkehrsdrehscheibe und mit dem Babcockgelände stand ein ausgewiesener Gewerbepark zur Verfügung, der langsam immer gefragter wurde.

Geht man heute über das ehemalige Firmengelände, ist es nicht schwer sich an die Geschäftigkeit von früher zu erinnern, immerhin sieht es heute fast genau so aus wie damals. LKWs rasen durch die weiten Straßen, in den Hallen sind Arbeiter zu sehen und die Parkplätze vor den Büros sind besetzt. Nur das Firmenschild am Eingang des Werksgeländes hat sich verändert. Denn heute steht nicht mehr Babcock dort, sondern viele verschiedene Unternehmen. Meist kleine, mittelständische Unternehmen, die sich die Standortvorteile des schon ausgebauten Geländes zunutze machen – aber auch ein großes: Stinnes Logistics: genauer Stinnes Rohrunion GmbH. Diese Tochterfirma des großen Logistikkonzerns lagert auf über 75.000 Quadratmeter Fläche Rohre aller Art; sie verkauft aber nicht nur Rohre, sondern sägt, konfektioniert, verzinkt, beschichtet, prüft genau nach Wunsch des Kunden die georderten Rohre.

Die Idee, die dahinter steht, ist bei kleinen wie großen Firmen die gleiche: man will Teil des Strukturwandels am Niederrhein sein, Teil eines vielversprechenden Logistikraums. So sind es überwiegend Logistiker, die das Gelände nun besiedeln und wieder aufleben lassen. Doch neben Entsorgungs-, Lager- und Speditionsunternehmen finden wir auch wieder laufende Produktion im Babcockgelände. Auch der Blick in die Zukunft ist vielversprechend. Wer heute einen Platz im Gewerbepark Babcock haben möchte, der wird enttäuscht werden, denn für die nächsten Jahre ist das Gelände ausgebucht. Babcock ist so ein Beispiel für eine Situation, wie sie im Ruhrgebiet und am Niederrhein häufig zu sehen ist. Ein großes Unternehmen musste einen Standort verlassen und ließ dabei ein attraktives Gelände zurück, auf dem sich nun viele kleine Unternehmen niederlassen. Dies ist ein wichtiger Teil des gesamten Strukturwandels am Niederrhein. Die Epoche der großen Industrie am Niederrhein neigt sich dem Ende entgegen: der Anlagenbauer Babcock in Friedrichsfeld, die BP-Raffinerie in Hünxe, der Turbinenhersteller Siemens in Wesel sind nur einige prominente Namen in einer durchaus längeren Liste. Der Steinkohlenbergbau schrumpft weiter, die Eisen- und Stahlindustrie ist auf einen Standort zusammengeschmolzen und produziert dort mit immer weniger Arbeitskräften immer besseren Stahl. Der Strukturwandel, begrifflich bislang immer mit der sich wandelnden Wirtschaftsstruktur des Ruhrgebiets verbunden, ist nun auch endgültig am Niederrhein angelangt. Andererseits aber bleibt die Niederrhein-Region ein wichtiger Verkehrs-Durchgangsraum, ja der Güterstrom nimmt sogar noch zu, wie am Containerverkehr abzulesen ist. Was liegt da näher, als die natürlichen Standortvorteile zu nutzen, mit neuer Technik zu versehen und die brach fallenden Gewerbeflächen einer neuen, verkehrsorientierten Nutzung im Dienstleistungssektor zuzuführen: der Logistik.

Aus dem Kreis Wesel

Der Lippemündungsraum – das neue Logistik-Zentrum?

Mit Voerde, Wesel, Hünxe und dem Kreis haben sich vier Gebietskörperschaften zusammengetan, um genau dies im Lippemündungsraum umzusetzen: einen Strukturwandel von der Produktion zur Distribution zu ermöglichen und damit ein Logistikzentrum im Kreis zu schaffen.

WILFRIED BURGGRAF, NADINE DAMS, FRANK KRÖNER,
ALEXANDRA MARIA SCHIRM, SIMONE VOGELMANN

Die Regionale Schulberatungsstelle für den Kreis Wesel

Einrichtung und Erfahrungsbericht des ersten Jahres

Gründungsverlauf und Einrichtungsvereinbarung

Im Beratungsangebot des Kreises Wesel für Kinder und Jugendliche, deren Eltern und die Schulen gab es bis Ende 2002 einen „weißen Fleck" – es fehlte eine schulpsychologische Beratungsstelle. In jeder Schule gibt es z. B. Lern- und Verhaltensauffälligkeiten bei Kindern und Jugendlichen und ständig sind die schwierigen Fragen der Eignung von Schülerinnen und Schülern für bestimmte Schullaufbahnen neu zu beantworten. Hierbei werden die beteiligten Kinder und Jugendlichen, deren Eltern und die Lehrerinnen und Lehrer ohne Hilfe von außen sehr schnell überfordert. Diese ungelöste gesellschaftliche Problematik im Kreis Wesel beschäftigte nicht nur die unmittelbar Betroffenen selbst, sondern auch die Fraktionen im Kreistag. In seiner Sitzung am 29. März 2001 beauftragte der Kreistag – einstimmig – die Kreisverwaltung, den konkreten Bedarf zur Errichtung einer Regionalen Schulberatung

Die Regionale Schulberatungsstelle für den Kreis Wesel

(RSB) im Kreis Wesel zu ermitteln. Hierzu bildete die Verwaltung eine Projektgruppe aus Vertretern des Staatlichen Schulamtes und des Fachbereichs Jugend und Schulen (Leiter der Projektgruppe: Wilfried Burggraf). Die Projektgruppe kam am 31. Oktober 2001 zu dem Ergebnis, dass

- pädagogisch-psychologische Einzelfallhilfe (für Schülerinnen und Schüler)
- Beratung von Eltern
- Schullaufbahnberatung
- Beratung von Schulen als System
- Beratung von Lehrerinnen und Lehrern einschl. Fortbildung zu Beratungslehrkräften

mögliche Aufgaben einer Regionalen Schulberatung im Kreis Wesel sein könnten. Die Beschreibung dieser Aufgabenfelder stimmte die Projektgruppe mit dem Fachberater der Bezirksregierung Düsseldorf, Herrn Dr. Werner Küching, ab. Dieser teilte mit, dass die Bezirksregierung Düsseldorf für den Fall eines Errichtungserlasses durch das Ministerium für Schule, Wissenschaft und Forschung NW beabsichtige, die Stelle einer Schulpsychologin/eines Schulpsychologen aus dem Stellenplan Schulpsychologie bei der Bezirksregierung in eine Regionale Schulberatungsstelle in Wesel umzulagern. Zur Einschätzung und Bewertung des Personal- und Sachmitteleinsatzes für die Regionale Schulberatung ging die Projektgruppe von folgenden statistischen Angaben aus: Es sind 168 Schulen im Kreis Wesel zu betreuen, darunter 91 Grundschulen, 20 Hauptschulen, neun Gesamtschulen, 14 Realschulen, 14 Gymnasien, fünf Berufskollegs und 15 Sonderschulen. Im Kreis Wesel (Einwohnerstand des Kreises zum 31. Dezember 2000: 483.888) werden rd. 68.000 Schülerinnen und Schüler unterrichtet.

Auf der Grundlage des Projektgruppenberichtes beschloss der Kreistag am 21. März 2002 – wiederum einstimmig – die Einrichtung einer Regionalen Schulberatungsstelle unter Einbeziehung der vom Land Nordrhein-Westfalen in Aussicht gestellten Stelle einer Psychologin/eines Psychologen. Außerdem wurden im Kreishaushalt 2002 für eine Regionale Schulberatungsstelle 180.000 EUR veranschlagt. Die Kreisverwaltung erarbeitete anschließend gemeinsam mit der Bezirksregierung Düsseldorf bis zum August 2002 eine Rahmenkonzeption und präzisierte hierin die zukünftigen Aufgabenfelder und die personelle Ausstattung. Die personelle Ausstattung der Regionalen Schulberatung wurde auf insgesamt 3,5 Stellen angelegt. Hiervon werden 2,5 Stellen durch den Kreis Wesel finanziert und die Zuweisung der Stelle einer psychologischen Kraft beim Land beantragt.

Am 9. Oktober 2002 stimmte das Ministerium für Schule, Wissenschaft und Forschung NW der Errichtung einer Regionalen Schulberatungsstelle für den Kreis Wesel zum 1. Januar 2003 zu. Die Landrätin des Kreises Wesel, Frau Birgit Amend-Glantschnig, und der zuständige Abteilungsdirektor bei der Bezirksregierung Düsseldorf, Herr Allmann, unterzeichneten im Januar 2003 die entsprechende Errichtungsvereinbarung. Hiernach ist der Kreis Träger der Regionalen Schulberatungsstelle für den Kreis Wesel. Der Kreis übt durch die Landrätin in allen dienstlichen Angelegenheiten die Organisationsgewalt aus. Die Zuständigkeit für die Dienstaufsicht über die Mitarbeiter und Mitarbeiterinnen des Kreises, die Außenvertretung, die Organisation und die Entscheidung über die rechtliche und sachgerechte Ausführung der Arbeit liegt ausschließlich beim Kreis. Die Bezirksregierung Düsseldorf übt die Fachaufsicht über die Beratungsstelle und zusätzlich die Dienstaufsicht über den Schulpsychologen/die Schulpsychologin des Landes aus.

Die Regionale Schulberatungsstelle für den Kreis Wesel

Aus dem Kreis Wesel

Das Team der Regionalen Schulberatungsstelle für den Kreis Wesel besteht aus dem Diplom-Psychologen Frank Kröner, der gleichzeitig Leiter der Regionalen Schulberatung ist, der Diplom-Psychologin Alexandra Maria Schirm, der Diplom-Pädagogin Simone Vogelmann und der Verwaltungsfachangestellten Nadine Dams. Der Sitz der Regionalen Schulberatung ist das Kreishaus in Wesel.

Die Konzeption der Regionalen Schulberatungsstelle

Schule soll junge Menschen in ihrer Persönlichkeitsentwicklung unterstützen und sie zur Erfüllung ihrer Aufgaben in Beruf, Staat und Gesellschaft befähigen. Damit ist die Schule ständig gefordert, Lehr-, Lern- und Lebensumgebungen zu schaffen, die Lernen bestmöglich anregen und begleiten. Schulpsychologie begleitet Schule bei der Erfüllung dieses anspruchsvollen Auftrags. Bei Schulschwierigkeiten, die von Eltern, Schülerinnen und Schülern und ihren Lehrkräften nicht alleine bewältigt werden können, kann die Regionale Schulberatungsstelle Wesel hinzugezogen werden. Es gibt derzeit keine Einschränkung auf bestimmte Schulformen, das heißt, jede Grundschule, aber auch jede weiterführende Schule oder jedes Berufskolleg im Kreis kann an die Schulberatungsstelle herantreten. Der Schwerpunkt der Beratungstätigkeit wurde in den Bereich der Primarstufe gelegt. Dies zum einen deshalb, da von den 168 Schulen im Kreis mehr als die Hälfte Grundschulen sind; zum anderen mit dem Ziel, schulischen Auffälligkeiten und Problemen möglichst frühzeitig zu begegnen, bevor sich Symptome massiv verhärten.

Die Aufgaben der Regionalen Schulberatungsstelle liegen in den zwei grundsätzlichen Bereichen Einzelfallberatung und Systemberatung. In der Konzeption der Schulberatungsstelle Wesel sind zwei Anmeldewege für die Einzelfallberatung vorgesehen, die

Die Regionale Schulberatungsstelle für den Kreis Wesel

immer auf die Verzahnung von schulischer und elterlicher Verantwortung setzen: In der Primarstufe können sich Klassenlehrer und -lehrerinnen gemeinsam mit den Eltern für eine schulpsychologische Beratung anmelden. Bei den weiterführenden Schulen setzt die Regionale Schulberatungsstelle auf das gut ausgebaute und bewährte Beratungssystem innerhalb der Schulen. Die schulpsychologischen Berater sehen sich als Ergänzung und nicht als Parallelität zu den beratenden Lehrkräften. Bei den weiterführenden Schulen können sich die Beratungslehrkräfte gemeinsam mit den Eltern für eine Einzelfallberatung anmelden. Inhalte der Beratung umfassen u. a. Themen zu Lernen und Leistung, Verhaltensauffälligkeiten, Schulvermeidung oder Fragen zur Schullaufbahn. Die systemische Beratung, die in jedem Fall die individuelle Absprache von Schulberatern und Lehrkräften erfordert, umfasst die Supervision, Krisenintervention und Fortbildung.

Einzelfallhilfe

Im vergangenen ersten Arbeitsjahr der Regionalen Schulberatungsstelle kamen auf dem oben beschriebenen Weg 270 Einzelfälle zur Anmeldung. Der Konzeption folgend gingen die meisten Anmeldungen aus dem Bereich Grundschule (53 Prozent) ein, gefolgt von der Hauptschule (13 Prozent), der Realschule (zwölf Prozent), dem Gymnasium (neun Prozent), der Gesamtschule (acht Prozent), der Sonderschule (drei Prozent) und dem Berufskolleg (zwei Prozent).

In der Mehrzahl der angemeldeten Einzelfälle ging es um Verhaltensauffälligkeiten wie aggressives und gewalttätiges Verhalten, Ängstlichkeit und Selbstunsicherheit, störendes Verhalten im Unterricht, psychosomatische Beschwerden wie Kopfschmerzen, Durchfälle etc. und mangelnde soziale Kompetenz. Hierbei gilt es, durch Beobachtungen und Gespräche mit Eltern den Lehrkräften sowie den betroffenen Schülern und Schülerinnen zu klären, ob sich dieses Verhalten nur auf den Schulbereich bezieht oder auch im familiären Umfeld auftritt.

Ausführliche Beratungsgespräche und testpsychologische Verfahren können mögliche Ursachen für die Entstehungsgeschichte des Problemverhaltens liefern und erste Lösungswege aufzeigen. Gemeinsam mit allen beteiligten Parteien werden Verhaltenspläne erstellt, die sowohl im Elternhaus als auch in der Schule konsequent zum Einsatz gebracht werden. Wichtig ist hierbei, Unstimmigkeiten z. B. zwischen Eltern und Lehrkräften anzusprechen und frühzeitig zu klären. Weder kann sich die Schule darauf berufen, dass die Ursachen für ein Schulproblem in der Familie begründet ist, noch kann dies - im umgekehrten Sinne - der Familie erlaubt sein. Beide Systeme sind gleichermaßen verpflichtet, im Rahmen ihrer Möglichkeiten, trotz offensichtlicher Belastungen, möglichst in enger Zusammenarbeit dazu beizutragen, Kindern und Jugendlichen auch in schwierigen Situationen zu helfen, ganz gleich in welchem System die Ursachen liegen. Besonders aggressives und sozial unangepasstes Verhalten gilt es frühzeitig zu erkennen und diesem gemeinsam entgegenzuwirken – nötigenfalls unter Einbeziehung der Jugendhilfe und anderer Beratungsdienste.

An zweiter Stelle der genannten Anmeldegründe rangieren die Lern- und Leistungsstörungen. Hierunter fallen z. B. Konzentrations- und Wahrnehmungsstörungen, Teilleistungsschwächen wie Legasthenie und Dyskalkulie (Rechenschwäche), Leistungsverweigerungen und Lernschwächen. Nach sorgfältiger Diagnostik werden mit dem Elternhaus und der Schule Förderwege geplant und begleitet. Bei Konzentrationsschwächen kann sich z. B. nach gründlicher Diagnostik ergeben, dass eine Arbeitsstörung vorliegt, was in der Literatur als „Teufelskreis der Lernstörung" beschrieben wird: Dieses Problem zeigt sich sowohl im Unterricht als auch bei den Hausaufgaben. Die Schüler und Schülerinnen, meist im 2. oder 3. Schuljahr, fallen in der Schule dadurch auf, dass sie nicht in der Lage sind, in so genannten Stillarbeitsphasen etwas aufs Papier zu bringen, und nur arbeiten, wenn sich die Lehrerin persönlich mit ihnen beschäftigt. Zu Hause müssen sich die Eltern, meist die Mütter, zu den Kindern an den Tisch setzen, damit überhaupt Hausaufgaben gemacht werden. Häufig wissen diese Kinder auch gar nicht, was sie aufhaben – geschweige denn, wie es geht. In mühevoller Kleinarbeit und unter ständigen Aufmerksamkeitsermahnungen werden so in einer sehr stressigen Situation die Hausaufgaben erledigt (im Wesentlichen ein Verdienst der Eltern). Die Eltern sprechen in der Beratung häufig in der „Wir-Form", wenn sie von der Erledigung der Hausaufgaben berichten. Das Kind kommt am nächsten Tag mit perfekten Hausaufgaben zur Schule und hat auf diesem Wege auch den Stoff des Vortages verstanden. Während des Unterrichtes passt es nicht auf, weil es sich auf den Einzelunterricht zuhause verlässt und die sozialen Aktivitäten mit den Gleichaltrigen wesentlich interessanter findet. Ein solches Kind kann nur arbeiten, wenn sich ein Erwachsener mit ihm alleine beschäftigt. Es handelt sich hier also um ein unselbstständiges Arbeitsverhalten, das besonders häufig bei solchen Dingen auftritt, die nicht gerade viel Spaß bereiten. Es entwickelt sich ein Teufelskreis, der immer weiter in die Unselbstständigkeit und zu mangelnder Selbstdisziplin führt und auf Dauer Leistungsversagen nach sich zieht.

Die Lösung kann nun darin liegen, dass dieser Kreislauf in Zusammenarbeit zwischen Eltern und Lehrkräften durchbrochen wird. Der Schüler/die Schülerin sollte die Hausaufgaben nach Möglichkeit an einem eigenen Schreibtisch selbstständig in einer angemessenen Zeit ohne große Hilfestellung durch die Eltern erledigen. Bei Erfolg winkt mittels eines Punkteplanes eine möglichst immaterielle Verstärkung, andernfalls bei deutlichem Überschreiten der Zeit der Abbruch mit einer entsprechenden Bemerkung in das Heft. Das Kind muss unter der Anleitung der Eltern lernen, für die Erledigung seiner Hausaufgaben selbst die Verantwortung zu übernehmen. Der informierten und in das Vorgehen einbezogenen Lehrkraft werden unvollständige Aufgaben auffallen und im Wiederholungsfall pädagogische Maßnahmen in Absprache mit den Eltern einfallen. Kindern ist es in der Regel sehr unangenehm, mit unvollständigen Hausaufgaben zur Schule zu gehen. Im Unterricht ist es wichtig, dass sich die Lehrkräfte nach Möglichkeit nur dann mit dem Kind persönlich befassen, wenn es das gewünschte selbstständige Arbeitsverhalten zeigt, um nicht seine Unselbstständigkeit durch Zuwendung zu verstärken.

An dritter Stelle der Anmeldegründe bei der Regionalen Schulberatungsstelle rangiert schulvermeidendes Verhalten. Dieses reicht vom stundenweisen Schulabsentismus („Blaumachen") über mehrtägiges unentschuldigtes Fehlen und massiver Schulangst bis hin zur ausgeprägten Schulphobie. Ersteres bedarf einer frühen Aufmerksamkeit des Lehrkörpers und einer konsequenten Information der Eltern. Die wiederum benötigen Unterstützung und Ermutigung in der Durchsetzung des regelmäßigen Schulbesuches. Hier kann durch Diagnose und Beratung den Erziehungsberechtigten und der Schule Sicherheit in ihrer Handlungskompetenz vermittelt werden. Die Behandlung von Schulphobie, in Verbindung mit mehrwöchigem Absentismus, ist nur in Kooperation mit ambulanten oder stationären psychotherapeutischen Einrichtungen möglich. Im März 2004 wurde im Anschluss an eine Veranstaltung zum Thema Schulvermeidung ein multiprofessioneller Arbeitskreis auf Kreisebene angeregt.

Fragen zur Schullaufbahnberatung ziehen sich durch viele Beratungsgespräche – zum Teil in Begleitung der o. g. Problemlagen.

Psychologische Diagnose gehört zu den Orientierungshilfen für Eltern, Lehrkräfte sowie Schüler und Schülerinnen, um wichtige Entscheidungen im Zusammenhang mit der „Schulkarriere" zu untermauern.

Folgende Themenbereiche können z. B. Gegenstand von Beratungsprozessen sein:
- Schulfähigkeit bei vorzeitiger Einschulung,
- Fragen hinsichtlich eines besonderen Förderbedarfs (Sonderschule),
- Übergangsberatung auf eine weiterführende Schule (4. Klasse),
- Fächerwahl in der Mittelstufe,
- Berufswahlorientierung zum Ende der Schulzeit und
- Überprüfung und Feststellung besonderer Begabungen und Begleitung schulinterner und -externer Fördermaßnahmen.

Systemberatung

Die Mitarbeiter und Mitarbeiterinnen der Regionalen Schulberatungsstellen verfolgen aufmerksam und intensiv die Entwicklungen im Schulbereich und im gesellschaftlichen Umfeld der Schule, um den Aufgaben eines schulpsychologischen Unterstützungssystems für die Schule gerecht zu werden. Sie unterstützen die Schulen bei der alltäglichen pädagogischen Tätigkeit (Supervision), der Bewältigung besonderer Krisensituationen (Krisenintervention) und Fragestellungen zu speziellen Themen (Fortbildung). Jede Lehrerin und jeder Lehrer hat die Möglichkeit, pädagogisch-psychologische Unterstützung durch die RSB für sich in Anspruch zu nehmen. Davon wurde auch im zurückliegenden Zeitraum vielfach Gebrauch gemacht. Daneben bietet die RSB Wesel - in Kooperation mit dem Arbeitskreis für Supervision der Schulpsychologen im Regierungsbezirk Düsseldorf - Supervision an Schulen an für:
- Kollegien und Teilkollegien,
- Gruppen von Sozialpädagoginnen und Sozialpädagogen,
- Personen mit Leitungsaufgaben,
- Steuergruppen und
- Personen in bestimmten Funktionen (Beratung, Ausbildung u. a.).

In der Supervisionsarbeit geht es um die Aufarbeitung und Reflexion beruflicher Fragestellungen. Supervision regt Verstehensprozesse an und vertieft sie. Im Mittelpunkt steht die Frage der Gestaltung der Arbeitsaufgabe: Unterrichten, Erziehen und Beraten sowie Schulentwicklung.

Unterstützung in schulinternen Krisensituationen wurde seit Bestehen der RSB Wesel mehrfach geleistet: Einerseits handelte es sich um angedrohte oder durchgeführte Gewalttaten an Schulen, andererseits waren unerwartete und tragische Todesfälle Anlass für Kriseninterventionen. Hierbei geht es um die Einschätzung bedrohlicher Situationen oder um Unterstützung bei der Bearbeitung von traumatischen Erlebnissen.

Im folgenden Beispiel war tags zuvor ein 14-jähriger Schüler tödlich verunglückt. Zunächst fand ein kurzes Telefonat mit der Schulaufsicht sowie mit dem Schulleiter statt. Hier wurden erste Absprachen getroffen und Informationen gegeben. Es wurde entschieden, das Gespräch mit der gesamten Klasse zu führen. Inhalt des Gesprächs waren der Unfallhergang sowie die Bedeutung des verunglückten Schülers für jeden Einzelnen. Die emotionale und psychische Befindlichkeit der Schülerinnen und Schüler stand im Mittelpunkt des Gespräches. Als Ritual des Abschiednehmens wurde ein Tisch geschmückt. Zusammen mit dem Klassenlehrer sowie den Schülern und Schülerinnen wurden die unmittelbar bevorstehenden Stunden geplant, u. a. Beileidsbekundungen und Teilnahme am Begräbnis. Gemeinsam mit dem Lehrkörper wurde der Schutz der Schüler und Schülerinnen sowie der Schule vor den öffentlichen Medien erarbeitet.

Die Fort- und Weiterbildung der Lehrkräfte ist das dritte Angebot im Rahmen der Systemberatung seitens der Schulberatungsstelle. Durch Information, Training und Hilfestellung bei der beruflichen Weiterentwicklung unterstützen die Schulberater/innen die psychologischen und pädagogischen Kompetenzen von Lehrerinnen und Lehrern in den Feldern Erziehung, Beratung und Unterricht. Der Fokus liegt in jedem Fall auf längerfristigen, prozessbegleitenden Maßnahmen. In mehreren Terminen wird mit (Teil-) Kollegien und Lehrergruppen inhaltlich, handlungsorientiert und methodisch gearbeitet.

Kooperation mit anderen Beratungseinrichtungen

Insbesondere in der Einzelfallhilfe findet eine intensive Zusammenarbeit mit verschiedenen Einrichtungen statt. Grundlegend für die Arbeit der Regionalen Schulberatungsstelle mit den weiterführenden Schulen ist die Zusammenarbeit mit den Beratungslehrerinnen und Beratungslehrern.

Mit den Erziehungsberatungsstellen im Kreis Wesel werden Gespräche geführt, wenn der Schwerpunkt der Problematik dem häuslichen Bereich zuzuordnen ist. Häufig wird die Anbindung zur Erziehungsberatungsstelle über den Erstkontakt in der Schulberatungsstelle hergestellt. Des Weiteren finden in Zusammenarbeit mit den Jugendämtern gemeinsame Hilfeplangespräche oder Beratungskonferenzen statt. Es wird darüber beraten, welche Unterstützung oder Förderung für die Kinder, Jugendlichen oder Familien am besten geeignet ist, um die jeweilige Problematik zu bewältigen. Fragen der Diagnostik werden zum Teil mit Kliniken, Sozialpädiatrischen Zentren oder psychotherapeutischen Praxen abgeklärt.

Die Arbeit mit den bestehenden Kooperationspartnern und Netzwerken ist zum

Die Regionale Schulberatungsstelle für den Kreis Wesel

Einen von gegenseitiger Ergänzung und zum anderen von Abgrenzung geprägt. Das bedeutet, dass alle Beteiligten sich auf eine klare Aufgabenverteilung einigen und gegebenenfalls in regelmäßigem Kontakt zueinander stehen.

Literatur:
Betz, D./Breuninger, H. (1998): Teufelskreis Lernstörungen; Weinheim.
Häring, H.-G./Kowalczyk, W. (Hrsg.) (2001): Schulpsychologie konkret; Neuwied.
Keller, G./Thewalt, B. (2000): Praktische Schulpsychologie; Heidelberg.
Kreis Wesel/Bezirksregierung Düsseldorf (2002): Einrichtungsvereinbarung für die Regionale Schulberatungsstelle für den Kreis Wesel.
Landesinstitut für Schule und Weiterbildung (1998): Fachgutachten – Beratung in der Schule und im Schulsystem; Soest.
Regionale Schulberatungsstelle für den Kreis Wesel (2003): Arbeitsbericht 2003.
Sänger-Feindt, E.: Die regionale Schulberatungsstelle des Kreises Viersen und ihre Vorläufereinrichtungen; in: Heimatbuch des Kreises Viersen 2001; S.320ff.

RAIMUND LORENZ

Kanonenbau am Niederrhein

Teil 1

Am Niederrhein haben sich die Menschen bis heute ein reges Interesse an ihrer Heimatgeschichte bewahrt. Immer wieder kommen sie bei ihren Gesprächen bewusst oder unbewusst darauf zurück, was, wer und wie es einmal war.

Emil Cherubin (1880–1954) um 1930

Vereine, Institutionen und Privatleute sammeln dazu historische Schätze in Wort und Schrift, in Bildern, Fotos und Gegenständen. Sehr wirkungsvoll tragen sie dazu bei, das Interesse und die Liebe zur Heimat und ihrer Geschichte zu wecken, wach zu halten und zu vertiefen. Oft haben aber Überlieferungen einen langen Weg hinter sich, auf dem sich ihr Informationsgehalt zuweilen leider weit vom ursprünglichen Geschehen entfernt hat. Dann ist es gut, wenn man „schwarz auf weiß" besitzt, was sich damals zugetragen hat, wie in der vorliegenden Arbeit. Ich wurde durch einen amüsanten Zufall auf die filmreife Geschichte des Kanonenbaus am Niederrhein aufmerksam, die nach jahrelangen Recherchen seit einiger Zeit auch als Buch, erhältlich in der örtlichen Buchhandlung Vlynbusch, vorliegt. Ich wünsche Ihnen viel Freude beim Lesen dieses konkreten, historischen Geschehens!

Eigentlich begann alles in Oldenburg. Über 130 Jahre ist es her, da schrieb der Oldenburger Hof-Druckereibesitzer August Schwartz seinem Schwiegervater eine „Correspondenz-Karte". Vielleicht um die offene Karte, deren Rückseite für briefliche Mitteilungen bestimmt war, etwas zu beleben, zeichnete er auf den linken oberen Rand der Postkarte das Bildnis eines Kanoniers und gab sie am 16. Juli 1870 auf den Weg. Damit hatte er unbeabsichtigt die Ansichtspostkarte erfunden! Ohne August Schwartz aus Oldenburg wäre die folgende Geschichte wahrscheinlich nie bekannt geworden.

Emil Cherubin, der in Vluynbusch bei Moers vom Baron von der Leyen einen kleinen Kotten, eine sogenannte Katstelle gemietet hatte, in der er eine bescheidene Stellmacherei betrieb, steckte 1929/30 in großen finanziellen Schwierigkeiten. Seine Geschäfte gingen schlecht. Die Weltwirtschaftskrise hatte Deutschland erreicht. Es gab 4,4 Millionen Arbeitslose, kaum Aufträge und keine Hoffnung auf Besserung. Cherubins Kunden, die Bauern und Landleute vom Niederrhein, hielten ihr Geld zurück. Nach dem Motto: „Hilf dir selbst, sonst hilft dir niemand" suchte er grübelnd nach einem Weg aus der schlimmen Lage. Viele Ideen gingen ihm durch den Kopf. Schon seit geraumer Zeit beschäftigte er sich in Gedanken mit der „Dicken Berta". Das Modell dieser berühmten Super-Kanone, des riesigen 42-cm Mörsers, original nachbauen! Aus Holz! Das wäre die Lösung! Drei Jahre später, im Jahr 1932, erschien der Stellmacher Emil Cherubin im „Fotografischen Atelier Karl Knauff" in Moers, um eine „Ansichtskartenserie" in Auftrag zu geben. Knauff hielt das, was er da hörte, zunächst für einen Witz, denn Cherubin berichtete ihm, er habe eine selbstgebaute „Dicke Berta", das mächtigste und furchtbarste Steilfeuergeschütz des Weltkrieges, in seinem Garten stehen. Die möge Knauff ablichten und danach eine Fotoserie in sechs Ansichten herstellen. Knauff sagte zu und machte sich mit seiner schweren Platten-Kamera auf den Weg nach Vluynbusch.

Eine Ansichtskarte aus Berlin

Berlin ist nicht nur eine Reise wert, das finden auch meine Frau und ich. Jedes Mal, wenn wir in Berlin sind, versäumen wir nicht, einen Buchhändler aufzusuchen, der in der Nähe vom Alex, am Stadtbahnhof Hackescher Markt, ein Antiquariat betreibt. Er bietet u. a. auch Ansichtspostkarten an, die unsortiert in langen, schmalen Holzkästen auf Neugierige warten. Beim Stöbern in dieser Berliner Sammlung fand ich eine Ansichtskarte der „Dicken Berta"-Serie, die der Moerser Fotograf Karl Knauff vor über siebzig Jahren in Cherubins Garten in Vluynbusch aufgenommen hatte. „Die dicke Berta aus Holz. Erbauer Emil Cherubin, Vluyn", bestätigte die Bildunterschrift. Mir erging es wie dem Moerser Fotografen, wie es wohl jedem ergeht, der das mächtige, bis ins letzte Detail präzise Modell zum ersten Male auf einem Foto sieht. Ich war verblüfft! „Wer war dieser Emil Cherubin, welche Geschichte verbarg sich hinter dem einmalig-seltsamen Foto", fragte ich mich. Und diese Frage ließ mich nicht mehr los. Die in Berlin gefundene Ansichtspostkarte

„Die dicke Berta" aus Holz. Erb. E. Cherubin, Vluyn

Aus dem Kreis Wesel | Kanonenbau am Niederrhein

Emil Cherubin und seine Helfer (ganz oben Sohn Peter)

blieb nicht lange allein. Eifriges Suchen in Archiven und Bibliotheken sowie persönliche Kontakte mit Zeitzeugen brachten eine reiche Ernte. Bald waren drei große Aktenordner mit Briefen, Berichten, Zeitungsausschnitten, Gesprächsnotizen und vielen seltenen Fotos prall gefüllt. Ein Schatz von Material zu einer nicht alltäglichen Geschichte!

Ihr Anfang führt uns zunächst in das einstige Dörfchen Eichen in Ostpreußen. Bevor es im Zweiten Weltkrieg vom Erdboden verschwand, lebten dort etwa 370 Einwohner. Hier, in Eichen, Kreis Wehlau, zwischen Königsberg und Insterburg, wurde der Held unserer Geschichte, Emil Cherubin am 7. Oktober 1880 geboren. Kurz vor seinem Tode 1954 erzählte Cherubin einem Mitarbeiter des „Solinger Tageblatts", er habe „in Labiau die Stellmacherei gelernt und Gott weiß wie viele Landauer und Kutschwagen gemacht, in denen die Gutsbesitzer sonntags ihre Verwandten und Freunde in der Nachbarschaft besuchten". Man sagt, Emil Cherubin sei vom Holz fasziniert gewesen. Noch in Ostpreußen, vermutlich in Tapiau, legte er die Meisterprüfung als „Stellmacher und Wagenbauer" ab. Als er am 12. Oktober 1900 für zwei Jahre zu den preußischen Fahnen gerufen wurde, landete Emil Cherubin bei den Pionieren. Von ihnen 1902 in die Reserve entlassen, wechselte er auf der Suche nach Arbeit innerhalb Ostpreußens oft den Wohnort. Auch als er 1903 Johanne Jastremzski aus Willizken heiratete, blieb das Leben unstet und unsicher. Im Jahr 1906 folgte er dem Beispiel vieler seiner Landsleute in Ost- und Westpreußen und suchte im Westen sein Glück. Besonders das aufstrebende Ruhrgebiet schien eine bessere Zukunft zu versprechen. Die erste Station seiner Reise war Essen, wo er Ende August 1906 bei dem Bergmann Hugo Neumann in der Segerothstraße 31 eine Unterkunft fand. Schon nach wenigen Monaten gab er seine Arbeit als Kistenschreiner in einer Kanonenwerkstatt der feuerspeienden Kruppschen Gussstahlfabrik wieder auf und zog, wie weiland Alfred Krupp, dahin, wo die Welt noch

Aus dem Kreis Wesel

Kanonenbau am Niederrhein

grün und saftig wie seine Heimat war, an den Niederrhein. Am Rhein waren Stellmacher und Wagenbauer gesuchte Leute und so fand Emil Cherubin im November 1906 in Uerdingen bei Krefeld sofort wieder Arbeit in der „Waggonfabrik Uerdingen". Offensichtlich fühlte er sich hier wohl. Am 13. Juni 1908 kam sein ältester Sohn, Emil Gustav, zur Welt, am 30. Januar 1910 wurde Tochter Erna geboren.

Emil Cherubin war ein aufrechter, rechtschaffener Mann. Er tat seine Pflicht, war zuverlässig und fleißig. Er liebte sein Vaterland! Er ehrte seinen Kaiser und König! Aber der Kaiser und seinesgleichen scherten sich kaum um den so überaus redlichen Untertan. Emil Cherubin stand dem preußischen Motto „Mehr sein als scheinen" genau so nahe, wie sie ihrem „Heil Dir im Siegerkranz, nimm was du kriegen kannst". Als sie sich aufmachten, die Weltmacht zu erobern, ahnte er nicht, dass damit sein glückliches Leben bald ein Ende finden würde. Nie erfuhr er den Hauptgrund seines kommenden, persönlichen Schlamassels: Das Verlangen der kaiserlichen Artillerie-Prüfungskommission (APK) am 12. Juli 1906 an die Firma Fried. Krupp, Essen, nach der „verbesserten Konstruktion eines Mörsers", der späteren „Dicken Berta". Nach Kruppschen Vorschlägen wurde zunächst unter völliger Aufgabe der Beweglichkeit ein 42-Zentimeter Mörser L/16 (Gamma-Gerät) gebaut. Im Mai 1909 stellte Krupp das 145 Tonnen schwere 42-Zentimeter Probegeschütz zum ersten Mal vor. Die Vorführungen befriedigten die APK nicht, so dass der 42-ZentimeterMörser erst nach erheblichen Änderungen 1911 unter dem Decknamen „Kurze-Marine-Kanone" eingeführt wurde. Nach weiteren Versuchen in Kummers-

Samanshof, Juli 1932. Finanziert von dem Fabrikanten Johann Kuhlen aus Vluynbusch eröffnete Emil Cherubin (1. Reihe von rechts, sitzend) in einem geräumigen Zelt die erste Ausstellung seines Modells der „Dicken Berta".

dorf, südlich von Berlin, schlug die APK schließlich den Bau eines leichteren 42-Zentimeter Mörsers L/12 (M-Gerät, wobei „M" für Minenwerfer steht) auf Räderlafette mit Radgürteln vor. Das 32 Tonnen schwere Monstrum, eine der geheimsten deutschen Waffenentwicklungen, schoss 1913 Granaten von knapp einer Tonne, die alle damals bekannten Festungswände durchschlagen konnte, 9.300 Meter weit. Jeder Schuss kostete 1.500 Goldmark, einschließlich Amortisation des eine Millionen Goldmark teuren Geschützes bei einer angenommenen Lebensdauer von 2.000 Schuss. Jeder Abschuss einer Granate entsprach damit ungefähr dem Jahresverdienst Emil Cherubins. Noch während der Erprobungszeit der überschweren Waffe beginnt der Erste Weltkrieg. Jubelnd zieht Europa in den Krieg. Im Glauben an einen kurzen, siegreichen Feldzug werden im August 1914 alle verfügbaren Kräfte an die Fronten geworfen. Zwei Eisenbahn-Batterien des 42-Zentimeter Mörsers (Gamma-Gerät) zu je zwei Geschützen und eine fahrbare Batterie (M-Gerät), denen kurz darauf eine weitere Halbbatterie mit einem Geschütz folgte, kommen vom Probeschießen in Kummersdorf sofort an die Westfront. Die „Dicke Berta", wie sie nach der ältesten Tochter Friedrich Alfred Krupps, Bertha, bald genannt wurde, legte schon bei ihrem ersten Feindeinsatz die Forts von Lüttich in Schutt und Asche.

Auch Emil Cherubin rief man wieder zu den Waffen. Am 2. August 1914 wurde er zum preußischen Pionierbataillon 7 eingezogen und sofort bei Lüttich eingesetzt. Er hörte das Brüllen der geheimen, aus abgesperrten Stellung feuernden Riesenkanonen in Lüttich, Namur, Maubeuge, an der Aisne und in den Kämpfen um Verdun. Emil Cherubin überlebte das Blutbad an der Maas. Im Februar 1917 wurde er als nicht mehr „kriegsverwendungsfähig" aus der Armee entlassen und zur Arbeitsaufnahme der Waggonfabrik Uerdingen zugewiesen. Als der Krieg im November 1918 überraschend verloren ging, verlor auch der brave Untertan seinen Arbeitsplatz. Auf der Suche nach Arbeit zog Emil Cherubin 1921 mit seiner Familie weiter nach Vluyn am linken Niederrhein. Hier waren seine Fähigkeiten gefragt. Er pachtete von Baron von der Leyen einen Kotten und eröffnete darin eine kleine „Stellmacherei und Wagenbau" Werkstatt. Mit den „Hippeländern", wie die Einwohner manchmal scherzhaft genannt werden, kam der praktische Emil Cherubin gut zurecht. Seine Qualitätsarbeit war die beste Reklame. Emil konnte alles, machte alles und reparierte alles, was aus Holz war. Mit Arzneischränkchen, Handwägelchen, Karren, Kutschen, Geräten und Wagenrädern sägte, hobelte und leimte er sich für immer in die Herzen seiner Kunden und noch heute loben ihn alle, die ihn persönlich oder vom Hörensagen kannten, deshalb über den grünen Klee. Sein Können und sein Fleiß (ein ehemaliger Nachbar: „Der Emil arbeitete immer!") und seine Zuverlässigkeit verbesserten schnell die Lage der Familie, zu der sich 1923 noch Willy Ewald (später in Peter umgetauft) gesellte. Vater Emil konnte nicht nur Karren bauen und Kutschen instand setzen. Schon Mitte der 20er Jahre machte er sich als Modellbauer einen Namen. Bald stand vor seinem Haus das funktionsfähige Modell des Leuchtturms „Rote Sand", Ausstellungen und Feste verbreiteten die Kunde vom Meister am Niederrhein. Krefeld, Moers und Essen kauften bei ihm für billiges Geld die schönsten Burgen, Schlösser, Mühlen und Geräte und schmückten ihre Museen. Seine Frau Johanne, die ab 1926 mit einem Modell-Diarama „Vom Flachs bis zur Truhe" von Schule zu Schule zog, um den Kindern etwas über die Geschichte und Verarbeitung der Pflanze zu vermitteln, die auf den weiten Feldern ihrer Heimat wuchs, war die kaufmännische Seele in dem Zwei-Personen-Unternehmen. Zu ihren Lebzeiten blieb Emil Cherubin mit beiden

Kanonenbau am Niederrhein

Füßen auf der Erde, bis auf eine Ausnahme: die „Dicke Berta". Der „Dicke Berta" genannte 42-Zentimeter Mörser war ein technisches Wunder und blieb auch nach seinem ersten Einsatz im August 1914 bei Lüttich ein sorgsam gehütetes Geheimnis der deutschen Heeresleitung, weshalb nur wenige das Steilfeuer-Geschütz zu Gesicht bekamen. Auch Fotografien von diesem in Essen in zwei Ausführungen entwickelten und gebauten Krupp-Geschütz erschienen selten in der Öffentlichkeit.

Mit der Wahnsinnsidee, die „Dicke Berta" originalgetreu aus Holz nachzubauen, hatte sich Emil Cherubin schon seit 1928 beschäftigt. Aber erst durch die Auswirkungen der Weltwirtschaftskrise, die auch seine Existenz bedrohten, konnte er seine nüchtern denkende Frau davon überzeugen, dem Vorhaben schließlich zuzustimmen. Er malte ihr aus, dass sich die Familie durch die Vermarktung einer so außergewöhnlichen Attraktion für alle Zeiten der ständigen finanziellen Sorgen entledigen könnte. Zunächst baute Emil Cherubin nach Fotovorlagen ein kleines Modell der „Dicken Berta" im Maßstab 1:15. Anhand welcher Unterlagen sich Emil Cherubin in die Lage versetzte, den seit November 1918 verschwundenen Mörsertyp detailgenau nachzubauen, ist nicht mehr herauszufinden. Wurden ihm von interessierter Seite Informationen zugespielt? Zweifellos hat er aber geflunkert, als er später Journalisten erzählte, ein Foto aus dem Buch „Der Weltkrieg in Bildern" sei seine einzige Bauvorlage gewesen. Dazu war das Holzmonster, welches bis auf einige ausstellungstechnisch bedingte Änderungen am Schutzschild und einer entweder aus Effekthascherei oder aus Bearbeitungsgründen gemachten etwas anderen Rohrausführung einfach zu genau! Anfang 1930 begann Emil Cherubin mit dem Bau des Modells. „Zunächst zeichnete ich alles auf Sperrholz und dann ging es los", berichtete er später. Bald wussten natürlich die Nachbarn, woran Emil Cherubin werkelte, zumal das Modell wuchs und wuchs. Obwohl er die Großteile der „Dicken Berta" wie Rohr, Wiege und Lafette in der Fabrik von Johannes Kuhlen, der Cherubins Vorhaben unterstützte, fertigen konnte, reichte bald der Platz seines Kottens nicht mehr aus, so dass er in die große Scheune des benachbarten Nöthgenshofs übersiedeln musste, wo das Modell seiner Vollendung entgegenging. Nachdem Emil Cherubin 150 Zentner Hartholz in mehr als 10.000 Arbeitsstunden verarbeitet hatte, war der mit allen Nebenbauten zehn Meter hohe, 20 Meter lange und vier Meter breite 42-Zentimeter Mörser Anfang 1932 fertig. Zuletzt spachtelte ein Maler aus Moers den Koloss und besorgte den feldgrauen Anstrich. Für die Holzkanone wurde neben dem in der Nachbarschaft seines Kottens befindlichen Ausflugslokal „Samannshof ein Zelt errichtet. Am 6. Juli 1932 war es dann soweit: Die Ausstellung: „Das Riesengeschütz des Weltkrieges. Die Dicke Berta" wurde eröffnet! Der Zuspruch war ungeheuer! Aus nah und fern kamen die Besucher, zu Fuß, mit der Kreisbahn, die verbilligte Fahrkarten anbot, mit den Bussen der NIAG, auf Fahrrädern und mit dem Automobil. Friedrich Krupp schickte aus Essen zwanzig Ingenieure. Die wollten zunächst nicht glauben, dass der vor ihnen stehende Mörser, an dem keine Niete, keine Spindel, nichts fehlte, tatsächlich aus Holz war! Die sensationelle Ausstellung wurde ein großer Erfolg! Emil Cherubin war glücklich! Auch die folgende Ausstellung der „Dicken Berta", die vom 2. bis 21. August 1932 in Düsseldorf im damaligen Planetarium (der heutigen Tonhalle) stattfand, wurde überlaufen. Die Tageszeitungen des Rhein- Ruhrgebietes berichteten darüber ausführlich und empfahlen ihren Lesern, sich das „Wunder der Technik" nicht entgehen zu lassen.

(Fortsetzung im Weseler Jahrbuch 2006)

Volkskunde, Erzählungen

CHRISTIANE SYRÉ

Die Textilsammlung des Museums Voswinckelshof

Zum Bestand des Museums Voswinckelshof in Dinslaken gehört eine Textilsammlung von etwa 800 Objekten. Es handelt sich sowohl um Bekleidung als auch um textilen Hausrat aus der Region, d. h. aus Dinslaken und Umgebung.

Ein großer Teil der Sammlung stammt aus den letzten Jahrzehnten des 19. und den ersten des 20. Jahrhunderts. Zusammengetragen wurden vorwiegend Textilien aus den unteren Schichten einer ländlichen Region, die seit dem ausgehenden 19. Jahrhundert zunehmend von der Industrialisierung erfasst wurde. Die Sammlung ist im Museumsdepot untergebracht, nur einige Objekte werden in der neu konzipierten und 2000 eröffneten Dauerausstellung gezeigt. Mit diesem Beitrag soll ein kurzer Überblick über den Bestand der Sammlung und seine Bedeutung gegeben werden.

Die Sammlung lässt sich in vier Kategorien einteilen: Bekleidung, Haushaltswäsche, Handarbeiten und Heimtextilien. Damit sind die wesentlichen Bereiche, in denen Textilien genutzt werden, abgedeckt. Aber nicht jeder Bereich ist gleichermaßen stark mit Objekten vertreten und auch innerhalb dieser Kategorien sind die Schwerpunkte ganz unterschiedlich verteilt.

Einen wichtigen Bereich stellt die Bekleidung dar. Gemessen an der Gesamtzahl der Objekte besitzt das Museum allerdings nur einen geringen Bestand an Oberbekleidung. Herrenanzüge, einzelne Hosen, Jacketts und Westen, für Frauen lange Röcke, Blusen sowie ein- oder zweiteilige Kleider machen den größten Teil aus. Aus dem ausgehenden 19., beginnenden 20. Jahrhundert stammen vor allem dreiteilige, schwarze Herrenanzüge sowie lange, schwarze Wollröcke und schwarze Damenblusen vielfach mit Spitzen garniert. Herren- und Damenoberbekleidung halten sich in etwa die Waage. Neben Alltagskleidung findet sich auch Kleidung, die sonntags oder zu besonderen Anlässen getragen worden ist. Während der größte Teil der Kleidung aus den einfachen Schichten stammt, ist auch einiges an bürgerlicher Kleidung in die Sammlung aufgenommen worden. Besonders zu erwähnen sind zwei Damenkostüme: ein Winterkleid von 1864 im Stil des Prinzesskleides, das Charles F. Worth im gleichen Jahr kreierte, und ein Seidenkleid um 1912, das von einem Düsseldorfer Seidenhaus angefertigt worden ist und sich an dem Stil von Paul Poiret orientiert.

Neben wenigen Kleidungsstücken für Kinder hat vor allem Säuglings- und zwar besonders Taufkleidung den Weg ins Museum gefunden. Dem Anlass entsprechend

Seidenkleid im Poiret-Stil

Volkskunde, Erzählungen Die Textilsammlung des Museums Voswinckelshof

Weiße Haube mit Seidenschleife

Schwarzes Wollkleid. Das Kleid wurde mit einer Krinoline getragen.

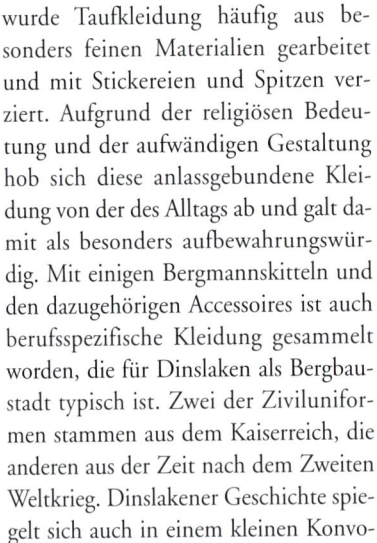

wurde Taufkleidung häufig aus besonders feinen Materialien gearbeitet und mit Stickereien und Spitzen verziert. Aufgrund der religiösen Bedeutung und der aufwändigen Gestaltung hob sich diese anlassgebundene Kleidung von der des Alltags ab und galt damit als besonders aufbewahrungswürdig. Mit einigen Bergmannskitteln und den dazugehörigen Accessoires ist auch berufsspezifische Kleidung gesammelt worden, die für Dinslaken als Bergbaustadt typisch ist. Zwei der Ziviluniformen stammen aus dem Kaiserreich, die anderen aus der Zeit nach dem Zweiten Weltkrieg. Dinslakener Geschichte spiegelt sich auch in einem kleinen Konvolut von Jockey-Jacken, die auf die Trabrennbahn verweisen. Reichlich vorhanden im Gegensatz zur Oberbekleidung ist Unterwäsche bzw. Leibwäsche. Dass Frauenbekleidung viel häufiger bewahrt worden ist, spiegelt sich auch hier, denn den größten Anteil macht Frauenunterwäsche aus. Unterhosen, Untertaillen, Hemden und Nachtjacken vor allem aus den letzten Jahrzehnten des 19. und vom Anfang des 20. Jahrhunderts sind zusammengekommen. Gehäkelte oder gestrickte Spitzen säumen oft Halsausschnitt und Ärmel. Manche der Spitzen sind selbst angefertigt, andere wiederum als Industrieprodukte gekauft und angenäht worden. Eingestickte Initialen, mal schlicht und versteckt, mal groß und auffällig, mal als Wäschebändchen aufgenäht, zieren viele Stücke. Interessanterweise gehören zu den Frauenunterhosen nur solche mit offenem Schritt, die um die Jahrhundertwende verbreitete so genannte Reformunterhose mit einer angeknöpften Klappe auf dem Po wurde vermutlich in dieser Region nicht getragen. Auffallend ist auch, dass Unterröcke aus den Jahrzehnten vor und nach 1900 nicht zum Bestand gehören. Vereinzelt ist auch Damenunterwäsche aus dem 20. Jahrhundert in die Sammlung gekommen, so z. B. die in den 1920er Jahren beliebten Hemdhosen, und ebenso etwas Männer- und Kinderwäsche. Ebenfalls zur Bekleidung zählen Ausputz und Accessoires. Neben Schals, Tüchern und Handschuhen machen Kopfbedeckungen den größten Teil aus. Hervorzuheben ist vor allem eine Sammlung regionaler

Die Textilsammlung des Museums Voswinckelshof

Volkskunde, Erzählungen

weißer Hauben mit farbigen Schleifenbändern sowie schwarzer Kragenhauben. Einen zweiten Schwerpunkt bildet ein Konvolut Damenhüte aus den 1960er und 1970er Jahren, die aus dem Ruhrgebiet stammen. Die Kopfbedeckung des Herrn beschränkt sich auf einige Zylinder und Pickelhauben.

Unter dem Begriff der Haushaltswäsche findet sich eine ganze Bandbreite von Objekten zusammen wie Bettwäsche, Handtücher für verschiedensten Gebrauch, Tischwäsche, Überhandtücher, Decken, Beutel, Taschen für allerlei Zwecke ... Vieles von dem, was hier zusammengekommen ist, war einmal Teil der Aussteuer: selbst gewebte Leinenballen oder mit feinem Hohlsaum umrandete, in einer Ecke mit Lebensbaum und Initialen bestickte Bettwäsche. Manches aus diesem Bestand gehört zu den ältesten Textilobjekten der Sammlung und stammt aus dem frühen 19. Jahrhundert. Ein großer Teil der Überhandtücher, Beutel für bestimmte Lebensmittel oder Wäscheklammern, Taschen für die Aufbewahrung von Taschentüchern oder Nachthemden ist von Mädchen und Frauen selbst angefertigt und häufig mit Stickereien oder Spitzen verziert worden. Sie sind von daher auch gute Beispiele für Handarbeiten. Zusammen mit den zahlreichen Decken und Deckchen für Tische, Kommoden, Klavier oder Nachttischschränkchen verweisen sie darauf, dass zur traditionellen Rolle der Frau nicht nur die Anfertigung von „Nützlichem" gehörte, sondern auch die Verschönerung und Ausstattung des Heims. Denn viele dieser Objekte sind ebenfalls in verschiedenen Handarbeitstechniken selbst angefertigt worden.

Damit ist schon der Übergang zum nächsten Bereich angedeutet, den der Handarbeiten. Das Museum verfügt über ein Konvolut an Mustertüchern mit Stickereien, Näh-, Flick- und Stopfmustern. Einige der Mustertücher sind vielfarbig nicht nur mit Alphabet und Zahlenreihe bestickt, sondern darüber hinaus mit einer Vielzahl von Motiven aus der Volkskunst. Die meisten Tücher sind dagegen schlicht ein- oder zweifarbig nur mit Alphabet und Zahlenreihe bestickt. Zur Handarbeit gehören weitere Muster und Proben unterschiedlicher Techniken und ein kleiner Bestand an Handarbeitsgeräten. Auch zu diesem Bestand gehören Objekte, die aus den verschiedenen Zeitabschnitten des 19. Jahrhunderts stammen und den älteren Teil der Textilsammlung bilden. Vom Umfang und auch von den Objekten selbst her hat der Bestand an Heimtextilien nur eine geringe Bedeutung. Hervorzuheben sind vor allem Vorhänge mit den charakteristischen Mustern und Farben der 1950er bis 1970er Jahre.

Damenunterhose, Ende 19. Jahrhundert

Die Geschicke des Museums und seine räumliche Situation vor der Restaurierung des Voswinckelshofs und der Neukonzipierung der Dauerausstellung haben auch an der Textilsammlung Spuren hinterlassen. Vermutlich war der Bestand umfangreicher als er heute ist. Viele Textilen sind aufgrund jahrelanger unsachge-

101

Volkskunde, Erzählungen | Die Textilsammlung des Museums Voswinckelshof

Stark ausgebesserte Damenjacke, Ende 19. Jahrhundert

mäßer Lagerung in einem schlechten Zustand. Erste Objekte, u. a. die beiden bürgerlichen Kleider im Worth- und Poiret-Stil, konnten bereits restauriert werden.

Der heutige Bestand der Textilsammlung beruht zum einen auf dem Sammlungskonzept der ehemaligen langjährigen Leiterin des Hauses, Frau T. Winkler, und zum anderen auf zahlreichen Schenkungen aus der Bevölkerung. Schwerpunkt des Sammlungskonzepts bildete regionalspezifische Alltagskleidung aus dem Dinslakener Raum bis hin zur niederländischen Grenze. Dies entsprach dem Gesamtkonzept während der Amtszeit von Frau Winkler, die das Museum zu einer regional-volkskundlichen Sammlungsstelle am unteren Niederrhein machte. Auch die Schenkungen stammen vorwiegend aus Dinslaken bzw. aus dem umliegenden Raum und ergänzten damit die Sammlung. Vor allem die Übernahme des Nachlasses der Familie Cirener mit einem umfangreichen Textilbestand stellte einen wichtigen Beitrag dar. Der räumliche Schwerpunkt spiegelt die ehemalige Rolle Dinslakens als Mittelpunkt des Dinslakener Lands wider, zu dem viele als Herkunftsort der Textilien genannten Gemeinden gehörten, die bereits seit einiger Zeit Stadtteile von Duisburg, Oberhausen und Voerde sind. Der textile Bestand gehört damit in einen sozialhistorischen Raum, der bis in die letzten Jahre des 19. Jahrhunderts noch weitgehend ländlich war, dann zunehmend von der Industrie geprägt wurde. Der nördlich an Dinslaken anschließende Raum, heute Stadtgebiet von Voerde, konnte allerdings viel von seinem ländlichen Charakter bewahren. Von daher stammen viele Objekte auch aus bäuerlicher Kultur.

In jüngerer Zeit, d. h. seit der Neukonzipierung und Eröffnung der Dauerausstellung im Jahr 2000, sind keine Textilien mehr angekauft worden. Wohl aber hat sich der Bestand durch Schenkungen erweitert, denen natürlich oft eine gewisse Zufälligkeit anhaftet. Um die bereits bestehenden Sammlungsschwerpunkte zu erhalten und gezielt zu erweitern, ist zu überlegen, das Sammlungskonzept neu zu definieren und sich dabei an dem bereits vorhandenen zu orientieren.

Wie beschrieben deckt die Sammlung vier Kategorien von Textilien ab. Aber keine der Kategorien stellt eine geschlossene Sammlung dar, sondern ist entweder sehr spärlich bestückt, wie die der Heimtextilien, oder lückenhaft. Trotzdem bleibt das Konzept, die Sammlung regionalspezifischer Alltagstextilien, erhalten. Sammlungsziel war nicht, besonders herausragende Objekte der Modegeschichte zusammenzutragen, sondern vielmehr getragene Kleidung einfacher Schichten, wie dies der Sozialstruktur der Herkunftsorte entsprach. Das trifft auch auf die Haushaltstextilien und die Handarbeiten zu und macht die Bedeutung der Sammlung aus, da dadurch viele Textilien ins Museum gekommen sind, die oft nicht als erhaltenwürdig gelten. Viele der erhaltenen Kleidungsstücke weisen zahlreiche Gebrauchsspuren auf: Flecken, Stopfstellen, Flicken, Abschabungen, Ausbleichungen oder Verfärbungen und auch

Die Textilsammlung des Museums Voswinckelshof

Volkskunde, Erzählungen

Veränderungen in Länge und Weite oder modischer Art, um sie einem weiteren Gebrauch anzupassen. Diese Spuren weisen auf eine lange Tragedauer hin. Ein besonderes Beispiel stellt eine schwarze Jacke aus dem ausgehenden 19. Jahrhundert dar, die einst bessere Zeiten gesehen hat, aber in einem stark veränderten Zustand überliefert ist. Zahlreiche Flicken aus unterschiedlichen Stoffen halten die Jacke zusammen. Es drängt sich der Eindruck auf, dass ihre Besitzerin in größter Armut gelebt und dieses für sie wertvolle Kleidungsstück immer wieder ausgebessert hat, wobei sie kaum die feinen Techniken des Flickens und Stopfens beherrschte. Nur wenige Kleidungsstücke dieser Art haben den Weg ins Museum gefunden, üblicherweise wären sie im Lumpensack verschwunden. Die vorhandenen Textilien bilden von daher eine wichtige Quelle für eine textilwissenschaftliche Forschung, die sich nicht allein mit der Modegeschichte bürgerlicher Kostüme begnügt, sondern mit einer detaillierten Untersuchung gebrauchter Kleidungsstücke unterer Schichten hinsichtlich Material, Gebrauchsspuren oder an der Kleidung vorgenommener Veränderungen neue Wege geht. Damit kann der textil- und sozialhistorischen Forschung, z. B. zur Konsumgeschichte von Textilien, wichtiges Material zur Verfügung gestellt werden. Auch das Verhältnis von selbstangefertigter zu industriell produzierter Auszier von Kleidung, vor allem von Leibwäsche, kann unter schichtspezifischen Aspekten näher untersucht werden. Die Haushaltstextilien weisen den gleichen schichtspezifischen Hintergrund auf. Sie decken sowohl das Thema Aussteuer ab, vorwiegend aus dem ländlichen Raum, als auch das des textilen Hausrats einfacher Schichten. Viele Objekte aus diesem Bereich, so z. B. die zahlreichen Überhandtücher, Schrankborten, Beutel, Taschen und Decken, sind selbst angefertigt und mit Stickereien und Spitzen verziert worden. Sie weisen damit ebenso wie die Auszier der Bekleidung in den Bereich der Handarbeiten. Die gesammelten Stick-, Stopf- und Nähmustertücher sind gute Beispiele für einen schichtspezifischen Handarbeitsunterricht im 19. Jahrhundert. Das Material ermöglicht aufschlussreiche Untersuchungen über das Verhältnis von Handarbeitsunterricht und Wohnkultur.

Die Sammlung stellt aber nicht nur der Forschung interessantes Quellenmaterial zur Verfügung, sondern bietet auch die Grundlage für Sonderausstellungen zu alltagsgeschichtlichen Themen, die eng mit dem Leben in Dinslaken und Umgebung verknüpft sind. Erstmals wird im Jahr 2004 mit einer Sonderausstellung zum Thema textile Handarbeiten ein Teil des Bestandes vorgestellt. Der soziale Kontext, in dem die Handarbeiten gezeigt werden, beschäftigt sich vor allem mit dem Wandel von Mädchenerziehung und Frauenrolle in den letzten 150 Jahren.

Stickmustertuch aus Löhnen, 1884

Volkskunde, Erzählungen

EDGAR SCHMITZ

Gedenktafel Gerhard Tersteegen

Der bekannte Kirchenliederdichter und pietistische Prediger Gerhard Tersteegen kam am 25. November 1697 in Moers zur Welt. Gerhard Tersteegen besuchte von 1703 bis 1713 das Moerser Adolfinum, das er mit Auszeichnung verließ.

Im Jahr 1713 übersiedelte er nach Mülheim an der Ruhr, wo er bei seinem Schwager, Matthias Brinck, eine kaufmännische Lehre antrat. Als ein von besonderer Frömmigkeit geprägter Mensch gab Gerhard Tersteegen - letztlich auch durch den Einfluss des sogenannten Hoffmannschen Kreises - seinen kaufmännischen Beruf auf und arbeitete fortan als Leineweber und Bandwirker. Zwei Stunden des Tages verharrte er neben seiner Arbeit im Gebet und besuchte abends Kranke und Arme, die er im Rahmen seiner Möglichkeiten auch beköstigte. Gerhard Tersteegen predigte ferner auf religiösen Veranstaltungen und übernahm 1728 die sogenannte „Pilgerhütte" auf dem Hof Otterbeck. Da sich der Lebenslauf dieses bedeutenden Mannes in einem kurzen Abriss nicht erschöpfend darstellen lässt, sei auf die vielfältigen Publikationen zu seiner Person und das von ihm geschaffene christliche Liedgut verwiesen.

Die Gedenktafel für Gerhard Tersteegen wurde zu seinem 200. Geburtstag am 25. November 1897 am Geburtshaus in Moers am Altmarkt angebracht, auf der zu lesen steht: „Hier ward geboren Gerhard Tersteegen am 25. November 1697". Die Tafel besteht aus schwarzem schwedischen Marmor und befand sich ursprünglich über der Eingangstür des Hauses. Sie wurde im Zusammenhang mit Umbauarbeiten 1907 etwas erhöht an der Kopfseite des Gebäudes angebracht. Der Stifter oder Spender der Tafel ist unbekannt.

Literatur und Quellen:
„Der Grafschafter", 23.11.1897, 26.11.1897, 22.05.1928.
NRZ/WAZ, 16.10.1976.
„Dem Andenken an Gerhard Tersteegen", Friedrich Heinz, R. von der Mühlen, 1948.
„Gerhard Tersteegen als Seelsorger", Fr. Auge, Missionsbuchhandl., Stursberg 1897.
„Gerhard Tersteegen", Friedr. Heinz, in: Heimatkalender Kreis Moers 1957.
„Familiengeschichtliches um Gerhard Tersteegen", Herm. Thelen, in: Heimatkalender Kreis Moers 1964.
Mülheimer Jahrbuch 1997.
Moerser Woche, Nr.11/1954.
Stadtarchiv Moers

Volkskunde, Erzählungen

KARL LANGE

Preußens Soldatenwerbung im 18. Jahrhundert

Die Wehrfähigkeit Preußens begann mit dem Großen Kurfürsten und seinem Werbungssystem nach dem Dreißigjährigen Krieg. Vor dem Hintergrund der Friedensverhandlungen von Münster und Osnabrück hatte er als erster deutscher Fürst seit 1644 seine Truppen neu geordnet und zielstrebig ein stehendes Heer aufgestellt.

Grenadier in voller Ausrüstung

Dabei gelang ihm mit einer systematischen Ausbildung die Disziplinierung der ursprünglich bunt zusammengewürfelten, wilden Söldnerhaufen zu einer schlagkräftigen militärischen Landeswehr. Im Rahmen dieser Reform verpflichtete er die einheimischen Bauernsöhne zum Wehrdienst und rekrutierte die Offiziere aus dem eingesessenen Adel. Mit dieser Umwandlung des Heeres in eine staatliche Einrichtung – zu der erstmalig eine sichere Soldzahlung, eine einheitliche Kleidung (Uniform) und Ausrüstung sowie eine feste Unterkunft gehörten – begann der langsame Aufbau der preußischen Armee des 18. Jahrhunderts.
Sein Enkel, Friedrich-Wilhelm I., setzte die Bestrebungen des Großvaters fort. Er straffte die Ausbildung der Soldaten, vergrößerte das Heer und stellte die Ausrüstung auf die Notwendigkeiten der Zeit ein. Für ihn waren „die sichersten Mittel, einem Volk, einem Land, einem Reich dauerndes Glück zu bringen, eine geordnete Verwaltung, eine gute Haushaltung und ein Heer ausgewählter Krieger."
Durch die bevorzugte Förderung der Armee mit ihren vielfachen Bedürfnissen trieb das Heer zugleich die wirtschaftliche Entwicklung des Staates voran. Vor dem Hintergrund dieser politisch-wirtschaftlichen Zielsetzung forderte Friedrich-Wilhelm I. von den Städten und Gemeinden und ebenso von den Regimentern jährlich eine bestimmte Anzahl freiwilliger Rekruten, da „die junge Mannschaft nach ihrer natürlichen Geburt und des höchsten Gottes eigener Ordnung und Befehl mit Gut und Blut zu dienen schuldig und verpflichtet sei."
Nachdem er die Ersatzgestellung für das Heer den zivilen Behörden entzogen und sie uneingeschränkt den Regimentern überlassen hatte, erlangten die Kompaniechefs eine nahezu

Volkskunde, Erzählungen

Preußens Soldatenwerbung im 18. Jahrhundert

Messen der Soldaten (barfuß); eine Mutter möchte es verhindern.

schrankenlose Gewalt über die Bevölkerung ihres Bezirks. Die Regimentswerber zählten bald zu den gefürchtetsten Leuten im Lande, und von Freiwilligkeit war keine Rede mehr. Trotz immer wieder erlassener Verbote des Königs gegen gewalttätige Übergriffe der Werbeoffiziere wollten die Klagen der Magistrate und Landräte über solche „Exzesse" nicht verstummen. Denn „wenn ein Capitaine einen recht hübschen großen Flügelmann weiß [...]", vergaß Friedrich-Wilhelm I. seine Werbebeschränkungen, nur um diesen Mann für seine lange Garde zu gewinnen. Ermuntert durch die widersprüchlichen Anordnungen des Königs betrieben die Werber weiterhin einen regellosen, oftmals brutalen Menschenraub und rekrutierten, wen sie wollten. So unglaublich es klingen mag, indirekt wurde er vom König gebilligt. Über die Wirkung solcher „üblicher Werbekampagnen" auf die Bevölkerung – besonders in den rheinischen Teilen Preußens – berichtet im Januar 1718 der Gouverneur von Geldern, Generalmajor von Lilien: „Es habe im ganzen Lande eine solche Furcht und Schrecken verursacht, dass fast alle jungen und mittelmäßigen Leute sich über die Grenze in andere Provinzen gemacht [...]". Um bei diesen Verhältnissen seine „Landeskinder" noch zu schützen, bestätigte er immer wieder Werbebefreiungen. Durch sie sollten vor allem Handwerker des Textilgewerbes geschont werden, aber ebenso wohlhabende Bürger, „welche Eltern zehntausend Reichsthaler im Vermögen haben", und andere privilegierte Personen. Davon blieben die Bewohner des „platten Landes" grundsätzlich ausgeschlossen.

Wie die Werber die Ausnahmen respektierten, bezeugen viele ausführliche Klageschriften der städtischen Magistrate. Im Dezember 1727 berichtet der Holtener Bürgermeister Maccovius u. a.: „Erschien Wittib Marcus brachte vor, sie sei eine arme Wittwe alt und betagt, könnte ihr Brodt nicht mehr selbst verdienen, deswegen hätt ihr Sohn Jan Marcus aber das Schmiedehandwerk, welches sein sel. Vatter gerecht verstanden, zu sich ins Haus genommen; aber demselben wären nicht allein, sondern auch dem zweiten Sohn, der bei dem Mühlenpächter dienet, Päße gebracht, und hiermit ihr gleich das Brodt aus dem Munde genommen. Bat, daß der H. Capt. wenigstens den Schmied loßlaßen möchte."

Nur mit vielen Reklamationen in einem aufwändigen Schriftverkehr gelang es dem Magistrat, die Freistellung vom Militärdienst zu erwirken. Hier wird unmissverständlich klar: Die Bürger empfanden den Wehrdienst als eine ungerechte und unerträgliche Last, die ihre Existenz bedrohte. Mitten aus Beruf und Familie wurden sie herausgerissen. Der Witwe nahm man den einzigen Ernährer. Der Jugend fehlte

Preußens Soldatenwerbung im 18. Jahrhundert

Volkskunde, Erzählungen

jegliche Motivation für eine berufliche Ausbildung. Handwerker und Hofbesitzer, die aufgrund königlicher Erlasse vom Militärdienst freigestellt waren, wurden von den Weseler Regimentern rücksichtslos eingezogen.

Neben der üblichen Rekrutierung hatte sich seit Anfang der 1720er Jahre eine andere Gepflogenheit eingebürgert: die Enrollierung. Die Standortkommandeure waren darauf bedacht, die Jungen des Garnisonumlandes schon im Kindesalter einzuschreiben, damit sie bei dem konkurrierenden „Werbegeschäft" später nicht von anderen Truppenteilen angeworben werden konnten. Jährlich überprüften Offiziere der Regimenter die Taufregister der Pfarrer und trugen die Knaben in ihre Stammrollen ein. Damit waren sie dem Regiment „obligat" – zu dienen verpflichtet. Bis die Kinder die nötige Körpergröße und das Konfirmationsalter erreicht hatten, waren sie mit einem „Laufpass" vom Militärdienst beurlaubt. Sie mussten zudem die rote Halsbinde der Soldaten und den Hutpüschel in den Farben „ihres" Regiments tragen, „aber der Kapitain soll keinen enrolirten Jungen Burschen eher zur Fahne schwören lassen, bevor er nicht zum Heiligen Abendmahl gewesen ist." Damit war jeder Bauernsohn und in kleinen Städten selbst jeder Bürgersohn geborener Rekrut. Obwohl sich die Magistrate auf Drängen der Bürger dagegen wehrten, weil sie „ihre Kinder etwas rechtschaffenes lernen lassen wollten" oder weil diese „gut lesen, schreiben und rechnen konnten", um ein Handwerk zu erlernen, wurden die Kleinen vom Regiment „vereinnahmt". Trotz aller Verbote, Ausnahmegenehmigungen und Befreiungen, die der König für verschiedene gesellschaftliche Gruppen aussprach, führten diese Differenzen zur Landesflucht und Entvölkerung der Provinzen, vornehmlich im preußischen Rheinland. Sie bewirkten das Gegenteil der „Königlichen Intention", die darauf abgestimmt war, das Land zu „peublieren", d. h. zu bevölkern.

Die offenkundigen Missstände, die aus der willkürlichen Rekrutierung der rivalisierenden Truppenteile erwuchsen, verlangten längst nach einer Festlegung von Werbebezirken für die einzelnen Regimenter. 1733 ließ Friedrich-Wilhelm I. endlich Enrollierungskantone einrichten, für deren Umfang von 5.000 bis 8.500 Haushalten er das Grundsteuerkataster benutzte. In seiner Begründung stellte der König dazu fest: „Dieweil bishero soviel Unordnung und keine égalité [Gleichheit] mit denen enrollirten, so die Regimenter haben, gewesen, da ein Regiment mehr enrollirten hat als es brau-

Brandenburgischer Pikenier und Musketier

Volkskunde, Erzählungen

Preußens Soldatenwerbung im 18. Jahrhundert

Soldat als Bürstenverkäufer

chen kann, etliche Regimenter aber zu wenig haben, so habe Ich resolvirt [beschlossen] zur Conservation [Erhaltung] der Armee gut befinden, eine richtige Disposition [Einteilung] zu machen, was jedes Regiment zu seinen enrollirten für Oerther und Feuer-Stellen haben soll." Alle Kantone waren wiederum in zehn für die Kompanien bestimmte Bezirke gegliedert. Die drei Weseler Regimenter erhielten dabei 6.753, 7.774 und 8.532 Feuerstellen zugeteilt. Durch das Kantonreglement wurde der Militärdienst zur Pflicht für die männlichen Untertanen von 18 bis 45 Jahren.

Bei den vielen Ausnahmeregelungen und Wehrdienstbefreiungen für verschiedene Berufsgruppen und Bevölkerungsteile wird deutlich, dass damit noch keine allgemeine Wehrpflicht verbunden war. Die bäuerliche Landbevölkerung blieb bei all diesen „Exemtionen" wieder ausgeschlossen und hatte die Hauptlast des Heeresdienstes zu tragen. Doch brachte die Kantonsordnung diesem Teil der Einwohnerschaft Preußens eine nennenswerte Milderung seiner Lage: Sie bestand in der räumlichen und zeitlichen Berechenbarkeit der Einberufung zum Wehrdienst. Während bisher die Werber oft überraschend ins Haus eindrangen und den gewünschten Rekruten überfallartig festnahmen, stand nach der neuen Regelung für den Knaben schon fest, dass er Soldat werden musste, sobald er die nötige Körpergröße und das entsprechende Alter erreicht hatte. Und das Regiment, das ihn einzog, war ihm ebenfalls bekannt. Später, wenn er eingezogen wurde, konnte er damit rechnen, nach erfolgter Ausbildung mit Laufpass in den Heimatort beurlaubt zu werden. Dort blieb er in seiner Familie und in seinem Bekanntenkreis und konnte weiterhin seinen erlernten Beruf ausüben.

Trotz dieses „Fortschritts" in der Rekrutierung blieb der Militärdienst geradezu verhasst. Das bewirkten neben dem strengen Ausbildungsdienst und der selbstverständlichen Prügelstrafe eine langjährige Dienstverpflichtung und ein empfindliches Maß an Rechtlosigkeit des Soldaten. Deshalb war es keine Besonderheit, dass sich viele junge Männer, vor allem in den Westprovinzen Kleve und Mark, dem Heeresdienst entzogen. Jedes Jahr vor der Truppenschau im Frühjahr, wenn die Pfarrer den Aufruf zur Gestellung der Rekruten von den Kanzeln verlasen, war für sie der richtige Zeitpunkt gekommen, schnell „außer Landes zu gehen". Oftmals gingen nicht nur die Dienstpflichtigen, sondern viele andere gesunde und brauchbare junge Burschen über die Landesgrenzen, so dass in der Folge manches Gewerbe einen empfindlichen Niedergang erlitt. Bei der politischen Zerrissenheit Deutschlands in fast 500 mehr oder weniger große selbstständige Herrschaftsgebiete war es den Wehrpflichtigen vielfach möglich, mit geringem Risiko das „Ausland" zu erreichen. Dinslakener, Holtener oder Sterkrader brauchten nur nach Osterfeld zu gehen, das zum Kurfürstentum Köln gehörte. Fuhren sie über die Emscher nach Lirich, standen sie bereits im Hochstift Essen. Sie waren bei den Werbern als „unsichere Kantonisten" verschrien. Um die ständige Landesflucht mit ihren negativen Folgen für die Wirtschaft des Staates zu unterbinden oder wenigstens zu verringern und um die geflohenen „Landeskinder" zurückzugewinnen, verkündete Friedrich-Wilhelm I. von Zeit zu Zeit einen „Generalpardon" [Straferlass]. Diesen Aufrufen war jedoch nur wenig Erfolg beschieden. Das große Misstrauen der Bevölkerung blieb durch die immer wieder gemeldeten Übergriffe der Werber außerordentlich konstant.

Friedrich-Wilhelm I. stützte sich vornehmlich auf seine „Landeskinder". Gewöhnlich wurden in Friedenszeiten 30 Kantonisten pro Jahr eingezogen, um die Mannschaftsabgänge zu ersetzen. Weil aber das Soldatsein wenig Anklang bei den Inländern fand und sie oft zur Flucht veranlasste, suchte der König durch Anwerbung landesfremder junger Männer einen Ersatz zu schaffen. Darin sah er zugleich einen Beitrag zur „Schonung der Manufakturen und des Handwerks". Er schickte Werbeoffiziere ins Ausland, wozu auch die deutschen Staaten zählten, und ließ sie auf alle erdenkliche Art und Weise Soldaten anwerben. Die meisten „Ausländer" stammten allerdings aus deutschen Landen. Die Werber waren zuweilen „dunkle Ehrenmänner", die ihre Opfer durch Zubringer anlocken ließen. Sie erhielten für jeden Angeworbenen, bei denen eine gewisse Körpergröße nicht unterschritten werden durfte, eine Werbeprämie. Dabei waren sie in der Wahl ihrer Mittel nicht kleinlich. Wenn Überredung, List und Alkohol nicht zum Ziele führten, wurde auch rücksichtslos Gewalt angewandt. Wer eine stattliche Größe erreichte, den schützte keine Behörde und kein Gesetz. Mehr als ein Jahrhundert lang bestimmte in Preußen die Messlatte, wer Soldat werden musste oder wer befreit war.

1736 war eine Taxierung der Umworbenen eingeführt worden, wobei Größe und Aussehen den Preis bestimmten. Wenn es „ein schöner junger Kerl" war, „von welchem noch wirklich wenigstens ½ Zoll wie auch darüber Wachstum zu hoffen" (Klasse 1) oder „ein guter Kerl, welcher keine Hauptfehler, auch kein häßliches Gesichte hat" (Klasse 2) oder „ein Kerl so nicht noch über 6 bis 8 Jahre dienen kann" (Klasse 3), wurde entsprechend hohes Handgeld gezahlt.

Größe	Klasse 1	Klasse 2	Klasse 3
6 Fuß, 2 Zoll, 1,85 m	900 Taler	800 Taler	500 Taler
6 Fuß, 1,80 m	540 Taler	480 Taler	300 Taler
5 Fuß, 8 Zoll, 1,70 m	45 Taler	35 Taler	25 Taler

Bei der fast kindlichen Freude des Königs an Soldaten und seiner besonderen Vorliebe für „Lange Kerls" wurden weitaus höhere Beträge ausgegeben – in Ausnahmefällen bei außergewöhnlich gut gewachsenen Männern über zwei Meter Größe 3.000 bis 4.000 Reichstaler. Der teuerste „Lange Kerl" war der Ire James Kirkland mit einer Größe von sechs Fuß elf Zoll (2,16 m), den der preußische Gesandte in London für 1.266 Pfund Sterling und zehn Schilling nach Berlin bringen konnte. Das entsprach einer Summe von fast 9.000 Reichstalern.

Friedrich der Große löste nach seinem Regierungsantritt die teure Garde der „Langen Kerls" auf und reduzierte die „Preise" für geworbene Ausländer, doch die Methoden der Rekrutenbeschaffung im Ausland wurden – wenn auch zuweilen etwas abgemildert – weiterhin angewandt. Das veranlasste viele Rekruten nach der ge-

Volkskunde, Erzählungen

Preußens Soldatenwerbung im 18. Jahrhundert

waltsamen Werbung zur Flucht. So erwuchs aus der Ausländerwerbung die ständige Sorge der Kommandeure, das „Davonlauffen der Kerls" zu verhindern. Bei der geografischen Lage Preußens und seiner enklaveartigen Gebiete war die Grenzsicherung stets mit großem Aufwand verbunden. Um eine Flucht zu vereiteln, wurde eine Reihe von Maßnahmen getroffen, die eine umfangreiche Fahndung auslösten. An den Stadttoren erwartete die Reisenden eine scharfe Überprüfung. „Die Unteroffiziers nebst den Gefreiten und Schildergästen müssen genaue Acht haben auf die großen Frauenzimmer, damit sich kein Soldat verkleidet herausschleicht." Und „wenn Handwerksburschen oder gemeine Brut [einfache Bürger] gehen und ungefähr die Größe oder etwas vom Soldatenwesen an sich haben, soll der Gefreite einen solchen examiniren, wo er hin will und was er vor Profession [Beruf] hat."

Im Umland einer Garnison war die Bevölkerung zur „Jagd auf Deserteure" verpflichtet, wobei sie „für jeden Kerl 12 Taler Einfahrungsgeld" (Fangprämie) erhielt. Diese Verpflichtung wurde oftmals zu einer Plage für die Einwohnerschaft, weil, wie aus einem Beschwerdebrief an den König hervorgeht, „unsere schwache und ohnehin blutarme Bürgerschaft durch Abhaltung von der Arbeit sich in den kläglichsten Umständen befindet [...]" Zudem erschienen hier im Klevischen im „Wöchentlichen Duisburger Anzeiger" und in den „Duisburger Intelligenzblättern" die Namen der „Entwichenen Persohnen". Zurückgebracht wurde selten einer. Sie verdingten sich im „Ausland" bei einem Bauern oder einem Meister in der Stadt, denn Landwirtschaft und Handwerk waren überall gleich. Wenn aber ein Fahnenflüchtiger aufgegriffen wurde, erwartete ihn das Spießrutenlaufen. Dann trieb man ihn mehrmals durch eine Gasse von 200 Mann, „bis vom zerhackten Rücken die Fetzen geronnenen Blutes über die Hosen hinabhingen". Gelegentlich kam es einer Hinrichtung gleich!

Mit Friedrich dem Großen erfuhr das Heerwesen manche Veränderung. Ihm war es wichtig, die Bevölkerung in seinen Landen in Friedenszeiten vom Heeresdienst freizuhalten und stattdessen ausländische Soldaten anzuwerben. Trotzdem wurden ihm immer wieder Klagen über Offiziere zugetragen, die sich mancherlei Übergriffe bei der eingesessenen Bürgerschaft erlaubten. Wiederholt untersagte er diese „Plackereien", wie er sie nannte, und verbot 1748 den „Kapitains und Offiziers, […] die eine ganz verkehrte Idee von den Enrolirungskantons haben und in dem falschen Gedanken stehen, […] mit denen darin befindlichen Leuten wie mit Leibeigenen schalten und verfahren zu können […] und befehle Ich hierdurch auf das allerernstlichste, daß solches nicht sein und kein einziger Mann aus den Kantons eingezogen werden soll."

Neben solchen Anweisungen ordnete er schließlich die Rekrutenwerbung in den Westprovinzen neu. Infolge ihrer Insellage hatte er schlechte Erfahrungen mit ihnen gemacht, da sich viele Wehrpflichtige dem Militärdienst durch die Flucht entzogen. Diese „Deserteure" waren sehr oft „Landeskinder", die er als steuerzahlende Bürger und Handwerker dringend für die Wohlfahrt des Staates brauchte. Somit erwies sich das Kantonalsystem als außerordentliches Hemmnis, um zwischen wirtschaftlichen Interessen und militärischen Notwendigkeiten einen Ausgleich zu finden. Aus diesen Erkenntnissen heraus befahl er 1747 dem Minister von Boden, mit den Landständen in Kleve, Geldern und Tecklenburg an Stelle der Kantonspflicht eine andere Lösung zu finden. Die Westgebiete nahmen dieses Angebot des Königs mit Erleichterung auf und verpflichteten sich 1748 zur jährlichen Zahlung von 30.200 Reichstalern Werbefreiheitsgeld. Damit entfielen künftig sowohl Werbung als auch

Preußens Soldatenwerbung im 18. Jahrhundert

Volkskunde, Erzählungen

Enrollierung. Für die Aufhebung ihrer Enrollierungskantone erhielten die dort stationierten Regimenter einen entsprechenden Anteil dieser Pflichtzahlungen zur eigenständigen Werbung. Die Städte und Gemeinden legten diese Kosten anteilsmäßig auf ihre Einwohner um. So waren zu entrichten:

von einem großen Haus oder Bauernhof	1 Rtlr. 17 1/2 Stb.
von einem Mittelhaus oder Halbbauernhof	57 1/2 Stb.
von einem kleineren Haus oder Kötterstelle	37 1/2 Stb.
von einem ganz kleinen Haus oder Einliegerstelle	17 1/2 Stb.

Mit der Befreiung vom Wehrdienst „gingen die klevischen Lande auch zugleich der Ehre verlustig, an den Ruhmestaten des preußischen Heeres teil zu nehmen" – wohl ein besonderer Grund für Friedrich den Großen, seine Rheinländer gering zu schätzen. Im Politischen Testament von 1768 formuliert er seine Abneigung sowohl gegen die klevischen Edelleute als auch gegen die Weseler Regimenter in drastischen Worten: „[…] denn die dortige Bevölkerung taugt nicht zum Kriegsdienst. Sie ist schlaff und weichlich, und wenn der Clever von Hause fortgeht, kriegt er Heimweh wie die Schweizer […]"

INGE LITSCHKE

„Gottlose Schule"[1] oder „Freie weltliche Schule"?

Die weltliche Schule in der Weimarer Republik und ihre Ausprägung in Lohberg (Teil 1)

Das Thema „Weltliche Schule[2] in Lohberg" spiegelt ein weithin unbekanntes oder vergessenes Stück der Dinslakener Schul- und damit auch Heimatgeschichte, an dem beispielhaft deutlich wird, wie Entwicklungen und Bestrebungen im nationalen Bereich ihren Niederschlag auf lokaler Ebene finden. Bei der Behandlung dieses Themas zeigt sich aber auch, dass Aufnahme und Ausprägung solcher Ansätze im lokalen Bereich abhängig sind von den politischen Einstellungen und sozioökonomischen Lebensumständen der jeweiligen Bevölkerung.

Zur Frage der Weltlichkeit oder Konfessionsgebundenheit der Volksschule in der Weimarer Republik[3]

Anfang des vorigen Jahrhunderts waren die Volksschulen in Deutschland mit Ausnahmen vor allem in Baden, Hessen und Sachsen überwiegend Bekenntnisschulen. In Preußen wurde die konfessionelle Volksschule mit dem Volksschulunterhaltungsgesetz vom 28. Juli 1906 als Normaltyp festgeschrieben. In den Bekenntnisschulen sollte eigentlich nur der Religionsunterricht konfessionell geprägt sein. Trotzdem bestand ihr Charakteristikum häufig gerade darin, dass Glaubenslehre und -inhalte der jeweiligen Konfession nicht nur den Religionsunterricht bestimmten, sondern dass auch andere Unterrichtsfächer mehr oder weniger konfessionell geprägt waren.

Reformpädagogen, Lehrerverbände, die nicht konfessionell gebunden waren, sowie liberale und sozialistische Parteien forderten seit Anfang des 20. Jahrhunderts immer nachdrücklicher und mit unterschiedlichen Begründungen und Zielen die Abschaffung der Konfessionsschulen. Schule sollte nicht zum Bewusstsein der konfessionellen Trennung beitragen, sondern die Schüler, indem sie Begegnungen unterschiedlicher Glaubenshaltungen ermöglicht, zu Verständnis und Toleranz erziehen. Während die einen für die Simultan- bzw. Gemeinschaftsschule plädierten, in der die Schüler aller Bekenntnisse in sämtlichen Fächern – mit Ausnahme des Religionsunterrichts – gemeinsam unterrichtet werden, forderten andere die strikte

Trennung von Schule und Kirche, d. h. die weltliche Schule ohne Religionsunterricht oder ohne konfessionellen Religionsunterricht. Zu denen, die die Weltlichkeit der Schule verlangten und Schulkämpfe für die Einrichtung konfessionsloser Schulen führten, gehörten in erster Linie Sozialdemokraten, Kommunisten und Freidenker. In Hamborn war z. B. der Vorsitzende des örtlichen Freidenkervereins die treibende Kraft. Während Kommunisten und Freidenker die Bekenntnisschule eher aus einer religions- und kirchenfeindlichen Grundhaltung heraus bekämpften, beriefen sich die Sozialdemokraten auf ihr Erfurter Programm[4], in dem sie bereits 1892 die Religion zur Privatsache erklärt und die Weltlichkeit der Schule proklamiert hatten; kirchliche und religiöse Gemeinschaften wurden damit zu privaten Vereinigungen.

Nach dem Ersten Weltkrieg richteten sich große Hoffnungen der Gegner der Bekenntnisschule auf die Schulartikel der Reichsverfassung; denn die Beendigung des Krieges, die Novemberrevolution von 1918 und die Abdankung Kaiser Wilhelms II. hatten einen Schlussstrich unter die monarchistische und obrigkeitsstaatliche Periode in Deutschland gesetzt, konservative Gruppen zunächst geschwächt und eine Basis für grundlegende Veränderungen und damit auch für bildungspolitische Reformen geschaffen. Ein Einverständnis bürgerlicher Gruppierungen zu einer radikalen Bildungsreform wäre vielleicht zu erreichen gewesen, wenn die Umgestaltung des Staates friedlich abgelaufen wäre. Die weitere politische Entwicklung verlief jedoch zunächst in Aufständen, Krawallen und Bürgerkriegen.

Hinzu kam die Uneinigkeit unter den linken Parteien, die schließlich zu einer Kooperation zwischen SPD, Zentrum und DDP (Deutsche Demokratische Partei) führte. Diese Uneinigkeit ließ Reformen auf halbem Wege stehen bleiben und verhinderte somit eine radikale Umgestaltung im Bildungsbereich[5]. Die Weimarer Verfassung vom 11. August 1919 und damit auch die Schulartikel waren das Ergebnis einer sozialdemokratisch-bürgerlichen Zusammenarbeit. Im Hinblick auf Weltlichkeit oder Konfessionsgebundenheit der Schule waren die Artikel 146 und 174 von zentraler Bedeutung. Artikel 146 Absatz 1 ging von „einer für alle gemeinsamen Grundschule" als Basis eines „organisch" auszugestaltenden Schulwesens aus[6]. Nach dem Kommentar des damaligen Bayerischen Unterrichtsministers Hoffmann enthielt dieser Absatz „in den Worten ‚einer für alle gemeinsamen Grundschule' den Gedanken der sozialen wie simultanen Einheitsschule"[7]. Artikel 146 Absatz 2 ließ jedoch für die Volksschule, und zwar nur für sie, Ausnahmen von der simultanen Schule zu: „Innerhalb der Gemeinden sind indes auf Antrag von Erziehungsberechtigten Volksschulen ihres Bekenntnisses oder ihrer Weltanschauung einzurichten, soweit hierdurch ein geordneter Schulbetrieb nicht beeinträchtigt wird. Der Wille der Erziehungsberechtigten ist möglichst zu berücksichtigen. Das Nähere bestimmt die Landesgesetzgebung nach Grundsätzen eines Reichsgesetzes."[8]

Die Einrichtung von Bekenntnisschulen und bekenntnisfreien Volksschulen, also weltlichen Schulen, nach Artikel 146 Absatz 2 konnte jedoch aufgrund des Artikels 174 Satz 1, des sogenannten Sperrartikels, nicht „vor dem Erlaß des die näheren Grundsätze darüber aufstellenden Reichsgesetzes"[9] stattfinden. Der Sperrartikel zielte in erster Linie darauf, das Entstehen bekenntnisfreier, d. h. weltlicher Schulen, zu verhindern, denn Bekenntnisschulen waren ja ohnehin vorhanden. Die Artikel 146 Absatz 2 und 174 Satz 1 wurden nach Verabschiedung der Verfassung innerhalb des sozialistischen Lagers als „Weimarer Kompromiß" und als Verrat am Sozialismus scharf kritisiert[10]. Es erscheint als erstaunlich, dass der Weimarer Schulkompromiss

Volkskunde, Erzählungen

„Gottlose Schule" oder „Freie weltliche Schule"

überhaupt zustande kam, obwohl die schulpolitischen Basispositionen, insbesondere von SPD und Zentrum, grundverschieden waren. Während sich das Zentrum dem Katholizismus verpflichtet fühlte und entschieden den Erhalt der Konfessionsschule gefordert und mit Aufnahme des Sperrartikels auch durchgesetzt hatte, war die SPD zunächst weiterhin für die strikte Trennung von Schule und Kirche eingetreten, hatte letztlich aber doch nachgegeben. Sie erreichte lediglich eine Änderung hinsichtlich der Aufsicht über das Volksschulwesen, die bis dahin zumeist bei den Ortsgeistlichen gelegen hatte. Artikel 144 der Weimarer Verfassung stellte das gesamte Schulwesen unter die Aufsicht des Staates.

Ein jahrelanger Streit folgte, als es um Auslegung der Artikel 146 Absatz 2 und 174 Satz 1 und um Möglichkeiten der praktischen Umsetzung ging, sei es bei den Bemühungen der Befürworter der Weltlichkeit der Schule, Schulen ohne bzw. ohne konfessionellen Religionsunterricht einzurichten, sei es bei den Versuchen ihrer Gegner, weltliche Schulen zu verhindern. Der preußische Kultusminister Haenisch forderte für den Fall, dass ein Reichsschulgesetz nicht innerhalb von wenigen Monaten zustande kommen sollte, die Verabschiedung eines Notgesetzes durch den Reichstag, „das den unerträglichen Sperrparagraphen [...] wenigstens insoweit außer Kraft setzt, als es die Errichtung weltlicher Schulen zuläßt"[11]. Der Vorschlag für ein solches Notgesetz erschien jedoch dem Reichsminister des Innern als nicht annehmbar[12]. Eine Regelung war jedoch dringend erforderlich. Die Notwendigkeit ergab sich vor allem aus Schulkämpfen und Schulstreiks, die sich ab 1919 an der Frage der weltlichen Schule entzündeten. Zu besonders heftigen Streiks kam es im Ruhrgebiet. In Herne blieben sechs Wochen lang 6.000 Kinder dem Unterricht fern, weil katholische Eltern ihre Kinder auch in anderen Fächern nicht von Lehrern unterrichten lassen wollten, die die Erteilung von Religionsunterricht ablehnten. In Hamborn begann am 25. April 1921 ein Streik, an dem sich anfangs 1.959 Schulkinder beteiligten. Der Streik dauerte bis Februar 1922. Zuletzt nahmen noch zwischen 1.000 und 1.500 Kinder daran teil, um die

Katholische Marienschule Dinslaken-Lohberg um 1921

Einrichtung einer weltlichen Schule zu erzwingen. Vielen Eltern genügte es nicht, die Kinder lediglich vom Religionsunterricht abzumelden, wie Artikel 149 Absatz 2 der Weimarer Verfassung es ermöglichte. Um eine völlige Zerrüttung des Schullebens zu verhindern, wurden für Kinder, die vom Religionsunterricht abgemeldet wurden, mit dem Einverständnis des Reichsinnenministers als Notbehelf an vielen Orten sogenannte Sammelklassen, Sammelsysteme oder Sammelschulen eingerichtet. In ihnen wurden die Kinder von Lehrern und Lehrerinnen unterrichtet, die ihrerseits das Recht auf Befreiung von der Erteilung des Religionsunterrichts in Anspruch genommen hatten. Diese Sammelsysteme waren der Form nach zwar weiter konfessionelle Schulen; tatsächlich waren darin aber alle die Kinder und Lehrer zusammengefasst, die den Religionsunterricht nicht genießen oder erteilen wollten[13]. Die Einrichtung solcher Sammelklassen, die de facto weltliche Schulen waren, stieß häufig auf den heftigsten Widerstand von Lokalbehörden und – wie im letzten Teil dieses Aufsatzes auch am Beispiel Lohberg gezeigt wird – auf rigorose Ablehnung durch die örtlichen Bekenntnisschulen und Kirchen. Der Katholische Lehrerverein sprach von einem „Anschlag gegen die konfessionelle Schule"[14]. Trotz der Einrichtung dieser Sammelklassen bewahrten etwa vier Fünftel der Volksschulen in Deutschland ihren konfessionellen Charakter. Da weder das intendierte Reichsschulgesetz noch ein Notgesetz zustande kamen, blieb es während der Dauer der Weimarer Republik bei diesem Zustand. Den Pädagogen, die sich nach dem Weimarer Schulkompromiss weiter für die Einrichtung weltlicher Schulen einsetzten und / oder in ihnen bzw. den Sammelklassen tätig waren, ging es allerdings nicht nur um die Eliminierung des konfessionellen Religionsunterrichts. Sie verfolgten mit der Forderung nach Einrichtung weltlicher Schulen bzw. in den Schulen selbst bestimmte pädagogische und – je nach Einstellung – auch politische Ziele.

Die Sozialdemokratie als solche betonte weiterhin, keine feindliche Haltung zu einer Religion und besonders nicht zum Christentum einzunehmen. Der sozialdemokratische Kultusminister Haenisch sah in der weltlichen Schule „eine deutsche Schule, die nicht das in den Vordergrund stellt, was uns trennt in Dingen des Glaubens und der Weltanschauung, sondern das was uns eint"[15]. Schule sollte die Kinder „nur zu sich selbst"[16] führen. Eine ähnliche Ansicht vertrat der Deutsche Lehrerverein bei seinen Forderungen nach Weltlichkeit der Schule[17]. Widersprüchliche Aussagen finden sich bei den Pädagogen, die sich im Bund der freien Schulgesellschaften Deutschlands zusammengefunden hatten. Es handelte sich dabei im Wesentlichen um Sozialdemokraten des linken Flügels und um eine Minderheit gemäßigter Kommunisten. Der Bund der freien Schulgesellschaften Deutschlands verstand sich als organisatorischer Träger der weltlichen Schulbewegung. Als Verbandsblätter gab er von 1921–1933 „Die freie weltliche Schule" und von 1928–1932 den „Aufbau" heraus. Verbandsblätter und Bund sahen sich einerseits zwar weder als Organe der SPD noch der KPD; sie betonten die Notwendigkeit der konfessionellen, weltanschaulichen und parteipolitischen Neutralität der weltlichen Schule und lehnten „das Hineintragen des parteipolitischen Kampfes in die Schule im Interesse der Kinder ausdrücklich ab"[18]. Andererseits ist hier eine gewisse Paradoxie unverkennbar; denn die im Bund der freien Schulgesellschaften zusammengeschlossenen Pädagogen verstanden sich als Marxisten und Sozialisten. Sie sahen im „Marxismus die Grundlage der gesamten Unterrichts- und Erziehungsarbeit" und bezeichneten die weltlichen Schulen als „Vortrupp, der das gesamte Schulwesen im Sinne der klassenlosen Gesellschaft umgestalten wird"[19].

Dogmatischer noch als der Bund der freien Schulgesellschaften sahen die Kommunistische Partei Deutschlands und mit ihr viele der dem Kommunismus verbundenen Pädagogen aus einer antiklerikalen und den bürgerlichen Staat ablehnenden Haltung heraus die Aufgabe der weltlichen Schule in einer „proletarischen Erziehung", die eine „politische Klassenerziehung" sein sollte. Die Kommunistische Partei als solche stand der Einrichtung einzelner weltlicher Schulen in Form von Sammelklassen ablehnend gegenüber, weil sie nach Auffassung der KPD nicht den von ihr gewünschten Einbruch in das System „kapitalistisch-kirchlicher Volksverdummung, sondern Isolierbaracken für atheistische Kinder, Lehrer und Eltern" darstellten[20]. Ein Verständnis von Schule als Stätte marxistischer Klassenerziehung barg allerdings die Gefahr, abgelehnten kirchlichen Dogmatismus durch politischen zu ersetzen. Bürgerlich-liberale Eltern, die vom Prinzip her vielleicht die weltliche Schule befürworteten, dürften von Schulen, in denen ein marxistischer und klassenkampfbetonter Ansatz vertreten wurde, eher abgeschreckt worden sein. Das mag mit dazu beigetragen haben, dass die weltlichen Schulen vor allem von Arbeiterkindern besucht wurden und – je nach vertretenem Ansatz – religionslose oder religionsfeindliche und z. T. weltanschaulich bzw. marxistisch geprägte pädagogische Inseln blieben.

Größere Übereinstimmung als hinsichtlich der parteipolitischen Neutralität bzw. Ausrichtung der weltlichen Schule herrschte zwischen den unterschiedlichen Gruppierungen im Hinblick auf viele pädagogische Zielsetzungen, die sich weitgehend an Erkenntnissen der Reformpädagogik orientierten. Eine Analyse mehrerer Jahrgänge der Zeitschrift „Die freie weltliche Schule" lässt bestimmte Schwerpunkte der Arbeit der im Bund der freien Schulgesellschaften Deutschlands zusammengeschlossenen Pädagogen und Schulen erkennen. Sie setzten sich insbesondere ein für:

- die Beachtung von Ergebnissen der Kinder- und Jugendpsychologie in der Schule
- einen lebenskundlichen Unterricht an Stelle des Faches Religion
- die Verlängerung der Schulzeit
- den koedukativen Unterricht
- den Gesamtunterricht
- das Erlernen von Esperanto
- eine Revision des Geschichtsunterrichts
- eine Neubewertung und Revision der Rechtschreibung
- das Schulwandern
- die sexuelle Aufklärung im Unterricht
- den Arbeitsunterricht und die Anlage von Schulgärten
- die Thematisierung der Völkerverständigung im Unterricht bei gleichzeitiger Ablehnung nationalistischen und faschistischen Gedankenguts
- den Umbau von Schulen in Lebens- und Arbeitsstätten mit modern eingerichteten Klassenzimmern und Fachräumen, fortschrittlicher Medienausstattung, mit Freizeiteinrichtungen und solchen, die der Hygiene und Gesundheit dienen sollten
- die Abschaffung des Züchtigungsrechts
- die Elternmitarbeit in der Schule
- eine kollegiale Schulleitung
- die Öffnung der Schule für die kulturelle Bildung von Jugendlichen und Erwachsenen.

Unterschiedliche Auffassungen zum Unterricht in der weltlichen Schule gab es vor allem – abhängig von der jeweiligen politischen Ausrichtung – im Hinblick auf folgende Fragestellungen:

1. Ist die Einrichtung eines Faches Lebenskunde an Stelle des Religionsunterrichts notwendig oder überflüssig?
2. Sollen weltanschauliche, religionskundliche und religionsgeschichtliche Inhalte im Unterricht behandelt werden?

So lehnte es die kommunistische Partei ab, „daß der Religionsunterricht durch einen besonderen Moralunterricht oder einen Weltanschauungsunterricht ersetzt werde, weil Moral und Weltanschauung nicht sauber auf Flaschen gezogen verabreicht werden kann." Clara Zetkin, KPD, verlangte, statt eines Moral- oder Weltanschauungsunterrichts eine „neue soziale Atmosphäre" in der Schule zu schaffen, die auf eine Überwindung der „Gesellschaft der Klassengegensätze […] durch eine Gesellschaft der Brüderlichkeit" zielen sollte[21]. Der Bund der freien Schulgesellschaften und die ihm nahestehenden Pädagogen setzten sich dagegen, von wenigen Ausnahmen abgesehen, für ein Fach Lebenskunde ein. Dieses Fach sollte die Aufgabe haben, „den Menschen in seinen gesellschaftlichen Beziehungen, insbesondere in seiner gesellschaftlichen Arbeit zu zeigen, die Einwirkung der natürlichen Bedingungen, der Arbeitsverhältnisse und der gesellschaftlichen Beziehungen auf das Leben, die Erkenntnis, die Sitten und den Glauben des Menschen den Kindern allmählich zum Bewußtsein zu bringen", und dabei ethische und moralische Fragestellungen aufzuwerfen[22].

Außerdem wurde die Vermittlung von Kenntnissen über unterschiedliche Religionen im Rahmen der Lebenskunde und/oder eines religionsgeschichtlichen bzw. geschichtlich-soziologischen Unterrichts befürwortet. Da das erwartete und so wichtige Reichsschulgesetz, von dem u. a. auch Klarheit in der Frage eines „Ersatzunterrichts" für das Fach Religion hätte ausgehen können, trotz einer Reichsschulkonferenz in Berlin im Jahre 1920, trotz Beratungen im Reichstag und trotz mehrerer Reichsschulgesetzentwürfe nicht zustande kam, entwickelten einige Schulen und Pädagogen Richtlinien bzw. Arbeitspläne für den lebenskundlichen Unterricht. Ein vom Bund der freien Schulgesellschaften herausgegebener Lehr- und Arbeitsplan für Lebens- und Gesellschaftskunde, der in Sachsen für alle Schüler von weltlichen Schulen verbindlich wurde, sah u. a. folgende Rahmenthemen vor[23]:

- Auf der Straße
- Gefahrvolle und verantwortungsreiche Arbeit
- Ungeachtete Arbeit
- Verwerfliche Arbeit
- Ohne Arbeit
- Entwicklung von Lebensführung und Vorstellungswelt – Wohnung, Nahrung, Kleidung, Handel, Verkehr, Bildliche Kunst, Tonkunst, Wortkunst, Kultformen (Religionskunde), Erziehung, Leibesübungen, Weltbild.

Die Forderungen nach genereller Einführung eines Faches Lebenskunde und die Erteilung des lebenskundlichen Unterrichts an vielen weltlichen Schulen – so auch an der Weltlichen Schule in Lohberg, die dem Bund der freien Schulgesellschaften angeschlossen war – stützten sich zum einen auf die Überzeugung, dass Schüler „nach den Grundsätzen der wissenschaftlichen Ethik durch Gewöhnung, durch persönliche und soziale Willensbildung und durch Anleitung zur sittlichen Besinnung und Einsicht […] zu sittlichen Persönlichkeiten" gebildet werden müssten. Zum anderen sah der Bund der freien Schulgesellschaften – in Verkennung der insularen Rolle der nicht flächendeckend vorhandenen weltlichen Sammelsysteme – in der Einführung und Erteilung des lebenskundlichen Unterrichts „einen Schritt vorwärts zum Sozialismus"[24].

Noch 1932, als sich die Gefährdung der weltlichen Schule durch den Nationalsozialismus bereits abzeichnete und auch vom Bund der freien Schulgesellschaften durchaus erkannt wurde, versuchte er unter Herausstellung der Bedeutung einer sittlichen Lebenskunde mit einer in seinem Organ „Die freie weltliche Schule" mehrseitig angelegten Werbekampagne, Eltern zur Anmeldung ihrer Kinder in weltlichen Schulen zu bewegen[25].

Doch alle Bemühungen, durch Ausweitung der Sammelsysteme den Bestand der weltlichen Schule als solcher zu sichern, waren vergeblich. Nach der Machter-

greifung durch die Nationalsozialisten am 30. Januar 1933 hatte das Kultusministerium in Berlin nichts Eiligeres zu tun, als mit Erlass vom 25. Februar 1933
- das jahrgangsweise Auslaufen der Sammelschulen anzuordnen
- ab Ostern 1933 Einschulungen in Sammelschulen zu verbieten
- religionslose Lernanfänger in das allgemeine konfessionelle Schulsystem einzugliedern
- die Erteilung von Lebenskunde außerhalb der auslaufenden Sammelklassen zu verbieten
- die Versetzung der freiwerdenden Lehrkräfte an Schulen ihres derzeitigen oder früheren Bekenntnisses anzuordnen[26].

Die maßgeblichen Pädagogen wurden versetzt, entlassen, inhaftiert oder auch in Konzentrationslager deportiert[27].

Zur politischen Situation in Lohberg zwischen 1918 und 1933[28]

Anfang des 20. Jahrhunderts wurden in der damaligen Hiesfelder Bauernschaft Unterlohberg – heute Dinslaken-Lohberg – Die Schächte Lohberg 1 und 2 abgeteuft. „Im Schatten der Fördertürme" entstand die Bergarbeiterkolonie Lohberg. Bergwerk und Kolonie zogen Zuwanderer aus vielen Regionen Deutschlands und Europas an. Nach dem Ende des Ersten Weltkrieges war das Leben in Lohberg immer wieder schwersten Belastungen ausgesetzt. In seiner Geschichte der evangelischen Kirchengemeinde Lohberg spricht der damalige evangelische Pfarrer Schmidt im Jahre 1926 von den „jahrelangen Wirren und Leiden unserer Kolonie"[29], die 1918 mit der Novemberrevolution begannen. Der Sieg der Revolution wurde mit Umzügen und Arbeitsruhe gefeiert. Die kommunistische Partei, der zunächst nur wenige Lohberger angehört hatten, betrieb eine lebhafte Agitation und schreckte auch vor Drohungen nicht zurück, so dass viele Lohberger ihr beitraten. Niedrige Einkommen, häufige und langanhaltende Streiks, geringes Entgegenkommen des Arbeitgebers, Massen- und Dauerarbeitslosigkeit ab Mitte der zwanziger Jahre als Folge der Weltwirtschaftskrise ließen viele Bergarbeiterfamilien in äußerste Notlagen geraten. Verbitterung und Radikalisierung waren die Folgen und trieben den Kommunisten weitere Anhänger zu. Lohberg wurde, wie der katholische Pfarrer es ausdrückte, zu einer „Hochburg des Kommunismus"[30], zum Roten Lohberg. Die katholische Kirchengemeinde verlor zwischen 1919 und 1933 rund ein Drittel ihrer Mitglieder. Auch die Austritte aus der evangelischen Kirche waren beträchtlich. Laufend wurden Demonstrationszüge nach Dinslaken durchgeführt, häufig begleitet von Schalmeienkapellen. Auf Spruchbändern

Lohberg in den 20er Jahren des vorigen Jahrhunderts; Kinder nehmen an Demonstrationszügen teil.

Volkskunde, Erzählungen | "Gottlose Schule" oder "Freie weltliche Schule"

und in Sprechchören wurden Arbeit und Brot gefordert. Während die meisten Aktionen friedlich verliefen, kam es zwischen 1919 und 1931 viermal zu blutigen Exzessen, auch der Sicherheitsorgane. Am 19. Januar 1919 wurde ein Arbeiter von der Polizei erschossen, als eine Gruppe Lohberger Kommunisten versuchte, in Hünxe das Lokal für die Wahl zur verfassunggebenden Nationalversammlung zu schließen. Eine nie genau festgestellte Zahl von Lohberger Toten gab es Ende März/Anfang April 1920, als sich die auf den Kapp-Putsch folgenden sogenannten Märzunruhen, von Berlin ausgehend, in immer größerer Härte auf das Ruhrgebiet ausdehnten. Auch auf Dinslakener und Hünxer Gebiet kam es zu blutigen Zusammenstößen zwischen bewaffneten Arbeitereinheiten der Roten Armee, der sich viele Lohberger angeschlossen hatten, auf der einen Seite und Polizei, Einwohnerwehren sowie Freikorps und Reichswehrverbänden auf der anderen Seite. In der Kolonie sprach man später von über 80 Gefallenen. Sowohl von der Roten Armee als auch von der gegnerischen Seite wurden schreckliche Gewalttaten begangen: Der Direktor der Zeche Lohberg wurde auf grausamste Weise ermordet; nach Niederschlagung der Kämpfe nahmen Reichswehr und Sicherheitspolizei durch wahllose standrechtliche Erschießungen von Lohberger Männern, aber auch von Mädchen, die nur für die "Roten" Kartoffeln geschält oder Hilfsdienste als Krankenpflegerinnen geleistet hatten, blutige Rache an der Lohberger Bevölkerung.

Zu blutigen Exzessen kam es dann wieder im November 1923 während der Besetzung Dinslakens durch belgische Truppen. Den Bergleuten wurde von der Besatzungsmacht die ihnen zustehende Deputatkohle verweigert. Bei einem Sturm auf die Zeche zur Kohlenplünderung wurde ein Arbeiter von einer Polizeikugel tödlich getroffen. Danach entlud sich der Volkszorn gegen zwei Polizeibeamte, die sich dem Ansturm entgegengestellt hatten und von denen einer den tödlichen Schuss abgegeben hatte. Sie wurden bis zur Unkenntlichkeit misshandelt und erschlagen. Auch in den auf die blutigen Ausschreitungen folgenden Jahren wurden weiter Demonstrationszüge durchgeführt, die friedlich verliefen. Zu heftigen Zusammenstößen mit der Staatsgewalt kam es nur noch einmal anläßlich eines Streiks gegen 7,5 %ige Lohnkürzungen im Januar 1931. Als arbeitswillige Arbeiter nach Schichtwechsel auf dem Heimweg von Streikenden tätlich angegriffen wurden, schlugen Polizisten, die sich zum Schutz der Streikbrecher in der Kolonie befanden, mit Gummiknüppeln zu, und das, obwohl sich auch Frauen und Kinder in der Menge auf der Straße befanden. Ein Arbeiter wurde so schwer verletzt, dass er ins Krankenhaus eingeliefert werden musste.

Die kommunistische Agitation ging jedoch auch nach diesem Streik weiter, als wieder Ruhe in Lohberg eingekehrt war. Schon vorher war den Bergleuten Russland als das "Paradies der Werk-

Lohberg in den 20er Jahren des vorigen Jahrhunderts; Kinder nehmen an Demonstrationszügen teil.

tätigen" in so leuchtenden Farben geschildert worden, dass einige Familien Anfang der dreißiger Jahre ihre geringe Habe verkauften und in das vermeintliche Paradies auswanderten. Andere saßen auf gepackten Koffern. Als alle ausgewanderten Familien aufs Äußerste enttäuscht nach Lohberg zurückkehrten und Schreckliches von den Arbeits-, Lebens- und Wohnbedingungen in Russland berichteten, begannen viele Lohberger, die kommunistischen Verheißungen kritischer zu sehen, wandten sich vom Kommunismus ab und auch wieder den Kirchen zu. Andere setzten – weniger kritisch als zermürbt vom Elend der Dauerarbeitslosigkeit – neue Hoffnungen auf die Nationalsozialisten. Und wieder andere gingen nach der Machtergreifung als weiterhin überzeugte Kommunisten ins KZ oder arbeiteten im Untergrund gegen den Nationalsozialismus. Rigorose Maßnahmen der Nationalsozialisten gegen Andersdenkende, die Zerschlagung der Gewerkschaften ab Mai 1933 und die anschließende Gleichschaltung der Arbeiter in der Deutschen Arbeitsfront unterbanden jegliche weiteren Arbeitskämpfe und Streiks. Die Zeit der Lohberger Unruhen war 1933 endgültig vorbei.

(Fortsetzung im Weseler Jahrbuch 2006)

Gedenkstein für die Toten der Märzunruhen von 1920; Zustand vor 1933

Anmerkungen:

1 Formulierung von Albert Nienhaus, dem damaligen Pfarrer der Katholischen Kirchengemeinde Dinslaken-Lohberg; vgl. Nienhaus, A., 50 Jahre Katholische Kirchengemeinde St. Marien Dinslaken-Lohberg, Dinslaken 1966, S. 17.
2 Titel einer vom Bund der freien Schulgesellschaften Deutschlands von 1919 bis 1933 herausgegebenen pädagogischen Zeitschrift.
3 Die folgenden Ausführungen stützen sich weitgehend auf Litschke, I., Im Schatten der Fördertürme, Duisburg 1993, S. 88 – 101 u. 236 - 240.
4 Vgl. Kautsky, K., Schönlank, B., Grundsätze und Forderungen der Sozialdemokratie; Erläuterungen zum Erfurter Programm, Berlin 1892, S. 42 ff.
5 Vgl. Haenisch, K., Neue Bahnen der Kulturpolitik, Stuttgart 1921, S. 33 f.
6 Hoffmann, J., Schule und Lehrer in der Reichsverfassung, Stuttgart 1921, S.54.
7 Ebenda, S. 54.
8 Ebenda, S. 55.
9 Ebenda, S. 95.
10 Vgl. Haenisch, K., a.a.O., S. 33f.
11 Ebenda, S. 74.
12 Vgl. Hoffmann, J., a.a.O., S. 54.
13 Vgl. Haenisch, K., a.a.O., S. 78.
14 O.V., „Der Anschlag gegen die konfessionelle Schule", in: Duisburger Volkszeitung vom 30. Januar 1921.
15 Haenisch, K., a.a.O., S. 76.
16 Ebenda, S. 105.
17 Vgl. Leist, O., „Sozialdemokratie, weltliche Schule und Deutscher Lehrerverein", in: Allgemeine Deutsche Lehrerzeitung, 58 (1929) Nr. 6, S. 106 f.
18 O.V., „Was wir wollen", in: Die freie weltliche Schule, 5 (1925) Nr. 1, S. 2.
19 O.V., „Zehn Jahre weltliche Schule", in: Die freie weltliche Schule, 10 (l930) Nr. 15, S. 109.
20 Hoernle, E., „Die Grundfragen der proletarischen Erziehung", Berlin 1929, in: Werder, L., v., Wolff, R., (Hrsg.), Grundfragen proletarischer Erziehung, Neuauflage von Schriften Edwin Hoernles, Darmstadt 1969, S.18.
21 Zetkin, C., „Die Schulforderungen der Kommunistischen Partei Deutschlands"; Rede im Reichstag am 24. Januar 1922, in: Das proletarische Kind, 2 (1922) Nr. 2, S. 1 ff.

Volkskunde, Erzählungen

"Gottlose Schule" oder "Freie weltliche Schule"

22 Siemsen, Au., "Richtlinien für den lebenskundlichen Unterricht", in: Die freie weltliche Schule, 7 (1927) Nr. 21, S. 194.
23 Vgl. o.V., "Ein neuer Arbeitsplan für den Unterricht in der Lebens- und Gesellschaftskunde", in: Die freie weltliche Schule, 9 (1929) Nr. 4, S. 26 f.
24 Zitiert nach Krause-Vilmar, D., Lehrerschaft, Republik und Faschismus, Köln 1978, S.19.
25 Vgl. Die freie weltliche Schule, 12 (1932) Nr.5, S. 35 ff.
26 Der Minister für Wissenschaft, Kunst und Volksbildung. Der Kommissar des Reiches. Jahrgangsweise Aufhebung der Sammelschulen. Berlin, den 25. Februar 1933. An die Regierungen usw. - U. II. C. Nr. 326. I. Veröffentlicht in: Amtliches Schulblatt für den Regierungsbezirk Düsseldorf, 26 (1933) Nr. 6, S. 48.
27 Vgl. Krause-Vilmar, D., a.a.O., S. 20.
28 Vgl. Litschke, I., a.a.O., S. 125 ff.
29 Schmidt, Geschichte der evgl. Gemeinde Lohberg, Dinslaken 1926, S. 9.
30 Nienhaus, A., a.a.O., S. 17.

Natur und Umwelt

KARL BRÖCHELER

Esskastanien auf der Bönninghardt

Fährt man im Herbst über die L 491 von Alpen nach Sonsbeck, so parken im Bereich Bönninghardt links und rechts der Straße Fahrzeuge aus dem gesamten Ruhrgebiet. Besonders an den Wochenenden quillt der Wald über von Besuchern. Sie alle haben ein Ziel: Ess- bzw. Edelkastanien, die jetzt von den Bäumen fallen.

Von den Einheimischen mehr als ein saisonales Knabberwerk betrachtet, werden sie von türkischen Besuchern in großen Mengen gesammelt und als reguläres und wohlschmeckendes Nahrungsmittel geschätzt. Ganze Familien schwärmen im ersten Morgengrauen aus, die nahrhaften Früchte einzusammeln.
Die Edelkastanie, ursprünglich beheimatet südlich der Alpen, gedeiht auch gut in den wärmeren Zonen nördlich der Alpen und kann hier ein Lebensalter von 200–300 Jahren erreichen. In ihrer Stammheimat wird sie noch wesentlich älter. So gibt es allerlei Geschichten bezüglich Alter und Größe. Das angeblich älteste Exemplar mit mehr als 2.000 Jahren soll auf Sizilien in der Nähe des Ätna stehen. Weiter heißt es, dass ebenfalls auf Sizilien in dem Örtchen St. Alfio ein Exemplar mit 25 Metern Stammumfang steht, das unter seiner Krone 500 Menschen Schutz vor Regen bieten kann. Bereits von den Römern geschätzt und hier im Norden angepflanzt, über Goethe, der Kastanien liebte und sich alljährlich von seiner Mutter ein Paket Taunus-Kastanien schicken ließ, bis zu den zahlreichen Rezepten, die nach und nach auch unsere Küche erobern, wird die Kastanie auch hier das, was sie in südlichen Ländern schon immer war: ein geschätztes Nahrungs- und Genussmittel. In der Ernährung spielte sie eine wichtige Rolle. Zählte sie doch im Kanton Tessin wie Hirse und Mais zu den Grundnahrungsmitteln. Gekocht oder zu Mehl vermahlen als Suppe gegessen, ist sie sehr nahrhaft. Als „Kartoffel der Armen" bezeichnet, konnte sie im Keller in Sand gebettet gut über den Winter gebracht werden. 1815 schrieb Johann Wolfgang von Goethe gar ein kleines Gedicht zur Ehre der Kastanie:

An vollen Büschelzweigen,	Sie hängen längst geballet,	Doch immer ruft von innen	Die Schale platzt, und wieder
Geliebte, sieh nur hin!	Still, unbekannt mit sich;	Und schwillt der braune Kern;	macht er sich freudig los:
Laß dir die Früchte zeigen,	der Ast, der schaukelnd wallet	Er möchte Luft gewinnen	So fallen meine Lieder
Umschalet stachlig grün.	Wiegt sich geduldiglich.	Und säh die Sonne gern	Gehäuft in deinen Schoß.

Natur und Umwelt

Esskastanien auf der Bönninghardt

Auch das Holz ist von großer Bedeutung. Haltbarer als Eiche eignet es sich gut für alle Bauelemente, die der Witterung ausgesetzt sind. So wurde es zum Bau von Fässern und Brücken verwandt. Bis zu 30 Jahre widersteht es ohne Imprägnierung jeder Witterung.

All diese guten Eigenschaften sind jedoch mehr oder weniger in Vergessenheit geraten bzw. werden nur noch regional genutzt. Bönninghardter Kastanien werden, wie seit Generationen üblich, zu Brennholz und Weidepfählen verarbeitet. Für Weidepfähle bietet der Niederrhein mit seinen unzähligen Weidezäunen eine sichere Abnahmequelle. Zunehmend werden aber auch gut gewachsene Stämme an weiterverarbeitende Betriebe verkauft, die dieses lebhaft gemaserte, schöne und haltbare Holz für den Bau von Außenanlagen verwenden. Im Tessin hat man gerade mit einem neu geschaffenen Klassifizierungssystem nachgewiesen, dass mehr als ein Drittel der dortigen Kastanien als Nutzholz geeignet ist. In einem Pilotprojekt wurde Kastanienholz-Parkett hergestellt. Ziel des Ganzen ist eine nachhaltige Nutzung der Kastanie und damit die Schaffung von Arbeitsplätzen in den Tälern der Region.

Bleibt noch das „lästige" Laub, das alljährlich in großen Mengen anfällt und ausschlaggebend war für die gezielte und umfangreiche Anpflanzung der Kastanie in den Bönninghardter Wäldern. Zwar gab es sie hier schon länger, aber es waren private Anpflanzungen einzelner Exemplare oder Gruppen auf den Katstellen und bäuerlichen Anwesen. Die aus der Kurpfalz stammenden Siedler

Ein Kastaniengreis, von Fachleuten auf annähernd 300 Jahre geschätzt. Frau Inge Kempkes, auf ihrem Grundstück in der Handelstraße steht er, erinnert sich der Erzählungen ihrer Großmutter, wonach der Nachbar vor rund 100 Jahren schon riet, den Baum zu fällen, damit er bei einem Sturm nicht ins Dach stürze. Man beließ es aber bei einem Kürzen der Äste. Später stand er dem regen LKW-Betrieb auf dem Anwesen im Weg. Ihr Mann, auf ein Fällen angesprochen, antwortete: „Was so lange steht, soll ich fällen lassen? Generationen sind damit zurechtgekommen, das wird auch weiterhin gehen."

der Bönninghardt kannten und schätzten sie aus ihrer alten Heimat. So wurden auch einzelne Exemplare infolge einer Verschleppung der Früchte durch Krähen und Eichhörnchen in unserem Wald heimisch, aber eine großflächige Ansiedlung erfolgte erst 1925.

Hintergrund war der Ankauf von Bauernwaldparzellen durch die Deutschen Solvay-Werke Borth. Seit dem Ende des 19. Jahrhunderts bis zum Jahre 1913 wurden viele land- und forstwirtschaftliche Flächen erworben. Die Schul- und Kirchenchronik der evangelischen Volksschule berichtet:

„Im Frühjahr u. Sommer hat die Verwaltung der Solvaywerke, die bei Büderich und Borth Salzschächte abteufen, sehr viele Besitzungen und Büsche (gemeint ist Wald) auf der Veener, Issumer u. Sonsbecker Bönninghardt angekauft und zum Teil an die Besitzer wieder weiterverpachtet zum Preis von 12 M der Morgen. Für den Morgen hat die Gesellschaft 1.000 M und darüber bezahlt."

Die so erworbenen Forstflächen hatten eine Größe von rund 570 ha. Die Gesellschaft stellte dafür 1911 einen eigenen Forstverwalter ein. Hugo Feltens, geb. 1886 in Neuhaus bei Langlingen, übte sein Amt bis 1952 aus. Er sah seine Aufgabe primär darin, die vielen bis dahin intensivst genutzten Bauernparzellen zu einem forstwirtschaftlich vertretbaren Wald umzuwandeln. Zur Wiederauffüllung der gelichteten Wälder versuchte er einen Unterbau mit Rotbuchen, der jedoch stark geschädigt durch Wildverbiss zu keinem Erfolg führte. So kam er auf die Idee mit den Kastanien. Er schreibt dazu in seinem Rückblick auf die Forstwirtschaft in dem Jahrzehnt 1921–1930:

„Es war also notwendig für die Rotbuche einen Ersatz zu finden, der mindestens gleichwertig, ihr aber möglichst noch überlegen sein mußte, überlegen im Werte seines Holzes und im Werte seines bodenverbessernden Blattes. Dieser Ersatz ist in Gestalt der Edelkastanie gefunden worden, die nun seit dem Jahre 1925 einen höchst wichtigen, ja dominierenden Platz in der Wirtschaft des Waldes Solvayheide einnimmt, und deren Wohlergehen die größte Sorgfalt zuteil wird.

Dieser Baum, der in den Hofgärten der Bönninghardt seit ihrer im XVIII. Jahrhundert erfolgten Besiedlung mit Pfälzern bodenständig ist und der hier prächtig gedeiht, ist ungleich wertvoller als die Rotbuche. Das Blatt der Edelkastanie ist in Bezug auf Bodenverbesserungsfähigkeit dem der Buche ebenbürtig, hat aber den Vorzug, keinen Trockentorf zu bilden. Ihr Holz aber ist viel wertvoller als das der Buche, da es in allen Alters- und Härteklassen als Nutz- und Brennholz verwertet werden kann.

Im Herbst 1925 wurde mit dem Unterbauen begonnen; diese Arbeit wurde von da ab alljährlich beharrlich weitergeführt, nur im Jahre 1926 wegen Geldmangels ausgesetzt. Das Saatgut kaufte die Forstverwaltung auf den Gehöften der Bönninghardt zusammen." Durch diese Maßnahme erhielt Hugo Feltens den Spitznamen „Kastanienförster".

Allerdings sahen seine Nachfolger den Wert der Kastanie in einem völlig anderen Licht. Trotzdem hielten sich hier rund 120 ha Kastanienwald bis Anfang der 70er Jahre. Dann wurden 50 ha gefällt und durch diverse Fichtensorten ersetzt.

Die heutige Forstverwaltung betrachtet die Kastanie wieder wohlwollend. Sorgt sie doch durch Stockaustrieb und ihre eigenen Früchte auf natürliche Art für

Hugo Feltens, Radierung anlässlich seines 40-jährigen Dienstjubiläums am 6.5.1951

Natur und Umwelt

Esskastanien auf der Bönninghardt

Typische Hofeinfahrt zu einem Bönninghardter Kotten

Kastanienwiese am Talweg

einen raschen Nachwuchs von gut verwertbarem Holz. So gibt es sie noch. Im Wald wie auch auf zahlreichen Privatgrundstücken stehen die alten knorrigen Gesellen. Viele Stürme, den Krieg und manche Besitzergeneration haben sie überlebt und werden hoffentlich auch weiterhin ein Bönninghardter Wahrzeichen bleiben. An der alten „Bönninghardter Straße" stehen noch 53 Bäume, 13 alte Exemplare und 40 Neuanpflanzungen, Ersatz für alte Stämme, die beseitigt werden mussten. Alle anderen fielen dem Straßenneubau in den 60er Jahren zum Opfer.

An der „Winnenthaler Straße" direkt hinter dem Ehrenmal steht die sogenannte Kastanienallee. Es sind noch fünf alte Exemplare, der Rest wurde aus Altersgründen durch Nachpflanzung ersetzt. In einem Artikel der Rheinischen Post wird 1965 berichtet, dass die Xantener Familie des Freiherrn von Hochwächter Mitte des 19. Jahrhunderts die Errichtung eines „Heideschlosses" plante. Mit der Anlage eines Parks und eben dieser Kastanienallee, die den repräsentativen Aufgang zum Schloßhof bilden sollte, wurde 1850 begonnen. Der Bau der Bahnlinie Venlo – Wesel Anfang 1860 machte diese Pläne aber zunichte. Die Bahnlinie führte mitten durch das Grundstück der Familie von Hochwächter und so blieb es bei der heutigen Allee, die nun mehr einer großen, mit Kastanien bestandenen Wiese gleicht. Rückblickend auf die frühen fünfziger Jahre erinnere ich mich, wie wir Bönninghardter Kinder Kastanien sammelten, um unser Kirmesgeld aufzubessern. Im Ort gab es einige Händler, bei denen wir unsere Schätze abgeben konnten: Preis pro Pfund 10 bis 30 Pfennige, je nach Qualität und

Esskastanien auf der Bönninghardt

Natur und Umwelt

Angebot. Vorbedingung für eine ungetrübte Sammelsaison war jedoch ein bei der Forstverwaltung zu erwerbender Sammelschein, Preis 10,– DM. Ein – wie uns schien – unerschwinglicher Betrag. Konsequenz: Sammeln ohne Schein! Das führte jedoch zu unangenehmen Begegnungen mit dem Forstaufseher, einem freundlichen Mann aus dem Ort, der aber auch seine Anweisungen hatte. So schüttete er schon einmal zur Abschreckung der Schwarzsammler einen mühsam gesammelten Eimer Kastanien ins hohe Brombeergebüsch. Die daraus gezogene Lehre: Ein Auge für die Kastanien; das andere Auge wachte, ob nicht ein einsamer Radfahrer suchend durch den Wald kreuzte. Dann erschallte der Warnruf: Hü... kommt! Und alle rannten mit ihren Schätzen in dichtere Waldzonen, die für einen Radfahrer unerreichbar waren. Ich glaube, beide Seiten hatten dabei ihren Spaß. Wir ersparten uns eine hohe Investition und er sah uns wie die Hasen davon laufen, in jedem Jahr das gleiche Spiel. Einige Bönninghardter Familien verdienten sich in dieser Zeit ein gutes Stück Geld. Natürlich mit Sammelschein trugen sie in dieser Zeit erhebliche Mengen zusammen, die an die örtlichen Händler in Bönninghardt oder Alpen veräußert wurden. Wer sich aber schon einmal mit den stacheligen Früchten befasst hat, weiß, dass es sauer verdientes Geld war.

Damals sammelten die Bönninghardter noch konkurrenzlos. Auswärtige Sammler waren so gut wie unbekannt. Doch halt, auch noch heute sammeln die Bönninghardter konkurrenzlos, aber jetzt den Müll, der nach jeder Saison viele Säcke füllt. Aufregende Begegnungen mit einem kontrollierenden Forstbeamten gibt es nicht mehr; dafür findet man neben Unmengen von Verpackungsmüll, Schuhen, Kleidung, Reifen und Batterien, auch einmal einen aufgeschweißten Wandsafe oder einen geknackten Zigarettenautomaten, den kriminelle Elemente hier entsorgt haben.

Natur und Umwelt

ROLF BRÄSECKE

Das Diersfordter Wildgatter und sein Umfeld

Betrachtungen zur Tierwelt in Vergangenheit und Gegenwart

Teil 1

Am relativ waldarmen Niederrhein erfreut sich der nordwestlich von Wesel gelegene etwa 1 400 Hektar große Diersfordter Wald durch seine Nähe zum dicht besiedelten Ruhrgebiet und zum größtem europäischen Industrieballungszentrum einer zunehmenden Beliebtheit bei Naherholungssuchenden.

Zum Schutz und Erhalt seiner reichen Naturausstattung wurde 2004 im Kernbereich des Diersfordter Waldes eine zusammenhängende Fläche von 883 Hektar als Naturschutzgebiet ausgewiesen. Die in diesem Bereich bisher bestehenden Naturschutzgebiete Schnepfenberg (44,6 Hektar), Grosses Venn (92,8 Hektar) und Schwarzes Wasser (38,3 Hektar) sind darin aufgegangen. Außerdem wurde in das neue NSG auch das ca. 350 Hektar große Wildgatter mit einbezogen, und der im Rahmen des Kiesabbaues geschaffene neue Biberlebensraum am Diersfordter Waldsee wurde ebenfalls dazugeschlagen. Mit Ausnahme des fast ausschließlich im Wildgatter lebenden Rot-, Dam-, Muffel- und Schwarzwildes werden dort die wesentlichen Faunen- und auch Florenelemente des Diersfordter Waldes repräsentiert. Seine abwechslungsreiche Struktur spiegelt zudem die charakteristischen Biotope dieses Gesamtwaldkomplexes wider. Ein geplanter naturnah auszubauender Rundweg durch das Wildgatter, der als eine Art „Naturlehrpfad" mit Wildbeobachtungsmöglichkeiten gestaltet werden soll und dabei auch Ruhezonen des Wildes berücksichtigt, wird dem Besucher ganzjährig die Möglichkeit bieten, das vielseitige „Ökosystem Wald" hautnah kennen zu lernen.

Zahlreiche sanfte, sich aneinanderreihende Dünenrücken, die durch Senken und Mulden abwechslungsreiche Kleinreliefs bilden, sind das prägende Element dieses Waldgebietes. Der Untergrund wird von nährstoffarmen Kiesen und Sanden der Rhein-Niederterrasse gebildet. Diese sind in unterschiedlicher Stärke von lehmigen und lehmig-sandigen Hochflutbildungen überlagert (KÜRTEN, 1965). Bereits in der späteiszeitlichen Tundrenlandschaft und noch später führten die mehr oder weniger starken Flugsandaufwehungen zu Dünenbildungen unterschiedlicher Stärke. Eine bekannte Erhebung dieser Art stellt im vorderen Teil des Wildgatters der Galgenberg dar. In den abflusslosen Senken zwischen diesen Dünen kam es an ver-

rechts: Stieleichenwald mit flächendeckendem Adlerfarn im Herbst

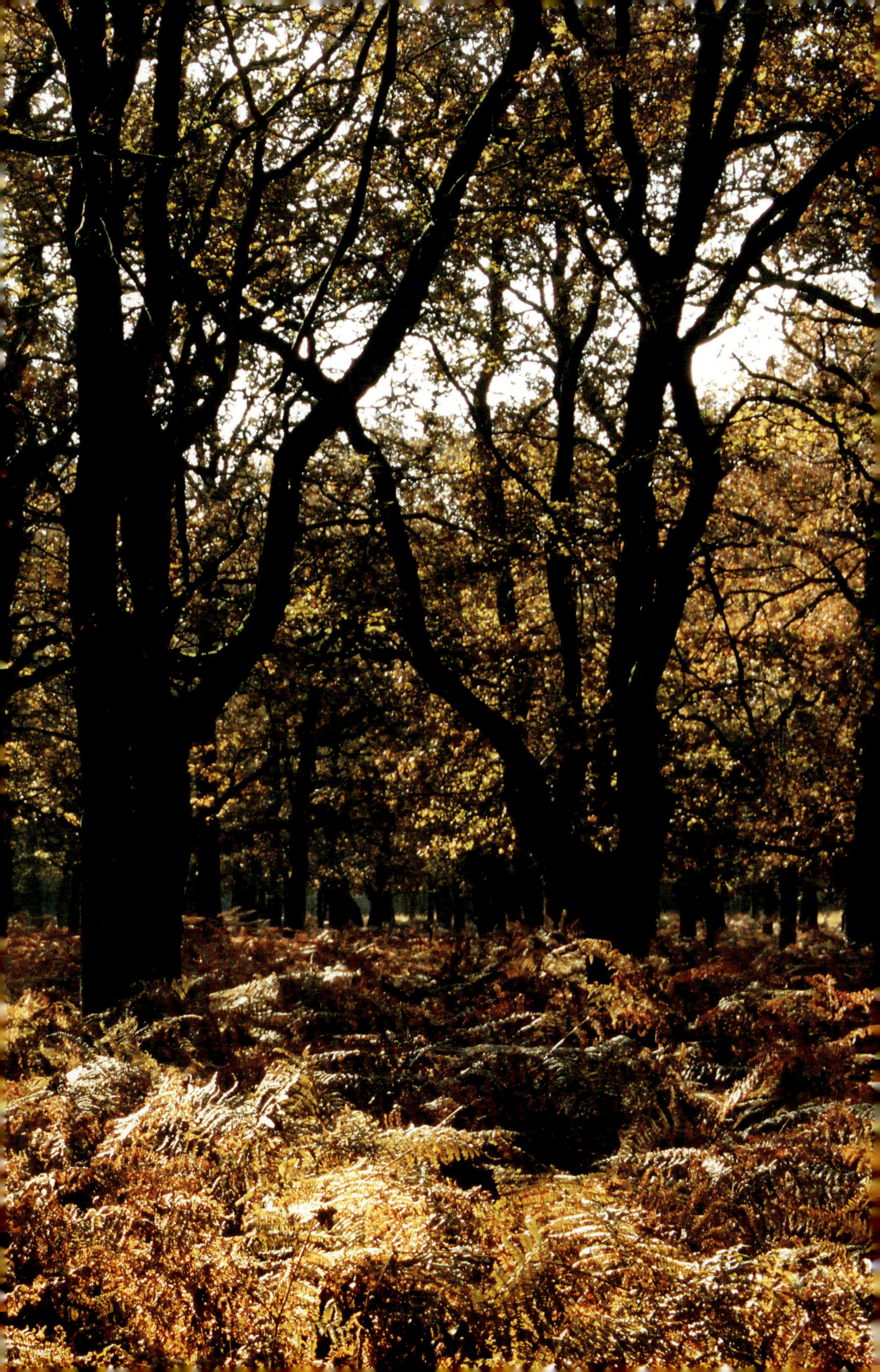

Das Diersfordter Wildgatter und sein Umfeld

schiedenen Stellen zur Bildung von Heidemooren (Itjeshorst, 1989), Feuchtheidekomplexen und natürlichen Stillgewässern. Im Hinblick auf die FFH (Flora-Fauna-Habitat-) Richtlinie sind die relativ gut erhaltenen, altholzreichen, bodensauren Stieleichenwälder als wertvoll einzustufen. Der auffällig hohe Totholzanteil trägt dabei wesentlich zur Erhöhung der Artenvielfalt bei, wovon besonders höhlenbrütende Vögel und die artenreiche Insektenfauna profitieren. So befindet sich nicht von ungefähr gerade hier eines der bedeutendsten Hirschkäfervorkommen von NRW.

Die krummwüchsigen Eichen bieten ein malerisches Bild, das vor allem in unbelaubtem Zustand in der winterlichen Jahreszeit dem Waldbesucher ins Auge fällt und ein wenig an Caspar David Friedrichs Gemälde erinnern mag. Ihre Wuchsform verdanken sie den bis zum Beginn des 20. Jahrhunderts praktizierten niederwald- und mittelwaldartigen Nutzungsformen. Sie dienten bis in diese Zeit hinein u. a. der Gewinnung von Eichenlohrinde, die wegen ihres hohen Gerbstoffgehaltes für die Lederherstellung unentbehrlich war. Das Abschlagen bzw. „auf den Stock setzen" dieser sog. Eichenschälwälder erfolgte in einem periodischen Abstand von etwa 20 Jahren. Als vor dem Ersten Weltkrieg chemische Gerbstoffe zum Einsatz gelangten, wurde die einstmals hochgeschätzte Eichengerbrinde überflüssig. So konnten diese Eichen jetzt in eine höhere Altersklasse einwachsen. Sie bilden gegenwärtig 90–120-jährige Bestände, die durch ihren schlangenförmigen Wuchs und ihren mehrhundertjährigen, überalterten, morschen Wurzelstubben nicht nur Naturfreunde erfreuen, sondern vielerlei kleinerem Getier einen idealen Unterschlupf und Nahrung bieten. Die im geringeren Maße sich aus Kernwüchsen entwickelten Eichen demonstrieren uns, dass auf diesen Standorten jedoch auch Stämme mit besseren Qualitätsmerkmalen heranwachsen können.

Als Relikte einer längst erloschenen, bäuerlichen Waldweidewirtschaft werden vereinzelt ältere Eichen und Buchenüberhälter inmitten der Bestände, an Wegerändern

Kiefernforst im Dünengelände

oder im Freistand auf Waldblößen und Wildäckern angetroffen. Als sog. „Hudebäume" waren sie einst bedeutend zahlreicher, da sie mit ihrer „Mast" (Eicheln und Bucheckern) im Herbst eine geschätzte Nahrung für den Schweineeintrieb darstellten. Teilweise waren sie bis in das 20. Jahrhundert hinein ein prägendes Element dieses Waldbildes. Nicht alle dieser Baumveteranen erreichten ihr Höchstalter. Leider fiel ein nicht unerheblicher Teil von ihnen Axt und Säge zum Opfer, bevor sie unter Schutz gestellt wurden. Als stumme Zeitzeugen künden davon heute noch zahlreiche Wurzelstöcke. Die für ihre Urwüchsigkeit berühmten Ivenacker Eichen in Mecklenburg mit ihrer über 1000-jährigen Geschichte vermitteln uns ein eindrucksvolles Bild solcher Baumgestalten. Dieses biblische Alter wird von den Diersfordter Artgenossen zwar nicht ganz erreicht, aber selbst die noch verbliebenen mehrhundertjährigen Baumriesen dieses Waldes stellen als Baumdenkmale ein wertvolles, erhaltungswürdiges Kulturgut dar, das ein Stück unserer eigenen Geschichte widerspiegelt.

Bei Betrachtungen zum früheren Waldzustand darf nicht außer Acht gelassen werden, dass weite, heute mit Wald bestockte Dünenbereiche damals zumindest zeitweilig baumfrei oder nur von lockerem Gebüsch bewachsen waren, da sie durch Beweidung frei gehalten wurden. So soll einst vom Diersfordter Schloss ein freier Blick über die Flürener Heide bis nach Wesel möglich gewesen sein. Erst durch Aufforstungen ehemals der Schafbeweidung dienender Heideflächen und entwässerter Heidemoore, Feuchtbiotope und Ödland entstanden vor allem auf ärmeren Standorten durch Pflanzung Kiefernforste. Diese dienten bis etwa Mitte des vergangenen Jahrhunderts der Grubenholzgewinnung. Ihr flächenmäßiger Gesamtanteil wird mit ca. 20 Prozent der Waldfläche veranschlagt. Kleine Erlenbrüche auf feuchteren Standorten und horstweiser Birkenanflug bringen Abwechslung in das Waldbild. Auf besseren Böden kann auch die Buche bestandesbildend werden. In den bisherigen FFH-Gebieten erreicht sie etwa eine Ausdehnung von 45 Hektar. In geringerem Umfang werden kleinere Mischwaldpartien vorgefunden. Sie werden teilweise von Hainbuche, Linde, Vogelkirsche, Aspe, Schwarzerle u. a. als Nebenholzarten bereichert. Zu den weniger standortgerechten, künstlich eingebrachten Holzarten gehören Fichte, Douglasie, Lärche, Weymuthskiefer und Roteiche.

Der Anblick heimischen Schalenwildes ist für viele Waldbesucher mit einem faszinierenden Reiz verbunden. Nicht wenige dieser Wildarten waren seit Jahrtausenden Weggefährten des Menschen und sind heute als ein wertvolles Kulturgut zu betrachten. So wurden beispielsweise bei Auskiesungen im Diersfordter Raum prähistorische, aus Rothirschgeweihen gefertigte Äxte gefunden, die sich im Besitz der Kiesfirma Suhrborg GmbH befinden.

Als vor rund 10.000 Jahren die letzte Eiszeit zu Ende ging, verabschiedeten sich mit diesem bedeutenden Erdzeitalter viele Großtiere, die in den gletscherfreien Zeitabschnitten ihre Fährte durch die Niederrheinlandschaft gezogen hatten. Davon zeugen zahlreiche Knochenfunde aus der Region. Aus dem Emscher- und Rotbachtal, aber auch in Abgrabungsgewässern aus dem Umfeld des Diersfordter Waldes traten zahlreiche Überreste von Mammut, Wildpferd, Wildschwein und anderen Arten zutage. Nicht alle Vertreter der eiszeitlichen Fauna starben aus, so wie der viel zitierte Riesenhirsch mit seinem überdimensionalen Geweih. Es wird angenommen, dass es sich bei ihm in Nordrhein-Westfalen um eine eigene Unterart handelte (UECKERMANN, 1994). Einige der hochspezialisierten, eiszeitlichen Tierarten zogen sich am

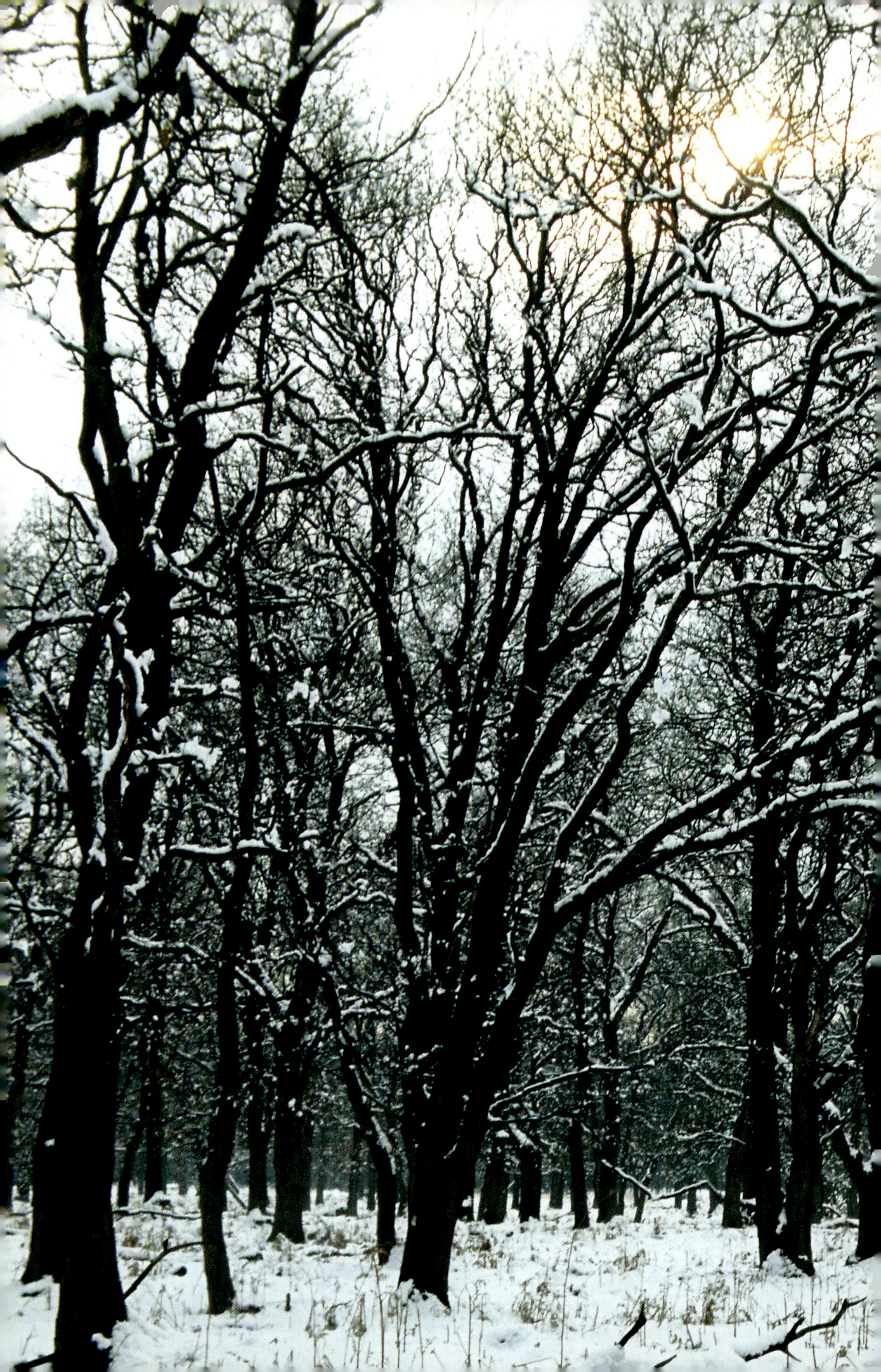

Natur und Umwelt

Das Diersfordter Wildgatter und sein Umfeld

Ende der Eiszeit mit beginnender Klimaerwärmung in alpine und subarktische Lebensräume zurück und überlebten dort bis auf den heutigen Tag. Zur eiszeitlichen Fauna gehörten jedoch auch einige bei uns noch lebende Wildarten wie Rot- und Rehwild oder das Schwarzwild. Die in eiszeitlichen Höhlen kunstvoll abgebildeten Auerochsen und Wildpferde überlebten ebenfalls die Eiszeit. Die letzten ihrer Sippe fielen erst in der Neuzeit den jagenden Menschen zum Opfer. Nicht viel besser ging es den sog. „großen Räubern", wozu man Bär, Luchs und Wolf rechnete. Das trifft auch für Nordrhein-Westfalen zu. So nennt UECKERMANN (1994) im Wittgensteiner Land 1576 die vermutlich letzten erfolgreichen Bärenjagden. 1745 kam bei Latrop der letzte Luchs zur Strecke (FUCHS, 2003).

Der Wolf konnte sich dagegen von „den großen Drei" am längsten in Nordrhein-Westfalen halten. Nach FUCHS (2003) wurde wohl rechtsrheinisch der letzte Graurock 1886 bei Montabaur gestreckt. Linksrheinisch hielten sich Wölfe am längsten in der Eifel. Die letzten Erlegungen werden dort 1888 und 1890 gemeldet. Vermutlich existierten Kontakte zu einem größeren, im benachbarten Lothringen lebenden Wolfsbestand, wo allein im Winter 1870/71 über 500 Wölfe zur Strecke kamen. Auch im Diersfordter Wald waren lange Zeit Wölfe heimisch. Aus Archivmaterialien des Diersfordter Schlosses, die teilweise von KLEINHOLZ (1993) publiziert wurden, ist zu entnehmen, dass im 17. Jahrhundert immer wieder Wölfe auftauchten und bejagt wurden. Die damals sicherlich nicht alltäglichen Wolfsjagden fanden auch in Protokollen ihren Niederschlag. So heißt es in einem Originaltext aus dem Schlossarchiv:

links: Stieleichenbestand im Januar

Alte solitäre Hudebuche im Oktober

Natur und Umwelt

Das Diersfordter Wildgatter und sein Umfeld

Nacheiszeitliche Funde aus Kiesabgrabungen vom Randgebiet des Diersfordter Waldes: Im Hintergrund Gebrauchsgegenstand aus einem Geweihfragment und davor zwei durchbohrte Geweihäxte

„Den 10. Mai 1650 hat der Cleffsche Offerjegermeister eine Wolffsjagt ohne mein Wissen und Willen in der Herlichkeydt Diersfordt ahngestellt, und die Garne zwissen Cappelenkampf und Diersfordtschem Busse willen setzen, dahin ich mit etzliche Rors koemen bin, die Jagers sampt etzliche hondert auffgebotte Haußleut mit Gewalt verjagt und mich darwider gesetzt, ist also ein jedwider nach Haus gegangen und die Jagt nicht geschehen, sonder verstoerdt worden". Der Grund dieser nicht abgesprochenen und anscheinend nicht erlaubten Jagd geht aus dieser Mitteilung nicht hervor. Möglicherweise waren die damals recht ansehnlichen Prämien für getötete Wölfe der Beweggrund für den Oberjägermeister aus Kleve, die Jagdgrenze zu missachten. Wie sehr die damaligen Schlossherren von Wylich selbst an der Durchführung von Wolfsjagden in ihrem Jagdbereich interessiert gewesen sein müssen, wird anhand der nachfolgenden Schilderung aus den genannten Archivquellen sichtbar. Dort heißt es: „Den 22. Junius 1650 auf Erschugen und Bitten der Haußleutte van Bisselich, Haffen, Meer undt Umbligenden habe ich eine Wolffsjagt in der Herrlichkeydt Diersfordt ahngesteid. Weylen die Wölffe so großen Schaden detten, darzu haben die Nachbaren van Haminkelen, Brunen, Haffen, Meer, Bisselich, etzliche hondert Haußleutte sigh gutwillig ihngesteld, undt ist alles durch meine Bedienten und wehm ich es zugelassen habe geschehen, auch hat nimandt auff keinerleye Wildt scheyssen moehgen, Wölffe, Füsse und Katzen, bey Poen van 5 Guldgulden, so ich darauf gesatzt hatte".

Zur damaligen Zeit war es üblich, dass durch landesherrliche Erlasse die Bevölkerung verpflichtet wurde, Treiber- und Gespanndienste für den Transport des Jagdgerätes (Wolfsgarne) zu leisten. Im Foyer des Hünxer Rathauses erinnert heute noch ein aufgehängtes Wolfsnetz an diese Jagden. 1652 findet sich in einer Niederschrift anlässlich einer weiteren Wolfsjagd der Hinweis, dass dabei kein anderes Wild gejagt werden dürfe. Wörtlich heißt es auszugsweise an dieser Stelle: „... den Haußleutten und Jegers überall verboten nach keinem Wild es habe Nahmen wiehe es wolle, zu schießen, ausgenommen Wölffe, Katzen und Füxe". Dazu der Randvermerk: „und das alles rodes und schwartzes Wild unverletzett aus den Garnen gelassen". Wir dürfen daraus entnehmen, dass zu jener Zeit im Diersfordter Wald Rot- und Schwarzwild als bodenständige Wildarten anzusehen sind.

Von besonderem Interesse ist die zweimalige Erwähnung von „Katzen" in den zitierten Archivmaterialien. Es ist naheliegend, dass es sich hier um Wildkatzen handelte, da zu jener Zeit verwilderte Hauskatzen kaum in Erscheinung getreten sein dürften. Nach Berichten des ehemaligen Waldaufsehers (später Forstwart) G. SONS sollen angeblich zu Anfang des 20. Jahrhunderts die letzten Wildkatzen im Diersfordter Wald geschossen worden sein (F. SONS, mündl.). Leider liegen dazu keine Belege wie Bälge oder Präparate vor. Für ein ehemaliges Wildkatzenvorkommen spricht, dass im angrenzenden Westfalen allein im Jagdjahr 1885/86 noch 70 erlegte Wildkatzen gemeldet wurden (SCHRÖPFER et al. 1984). Auch der bekannte Forstzoologe ALTUM nennt ihr gelegentliches Vorkommen zu dieser Zeit noch für das Münsterland. Um die Wende zum 20. Jahrhundert scheint das Vorkommen von Wildkatzen in Westfalen erloschen zu sein.

Wie eine schriftliche Mitteilung vom 25. September 1826 an den Geheimrat Freiherrn von Wylich zum Ausdruck brachte, wurden „unlängst" bei Schermbeck zwei Wölfe gesichtet. Nach dem Schreiben wurde der eine bei Haltern an der Lippe getötet und der andere entkam angeschossen „nach dem Üfter Holze". Der Bürgermeister von Schermbeck rief daraufhin für den 26. d. M. zu einer Wolfsjagd in den Dämmerwald auf.

(Fortsetzung im Weseler Jahrbuch 2006)

Literatur:
Briederman L. (1986): Schwarzwild. Veb Landwirtschaftsverlag Berlin.
Fuchs, A. (2003): Das Ende der „großen Räuber". Rheinische Heimatpflege. 40. Jahrgang, 2/2003. S.146–151.
Itjeshorst, W. (1990): Heidemoore im Diersfordter Wald. Heimatkalender Kreis Wesel. S.124–126.
Kretschmer, K. (2004): Der Diersfordter Wald. Biologische Station Wesel. Unveröff.
Kleinholz, H. (1993): Kriminalfälle, Versteigerungen, Grenzbegehungen in Diersfordt 1649-1725. Mitteilungen

Archivmaterial aus dem Diersfordter Schloss lässt auf das ehemalige Vorkommen der Wildkatze schließen.

Natur und Umwelt

Das Diersfordter Wildgatter und sein Umfeld

aus dem Schlossarchiv Diersfordt und vom Niederrhein. Heft 4. S.37, 39, 49–50. Herausgegeben vom Historischen Arbeitskreis Wesel.

Kurtgen, W: v. (1966): Der Diersfordter Wald. Heimatkalender Landkreis Rees. Herausgegeben von der Kreisverwaltung Rees in Wesel.

Schröpfer, R./Feldmann, R./Viernhaus, H. (1984): Die Säugetiere Westfalens. Erschienen als Heft 4. 46. Jahrg. 1984 der Abhandlungen aus dem Westfälischen Museum für Naturkunde. Westfälische Vereinsdruckerei Münster.

Ueckermann, E. (1993): Zur Geschichte des Rotwildes am Niederrhein in Nordrhein-Westfalen. Zeitschrift. Jagdwiss. 39 (1993), 106–127. Verlag Paul Parey, Hamburg u. Berlin.

Ueckermann, E. (1993): Zur Geschichte des Rotwildes am Niederrhein in Nordrhein-Westfalen. Zeitschrift Jagdwiss. 39 (1993), 106–127. Verlag Paul Parey, Hamburg..

Ueckermann, E. (1994): Kulturgut Jagd. Landwirtschaftsverlag GmbH. Münster-Hiltrup

Ueckermann, E. (1995): Rotwild am Niederrhein. Jahrbuch Kreis Wesel 1995. BossDruck und Verlag Kleve. S. 148–151.

Danksagung:

Für Hinweise, Informationen und Unterstützung zu dieser Arbeit möchte ich Frau Dr. W. Lutz u. Frau R. Quast sowie den Herren I. Bünning, M. Frank, F. Horn, H. Kleinholz, H. Schnickers, F. Sons und H. Wolter herzlichen Dank sagen.

Natur und Umwelt

KARL-HEINZ GAßLING

Warum singen Vögel eigentlich?

Eine häufig gestellte Frage

Kohlmeise: „Zizibee, Schinkenspeck! Zizibee, Schinkenspeck!" oder „Schit int Füüer! Schit int Füüer!" Marktschreierisch anpreisend und zuweilen plattdeutsch fordernd setzt sich die Kohlmeise in Szene.

Buchfink: „Es gibt noch viel schönere Mädchen als Ritschimarie!" oder „ Bin ich kein schöner Gardeoffizier?" Gut im Bilde, aber auch eitel mischt sich der Buchfink ein.

Goldammer: „Wie, wie, wie hab' ich dich doch so lieb!" Dazu bekennt sich freimütig der Goldammer.

So oder ähnlich lassen sich allerdings nur wenige Vogelstimmen darstellen. Dennoch: Eigene Kreativität führt sicherlich dazu, hier sprachschöpferisch erfolgreich zu sein.

Warum singen Vögel eigentlich? Diese Frage taucht regelmäßig im Frühling bei Vogelstimmenwanderungen auf und wird nicht nur von Kindern gestellt. Spannend wird es, wenn man sich in dieser Situation mit der vorschnellen Beantwortung etwas zurückhält und der Gruppe Deutungsmöglichkeiten lässt. Eine erstaunliche Bandbreite von Erklärungsversuchen wird da präsentiert und reicht von der festen Überzeugung, dass der Vogelgesang der Verherrlichung Gottes und seiner Schöpfung dient, über die Annahme, der Gesang sei kraftvoller Ausdruck reiner Lebensfreude, bis hin zur biologisch abgesicherten Erklärung. Tatsache ist: Das Phänomen „Vogelgesang" hat vorrangig mit der Brutbiologie unserer Gefiederten zu tun und lässt sich exakt belegen. Abgesehen von einigen Arten, die gelegentlich einen leisen und zaghaften Spätsommergesang vortragen, ist des Weiteren bekannt, dass immer wieder besonders Amseln und Zaunkönige selbst im tiefsten Winter lauthals singend auf sich aufmerksam machen.

Natur und Umwelt | Warum singen Vögel eigentlich?

Wie bereits erwähnt, muss der Gesang in engem Zusammenhang mit der Brutbiologie der Vögel gesehen werden. Bereits Ende Februar richten sich bei guter Wetterlage einige Arten auf die bevorstehende Brutzeit ein und beginnen, einen ihren eigenen Ansprüchen genügenden Lebensraum zu besetzen. Besonders augenfällig wird das bei Kohl- und Blaumeisen, wenn sie sich in unseren Hausgärten für die ihnen zugedachten Nisthilfen zu interessieren beginnen. Neben einer gründlichen Inspektion der Nisthöhlen erlebt man dann bereits ihre ersten Artgesänge, die der Revierabgrenzung gegenüber anderen Artgenossen dienen. Die Kohlmeise hält so mit ihrem Gesang die Kohlmeise von nebenan auf Distanz, und die Blaumeise versucht es auf gleiche Weise. Das Amselmännchen, das mit seinem variationsreichen Lied unser Ohr verwöhnt, signalisiert unmissverständlich seinem Rivalen in der Nachbarschaft, dass es hier „seine Zelte aufgeschlagen" hat und seine Reviergrenzen respektiert wissen möchte. Selbst wahre „Sängerkriege" können bei hoher Siedlungsdichte entbrennen, und hitzige Scharmützel mit ernsten Verletzungen sind keine Seltenheit.

Eine weitere nicht zu unterschätzende Bedeutung hat der Gesang für die Paarbildung und den Zusammenhalt des Paares. Auffällig wird dies vor allem bei ziehenden Arten. Häufig erscheinen die Männchen als erste im Brutgebiet, besetzen ein Revier und tragen sogleich ihre Gesangsstrophe vor. Auf diese Weise singen sich beispielsweise Mönchsgrasmücken, Zilpzalpe, Fitisse und Singdrosseln – um nur einige zu nennen – förmlich ihre durchziehenden Weibchen vom Himmel. Auch in der Folgezeit während des Nestbaus, der Eiablage und der Brut hält die starke Gesangsaktivität an und dient neben der Revierverteidigung in besonderem Maße der Bindung zwischen Männchen und Weibchen. Erst nach dem Schlüpfen der Jungvögel lässt der Gesang merklich nach. Er tritt offensichtlich zu Gunsten der Versorgung der ständig bettelnden Nestlinge zurück. Nun sind beide Altvögel gefordert und voll und ganz mit der Fütterung ausgelastet. Zwangsläufig kommt der intensiven Revierverteidigung bei vielen Arten nur noch eine nachgeordnete Bedeutung zu, wird mehr und mehr vernachlässigt und schließlich aufgegeben.

Abschließend noch einige Anmerkungen zur Qualität der jeweiligen Artgesänge! Wer in einem Lebensraum mit hoher Lärmbelastung lebt, muss lauter singen. Dieser Forderung müssen Vögel gerecht werden, die in Städten und an Straßen mit hohem Verkehrsaufkommen leben. Messungen haben ergeben, dass Vögel in ruhigeren Lebensräumen sich tatsächlich weniger lautstark melden müssen, um ihr Revier zu beherrschen. Gute oder schlechte Sänger gibt es nicht. Hier geschieht eine sehr einseitige Einschätzung durch den Menschen, der den Vogelgesang rein nach seinem Wohlklang einstuft. Es bleibt festzuhalten: Der „Kaum-Gesang" des Grauschnäppers und der grandiose der Nachtigall genügen der jeweiligen Art voll und ganz zur Arterhaltung.

Natur und Umwelt

ECKHARD UHLENBRUCK

Bienenhaltung und Bienenzucht

am unteren Niederrhein und am Unterlauf der Lippe

Bekannt sind sie für ihren Fleiß und ihren süßen Vorrat, den Honig. Und sie existieren schon viel länger als wir Menschen auf diesem Planeten Erde. Die Rede ist von Honigbienen, den kleinen Insekten, ohne deren Bestäubungstätigkeit viele Pflanzen gar nicht existieren könnten.

Der Mensch hat sehr schnell die Bienen schätzen gelernt. Höhlenzeichnungen zeigen, dass schon unsere eiszeitlichen Vorfahren wilde Bienenvölker ausräuberten, ein Brauch, der sich als Zeidlerei bis weit ins Mittelalter vor allem im südlichen Mitteleuropa hielt. Die dazu notwendigen großen und alten Waldbestände gab es aber in unserer Heimat auch damals nicht. Die Landschaft an Niederrhein und Lippe war – insbesondere auf den ärmeren Böden – geprägt durch Moore und Heideflächen. Die

Bienenhaltung und Bienenzucht

Natur und Umwelt

wenigen Wälder litten unter dem meist starken Holzeinschlag, für Bienen auf Wohnungssuche (Bienenschwarm) keine optimalen Bedingungen. Hier nun half der Mensch aus. Wohnungen aus Holz konnten zwar keine geboten werden, aber die Bienen waren ja nicht wählerisch. Der heute noch den meisten bekannte und bis weit ins 20. Jahrhundert genutzte Strohkorb tat genau so gute Dienste wie ein Baum. Und so gehörten die Bienen in unserer Heimat zu fast jedem Haus, wie dies z. B. eine Zeichnung von Arnold Mercator aus dem Jahre 1571 für Duisburg nachweist. Auch mussten einige Bauern Bienenwachs als Zehnt an ihren Grundherren abliefern.

Die Bienenhaltung war einfach. Man stellte leere Körbe auf, und spätestens zur Schwarmzeit im Mai/Juni zogen neue Bienenschwärme ein oder konnten an einem Baum eingefangen werden. So wurden die Bestände im Frühjahr verdreifacht. Dabei ging es den Bienen gut. Die vielfältige Flora bot vom Frühling (Weiden, Obstbäume, Wiesen, Ginster) über den Sommer (Kornfelder mit Mohn und Kornblumen, Linden) bis in den Herbst (Heide und Buchweizen) überreiche Nahrung. Die Bienen hatten sich mit ihrem Lebensrhythmus optimal an das Nahrungsangebot angepasst. Der Mensch nahm sich seinen Teil im Herbst. Zweidrittel der Bienenvölker wurden abgetötet und die Waben aus den Körben geschnitten.

Die Bienen brachten den Menschen zwei wertvolle Stoffe. Zum einen den Honig, geschätzt als einziges süßes Nahrungsmittel (Zucker gibt es noch nicht so lange) und auch als Heilmittel, z. B. bei Erkältungen und zur Wundversorgung. Genau so begehrt war Bienenwachs. Es war lange der einzige Rohstoff für die Herstellung von Kerzen, und diese wurden nicht nur in Kirchen gebraucht. Die Bedeutung der Bienenprodukte für den Menschen änderte sich erst in der Mitte des 19. Jahrhunderts. Honig wurde immer mehr vom Zucker verdrängt. Bienenwachs konnte durch künstlich erzeugtes Wachs ersetzt werden. Parallel dazu entwickelte sich aber auch die Bienenhaltung. Die Erfindung des Rähmchens durch Baron von Berlepsch ermöglichte den Kasten mit beweglichen Waben als Alternative zum Strohkorb. Waben mussten nicht mehr zerstört, Honig konnte durch Schleudern gewonnen werden. Die neue Art der Bienenhaltung war nun aber schwieriger als die althergebrachte Korbimkerei. Und für den Fall von Ernteüberschüssen gab es immer mehr Absatzprobleme.

In problematischen und durch Veränderungen geprägten Zeiten hilft meistens gegenseitige Unterstützung. Und so reagierten auch die damaligen Imker. Geführt vom örtlichen Pfarrer, Lehrer oder Bürgermeister gründete man regionale und überregionale Bienenzuchtvereine.

So gab es z. B. um 1870 einen Bienenzucht- und Schutzverein für den Niederrhein mit Sitz in Gartrop. Dort war zu der Zeit die Verwaltung des Amtes Gahlen, und der damalige Amtsbürgermeister war gleichzeitig der Vorsitzende des Bienenzuchtvereins.

Bienenhaltung und Bienenzucht

Viele Unterlagen aus der damaligen Zeit sind leider nicht mehr vorhanden. Wir wissen lediglich, dass 1868 ein Lehrgang in moderner Bienenzucht abgehalten wurde – einer der Teilnehmer, Herr Barth aus Gartrop, erhielt in Anerkennung seiner Leistungen von der Prüfungskommission das Buch „Die Biene und ihre Zucht". Ferner stellte dieser Verein 1866 einen Antrag an die Amtsvertretung des Amtes Gahlen, anlässlich der Hünxer Kirmes eine bienenwirtschaftliche Ausstellung veranstalten zu dürfen. Vielleicht stammt hier ja der Begriff „Honigkirmes" her. 1872 tritt vermutlich dieser Verein als Imkerverein Gartrop dem 1849 gegründeten Imkerverband Rheinland bei. In den Unterlagen des Imkerverbandes Rheinland sind noch weitere Vereine aus unserem Kreis mit ihren Beitrittsdaten verzeichnet, so z. B. Götterswickerhamm (1859), Neukirchen (1861), Moers (1892), Hiesfeld (1890), Brünen (1898).

Viele dieser Vereine lösten sich bald wieder auf (meist mangels geeignetem Vorstand) oder änderten ihren Namen. Aber die Probleme, die zu den Vereinsgründungen geführt hatten, blieben, sie wurden sogar noch größer. War die alte Korbimkerei im 19. Jahrhundert zumindest noch möglich, so wurde sie im Laufe des 20. Jahrhunderts gänzlich unmöglich. Die Haupthonigquellen der einheimischen Biene, Heide und Buchweizen, verschwanden fast völlig. Später verschwanden durch den Einsatz von Herbiziden auch Kornblumen und Mohn aus den Feldern. Die Versuche, durch Einkreuzung fremder Bienenrassen das Trachtverhalten der Bienen der geänderten Nektartracht anzupassen, führte zu nur schwer lenkbaren und häufig recht aggressiven Bienen. Ohne Schulung war eine erfolgreiche Bienenhaltung nicht mehr möglich. In fast jedem Ort wurden nun Vereine wiederbelebt oder neue gegründet, so z.B. 1930 in Hünxe. Und wieder war ein Bürgermeister dabei, Gotfried Hesselmann aus Bruckhausen, der Lehrer, Herr Nesbach, wurde Schriftführer und der Ortspolizist, Herr Grulke, Erster Vorsitzender. Schulung und Zucht waren die Hauptanliegen der Imkervereine. Aber auch Geselligkeit kam nicht zu kurz. Und bei Ausflügen wurde alles möglichst kombiniert. Heute gibt es im Kreis Wesel noch Imkervereine in Hamminkeln, Brünen, Hünxe (2005 im 75. Jahr), Dinslaken, Marienbaum, Alpen-Rheinberg-Sonsbeck, Neukirchen-Vluyn, Vierquartieren / Kamp-Lintfort und Moers. Etwa 170 Imker betreuen insgesamt ca. 1.200 Bienenvölker. Durch intensive züchterische Bemühungen ist es gelungen, die Bienen den veränderten Nahrungsbedingungen anzupassen. Heute sind Bienenvölker bereits im Frühjahr so stark, dass sie schon aus der Obstblüte eine nennenswerte Honigernte eintragen. Auch die zwischenzeitlich sehr große Verteidigungsbereitschaft der Bienen ist nicht mehr spürbar. Schleier und Handschuhe sind nur noch bei Zeitnot des Imkers (wegen der damit meist verbundenen hektischen Bewegungen) oder bei schlechtem Wetter notwendig. Und noch eines zeichnet die sehr aktiven Vereine des Kreises Wesel aus: Sie haben den besten Honig im ganzen Land. Kein Kreisverband hat in den letzten vier Jahren so viele Medaillen für seinen Honig bei den jährlichen Honigprämierungen gewonnen wie die Imker im Kreis Wesel.

EGON UNTERBERG

Varroa – ein aktuelles Problem der Imkerei

Das Frühjahr 1993 brachte für viele Imker in Deutschland ein böses Erwachen. Die Zeit der Winterruhe ihrer Bienenvölker war vorbei, doch viele Bienenstöcke waren leer. Die Presse berichtete im gesamten Bundesgebiet über ungewöhnlich hohe Auswinterungsverluste aufgrund der Varroa. Während in normalen Wintern eine Verlustrate von 15 Prozent üblich ist, erlitten auch im Kreis Wesel einige Imker Verluste von bis zu 100 Prozent.

Varroa destructor ist eine Milbe. Sie stammt aus Asien und wurde 1977 erstmals in der Bundesrepublik Deutschland festgestellt. Ein ca. 1,3 bis 1,7 mm breiter und 1,1 mm langer, also querovaler hell- bis dunkelbrauner Körper mit flachgerundetem Rückenschild über dem Bauchschild, den acht Beinen mit Haftlappen und dem Mundwerkzeug – so ist die Milbe bestens gebaut, sich an den Bienen festzuhalten. Auf der erwachsenen Biene sitzt sie bevorzugt zwischen den Hinterleibsringen, die sie dann teilweise überdecken und zusätzlich gegen Putzversuche der Bienen schützen. Durch die Intersegmentalhäutchen zwischen den Hinterleibsringen der Biene saugt sie die Hämolymphe, das Bienenblut. Dies ist das Erscheinungsbild der weiblichen, ausgewachsenen Varroa auf der Biene. Die erwachsene Biene nutzt die Varroa hauptsächlich als Transportmittel und zur Überwinterung in der brutfreien Phase des Bienenvolkes. Ihr bevorzugter Aufenthalt sind jedoch die Zellen mit der Bienenbrut. Diese Zellen sucht die Varroa auf, kurz bevor die Baubienen die Zellen mit den herangewachsenen Bienenlarven verdecken, damit die Larven sich dort verpuppen und zur erwachsenen Biene entwickeln können. Am Zellenboden unter der Larve versteckt sich die Varroa vor putzwütigen Jungbienen. Ist die Zelle verdeckelt, macht die Varroa sich ungefährdet an die Larve heran. Sie ernährt sich vom Blut der Larve / Puppe und legt dann im Abstand von ca. 30 Stunden je ein Ei. Aus diesen entwickeln sich nach sechs bis sieben Tagen neue Varroen. Aus dem ersten Ei entsteht eine männliche Varroa, kleiner, fast kreisrund und unfähig, selbst Bienenblut zu saugen. Seine Aufgabe besteht allein darin, die in der gleichen Zelle nachfolgend schlüpfenden Varroen – alles Weibchen – noch in der verdeckelten Zelle zu begatten. Da die (männliche) Drohnenbrut der Biene drei Tage länger verdeckelt ist als die der (weiblichen) Arbeiterinnen, können sich dort etwa drei bis vier Varroen zum legefähigen

Weibchen entwickeln gegenüber max. drei in der Arbeiterinnenbrut. Die Varroa bevorzugt die Drohnenbrut. Sie kennt also diese Unterschiede genau. Durch den Blutentzug sind die schlüpfenden Jungbienen geschwächt. Bei stärkerem Befall schlüpfen sie mit Missbildungen, unfähig, ihre Aufgabe im Bienenvolk zu erfüllen, oder sterben gar schon in der Zelle ab.

Bei guter Betreuung des Bienenvolkes durch den Imker im Herbst ist ein Bienenvolk durchaus in der Lage, sich nach der Winterruhe bis in den Sommer hinein normal zu entwickeln. Die wenigen im Volk verbliebenen Varroen vermehren sich im Frühjahr zunächst langsam. Erst wenn die Bienen verstärkt Drohnenbrut anlegen, steigt die Varroapopulation rascher an, bis sie im September / Oktober ihren Höhepunkt erreicht. Das Bienenvolk hat zu diesem Zeitpunkt seinen Höhepunkt schon überschritten. Mit dem Rückgang des Nektar- und Pollenangebotes in der Natur ab Juni / Juli sinkt die Zahl der Bienen im Volk. Es werden die Winterbienen ausgebrütet. Diese sind dann dem vollen Varroadruck ausgesetzt. Immer mehr Varroen belasten immer weniger Bienenbrut. Schließlich erliegt das Volk der Varroa und stirbt. Die letzten überlebenden Bienen verlassen den Stock und suchen Unterschlupf bei einem anderen Volk – unfreiwillig beladen mit Varroen. Fremde Bienen entdecken den leer werdenden Stock mit dem reichlichen Honigangebot und verschleppen die Varroa in ihr eigenes Volk. Ohne Hilfe der Imker haben nur wenige Bienenvölker eine Chance, älter als ein oder zwei Jahre zu werden. Bienenschwärme dagegen können das Jahr ihres Schwärmens gut überleben. Sie verlassen das Altvolk zu einer Zeit, da sich die Varroa überwiegend in den Brutzellen aufhält. Daher sind die Schwärme regelmäßig nur gering mit Varroamilben belastet. Die Schwarmbildung ist eine Möglichkeit des Imkers, Bienenvölker zu erhalten. Sie allein ist aber nicht sicher und sie ist teuer, denn jeder Schwarm verringert den Honigertrag. Die Varroa muss deshalb gezielt bekämpft werden. Bis zur Honigernte verbieten sich alle Maßnahmen, die organische oder chemische Mittel ins Volk bringen. Denn der Honig muss frei von derlei Substanzen bleiben. Bewährt hat sich eine Kombination mehrerer Maßnahmen:

Man beginnt damit, dem Volk stark befallene Drohnenbrutwaben im Mai bis Juli zu entnehmen. Damit schwächt man die Varroapopulation erheblich. Dabei wird der

Varroa – ein aktuelles Problem der Imkerei

Varroabefall des Volkes kontinuierlich durch Auszählen der gefallenen toten Varroen ermittelt, um weiteren Behandlungsbedarf zu klären. Nach der Honigernte hat sich die Behandlung der Völker mit Ameisensäure bewährt. Die Säure wird im Volk verdunstet. Hierbei ist es unbedingt erforderlich, die Menge der Ameisensäure auf die Stockgröße und die Umgebungstemperatur abzustimmen, damit die richtige Konzentration von Ameisensäure in der Stockluft erreicht, aber nicht überschritten wird. Die Varroa stirbt dadurch. Die Bienen werden aber nicht geschädigt. Ameisensäure kommt in geringen Mengen natürlicherweise im Bienenvolk und im Honig vor. Da die Säure verfliegt, führt die Behandlung nach der Ernte zu keiner messbaren Belastung des Honigs im nächsten Jahr. Die Behandlung muss bei Bedarf ein- bis zweimal wiederholt werden. Die Wiederholungsbehandlung erfolgt in der Regel, nachdem die Bienen den Winterfuttervorrat bekommen haben. Wegen der Gefahr der Reinvasion der Varroa aus fremden, nichtbehandelten Völkern muss der Varroabefall ständig weiterkontrolliert werden. Im Notfall kann sich noch eine Winterbehandlung anschließen. Ab Weihnachten etwa hat das Volk Ruhe.

Unsere heimische Honigbiene hat es nicht gelernt, selbständig mit der Varroa fertig zu werden. Während die asiatische Biene ihre Brut verlässt, wenn diese zu stark mit der Varroa befallen ist, um an anderer Stelle mit einer geringen Belastung neu anzufangen, bleibt unsere heimische Biene auch bei stärkstem Varroadruck bei ihrer Brut, bis das Volk schließlich zusammenbricht. Die Bemühungen einheimischer Imker zielen darauf, eine varroaresistente Biene zu züchten, die allein die Varroa zumindest so weit im Griff behält, dass die Völker nicht mehr zusammenbrechen. Bisher sind diese Bemühungen leider nicht von Erfolg gekrönt. Mit einem – nicht zu unterschätzenden – Maß an Mehrarbeit ist die Varroa aber heute so weit beherrschbar, dass wir unserer Natur und uns selbst unsere Honigbiene erhalten können.

Natur und Umwelt

JOSEF BÖHMER

Wölfe am Niederrhein

Wolf, Luchs und Wildkatze waren in Mitteleuropa so gut wie ausgerottet. Heute kommen diese Raubwildarten auch in Deutschland wieder vor. Der Wolf (Canis lupus) wurde 2003 zum Tier des Jahres erkoren.

Vor 400 Jahren sah das noch ganz anders aus. Durch seine starke Verbreitung wurde der Wolf in Mitteleuropa und damit auch in unseren Regionen für Mensch und Tier geradezu als Plage empfunden und die Ausrottung mit allen Mitteln betrieben. Noch heute erinnern Forstortbezeichnungen wie die Wolfskuiler Heide und der Wolfsberg im Klever Reichswald wie auch Haus Wolfskuhlen in Rheinberg-Budberg und die Veener Wolfhagenstraße an die Zeit, wo der Wolf noch in der verbreiteten Wald- und Heidelandschaft am unteren Niederrhein seine Fährte in den Sand setzte. Schauerliche Geschichten über Isegrim, von der menschlichen Einbildungskraft phantasievoll ausgeschmückt, gehören allerdings ins Reich der Fabel. Dramatisch lesen sich dennoch Berichte, dass Wölfe auch am Niederrhein in Rindviehbestände und Schafherden zu Schaden gingen und in Einzelfällen auch Menschen gegenüber gefährlich wurden. Starker Vieheintrieb und andere Nutzungsrechte der Bevölkerung in den landesherrlichen Waldungen am unteren Niederrhein seit dem 14. Jahrhundert führten zwangsläufig zu einer geringen Wilddichte. Das hatte zur Folge, dass die heimischen Wölfe verstärkt in die Viehbestände der Gutsherren und Bauern zu Schaden gingen. Vor allem in der zweiten Hälfte des 16. Jahrhunderts war die Wolfsplage so besorgniserregend, dass in vielen Verordnungen der damaligen Landesherren eine Intensivierung der Wolfsjagden mit „Netzen, Hetzhunden, Fangeisen und Wolfsgruben" gefordert wurde. Die „Clevische Jagdt- und Waldordnung von 1649" ordnete gegenüber dem Forst- und Jagdpersonal an, dass zur Wolfsjagd bei Neuschnee von „allen und jeden" nach Wölfen geritten wird, „damit den schädlichen Tieren Abbruch getan und weggefangen wird". Für das zum Eigentum des Erzbistums Köln gehörende Wald- und Heidegebiet Bönninghardt-Leucht wurden ähnliche Dekrete erlassen. Die Prämien für die Erbeutung eines Wolfes waren hoch. Nach der Jagdt- und Waldordnung von 1649

Isegrim: Einst verfemt, heute unter Schutz gestellt

wurde zunächst eine Belohnung von zwei Reichstalern für jeden erbeuteten Wolf gezahlt. In der Folgezeit geschah eine stete Anhebung der Prämien. 1749 erhöhte die Königliche Kriegs- und Domänenkammer die Prämie für einen erlegten Wolf auf 16 Reichstaler. Dies hat sicherlich zu einer verstärkten Verfolgung der Wölfe geführt. Besonderen Raum nehmen alle Jagdordnungen und Dekrete für die zwangsweise Beteiligung der örtlichen Landbevölkerung an Wolfsjagden ein. Diese hatte auch das damals aus Netzen und Lappen bestehende „Wolfzeug" für den Fang der Wölfe auf ihren Karren zu transportieren. An allen Jagdtagen hatten sich die zur Teilnahme festgelegten Landbewohner auf bestimmten Sammelplätzen einzufinden. Den Anweisungen der „Forst-Offizianten" war unbedingt Folge zu leisten. Überlieferte Sammelplätze waren zum Beispiel das Rendezvous im Klever Reichswald wie auch die Oberförsterei Balberg und das am Hochwald gelegene „Forstetablissement Nachtigall". Die vollzählige Anwesenheit der zur Teilnahme verpflichteten Hilfskräfte war anhand von Namenslisten genau zu überprüfen. Verhinderungen waren durch ein Attest des zuständigen Pastors oder eines Dorfschöffen nachzuweisen. Wie aus der Aktenlage des Forstamtes Kleve ersichtlich, war die Wolfsjagd mitunter für die teilzunehmende Landbevölkerung unerträglicher als die Wolfsplage selber, wenn mehrere Jagden im Monat angeordnet wurden und in bestimmten Fällen fast die ganze männliche Bevölkerung einiger Dörfer als Treiberwehr erscheinen musste. Über die erzielten Wolfsstrecken liegen für den Niederrhein keine konkreten Zahlen vor. Aus verschiedenen Quellen ist aber ersichtlich, dass es noch im 18. Jahrhundert wegen Zunahme der Schäden durch Wölfe an Rindern und sogar Pferden zu einer Intensivierung der Jagden auf Wölfe kam. Wie man manchen Schriftstücken der damaligen Zeit entnehmen kann, erzielte man vor allem mit Wolfseisen und Wolfsgruben, die mit Ködern versehen waren, gute Fangergebnisse. Bemerkenswert ist die Tatsache, dass noch im 18. Jahrhundert in den Grenzen Preußens über tausend Wölfe zur Strecke kamen.

Interessant sind auch die Aufzeichnungen des früheren Marienbaumer Hegemeisters Hieronymus Wistel über eine im Jahre 1820 durchgeführte kleine Wolfsjagd im Balberger Wald. Zuvor war eine spürbare Unruhe unter den Rehen aufgefallen und

Xantener Jagdgesellschaft am Balberger Wald 1897!

Natur und Umwelt

Wölfe am Niederrhein

neben einigen Rehen im Walde waren auch mehrere Schafe auf den westlich des Waldes gelegenen Weiden gerissen worden, was auf wildernde Hunde schließen ließ. Als im Spätherbst von einem Bauern bei der Holzabfuhr ein „großer grauer Hund" bei der Überquerung eines Waldweges gesehen wurde, waren die Förster sich einig, dass in der Tat ein Wolf sein Unwesen im Walde trieb. Beim ersten Neuschnee konnte der Räuber aufgrund seiner hinterlassenen Spur einwandfrei als mittelstarker Wolf identifiziert werden. Noch am gleichen Tage versuchten drei Forstbeamte den Wolf zu erlegen. Während sich die Förster Daecke und Longre auf die erkennbaren Hauptwechsel postierten, versuchte der Unterförster Stuers den Wolf zu den Schützen zu lancieren. Nach zehn Minuten gelang es Isegrim dennoch zu entkommen. Ein eilig hingeworfener Schuss des Unterförsters Longre verfehlte den Wolf, der in Richtung Uedemerbruch entkommen konnte und nicht wieder gefährdet wurde. Es war wohl der letzte Wolf, der im „Forstbelauf Balberg" eine Gastrolle gegeben hatte.

Im Jahre 1821 wurde in Büderich eine Wölfin mit ihren Jungwölfen bestätigt, so dass sich der Landrat in Rheinberg entschloss, zur „Vertilgung dieser gefährlichen Thiere" am 31. Juli des Jahres eine Wolfsjagd in den Bürgermeistereien Büderich, Ossenberg, Alpen, Veen, Sonsbeck, Xanten, Wardt und Marienbaum zur gleichen Stunde anzuordnen. Zur Sicherung eines ordnungsgemäßen Jagdablaufs wurde Oberförster Haak in Balberg ersucht, für jede Jagd einen „Forst-Offizianten" abzustellen und mit der Durchführung der Jagd zu beauftragen. Es ist nicht bekannt, inwieweit alle vorgesehenen Jagden zur Durchführung gelangten. Für den königlichen Hochwald bei Marienbaum und den Balberger Wald wurden vom Marienbaumer Bürgermeister Jordans neun Jäger einberufen, darunter altbekannte Marienbaumer Nimrode wie Freiherr von Hertefeld, Wilhelm Jordans, Heinrich Rouenhoff, Johann Heumann und Wilhelm Deymann. Dazu hatten sich zweiundzwanzig Treiber „präcise um einhalb sieben Uhr bey Florentin Deckers am Walde einzufinden". Die Wolfsjagd verlief ergebnislos. Doch der Landrat beschwerte sich am 7. August 1821 gegenüber Bürgermeister Jordans darüber, dass er aus einem Bericht des Oberförsters Haak „ungern" entnommen habe, dass sich vierzehn aus Vynen stammende Treiber schlecht benommen und die Jagd eigenhändig verlassen hätten. Der Bürgermeister wurde aufgefordert, „die Angelegenheit zu untersuchen und wenn hinlänglicher Grund vorhanden seyn sollte, die Widerspenstigen dem Zucht-Polizeygerichte zur gesetzlichen Bestrafung zu denunzieren, sonst aber dieselben für diesesmal einen derben Verweys zu ertheilen".

Im Jahre 1831 wird der Oberförsterei Xanten aus dem Forstrevier Alpen das Vorkommen eines Wolfes in der Leucht gemeldet, der zuvor auf den angrenzenden Weiden bei den Jungrindern zu

Das 1779 erbaute Forsthaus Hasenacker um die Jahrhundertwende

Schaden gegangen war. Um 1840 wurden letztmalig Wölfe in der Leucht bestätigt. Der Wolf war inzwischen längst zum gehetzten Wechselwild geworden, so dass das Auftauchen eines Wolfes bereits als eine kleine Sensation empfunden wurde. Inzwischen waren zudem infolge verstärkter Waldrodung und der sich daraus ergebenden Besiedlung auch am Niederrhein die Lebensräume für den Wolf endgültig verloren. Aber auch die seit dem 17. Jahrhundert immer mehr verfeinerte Waffentechnik hat zu einer schnelleren Ausrottung der Wölfe beigetragen.

Dennoch sind in jüngster Zeit auf einem sächsischen Truppenübungsplatz, fast genau 100 Jahre nach der vorläufigen Ausrottung des Wolfes in Deutschland, wieder Wölfe als Standwild anzutreffen. Der erste Wolf, vermutlich aus Polen eingewechselt, wurde bereits 1995 von den dortigen Forstbeamten bestätigt. Trotz Vollschonung des Wolfes in Deutschland und dem Bemühen von Biologen und Naturschutzverbänden um Verständnis für den Wolf wird es im dichtbesiedelten Mitteleuropa, abgesehen von Kernzonen bestimmter Nationalparks, keine natürlichen Urwälder mehr geben, die dem Wolf entsprechende Lebensbedingungen bieten. Dennoch sichern begrenzte Jagdzeiten oder eine Vollschonung wie in Deutschland heute bereits dem Wolf ein Lebensrecht, vor allem aber in den weiten östlichen Einstandsgebieten Europas.

Quellen:
Akten des Forstamtes Kleve.
Sammelakte des Forstdirektors a. D. Werner Linnenbrink, Freiburg.
Archiv der Stadt Xanten (mit Dank an Walter Ingendahl).

Natur und Umwelt

WILHELM BUSCH / HEINRICH KREYMANN

Die Wollhandkrabbe

Zugewinn für unsere Gewässerfauna, Störfaktor bei Fischerei und Wasserbau oder „Seafood"?

Es geschah am Fluss Aller in Niedersachsen anno 1912. Eine in Europa bis dahin unbekannte große Krabbenart wird aufgefunden. Die Wissenschaft kennt sie als Wollhandkrabbe und hat den Namen vom teilweisen Pelzbesatz der Scheren abgeleitet. Die lateinische Bezeichnung „Eriocheir sinensis" verweist auf die Heimat des Fremdlings.

Es sind die Flüsse und Reisfelder im chinesischen Tiefland. Das Krebstier, so vermutet man, kam im Ballastwasser eines Schiffs nach Europa und macht hier Karriere. Ein launiger Spruch aus damaliger Zeit bringt es auf den Punkt: „Neben der Weltwirtschaftskrise ist die Verbreitung der Wollhandkrabbe das in der Öffentlichkeit meistbesprochene Thema der 1920er Jahre […]". Man möchte ergänzen: Sie beschäftigt uns am Niederrhein und anderswo noch heute! Und wir haben seitdem eine Menge über sie und von ihr gelernt.

So lernte man, dass das Aufnehmen von Ballastwasser, das auch heute bei modernsten Schiffen üblich ist, Probleme mit sich bringt. Es handelt sich um die damit verbundene Verschleppung von Fremdorganismen über alle Meere und in alle Erdteile. Die ökologischen und/oder ökonomischen Folgen der Verfrachtung sind in der Regel ungewiss und in der Folgezeit oft genug auch abträglich. Es droht ein Risiko von Artenverdrängung und Reduzierung der Artenvielfalt am eroberten Standort, auch wirtschaftliche Schäden können entstehen. Schiffsbohrwurm, Zebramuschel – diese ist aber auch bevorzugtes Nährtier unserer Tauchentenarten geworden – Rippenqualle und eben auch die Wollhandkrabbe seien als Beispiele genannt. Insgesamt sind in den letzten 150 Jahren rund 100 Tier- und Pflanzenarten weltweiter Herkunft in Nord- und Ostsee mit unterschiedlichsten Folgen eingebracht worden. Ballastwasser, so sagt eine aktuelle Richtlinie, darf daher nur auf hoher See und bei 2.000 Meter Wassertiefe aufgenommen werden.

Die Wollhandkrabbe

SHANGHAI CRABS
GEDÄMPFTE WOLLHANDKRABBEN

In der chinesischen Küche gelten diese Süßwasserkrabben als ganz besondere Delikatesse – sicher auch deshalb, weil sie nur im Herbst eine kurze Zeit Saison haben und wohl immer seltener werden. Zumindest steigen die Preise auf den Märkten Hongkongs und Singapurs stetig für diese aus dem Norden Chinas importierten Krabben mit den „wolligen Handschuhen" an den Scheren. Die deutsche Bezeichnung „Wollhandkrabbe" ist deshalb auch sehr zutreffend. Die Elbfischer wären heilfroh, wenn es für den andernorts hoch bewerteten, hier zahlreich auftretenden Räuber bei uns einen Markt gäbe. Vielleicht werden sie eines Tages auch hier wieder angeboten, zum Segen für Fischer und Feinschmecker. Eine kulinarische Lücke könnte man mit den Wollhandkrabben allemal schließen, weil sie wirklich ganz vorzüglich schmecken.
Die Zutaten reichen für vier Personen als Zwischengericht, als Hauptgericht kann man vier bis fünf Krabben pro Person rechnen.

8 Wollhandkrabben
8 Frühlingszwiebeln
8 Zweige Koriandergrün
Salz, 50 g grünen chinesischen Tee
Für den Dip:
1/8 l helle Sojasauce,
Saft von 1/2 Zitrone
30 g frisch geriebenen Ingwer
1 kräftige Prise Cayennepfeffer
1 TL Zucker

Die Krabben unter fließendem Wasser kurz abspülen. Die Frühlingszwiebeln längs teilen und in 6 bis 8 cm lange Stücke schneiden. Mit dem Koriander auf die Unterseite einer jeden Krabbe legen, mit einem Baumwollfaden oder Bast Gemüse und Krabbe zu einem Päckchen verschnüren. (Bei uns in Deutschland muss man sie vorher nacheinander in kochendes Wasser werfen, um sie zu töten. nach 1 Minute wieder herausnehmen.) In einem entsprechend großen Topf einen passenden Durchschlag oder ein Sieb so weit hineinhängen, dass bis zum Topfboden etwa 3 bis 4 cm frei bleiben. Diesen Zwischenraum mit gesalzenem Wasser füllen und zum Kochen bringen. Den Tee in das Sieb streuen, den Topf mit einem Deckel schließen. Wenn das Wasser kräftig kocht und dampft, die Krabben ins Sieb setzen und 15 bis 20 Minuten garen.
Serviert werden die Krabben im Ganzen. Jeder kann sie selbst knacken und das Fleisch herausholen, auch den besonders wohlschmeckenden Corail. Nur die Kiemen und die Verdauungsorgane sind zu meiden. Dazu kann man einfach helle Sojasauce servieren oder man mischt einen Dip aus den angegebenen Zutaten.

Die überwiegend nachtaktiven Wollhandkrabben werden von Berufsfischern als Schädlinge gesehen, obwohl sie nicht aktive Fischjäger sind. Aber sie treten als Nahrungskonkurrenten der Fische auf. Auch machen sie sich sehr wohl an Fische heran, die sie lebendig oder tot in Fanggeräten antreffen. Fischernetze werden dabei häufig zerstört, wozu die Krabben ihre Mundkiefer und nicht die Scheren einsetzen. Erwähnt sei schließlich auch der kleine Ärger des Anglfischers, dem die Krabbe geschickt den Köder vom Haken stiehlt. Die hauptsächliche Nahrung aber besteht, wenn verfügbar, aus Wasserpflanzen, darunter Algen. Im Niederrhein und in rheinverbundenen Baggerseen fehlt jedoch dieses Nahrungsangebot weitgehend. Ferner werden Tiere des Gewässerbodens (Insektenlarven, Schnecken, Muscheln u. a.) aufgenommen, nicht jedoch Fischlaich. Interessant wäre die Beantwortung der Frage, ob die Körbchenmuscheln der Gattung „Corbicula", ebenfalls „Neozoen" (= eingewanderte oder eingeschleppte Arten), deren feste Schalen auf manchen Rheinuferstrecken unseres Kreises ganze Halden bilden, von der Krabbe „geknackt" werden können. Die Krabbe selbst scheint eine schwierige Beute für ihre wenigen natürlichen Feinde zu sein. In unserer Region werden am ehesten die derben Schnäbel der Großmöven (Silbermöve, Mantelmöve) mit der harten Panzerung des Krebstieres fertig. Doch verteidigt sich die Krabbe entschlossen: Das Spreizen der angehobenen Scheren und ein kleiner Sprung vorwärts sollen den Gegner abschrecken. Das Wachstum der

Krabbe macht mehrfaches Häuten erforderlich, wozu sich das Tier zum Schutz in seine selbst gegrabene Wohnhöhle zurückzieht Die Wühltätigkeit an Böschungen und Dämmen wird als schädlich für Wasserbau und Gewässerunterhaltung eingestuft und war daher schon Anlass zum Einsatz von Massenfangeinrichtungen.

Ortswechsel und Wanderung der Krabbenart sind über Jahrzehnte besonders an der Elbepopulation beobachtet und dokumentiert worden. So gilt als erwiesen: Wollhandkrabben nutzen die Binnengewässer und ihr Süßwasser nur als zeitweiliges Aufwuchs-, Aufenthalts- und Nahrungsrevier. Zur Fortpflanzung ist eine Abwanderung der etwa fünfjährigen geschlechtsreifen Tiere zum Salz- oder Brackwasser, also in Richtung Meer erforderlich. Dieser Ortswechsel findet von August bis November statt. Eine Wandergeschwindigkeit von zehn Kilometer je Tag wurde ermittelt. Der für die Entwicklung der Eier benötigte Salzgehalt um 1,5 Prozent wird in der Nordsee schon bei den Sänden der Flussmündungen und in den Wattgebieten erreicht. Von der weniger stark besiedelten Ostsee wurde bekannt, dass Krabben aus dem Baltischen Raum erst bei Bornholm und deswegen nach 600 Kilometer Wanderung ein passendes Laichgebiet erreichen. Eine Rückkehr von Laichtieren ist im Allgemeinen höchst selten. In einer Massenwanderung machen sich die Jungkrabben in Richtung Süßwasser auf. Sie haben mehrere Larvenstadien und eineinhalb Jahre Wachstum im Gezeitenbereich hinter sich gebracht. Die Einwanderung ins Rheinsystem erfolgt eher unauffällig. Erst wo Schleusenwerke eines Flusses den Weg versperren, so bei Geesthacht an der Elbe, wird der gewaltige Wandertrieb augenfällig. Zu vielen Tausenden überklettert die Brut das Hindernis, und auch ein eigentlicher Landgang gehört zum Aktionssystem und wird durch eine angepasste Atemtechnik der Tiere möglich.

Über Körpermaße von Krabben aus dem Baltischen Raum gibt eine polnische Reihenuntersuchung an Reusenfängen Auskunft. Bei 186 Tieren ergaben sich Brustpanzerbreiten zwischen 53 und 88 Millimeter (Durchschnitt 71 Millimeter) bei Nassgewicht 88–282 Gramm (Durchschnitt 169 Gramm). Eine ungewöhnliche Panzerbreite von zehn Zentimetern wurde an einem Exemplar in England festgestellt. Im Bereich der hier angeführten Maße liegt auch die Körpergröße der von uns am Niederrhein angetroffenen älteren Krabben. Hier weist der Rhein mit seinen angebundenen Baggerseen die höchste Bestandsdichte auf, gut besiedelt ist auch die Lippe mit ihren kleineren Altwässern, Funde gibt es ebenfalls im Altrhein bei Rheinberg. Unsere Nachsuche konnte die Art jedoch nicht in der deutschen Issel zwischen Raesfeld und Anholt nachweisen. Die Betrachtung von Maß und Gewicht der Wollhandkrabbe lässt den Gedanken aufkommen, dass doch viele Krebstiere als begehrte Nahrungsmittel gehandelt werden. Kann nicht auch diese Art vom Menschen verzehrt werden? Die Frage ist nicht neu. Schon Anfang der 1930er Jahre machten sich die Berufsfischer der norddeutschen Flüsse und Seen Gedanken darüber, ob nicht der massenhafte Beifang an betreffenden Krabben mit finanziellem Nutzen verwertet werden könne. Als eine Art Marketingaktivität wurden Krabbenessen veranstaltet, über die die Presse wohlwollend und mit Lob für die hervorragende Schmackhaftigkeit des neuen Gerichts urteilte. Es erfolgte gar eine industrielle Verarbeitung zu Konserven und schließlich auch zu Futtermitteln, wobei das Produkt in Konkurrenz zu geschroteten Garnelen trat. Ein bleibender Erfolg solcher Bemühungen stellte sich nicht ein. Aus Sicht von Fischerei und Wasserbau blieb die Wollhandkrabbe weiter ein lästiger Eindringling. Erst im Verlauf der 1990er Jahre lenkte das europaweit verstärkte Auftreten der

Die Wollhandkrabbe

Natur und Umwelt

Krabbe erneut das Interesse auf die Möglichkeiten einer Vermarktung. Die Rahmenbedingungen erschienen günstig verändert. Die Zeitläufe hatten es mit sich gebracht, dass nun Asiaten – Japaner und Chinesen insbesondere – in Deutschland lebten und hier die Krabbe als heimatliche Delikatesse schätzten. Es lohnte sogar ein Export nach Fernost, wo eine Verknappung der Fänge zu hohen Preisen geführt hatte. Schon bietet ein Aufkäufer auch im Kreis Wesel seine Dienste an. Kollegen in Norddeutschland geben die Größenordnung der gehandelten Mengen vor: Ein Fischer bei Cuxhaven exportiert mehrere Tonnen lebende Krabben pro Saison, Havelfischer bringen gar zehn bis 15 Tonnen auf dem ostdeutschen Markt unter.

Und prompt wird derzeit auch der westdeutsche Konsument wieder ins Auge gefasst. Eine aktuelle, aufwendige Buchveröffentlichung hebt die Wollhandkrabbe auf die kulinarischen Höhen des „Seafood".

Doch aus den Niederlanden wird zugleich berichtet, dass erneut die Gesetze des Marktes das Geschehen begleiten. Die holländische Fluss- und Seenfischerei beklagt in ihrem Verbandsblatt „Onze Zoetwatervisserij 2003" empfindliche Preisschwankungen zwischen vier Euro und 0,50 Euro pro Kilogramm je nach Menge der Anlandungen. Die Ijsselmeerfischer wissen „die diertjes zijn eetbar, wel 30 centimeter groot (= Spannweite der Beinpaare) en zijn een enorme plaag".

Ob die Wollhandkrabbe nun mehr eine Plage oder doch eher eine Erwerbschance für die Fischerei ist, sei dahingestellt. In der Lebensgemeinschaft unserer Gewässer scheint die Art nach immerhin fast einem Jahrhundert ihren festen Platz besetzt zu haben. Dies geschah, ohne das Geflecht der Beziehungen erkennbar in ein Ungleichgewicht zu bringen, und entspricht damit den Erfahrungen mit vielen Neubürgern in Fauna und Flora unserer Region.

Literatur:

Combinatie van Beroepsvissers (2003): Chinese wolhandkrabben ware plaag. – Onze Zoetwatervisserij 2003 – 1.
Gaumert, D. (1993): Süßwasserfische in Niedersachsen.- Niedersächs. Landesamt für Ökologie Dezernat Binnenfischerei.
Ministerium für Umwelt und Naturschutz; Landwirtschaft und Verbraucherschutz NRW (2001): Fische unserer Bäche und Flüsse.
Mitteilungen der Fischereivereine Westausgabe (1932): Wollhandkrabben. – Band 2/1932.
Muus, B. J., Dahlström, P. (1978): Süßwasserfische. – München.
Normant, M., Wiszniewska, A., Szaniawska, A., University of Gdansk (2000): The Chinese mitten crab Eriocheir sinensis from Polish waters. – Oceanologia, 42 (3) 2000.
Bürgin, R., u. a. (2004): Seafood Kochbuch und Lexikon von Fisch und Meeresfrüchten.- Teubner Edition.

Kunst und Archäologie

JENS LIEVEN

Vitrea dedicata

Fensterstiftungen und Stiftergedenken des ausgehenden Mittelalters im St. Viktor-Dom Xanten. (1)

Zum Jahr 1356 weisen die Rechnungen der Xantener Kirchenfabrik Ausgaben in Höhe von 37 Mark, sechs Schillingen und zwei Denaren aus, die für die Verglasung der südlichen Chorkapellenfenster des Domes („exposita circa fenestras armarii") aufgewendet wurden[1].

Auf der gegenüberliegenden Seite, in der äußeren nördlichen Chorkapelle, findet sich im Gegensatz dazu ein nahezu zeitgleich entstandenes Fenster, dessen Verglasung – wie sich anhand der künstlerischen Ausgestaltung unschwer erkennen lässt – auf eine Stiftung zurückzuführen ist. Für den Betrachter deutlich sichtbar befindet sich im Feld links unten das Bildnis des Stifters, der kniend und mit vor der Brust zum Gebet gefalteten Händen den weißen Chorrock und die Almutia der Kanoniker trägt. Seine Identität verrät ein in Versalien ausgeführter Schriftzug, der das Stifterbild zugleich von der darüber dargestellten Szene abhebt: EUERHARDUS • HAGNEDORNE • SCHOLASTICUS [2].

Die solchermaßen bis in die Gegenwart tradierte Kenntnis des Stifternamens kann mit Blick auf die mittelalterlichen und frühneuzeitlichen Glasfenster im Xantener Dom als Ausnahme gelten. Vergleichbare Namenszüge, die ursprünglich immerhin in größerer Zahl vorhanden gewesen sein müssen[3], haben sich darüber hinaus jedenfalls nur noch im Fall des Goedert van Bemel sowie seiner Gemahlin Lysebet van Cleve erhalten[4]. Beiden Stifterbildern kommt insofern eine besondere Bedeutung zu. Das Wissen um ihre Herkunft eröffnet eine Zugriffsmöglichkeit auf die Xantener Glasmalereien, die in besonderer Weise geeignet ist, komplementär zur kunsthistorischen Einordnung ihre sozial- und kulturgeschichtlichen Dimensionen in den Blick zu nehmen und sich damit zugleich jenen (Fenster-)Stiftungen anzunähern, die aufgrund mangelnder Zuweisungsmöglichkeiten (heute) anonym bleiben. Um den Glasgemälden im Verständnis ihrer Zeit gerecht zu werden, wird man zunächst jedoch nach den Beweggründen zu fragen haben, die Veranlassung gaben, sie zu stiften. Denn „[a]ls ein eigener Bereich der Schönheit wird die Kunst im Mittelalter noch nicht begriffen." Vielmehr lag die Bedeutung des Kunstwerks im Zweck seines Gegenstandes, „in der Bestimmung für das Leben"[5].

Fragen wir zunächst also nach der Funktion der Stiftung und des Stifterbildes im ausgehenden Mittelalter, so sehen wir uns konfrontiert mit dem vielschichtigen Phänomen der Memoria, dem liturgischen Totengedächtnis, sowie den damit verbundenen Formen des sozialen Handelns, dem die christlich-religiös motivierte

Vorstellung zugrunde lag, dass das Leben mit dem Tod nicht endet, sondern im Jenseits bis an das Ende aller Tage fortdauert[6]. Fester Bestandteil dieser Auffassung war der Glaube an ein Fegefeuer, den Ort der jenseitigen Läuterung, in dem minderschwere Sünden bußfertiger Christen gesühnt werden konnten. Ähnlich einem Tarifsystem bemaß sich nach dieser Vorstellung die Dauer, welche die Seele eines Verstorbenen im Purgatorium zubringen musste, proportional zur Schwere seiner im Diesseits auf sich geladenen Schuld. Auf die „Buchhaltung des Jenseits"[7] vermochte die Seele eines Verstorbenen aber keinen Einfluss zu nehmen; sie war nicht mehr in der Lage, selbst wirksam Buße zu tun. Um die Läuterungsqualen des Fegefeuers dennoch zu verkürzen und schließlich am Tag des Jüngsten Gerichts das ewige Leben zu erlagen, war sie statt dessen auf Unterstützung aus dem Diesseits, auf gute Werke, stellvertretende Sühneleistung und Fürbitte angewiesen.

Dem Prinzip von Gabe und Gegengabe entsprechend ließ sich mit einer Stiftung, das heißt in Form eines rechtlichen Vertragsverhältnisses, dessen Adressat letztlich Gott selbst war, noch zu Lebzeiten die künftige Gebetshilfe organisieren und so für das Leben im Jenseits Vorsorge treffen[8]. Mit ihr sicherte sich der Stifter die für sein Seelenheil notwendige und durch die Nennung seines Namens konstituierte Vergegenwärtigung in der als Opfer gedachten Messfeier. In der Vorstellungswelt der Vormoderne schuf dabei das Totengedächtnis freilich nicht bloß Erinnerung in einem kognitiven Sinn, sondern vielmehr Gegenwart „in einem Modus wirklicher Anwesenheit physisch Abwesender"[9]. Das heißt mit anderen Worten: Durch das liturgische Totengedenken sollte der verstorbene Stifter, der es nach mittelalterlichem Verständnis selbst war, der das (Mess-)Opfer darbrachte, gleichsam in den Raum der Eucharistie, in die dort vollzogene heilige Handlung, hineingezogen werden, um an der Segen spendenden Wirkung der Messe zu partizipieren[10]. Über das visuelle Gedächtnis hinaus, dem der Sachverhalt zugrunde liegt, dass ein Gedanke gut in der Erinnerung haftet, wenn er mit räumlichen Vorstellungen assoziiert wird, lässt sich auch das Stifterbild in diesen liturgisch-funktionalen Kontext einordnen. Es sollte nicht nur dauerhaft an die Person, die eine fromme Stiftung getätigt hatte, erinnern, sondern den verstorbenen Stifter in Liturgie und Gebet gegenwärtig machen[11].

Die damit verbundene Heilserwartung findet ihren Ausdruck in dem eingangs erwähnten, von Everhard Hagedorn gestifteten Glasfenster. Über dem Bildnis des Stifters, das von seinem Wappen flankiert wird, zeigt es die Heiligen Drei Könige, wie sie dem Kind und der thronen-

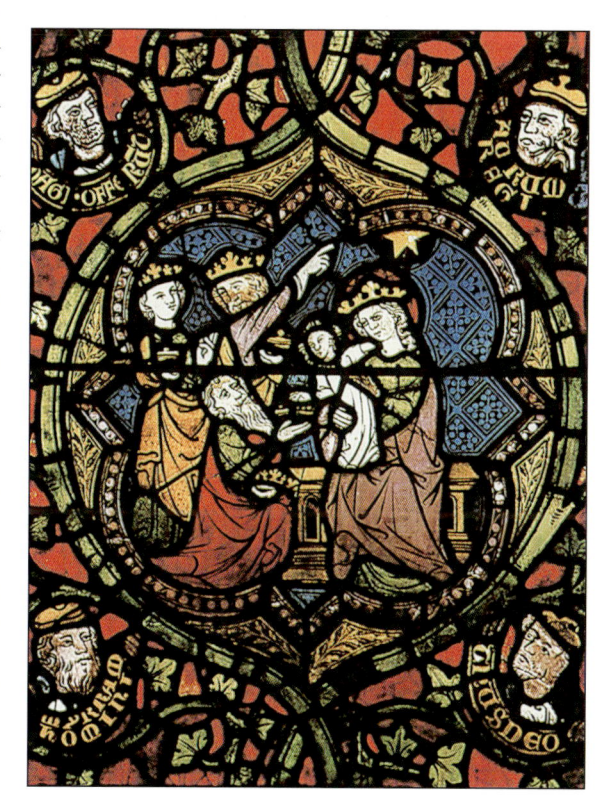

Kunst und Archäologie — Vitrea dedicata

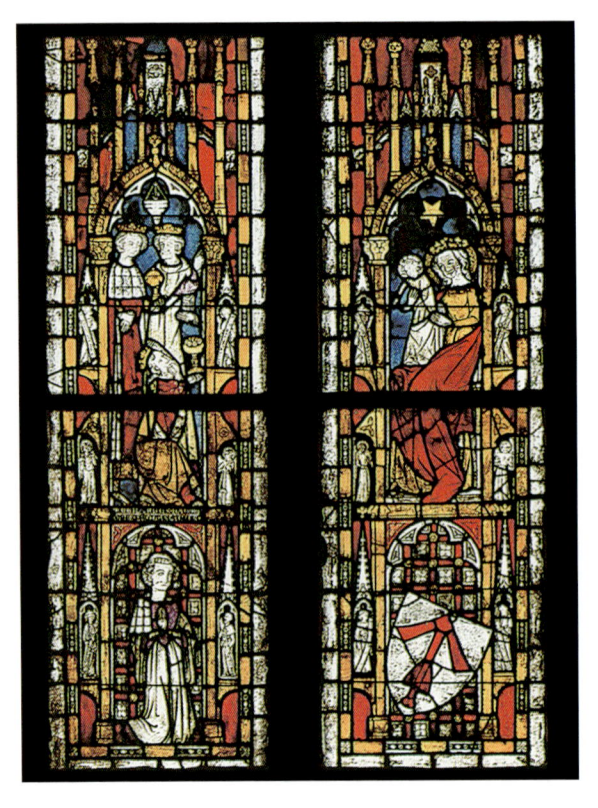

den Madonna huldigen und ihre Gaben darbringen. Umgeben werden Stifterbild und Anbetungsszene von einer das himmlische Jerusalem symbolisierenden gotischen Pfeilerarchitektur[12], an deren Diensten Heilige und musizierende Engel zu erkennen sind. Insofern weist das Bildprogramm des Fensters einerseits auf das Reich Gottes, das neue Jerusalem, voraus, das gemäß der Geheimen Offenbarung unmittelbar nach dem Endgericht anbrechen wird (Off. 20,11-15 und 21,1-8). Mit der Anbetung der Heiligen Drei Könige nimmt es jedoch zugleich Bezug auf die Geburt Jesu Christi und die Verheißung des Lukasevangeliums „[h]eute ist euch in der Stadt Davids der Retter geboren; er ist der Messias, der Herr" (Luk. 2,11). Die christliche Theologie deutet diesen als das Lamm, das nach den Worten der Geheimen Offenbarung das Buch des Lebens besitzt; nur jene, die in ihm eingetragenen sind, werden dereinst in das himmlische Jerusalem eingelassen werden (Off. 21,27).

Analog zum himmlischen Buch des Lebens wurden im Mittelalter auch die kalendarisch angelegten Necrologien geistlicher Gemeinschaften als Liber vitae, als Buch des Lebens, bezeichnet. Zum Datum ihres Todes- und anderen Gedenktage finden sich in ihm die Namen verstorbener Konventsmitglieder und Wohltäter verzeichnet, um in Liturgie und Gebet an sie zu erinnern, damit ihnen – empfohlen durch die immerwährende Fürbitte der geistlichen Brüder und Schwestern – ein Eintrag auch im Buch des Himmels zuteil werde[13]. Im Liber novus, dem im 14. Jahrhundert angelegten Memorienbuch des Stiftes Xanten, begegnet Everhard Hagedorn zum 7. April. Weitere Einträge ohne Angabe eines festen Datums, weil abhängig vom Ostertermin, finden sich für ihn in der Karwoche sowie in der Zeit vor Pfingsten[14]. Darüber hinaus enthält das um 1400 angelegte Urbar der Präsenz – jener Kasse des Xantener Stiftes also, aus der den Kanonikern aufgrund ihrer Anwesenheit beim Gottesdienst zusätzlich zu ihrer Präbende ein bestimmter Geldbetrag ausgezahlt wurde – unter der Überschrift „De officio camerarii prepositi" eine Notiz, die sich ebenfalls auf Everhard Hagedorn bezieht. Ihr ist zu entnehmen, dass er das Amt des für die Propsteigüter zuständigen Kämmerers gekauft hatte und vor seinem Tod an das Kapitel übergab. Im Gegenzug waren jährlich sieben Messen, nach denen der Präsenzmeister den beim Gebet anwesenden Stiftsherren Präsenzgelder in Höhe von 15 bzw. 18 Schillingen zahlen sollte, für das Heil seiner Seele zu lesen[15].

Wie ein 1354 zugunsten von Dechant und Kapitel des Viktor-Stifts erfolgter Rentenkauf durch die Testamentsvollstrecker Everhards vermuten lässt[16], dürften die finanziellen Mittel, die der Xantener Scholaster noch zu Lebzeiten für sein Seelenheil aufgewendet hatte, um einiges höher gewesen sein als sich heute anhand der schriftlichen Überlieferung feststellen lässt. In dieselbe Richtung weist auch das Fenster in der nördlichen Chorkapelle, das den Eindruck erweckt, als sei die Memoria Everhards sehr aufwendig ausgestaltet gewesen und habe zugleich durchaus auch repräsentativen Zwecken gedient. Im Stift – während des Mittelalters und darüber hinaus die „Stätte der Begegnung von Kirche und Welt"[17] schlechthin – war er als Scholaster nach Propst und Dechant immerhin der ranghöchste Kanoniker. In Disziplinarfragen und Pfründenangelegenheiten galt er ihnen gegenüber als Sprachrohr des Kapitels („quasi os capituli"). Eine zentrale Aufgabe fiel ihm darüber hinaus in der Geschäftsführung zu, denn die gesamte Korrespondenz des Kapitels lief durch seine Hände. Er verlas eingegangene Briefe, archivierte diese und sorgte für die Ausfertigung der Urkunden. In dieser Eigenschaft verwahrte er außerdem das kleine Geschäftssiegel des Stifts. In den Prozessen des Kapitels – sofern sie nicht Angelegenheiten der Kellnerei oder des Kammeramtes betrafen – übernahm er die Verteidigung und besorgte den Schriftwechsel. Schließlich leitete er die Stiftsschule. Er stellte die Lehrer ein, besoldete sie und stand ihnen in Fragen der Schülerdisziplin zur Seite[18]. Hinzu kommt nicht zuletzt aber auch die ritterbürtig-adlige Herkunft Everhard Hagedorns, die er mit vielen Xantener Stiftsherren seiner Zeit teilte[19] und der insbesondere im Rahmen des Totengedenkens Rechnung zu tragen war[20]. Allem Anschein nach entstammte Everhard einer Familie von Klever Ministerialen, die 1319 im Einkünfteverzeichnis Graf Dietrichs VII. als „die Hagedorlinge" bezeichnet wird[21] und die seither vor allem in Person des Ritters Roland Hagedorn († um 1365)

im engsten Umkreis der Klever Grafen begegnet[22]. Unter den zahlreichen klevischen Lehen der Familie[23] ragt besonders das „huese tot Moylant" heraus, das Roland Hagedorn 1332 von Jakob van Eger erworben hatte[24] und das Dietrich VII. ihm 1339 „umb getruwen dienst" zu Eigen übertrug[25]. Eine gezielte Förderung der Familie durch den Klever Grafen zeichnet sich mit Blick auf ihre Beziehungen zum Xantener Viktor-Stift ab. So übertrug er 1324 Roland Hagedorn die Vogtei über die Güter des Stiftes in Lüttingen[26]. Da der Landesherr als Vogt des Stiftes zudem einen nicht unerheblichen Einfluss auf die Entscheidungen des Kapitels, namentlich auf die Besetzung der Kanonikate, nehmen konnte, ist ferner anzunehmen, dass auf dessen Vermittlung hin neben Everhard Hagedorn (1322) auch Johannes Hagedorn (1329) sein Kanonikat in Xanten erhielt[27].

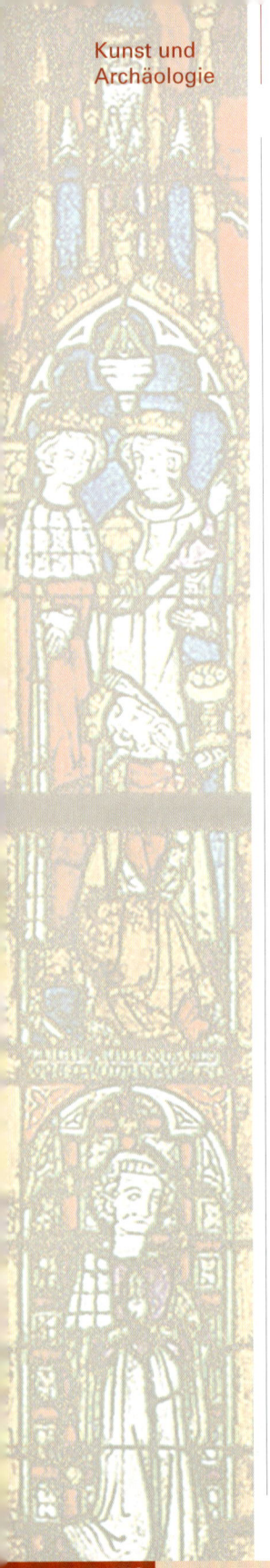

Anmerkungen:

1 Quellen zur Rechts- und Wirtschaftsgeschichte des Archidiakonats und Stifts Xanten (= Veröffentlichungen des Vereins zur Erhaltung des Xantener Domes e.V., Bd. III). Bearb. v. Carl Wilkes. Bonn 1937. S. 316.
2 Vgl. hierzu auch Heinrich Oidtmann: Die Rheinischen Glasmalereien vom 12. bis zum 16. Jahrhundert. Bd. 1. Düsseldorf 1912. S. 214.
3 Vgl. Friedrich Stummel: Alte Fensterverglasungen im Dome zu Xanten. In: Zeitschrift für christliche Kunst 5 (1892). Sp. 20f.
4 Vgl. Paul Clemen: Die Kunstdenkmäler der Rheinprovinz. Bd. 1, III. Die Kunstdenkmäler des Kreises Moers. Düsseldorf 1892. S. 125.
5 Johan Huizingar: Herbst des Mittelalters. Studien über Lebens- und Geistesformen des 14. und 15. Jahrhunderts in Frankreich und den Niederlanden (= Kröners Taschenausgabe, 204). Stuttgart [11]1975. S. 360 und S. 363.
6 Vgl. hierzu und zum Folgenden Arnold Angenendt: Theologie und Liturgie der mittelalterlichen Toten-Memoria. In: Karl Schmid und Joachim Wollasch (Hrsg.): Memoria. Der geschichtliche Zeugniswert des liturgischen Gedenkens im Mittelalter (= Münstersche Mittelalter-Schriften, 48). München 1984. S. 156ff. sowie Dieter Geuenich und Heinz Tittel: Das Mittelalterliche Totengedenken im Stift Xanten. In: Dieter Geuenich (Hrsg.): Xantener Vorträge zur Geschichte des Niederrheins 1996-1998. Duisburg 1998. S. 131ff.
7 Jacques Chiffoleau: La compatiblité de l'au delà. Les hommes, la mort et la religion dans la région d'Avingnon à la fin du Moyen Age. Rom 1980.
8 Vgl. Michael Borgolte: Art. „Stiftungen, Kirchliche I. Alte Kirche und Mittelalter". In: Theologische Realenzyklopädie. Bd. 32. Berlin/NewYork 2001. S. 167f.
9 Otto Gerhard Oexle: Memoria und Memorialüberlieferung im frühen Mittelalter. In: Frühmittelalterliche Studien 10 (1976). S. 84.
10 Vgl. Rupert Berger: Die Wendung „offere pro" in der römischen Liturgie (= Liturgiewissenschaftliche Quellen und Forschungen, 41). Münster 1964. S. 231f.
11 Vgl. Otto-Gerhard Oexle: Memoria und Memorialbild. In: Karl Schmid und Joachim Wollasch (Hrsg.): Memoria. Der Geschichtliche Zeugniswert des liturgischen Gedenkens im Mittelalter (= Münstersche Mittelalter-Schriften, 48). München 1984. S. 394ff.
12 Zur im Mittelalter das himmlische Jerusalem versinnbildlichenden Sakralarchitektur vgl. Josef Andreas Jungmann und Ekkart Sauser: Symbolik der katholischen Kirche (= Symbolik der Religionen, VI). Stuttgart 1960. S. 60f. und S. 65f. sowie Günther Bandmann: Mittelalterliche Architektur als Bedeutungsträger. Berlin [5] 1978.
13 Vgl. Arnold Angenendt: Geschichte der Religiosität im Mittelalter. Darmstadt 1997. S. 731f. sowie Joachim Wollasch: Art. „Necrolog". In: Lexikon des Mittelalters. Studienausgabe. Bd. 6. Stuttgart/Weimar. 1999. Sp. 1078f.
14 Die Memorien des Stiftes Xanten (= Veröffentlichungen des Vereins zur Erhaltung des Xantener Domes e.V., IV). Bearb. v. Erich Weise. Bonn 1937. S. 6 und S. 41ff.
15 Ebd. S. 221f.
16 Urkundenbuch des Stiftes Xanten Bd. 1 (= Veröffentlichungen des Vereins zur Erhaltung des Xantener Domes e.V., II). Bearb. v. Peter Weiler. Bonn 1935. Nr. 869.
17 Peter Moraw: Über Typologie, Chronologie und Geographie der Stiftskirche im deutschen Mittelalter. In: Untersuchungen zu Kloster und Stift (= Veröffentlichungen des Max-Plank-Instituts für Geschichte, 68). Göttingen 1980. S. 11.
18 Urkundenbuch des Stiftes Xanten (wie Anm. 16). Nr. 307 und Nr. 858. Vgl. hierzu auch Cornelia Rose und Hans-Joachim Schalles: Das Stift Xanten (= Führer des Regionalmuseums Xanten, 22). Köln 1986. S. 16.
19 Vgl. die Übersicht bei Wilhelm Classen: Das Erzbistum Köln. Archidiakonat Xanten. Teil 1 (= Germania sacra, III,1) Berlin 1938. S. 83ff. sowie Johannes Ramackers und Franz Gescher: Zum ersten Bande der Germania sa-

cra für die Kirchenprovinz Köln. In: Annalen des Historischen Vereins für den Niederrhein 137 (1940). S. 14ff.
20 Vgl. allgemein Otto Gerhard Oexle: Aspekte der Geschichte des Adels im Mittelalter und in der Frühen Neuzeit. In: Hans-Ulrich Wehler (Hrsg.): Europäischer Adel (= Geschichte und Gesellschaft, Sonderheft 13). Göttingen 1990. S. 25f.
21 Quellen zur inneren Geschichte der rheinischen Territorien. Grafschaft Kleve 2. Das Einkünfteverzeichnis des Grafen Dietrich IX. von 1319 und drei kleinere Verzeichnisse des rechtsrheinischen Bereichs (= Publikationen der Gesellschaft für rheinische Geschichtskunde, XXXVIII). Hrsg. v. Friedrich Wilhelm Oediger. Düsseldorf 1982. Nr. 190/7.
22 Vgl. Klaus Flink: Emmerich – Kleve – Wesel. Formen der städtischen und territorialen Entwicklung am Niederrhein. Bd. 2. Kleve 1995. S. 92f. sowie Dieter Kastner: Die Territorialpolitik der Grafen von Kleve (= Veröffentlichungen des Historischen Vereins für den Niederrhein, 11). Düsseldorf 1972. S. 168f.
23 Die Lehnregister des Herzogtums Kleve (= Das Hauptstaatsarchiv Düsseldorf und seine Bestände, 8). Bearb. v. Emil Dössler und Friedrich Wilhelm Oediger. Siegburg 1974. passim.
24 Robert Scholten: Urkundliches über Moyland und Till. In: Annalen des Historischen Vereins für den Niederrhein 50 (1889). Urkundenanhang Nr. 11.
25 Kleve-Mark Urkunden 1223-1368. Regesten des Bestandes Kleve-Mark Urkunden im Nordrhein-Westfälischen Hauptstaatsarchiv in Düsseldorf (= Veröffentlichungen der Staatlichen Archive des Landes Nordrhein-Westfalen, Reihe C: Quellen und Forschungen, 13). Siegburg 1983. Nr. 246. [Zitate nach dem (dort nicht angegebenen) Druck bei Scholten, Urkundliches über Moyland, (wie Anm. 23), Nr. 12].
26 Urkundenbuch des Stiftes Xanten, (wie Anm. 16). Nr. 556.
27 Ebd. Nr. 534 und Nr. 619.

Kunst und
Archäologie

WERNER KEHRMANN

Der Spanische Vallan in Rheinberg

Eine geschichtlich chronologische Aufarbeitung über die Entstehung des Begriffs „Spanischer Vallan" und die Errichtung des gleichnamigen Gebäudes, unter Beachtung des verteidigungstechnischen Hintergrundes um 1634.

Über kein Gebäude in Rheinberg wurden und werden so viele Geschichten in Umlauf gebracht wie über den „Vallan", so wird der Turm abgekürzt von der Bevölkerung genannt. Allein schon der Name „Spanischer Vallan" beflügelt die Fantasie. Im Fremdwörter Duden, wie auch in der spanischen Sprache gibt es diesen Begriff nicht. Die heutige Benennung des Turms „Spanischer Vallan" wird sich wohl nicht mehr ändern; in der Vergangenheit war das nicht der Fall. Hier sprach der Bürger vom „Hispanischen Fahlan", „Spanischer Anfall" oder auch Falan/Valan und ähnlichen Wortbildungen. Diese Begriffe waren unabhängig vom Erbauungsdatum des Turmes als historische Überlieferung in der Bevölkerung bekannt. Das Ereignis aber, das hinter dem Wort „Spanischer Vallan" steht, ist Rheinbergs Bürgern nur noch in vagen, der Legendenbildung dienenden Resten ein Begriff. Bedingt durch den Hügel, auf dem der Turm im Rheinberger Stadtpark steht, wird bis heute vielfach vermutet, er sei wohl ein Wachturm gewesen. Dazu kommt das Gemunkel über einen unterirdischen Gang, der vom Turm bis zu einem unbekannten Gebäude oder einem Platz in der Stadtmitte geführt haben soll. Bei der kriegerischen Vergangenheit der Stadt Rheinberg sind solche Gedanken ja auch nicht abwegig. Der Spaziergänger, der den Rheinberger Stadtpark

Der Spanische Vallan in Rheinberg

durch den Haupteingang an der Bahnhofstraße betritt, sieht nach etwa 100 Meter auf der linken Seite, etwas verdeckt durch Sträucher, einen sechseckigen Turm, den „Spanischen Vallan". Aus der großen, relativ ebenen Fläche des Stadtparks ragt ein einziger kleiner Hügel von etwa sechs Meter Höhe empor. Auf diesem im südlichen Teil des Rheinberger Stadtparks liegenden Hügel erhebt sich neun Meter hoch das Turmgebäude „Spanischer Vallan". Der Grundriss zeigt ein regelmäßiges Sechseck von drei Meter Seitenlänge mit einer Mauerstärke von ca. 0,50 Zentimetern. Die Entfernung vom Turm zum ehemaligen Stadtgraben beträgt ca. 160 Meter. Diese „ca. 160 Meter" sind wichtig für die weitere geschichtliche Beschreibung. Für die Entstehungsgeschichte des Begriffs „Spanischer Vallan" muss die Zeit bis in das Jahr 1634 zurückgedreht werden. Die Wortbildung „Spanischer Vallan" ist im Zusammenhang zu bestimmten Verteidigungselementen und kriegerischen Ereignissen der Rheinberger Festung zu sehen. Turm und Fläche haben eine eigenständige Geschichte. Das mittelalterliche Berka wurde 1580 zur „Festung Rheinberg" nach altniederländischer Manier ausgebaut. Von den drei Befestigungsringen, mit denen die Stadt umgeben war, ist für die Aufhellung der Geschichte um den Turm Spanischer Vallan ein Teilbereich des zweiten Befestigungsringes wichtig. Dieser Teilbereich wird festgelegt zwischen dem im Süden der Stadt liegenden ehemaligen Stadttor „Cassel Tor" und dem weiter südwestlich liegenden ehemaligen Stadttor „Leuth Tor". Heute werden die Plätze der beiden ehemaligen Stadttore als „Orsoyer Tor" im Süden und „Gelder Tor" im Südwesten bezeichnet. Geschützt wurden die Tore durch je eine davor liegende Bastion. Zwischen diesen Stadttorbastionen erhoben sich noch zwei weitere große Bastionen. Untereinander verbunden waren die Bastionen durch den aus Erde bestehenden Hauptwall. Am Fuß des Hauptwalls hatten die Erbauer noch einen kleinen Vorwall als „eingeschobene Verteidigungsstufe", bestehend aus dem „gedeckten Weg"[1] mit Vorwall[2] errichtet. Im Anschluss an die „eingeschobene Verteidigungsstufe" breitete sich die große Wasserfläche des ehemaligen Hauptgrabens aus. Der heutige Stadtpark bedeckt in großen Teilen die

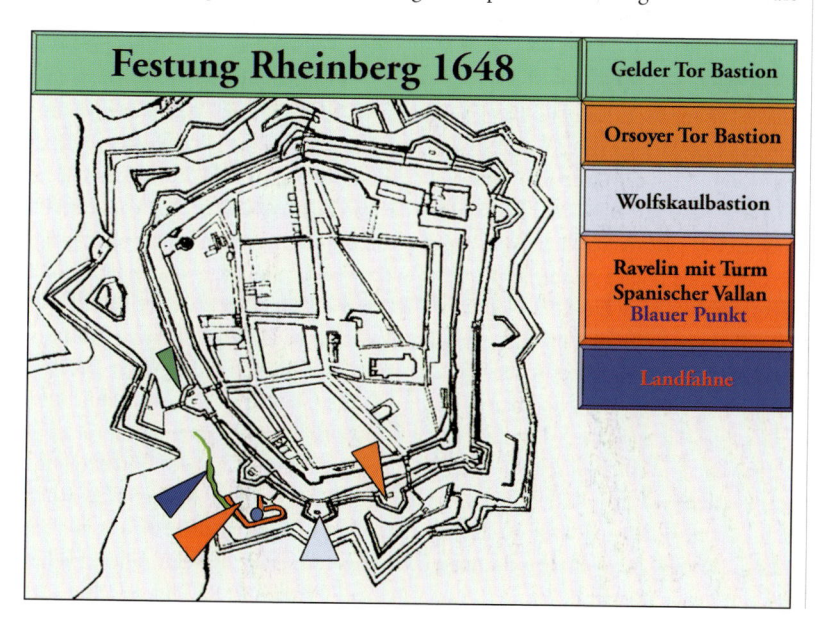

Kunst und Archäologie

Der Spanische Vallan in Rheinberg

Preußisches Urkataster 1821

Teil der Landfahne mit Resten des Hauptgrabens

Dreieckiges Festungselement der ehemalige Halbe Mond als Ravelin ausgebaut mit dem Turmgebäude Spanischer Vallan

Wasserfläche des ehemaligen Grabens. Im Wasser des Hauptgrabens, gleichsam wie eine „Insel" eingebettet, lag noch vor den beiden zuletzt genannten mittleren Bastionen ein Außenwerk, genauer: ein halbmondförmiges Ravelin (Demilumes) von beträchtlicher Größe. Die oben genannten zwei mittleren Bastionen und – ganz wichtig – die dazwischen liegenden Hauptwallteile konnten durch das Ravelin voll abgedeckt werden. Genau das ist auch der Zweck eines Ravelins: Schutz des dahinter liegenden Hauptwalls, also des Verteidigungsbauwerkes zwischen den Bastionen. Zum Verständnis: „Halbe Monde" sind Festungselemente unterschiedlicher Größe und unterschiedlichen Aussehens. Ein dreieckiges Festungselement kann als Ravelin bezeichnet werden. In der genaueren Begrifflichkeit wird hier unterschieden nach Funktion, Bauart und Baumanier. Die Baumanier für die Festung Rheinberg war altniederländisch. Auf dem „Insel" Bauwerk, dem halbmondartigem Ravelin, waren die Wälle aus Erde. An den zwei Schenkelseiten des Ravelin-Dreiecks war noch mal ein etwa 20 Meter breiter Wassergraben, im Anschluss hieran lag der dritte Befestigungsring. Auf der Gegenseite zur Stadt, also zwischen dem Hauptwall und dem Ufer des Ravelins, hatte der Hauptgraben eine Breite von ca. 30 Meter. Vom Ravelin aus nach Westen, zum ehemaligen Gelder Tor, zog sich noch eine lange unbefestigte Landfahne (Länge mind. 100 Meter je nach Wasserstand länger oder kürzer). Der Hauptgraben hatte hier zum Hauptwall hin, also auf der Innenseite der Landfahne, eine Breite von ca. 60 Meter. Die gesamte Wasserfläche in diesem Bereich war stark versumpft. Die zeitgenössischen Quellen reden von Morast. Gemeint ist das Einzugsgebiet der Meurse (Moersbach) und des Leuth Grabens[3]. Die Verbindung vom Hauptwall (heutiger Außenwall) über die Wasserfläche des Hauptgrabens zum Ravelin war vermutlich durch eine Karponniere[4] gesichert. Nach der Entfestigung[5] des zweiten und dritten Befestigungsringes sollten die ehemaligen Festungsflächen schnellstmöglich wieder für die Landwirtschaft von Nutzen sein. Für uns ist aber nur die Entfestigung eines bestimmten Festungswerkes, hier „Ravelin" oder „Halber Mond" genannt, wichtig. In den Akten steht, 1704 war das Ravelin gewaltig „demoliert", also entfestigt worden. 1705 begann die „Wall und Contereskarpenverpachtung". Die Fläche des ehemaligen Ravelins wird mit einem Morgen, 136 Ruten und drei Fuß angegeben, das Ravelin wird zwar aufgeführt, konnte aber als „wüster Festungsfleck" nicht verpachtet werden. Eigentümer war der Gouverneur der Stadt, er hatte das Recht, das Grundstück „Spanischer Anfall" als Garten zu nutzen oder zu verpachten. Solche Gärten wurden „Gouverneursgärten" genannt. 1716 wird der Gouverneur Baron von Kleist als Nutzer und Eigentümer genannt. Die Festungsfläche war zu dieser Zeit mit viel Mühe zu einem Gemüse- und Obstbaumgarten umgewandelt worden. Ein kleines „Häuslein", vermutlich für Gartengeräte, wird in den Akten vermerkt. 1764 erfolgte eine Neuvermessung, sie ergab drei Morgen und 127 Ruten. Es erfolgten Pachtauflagen, eine davon war der Auftrag, die Dachreparatur des "Lust – und anderen Häusleins" durchzuführen. Mit „Lusthaus" ist der Turm Spanischer Vallan gemeint. Die Bauzeit liegt vermutlich nach 1716, Bauherr war ein Gouverneur, wahrscheinlich Baron von Kleist. Im Siebenjährigen Krieg (1756–1763) traten wieder Verwüstungen ein. Zu wichtigen Reparaturarbeiten zählt dann auch die Reparatur einer Brücke, die eine Verbindung zwischen dem „Außenwall" (ehem. Hauptwall) und dem „Ravelin" darstellte. Denn trotz der Entfestigungsarbeiten waren immer noch große Wasser führende Teile des Hauptgrabens vorhanden.

1633 war die Festung Rheinberg durch Prinz Friedrich Heinrich von Oranien-Nassau erobert worden. Nach der Besetzung der Stadt meinten die „Staatischen", in Ruhe über Rheinberg herrschen zu können. Denn mit einem „Großangriff" durch die Spanier zwecks Rückeroberung war zunächst einmal nicht zu rechnen. Im Jahre 1634, das wichtige Jahr für die „Geschichte" des Spanischen Vallans, war es aber wieder so weit. Genau in diesem Jahr lag Graf Jan von Nassau-Siegen, auf Seiten der Spanier kämpfend, mit 45 Fahnen Reitern (ca. 6.000 Landsknechte) in der Nähe von Geldern. Er hatte den Auftrag die Stadt Geldern zu versorgen. Ein Rheinberger Bürger übte Verrat, er informierte Jan über eine untiefe Stelle im Stadtgraben, an der man bequem bis zum Wall durchkommen könne. Graf Jan überlegte mit dem Statthalter von Geldern, wie ein Angriff auf Rheinberg durchgeführt werden könnte. Diese zwei Strategen, Graf und Statthalter, zogen dann schnell mit 1.500 Fußsoldaten, deren Ausrüstung aus Vorderladern und einigen Kanonen bestand, nach Rheinberg. Auch Reitersoldaten werden erwähnt, die Anzahl ist jedoch nicht bekannt. Bei strömendem Regen durchdrangen 200 Soldaten, bis zur Körpermitte im Wasser stehend, die Wassergräben und erklommen hastig die Wälle zwischen dem Gelder- und Orsoyer Tor. Wegen des vielen Regens hatten die Angreifer zunächst leichtes Spiel, die Verteidiger mussten sich von den Wällen in die Häuser zurückziehen. Ein trockenes Gebäude war wichtig, um die alten Vorderlader gebrauchsfertig halten zu können. Wo die übrigen 1.300 Soldaten der Angreifer sich aufhielten, wird nicht vermerkt. Es war also ein von den Spaniern eilig durchgeführter Angriff, der mit folgenden Worten eingeleitet worden sein soll: „Val aen, Val aen, Sancta Maria, de Stadt is onser, de Stadt is onser."

„Der Angriff auf Rheinberg hat stattgefunden zwischen Montag und Dienstag, am Tag des hl. St. Jakob, den 24. Juli 1634, nachts um 01.00 Uhr."

Die Rheinberger Stadtverteidigung, unter Colonel Wijnbergen, hatte Lunte gerochen. Der Marsch einer so großen Anzahl Fußsoldaten konnte nicht geheim bleiben. Der Colonel, als vorsichtiger Kriegsobrist bekannt, ließ die Wälle mit doppelten Wachen besetzen. Markt und Hauptwache (Rathaus) sind mit viel Kriegsvolk versehen worden. Colonel Wijnbergen hatte darüber hinaus einen Spion in das feindliche Lager geschickt. Dieser gute Mann berichtete dann, dass es ihm, dem Colonel, an den Kragen gehen sollte. Die Besatzung Rheinbergs bestand zu dieser Zeit aus ca. 1.080 Musketieren und ca. 540 Feuerrohrträgern. Nachdem die Verteidiger sich gefasst hatten, gingen sie zum Gegenangriff über. Die Spanier (Wallonen und Brabanter) konnten über die Wälle ins Wasser zurückgetrieben werden. Die flüchtenden Spanier wurden mit Gewalt durch eigene Reitertruppen wieder nach vorne gegen die Wälle gejagt. Gegen Morgen gaben die Angreifer auf, denn jetzt begann das „Spiel" (Schießen) von etwa 100 Kanonen. Graf Jan von Nassau ging mit seinen geschlagenen Truppen wieder an die Maas ins spanische Quartier zurück. Das ist der geschichtlich überlieferte „Anfall"-Bericht.

Eine mit hoher Wahrscheinlichkeit gültige Abbildung der ehemaligen Festungsanlagen aus dem Jahr 1648 zeigt im genannten Bereich zwischen den Toren die vier Bastionen, sowie zwei große Außenwerke (Halbe Monde) und im Anschluss den dritten Befestigungsring. Die Walllänge zwischen den Bastionen betrug von der ersten Orsoyer Tor Bastion bis zur folgenden (zweiten) „Wolfskaulbastion" etwa 70 Meter (im Nahbereich des ehem. RWE). Die Hauptwalllänge zwischen der zweiten und dritten Bastion lag bei 100 Meter. Von der dritten bis zur Gelder Tor Bastion war der Hauptwall ca. 90 Meter lang. Die in den Hauptwall integrierten Bastionen hatten in diesem Bereich eine Breite von 50–80 Meter. Das ergibt eine zu verteidigende Länge von ca. 900 Meter, den Hauptwall und die vier Verteidigungsseiten einer Bastion mitgerechnet. Der vor den Bastionen liegende Hauptgraben, als eine weitere Verteidigungsanlage, hatte eine mittlere Wassertiefe zwischen 3,40 Meter und 4,30 Meter wahrscheinlich im aufgestauten Zustand. Bedingt durch die Fließgewässer war die Grabensohle äußerst schlammig. Die Beseitigung der Wasserpflanzen mit der Entschlammung der Gräben, so steht es in den Akten, wurde mehrmals angemahnt. Ein Durchwaten bis zur „Körpermitte" war also hier, auch beim besten Willen, nicht möglich.

Eine Ausnahme gab es allerdings: Der Hauptgraben war nicht geflutet, die Bären und Wehre müssen geöffnet gewesen sein. Die Wasserfläche im Umgebungsbereich der im Angriffsbericht genannten „größeren unbefestigten Landfahne" einschließlich des Verteidigungselementes Ravelin wäre dann mit hoher Wahrscheinlichkeit bis zur „Körpermitte" zu durchwaten gewesen. Denn die Landfahne war mit dem Außenwerk, genauer: „Ein Halber Mond" als Ravelin ausgebaut, verbunden. Ein Jahr vor dem beschriebenen Angriff, also 1633 eroberte Prinz Friedrich Heinrich von Oranien Rheinberg. Zu dem Zeitpunkt waren die Gräben aufgestaut und erst nach Öffnung der Wehre und Ablauf des Wassers erfolgte der Angriff. Die Lage der unbefestigten Landfahne, mit leichten Veränderungen, lässt sich nicht nur auf den Plänen des Preußischen Urkatasters nachweisen, sondern auch in Teilen auf heutigen Plänen. Auch andere Darstellungen der Festung zeigen diese „Landfahne".

Im weiteren Bericht heißt es: „Und erklommen hastig die Wälle zwischen Gelder Tor und Orsoyer Tor". Wenn der Hauptwall gemeint war, dann war ein „hastiges Erklimmen" wegen der Konstruktion der Wälle (ca. fünf Meter hoch) so gut wie unmöglich, sie waren zu steil (ca. 60 Grad) und mit Palisaden (angespitzte Holzpfähle alle zehn cm) gesichert. Der strömende Regen dürfte ein Übriges getan haben, um das „hastige Erklimmen" zu verhindern. Dazu kommt, dass normalerweise

Der Spanische Vallan in Rheinberg

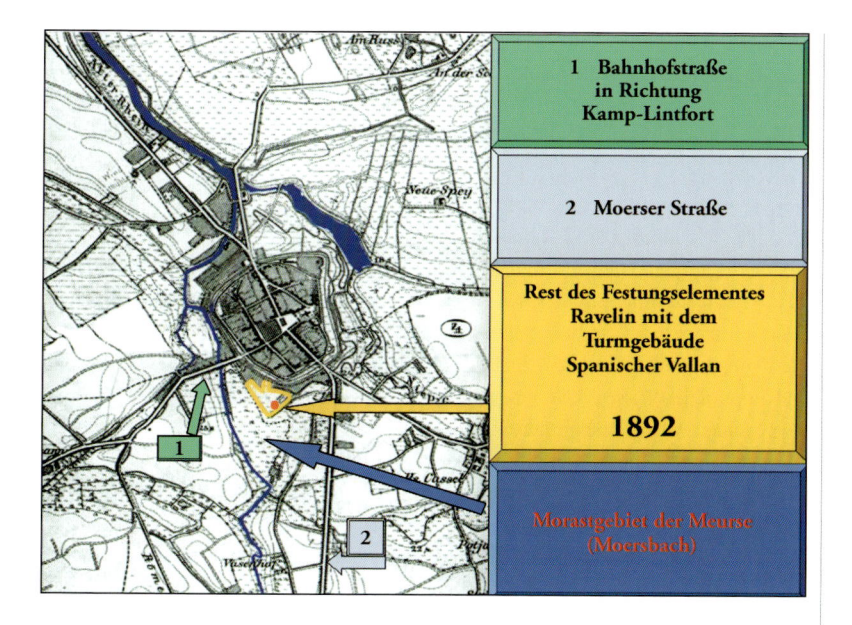

Kunst und Archäologie

Legende zur Karte:
- 1 Bahnhofstraße in Richtung Kamp-Lintfort
- 2 Moerser Straße
- Rest des Festungselementes Ravelin mit dem Turmgebäude Spanischer Vallan
- 1892
- Morastgebiet der Meurse (Moersbach)

vor einem Angriff der entsprechende Hauptwall oder die Bastion „breschiert" werden, d. h. so lange beschossen werden, bis eine Bresche entsteht. Die Erd- oder Steinmassen rutschen in den davor liegenden Graben. Über diese Erd- oder Steinmassen wäre ein „hastiges Erklimmen" dann möglich gewesen. Aber nur, wenn das „Erklimmen" ohne Gegenwehr erfolgen kann. Ein solcher Beschuss der Wälle, also des Hauptwalls oder eines anderen Walls, wird nicht erwähnt, denn es war ja laut Bericht eine schnelle Aktion „bei Nacht und im strömenden Regen". Mit Kanonen von beiden Seiten geschossen wurde erst bei Tagesanbruch, mit dem gleichzeitigen Abzug der Spanier. Außerdem lag am Fuß des Hauptwalls noch ein ca. zehn Meter breiter gedeckter Weg mit einem davor liegendem Vorwall, der als eine eingeschobene Verteidigungsstufe angelegt worden war. Diesen „Vorwall" hätten die Soldaten nach dem „Durchwaten" sehr wohl schnell erklimmen können. Aber nicht erst hier, sondern weit draußen im Vorfeld, bei den Wallanlagen des dritten Verteidigungsrings, da hätte es mit Sicherheit schon Abwehrkämpfe gegeben. Die Hauptangriffsrichtungen auf die Gesamtfestung Rheinberg zur genannten und zu anderen Zeiten waren fast gleichzeitig in der Hauptsache die Nord-, Ost-, und Westseite. Auf der Süd- und Südwestseite (Süden nach Budberg, Südwest nach Kamp-Lintfort) werden relativ wenig Angriffe beschrieben. Eine noch genauere Geländeeingrenzung für die Wahrscheinlichkeit eines „nicht durchführbaren Angriffs" nach Meinung der Verteidiger wäre dann die Fläche in etwa vom Moersbach bis vermutlich in die Randbereiche des Thekla Heimes hinein gewesen. Das ist eine Luftlinienbreite von ca. 500 Meter. Die Rheinberger Verteidiger meinten zu fast allen Zeiten: Das riesige Sumpfgebiet im genannten Bereich, in den heutigen Löthwiesen, kann uns ohne einen speziellen Ausbau von größeren Verteidigungsanlagen schützen. Und genau diese Meinung eines „unmöglichen Angriffs" haben sich die Angreifer unter Graf Jan von Nassau zu Nutze gemacht.

In der Angriffsbeschreibung heißt es: Zwischen Gelder Tor und Orsoyer Tor, das heißt zwischen der heutigen Altentagesstätte der AWO und dem Cafe Püttmann, soll der

Angriff stattgefunden haben. Die Entfernung zwischen AWO und Cafe Püttmann liegt bei ca. 600 Meter (Verteidigungslänge ca. 900 Meter. Damit ist die örtliche Benennung „zwischen Gelder Tor und Orsoyer Tor" als „Anfallsörtlichkeit" mit 200 Leuten schon jetzt anzuzweifeln. Eine weitere Eingrenzung des „Anfalls" ist zwingend. Im „Anfall"-Bericht steht nicht, welche „Wälle" von Seiten der Verteidiger „doppelt" besetzt worden waren, es heißt nur mit „doppelt besetzte Wachen auf den Wällen" also der Bereich zwischen Orsoyer Tor und Gelder Tor. Dazu gehören auch die Wälle der beiden großen Halben Monde. Von einer „doppelt" besetzten Wallanlage der Halben Monde als einer zusätzlichen Verteidigungsmaßnahme wird nicht gesprochen. Der Informant der Angreifer muss einige sehr gute Kenntnisse der Rheinberger Verteidigungsanlagen und der Anzahl der Verteidiger gehabt haben. Genau die Übermittlung dieses Wissens lässt einen gezielten und schnellen Angriff zu, der Angreifer weiß genau, wo er „hastig und eilig die Wälle erklimmen" konnte. Und wie sieht es mit der Verteidigung der restlichen Wälle, Bastionen und anderer Anlagen aus? Waren die ohne Soldaten besetzt? Vermutlich nicht. Legt man die rechnerischen 1.620 Verteidiger zu Grunde, reicht es vorne und hinten nicht. In den „normalen Kriegszeiten" lagen zwischen 2.400 und 3.000 Soldaten in der Stadt. Eine Umrechnung der Verteidiger auf eine bestimmte Anzahl Soldaten pro Meter betrachte ich als eine nicht nachweisbare Spekulation. Der Umkehrschluss daraus heißt: Bei einer „ausreichenden" Besetzung aller im Angriffsbereich genannten Wälle, die ja der Anzahl entsprechend nicht vorhanden war, wären die Spanier nicht bis zu dem später als Spanischer Vallan bezeichneten Ravelin und darüber hinaus gekommen. Colonel Wijnbergen wird den Hauptwall und die Bastionen, wie anfangs schon genannt, als Hauptkampflinie, die es zu verteidigen galt, doppelt besetzt haben. Und das einzig und allein aus der Not der zu wenigen Verteidiger. Nicht zu vergessen ist die Anzahl der in Geldern liegenden Spanier, dem Chronisten nach waren es ca. 6.000 Soldaten. Der angreifende Graf Jan benötigte „nur" 200 von 1.500 Soldaten für einen genau festgelegten Punkt, an dem sie „anfallen" und siegen konnten. Das hat mit an Sicherheit grenzender Wahrscheinlichkeit nur auf der Fläche des halbmondartigen Ravelins stattgefunden.

Das hier zu beschreibende Ravelin war an den Schenkelseiten mit einem gedeckten Weg und einem Niederwall[6] ausgerüstet. An der Stadtseite liefen noch querlaufende Niederwälle, angelegt als „Schuss"-Schutz der Soldaten, die von der Stadtseite her, durch oder über den „allseits gedeckten Gang" (Karponniere) das Ravelin betraten. Das heißt, der Angreifer musste eine voll verteidigungsfähige Anlage, die zum Angriffszeitpunkt wahrscheinlich ohne Verteidiger besetzt war, erobern. Die „anfallenden Spanier" hätten das Ravelin aber nur betreten und erobern können, wenn ein „Durchwaten" der Wasserflächen möglich gewesen wäre, also die Gräben nicht aufgestaut waren. Gemäß dem Angriffsbericht durchwateten die Angreifer ja den Graben, die Verteidiger hatten sich in ihre Wachhäuser zurückgezogen. Dem als „versiert" beschriebenen Kriegsobristen Colonel Wijnbergen schien die Gefahr, die von einem „besetzten Ravelin" ausging, mit Sicherheit bekannt gewesen zu sein. Trotzdem musste er seine Verteidigungsaktivitäten aller Wahrscheinlichkeit nach, wie zuvor beschrieben, auf die Hauptkampflinie Hauptwall und Bastionen zurücklegen. Ob ein „trockener Vorderlader" der einzige Grund für den Rückzug in die Häuser war, ist nicht bekannt. Die „trockene Haut" der Verteidiger und die Dunkelheit waren vermutlich auch Gründe. Raveline schützen Kurtinen, damit ist der Hauptwall gemeint. Fällt ein Ravelin in Feindeshand, ist die Festung ohne wenn und aber verloren. Dieser Grundsatz lässt

Der Spanische Vallan in Rheinberg

auch den im „Anfall"-Bericht vermerkten, mit äußerster Kraft geführten Abwehrkampf der Rheinberger verstehen. Ein vermutlich besetztes Ravelin musste mit aller Macht zurückerobert werden. Der nun um den Besitz des Ravelins geführte blutige Kampf endete in einer „Katastrophe" mit vielen Toten und Verletzten. Im Rahmen der vielen Kämpfe während der Festungszeit von 1580–1702 gibt es außer der Zerstörung des Zollturmes nur diesen einen Angriff, der dann als „Spanischer Anfall" im Bewusstsein der Bevölkerung als „Katastrophe", weil hier nach Rheinberger Meinung als „unmöglich", hängen geblieben ist. Die Wichtigkeit eines Ravelins oder eines anderen im Graben liegenden Außenwerks, ist auch einer der „Unmöglichkeitsgründe" für die „Legende" über einen vermuteten, unterirdischen Gang. Nach der Eroberung und Besetzung des Ravelins wären die Landsknechte als fünfte Kolonne plötzlich irgendwo in der Stadt aufgetaucht.

Jetzt wird auch der erst nach diesem Angriff auftauchende Begriff „hispanischer Anfall", oder ähnlich, für das Ravelin klarer. Auf dem genannten Plan der Fortifikationen von 1648 wird allerdings die nächste Bastion nach der Orsoyer Tor Bastion (Wolfskaulbastion), als Ort des „Spanischen Anfalls" bezeichnet. Aber ein Angriff, auf diese oder eine andere Bastion, in der Art und Weise der Angriffsbeschreibung, ist – gemäß dem erklärten verteidigungstechnischen Hintergrund – so nicht möglich gewesen. Darüber hinaus besteht bei dieser handkolorierten Zeichnung die Möglichkeit einer falschen Übermittlung der Örtlichkeit.

Der Vergleich der vorhandenen Verteidigungsanlagen des zweiten Befestigungsringes, Bastionen, Hauptwall, Vorwall mit gedecktem Weg, Hauptgraben, Ravelin, und den Verteidigungsanlagen des dritten Befestigungsringes, gedeckter Weg, Niederwall, Glacis, lassen im genannten Bereich bezüglich ihres Aussehens und ihrer Funktion in Verbindung mit dem „Anfall"-Bericht und einiger anderer auch genannter Punkte nur einen einzigen Schluss zu: Das genannte Ravelin mit der Landfahne war eindeutig der Ort, der heute als Spanischer Vallan bezeichnet wird. Ich betrachte diese Fläche klar und deutlich als die Örtlichkeit des „Spanischen Anfalls". Das lässt sich zusätzlich und außerhalb der Angriffsbeschreibung auch aus den Angriffsworten „Val aen" und dem später daraus entstandenen Wort „Anfall" herauslesen.

Das heutige Turmgebäude (1764) war kein „Wachturm" und hat zu keiner Zeit zu den ehemaligen Verteidigungsanlagen der Festung Rheinberg gehört. Der Name „Spanischer Vallan" bezieht sich heute eindeutig auf das Turmgebäude und nicht auf die Fläche des ehemaligen Ravelins, so wie es richtig wäre. Die festungsgeschichtliche Vergangenheit Rheinbergs ist aus verschiedenen Gründen im Laufe der Zeit so nach und nach verblasst. Nur die Erinnerung an eine „fast Katastrophe" an einer als „sicher" gewähnten Stelle im Verbund der drei Befestigungsringe, blieb in der Bevölkerung erhalten.

Anmerkungen:
1 Gedeckter Weg = Sicht- und Schussschutz, ca. 10 m breit und 2 m tief).
2 Vorwall = Erdanhäufung, ca. 2 m hoch).
3 Lutt Fluss, heute trockengelegt und als Löthwiese ein Begriff).
4 Karponniere = rundum geschlossener Gang, Weg, Steg).
5 Entfestigung = Beseitigung, Abtragung der Bauwerke).
6 Niederwall = Erdanhäufung).

Kunst und
Archäologie

EDGAR REITENBACH

Die Evangelische Kirche in Repelen

Obwohl die alten kirchlichen Akten im Verlauf der spanischen Besatzung des Niederrheins 1586 vernichtet wurden und die Repelener evangelische Kirche zur Zeit des Dreißigjährigen Krieges fast alle ihre Dokumente, Nachrichten und Bücher verlor, gibt es im Archiv der evangelischen Kirchengemeinde Repelen nicht wenige Akten zur Geschichte der alten Dorfkirche.

Das wichtigste Material ist in einer Dokumentation, „Bauaufnahme" genannt, die anlässlich der vorletzten gründlichen Reparatur der Kirche von Leonhard Frei unter der Leitung des Prof. Dipl.-Ing. W. Hauff in Bochum im Jahre 1983 zusammengestellt wurde. Darin hat der Autor, wenn auch nicht alle, so doch eine Menge von veröffentlichten Quellen über die Kirche angegeben, von denen ich einige in den Fußnoten erwähne. Vor allem ist die Bauchronik zu nennen, in der der Autor ausführt, dass es nicht genau nachvollziehbar sei, seit wann die Kirche am gegenwärtigen Ort gestanden habe.

Zuerst jedoch einiges zum Ort[1] Repelen, dessen Name sich angeblich[2] von „Rapil ara hesi" herleitet und erstmals in einem lateinischen Heberegister der Abtei Werden aus dem 9. Jahrhundert vorkomme. Der keltische Ursprung von „Rapil ara hesi" bedeute wiederum „Altar des Hesus". Repelen wäre also in alten Zeiten eine keltische Opferstätte gewesen, da Hesus der Kriegsgott der Kelten war. Paul Mast, der ebenso wie sein gleichnamiger Sohn Archivpfleger der Kreissynode Moers war, nimmt weiterhin an, dass Repelen die erste christliche Kirche im Kirchenkreis Moers besaß und die Entstehung der Kirche „in das 7. Jahrhundert verlegt" werden muss. „Noch 1698 rechnete man sie zu den sieben ältesten Kirchen in Deutschland"[3]. In alter Zeit, so Paul Mast sen., gehörte diese Kirche dem Kloster Echternach, dessen Abt Willibrord die Kirche in Repelen gegründet habe. 1176 wurde diese Kirche der Kellnerei des Stiftes zu Xanten inkorporiert. Den Übergang der Repelener Kirche (deren Besitzungen sich auf weite Teile von Hoerstgen im Westen, Kapellen im Süden sowie Rheinberg, Budberg und Orsoy im Nordosten erstreckten) zur Reformation datiert Mast mit dem Jahre 1560, als der hier amtierende Priester Arnold Steur sich mit seiner Gemeinde öffentlich zur Reformation bekannte. 13 Jahre später soll Steur die nicht mehr gebrauchte Monstranz für 75 klevische Taler verkauft haben. Im „Gemeinde- (bzw. Jahr-)buch 1951 der Kreissynode Moers"[4] lesen wir ebenfalls bei Paul Mast sen., dass die Repelener Kirche die älteste in der Synode Moers sei. „Sie soll von

Kunst und Archäologie

Die Evangelische Kirche in Repelen

Helena, Gemahlin des Kaisers Konstantin, um 312 n. Chr. gestiftet worden sein und war dem hl. Martin von Tours geweiht. Urkundlich wird sie erstmalig 1226 erwähnt." Auch Paul Clemen nennt, von einer Legende ausgehend, die Repelener Kirche „eine der sieben ältesten im römischen Reiche und von S. Helena erbaut"[5]. Nach ihm war die Kirche im 14. Jahrhundert zum größten Teil zerstört, so dass ein Neubau erforderlich wurde. Von diesem Autor übernehme ich die ursprünglichen Maße sowie den Grundriss der Kirche: „Die unregelmässige, aber höchst interessante Kirche hat eine lichte Länge von 22,85 m, eine lichte Breite von 12,5 m, der Chor ist 6,25 m lang, 15,20 m breit. Das Material ist Tuff mit Ausnahme des späteren dreistöckigen Turmes und der Westfa[ss]ade, die aus Ziegeln aufgeführt sind, das nördliche Seitenschiff zum Teil schon im 17. oder 18. Jh. in Backstein erneuert. Die Kirche enthält in ihren westlichen Teilen noch bedeutende Reste der älteren romanischen dreischiffigen Pfeilerbasilika des 12. Jh."[6]

Während in Köln schon früh steinerne Kirchen gebaut wurden, hatten auf dem Lande die Dorfkirchen einfacheren Zuschnitt. Sie wurden meist aus Holz gebaut. Doch alle drei Kirchen in der ehemaligen Gemeinde Rheinkamp, nämlich die in den Pfarrdörfern Repelen, Halen und Baerl, wurden aus Tuffstein gebaut und waren für die Zeit ihrer Erbauung und an der Zahl der Einwohner gemessen sehr imposante Gebäude. Zum dramatischen Schicksal der Kirche in Halen schreibt Dicks, dass sie in den Rheinfluten versunken sei. Zur Entstehung der Repelener Kirche zitiert Dicks den Aufsatz von Amold von Recklinghausen aus dessen Reformationsgeschichte der Länder Jülich, Berg, Cleve und Meurs, kommt jedoch zu dem Schluss: „Die Behauptung, daß sie vermutlich, um das Jahr 312 von Helena († 382), der Mutter des Kaisers Konstantin († 337), welche 312 die Gereonskirche zu Köln und das Kollegium zu Xanten errichten und in der hiesigen Gegend verschiedene Kapellen stiften ließ, erbaut worden sei, läßt sich nicht beweisen."[7] Dicks erwähnt eine Urkunde aus dem Jahre 855 oder 856, als der reiche Edelmann Hattho aus „Reple" dem Kloster Echternach umfangreiche Ländereien und Güter samt der dem Willibrord geweihten Kirche schenkte. Dicks' Fazit lautet, dass die alte Willibrord-Kirche zu Repelen urkundlich nachweisbar schon im 9. Jahrhundert bestand und bereits in der Zeit Pippins des Mittleren (687–714) entstanden sein könnte.

Aufgrund der kirchlichen Unterlagen ist der alte Kirchenturm in den Jahren 1787/88 abgebrochen und in den Jahren bis 1792 erneuert worden. Zu diesem Zweck ist ein Ziegelofen gebaut worden, um die nötigen Ziegel herstellen zu können. Dazu lesen wir z. B. in der kirchlichen Akte Nr. 120 Überschriften wie: „Proklama(tion) für die Kosten zu Repelen und Neukirchen, 8.9.1787" und „Conditionen, auf welche die Abbrechung des hiesigen Kirchthurms denen wenigst fordernden verdungen werden, 12. und 27. Sept. 1787"; „Inserat von Prediger Faber über den Verkauf von Tuffsteinen vom abgebrochenen Kirchturm im „Duisburger Intelligenz-Zettel" vom 30. Mai und 17. Juni 1788" (nebst einem Versteigerungs-Protokoll); Verzeichnis der Spann- und Hand-Dienste (d. h. Fuhr- und Handwerker-Dienste), in Terminis 5.11.1788 und 22.4.1789", „Referat und Anrede von Prediger Faber an die Gemeinde (betreffend) Turm- und Schulhauß-Bau anno 1788, den 5ten November". Die übrigen Ziegelsteine an dem genannten Ziegelofen in der Vierboomen-Heide wurden im Sommer 1792 meistbietend verkauft (Akte 122) und die nächste Akte enthält die Spender-Listen, Spezifikationen, Rechnungen und sonstigen Schriftverkehr zum Turmbau. Die nachfolgenden Akten enthalten Material über den Turm-Aufbau (und kurz auch die Reparatur des Schulhauses) in den Jahren 1789–92 mit vielen Namen der Handwerker, die diese Arbeiten ausführten, Kosten der Materialien und der Arbeiten. Interessant ist in diesem Zusammenhang auch, dass schon damals zum Vergleich der Aufbau des Friemersheimer Turmes besichtigt und ein Gutachten des Ober Bau-Departements bei der Revision der Kostenanschläge zum Turmbau notwendig wurde. Auch ein „Contract" mit dem Holzhändler Bosch Gerret „wegen dem Gebälk und anderem Holz zum Turm" Ende 1791 sowie eine Rechnung des Baumeisters Frieden aus Geldern über die hohe Turmspitze, die diese kostspielige Reparatur während der Französischen Revolution belegen, liegen anbei.

Während dieser Bauarbeiten wurde unter einem der Seitengebäude des Kirchturms ein Tierkopf gefunden, was vermuten lässt, dass die Kirche bewusst an einer Stelle gebaut wurde, wo schon früher ein römisches Heiligtum stand. Im Heimatkalender des Kreises Moers 1951 lesen wir im Artikel von L. Vits „Aus der Kirchengeschichte der Gemeinde Repelen" über diesen Tierkopf, der als Symbol des Heidentums bezeichnet und wie folgt beschrieben wird: „[...] Götzenbild, das man in früheren Zeiten hier verehrt hat und zur Zeit der Einführung des Christentums, das schon früh am Niederrhein durch römische Soldaten verbreitet wurde, zerstört und vergraben worden ist. Das Götzenbild, gewiss eine seltene Antiquität, wurde lange Zeit im Pfarrhaus in Repelen aufbewahrt, ist dann von Pastor Hörnemann an den Altertumsforscher Amtsrichter Pick damals in Rheinberg, später in Aachen verliehen und nicht zurückgegeben worden." Und nach einer Mitteilung von Pfarrer Peter Gisbert Faber (1755–1800) gibt es keine Zweifel, dass dieser Fund einen großen wissenschaftlichen Wert hat. Pfarrer Faber schreibt zum Fund unter anderem: "[...] entdeckte man am 22. Januar 1788 unter dem Seitengebäude des Turmes, welches gleichfalls abgetragen wurde, südwärts tiefer im Grunde eine viereckige, etwa vier Schuh lange und oberwärts 1 1/2, mehr nach unten aber zwei Schuh weite Röhre, die aus Backsteinen gemauert und oben auf mit dergleichen Steinen zugedeckt war [...] Unter [...] vier Bruchsteinen, welche eigentlich weiche Sandsteine waren, lag ein aus hartem Bruchstein grob gehauener Tierkopf, an welchem zwei Augen, zwei spitzige, ein Zoll lange Hörner vor der Stirne, deren jedoch eins abgebrochen, befindlich waren; ferner zwei Ohren, die gleichfalls abgestoßen und spitzig gewesen zu sein schienen; endlich noch war an demselben das Maul oder die Schnauze gänzlich abgebrochen. Bei diesem Tierkopf lagen sonst noch einige grobgearbeitete, faustdicke, knotichte Blumenzierrathen von gelber, weicher Thonerde, die auch zerstückt und deren keines an dem anderen passte." Die Suche und Grabungen nach weiteren Gegenständen seien vergeblich gewesen. Unstrittig war allerdings, dass dieser Kopf nur noch einen Hals hatte und nicht zu einem ganzen steinernen Tier gehörte und in die Röhre zur Aufbewahrung des Tierkopfes samt vier Bruchsteinen gemauert wurde. Pfarrer Faber kam der Gedanke, dass der "gefundene Kopf ein heidnisches Götzenbild sein mag [...] oder aber zur Zeit der Einführung der christlichen Religion zerstört und zur ewigen Vergessenheit in die Erde vergraben worden" sei.

Die nächste große Reparatur der Kirche folgte in den Jahren 1859–61. Der Schriftverkehr dazu begann schon 1855, als die ersten Pläne gefertigt wurden – diese großformatigen Pläne sind bis heute noch zwischen übergroßen Deckeln erhalten geblieben. Aus den Akten geht hervor, dass dabei eine Ausdehnung des Baues, Schieferdeckerarbeiten, neue Fensterverglasung und Steinmetzarbeiten ausgeführt wurden. Auch wurden dazu Obligationen und Hypotheken aufgenommen, um die hohen Kosten bezahlen zu können. In der Akte 126 ist über eine der vielen Instandsetzungen zu lesen: „1775 eine Supplica des Consistoriums wegen der Anweißung [Weiß-Anstrich] der Kirche; Protokoll von 1781 über die Verdingungs-Reparatur des Kirchengebäudes, sowie eine Rechnung vom 12ten Julii 1782 über den Empfang vom Consistorio zur weiteren Zahlung für die in anno 1781 in accord genommene Reparatur an der Kirche und Kirchehof Mauer durch den Malermeister Adam Murmans."

Leider ist im Archiv fast kein Material über den in Repelen 1700 ausgebrochenen Brand erhalten. Erst beim Zusammenstellen des Findbuchregisters stieß ich in der Akte 186 über verschiedene Beihilfen auf Belege aus dieser Zeit und auf den einzigen greifbaren Hinweis auf den Brand, den Joh. Arnold Recklinghausen in einer anderen Akte wie folgt beschreibt: „1700 den 10. July entstand im Dorfe ein schrecklicher Brand, der auch das Schulhaus und die Kirche ergriff; das Schulhaus brannte ganz ab, aber von der Kirche verbrannte nur das Dach." Und die Belege beziehen sich auf mehrere Kollekten, die der amtierende Repelener Prediger Gerhard Paw, aus Holland gebürtig, ebendort nach dem angegebenen Brand in den Jahren 1700–1701 abgehalten hat, um die notwendigen Gelder für die damalige Reparatur, von der es leider keine weitere Spuren gibt, zu beschaffen.

Es ist kein Wunder, dass diese alte Kirche einen besonderen Wert hat und schon früh als erhaltenswert galt. In der kirchlichen Akte 117 schreibt der Bürgermeister von Repelen-Baerl 1914, dass in der Gemeinde alle kirchlichen Gebäude vor 1870 unter Denkmalschutz stehen. Denkmalschutz stand auch bei den Renovierungen bzw. Reparaturen der Kirche nach dem Zweiten Weltkrieg im Vordergrund. In den Jahren

Kunst und Archäologie

Die Evangelische Kirche in Repelen

1948–53 mussten die Kriegsschäden und 1956 die vom Bergbau entstandenen Senkungsschäden bei Sanierungsarbeiten beseitigt werden. Für die Nachkriegsreparaturen wurden mehrere Haussammlungen durchgeführt. Auch kamen dazu – wie auch zu anderen Maßnahmen – angemessene Geldmittel von ortsansässigen Firmen, von denen in erster Reihe das Steinkohlebergwerk „Rheinpreußen" zu nennen ist. Die jeweiligen Schäden wurden bei jeder Reparatur untersucht und in Berichten festgehalten. Auch Zeichnungen und der Schriftwechsel zwischen der Kirchengemeinde, der Landeskirche in Düsseldorf, mit Architekten, Baufirmen und lokalen Behörden wurden zu den Bauakten genommen. Im Laufe von Untersuchungen bei Kirchenrenovierungen in den 50er und 70er Jahren des vorigen Jahrhunderts konnten auch die verschiedenen Bauabschnitte im 11.–13. und 15. Jahrhundert lückenlos nachgewiesen werden. Umfangreiche Reparaturmaßnahmen innen und außen wurden in den Jahren 1969–1972 notwendig. Dabei wurden eine neue Empore und eine Fußbodenheizung ein- und ein Sakristeiraum zum nördlichen Seitenschiff angebaut sowie neue Stühle beschafft. 1976 bekam die Kirche die jetzigen Fenster.

Die früher zu Repelen gehörigen Bauernschaften Rossenray und Camperbruck sowie die Herrlichkeit Hoerstgen sind 1557 aus der Kirchengemeinde Repelen ausgegliedert worden. Das Gebiet des Klosters Camp schied bereits bei der Klostergründung um 1122 aus. Noch bis zum Jahre 1951 konnte Repelen seinen ländlichen Charakter bewahren, obwohl sich schon Industrieanlagen innerhalb seiner Grenzen ausweiteten. "Um 1500 zählte man in Repelen 1.000 Kommunikanten. Vor 100 Jahren [1854] wurden (in der „Gemeine") 1809 Seelen gezählt. heute [1951] sind es 5.300 Seelen."[8] Der hohe Anstieg der Gemeindemitglieder durch Vertriebene und Ostflüchtlinge nach dem Krieg führte dazu, dass 1952 die 2. Pfarrstelle errichtet und dafür 1955 das Clarenbachhaus mit einer Pfarrerwohnung, Jugendräumen und einem Kindergarten gebaut wurde. Heute besteht die Kirchengemeinde aus zwei Bezirken. 2001 erreichte die Zahl der Gemeindemitglieder fast 4.900, wobei die männlichen Mitglieder etwa 44 Prozent und die weiblichen über 56 Prozent ausmachten.

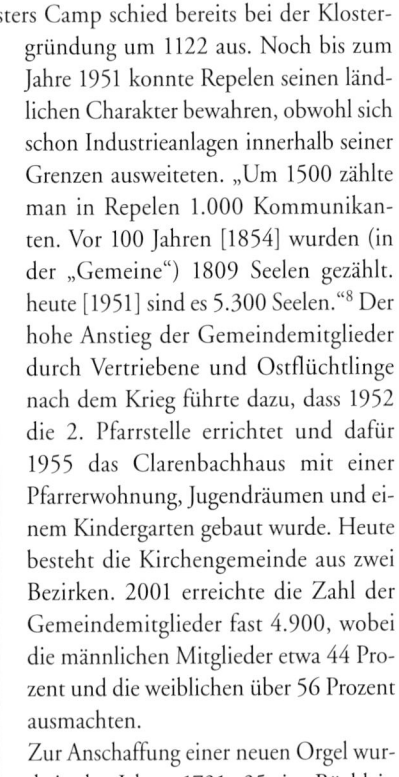

Zur Anschaffung einer neuen Orgel wurde in den Jahren 1731–35 ein „Büchlein zum Eintragen der Collecten" geführt. Und anno 1775 erschien eine „Specification dessen, was zur Reparation der Orgel von Consistorialen und Gemeindegliedern beygesteuert wurde". Weitere

Die Evangelische Kirche in Repelen

Reparaturen folgten u. a. in den Jahren 1847, 1870 und 1936. Von der Orgel ist außerdem überliefert, dass 1917 ihre Zinnpfeifen beschlagnahmt und für Kriegszwecke abgeliefert wurden.

Über Spenden und Dienstleistungen für die Glocken in den Jahren 1638–39 ist in der Akte 131 nachzulesen. Die beiden Glocken, die zu dieser Zeit „schlegt von resonanz und gar undüchtig" geworden waren, wurden von den Glockengießern Franz Hemony und Josef Michelin umgegossen. Aus den Jahren 1917–18 gibt es einen Schriftwechsel über die Ablieferung der Glocken. Dazu schrieb der für den Kreis Moers herausgegebene „Allgemeiner Anzeiger" am 4. Juli 1917: „So gerne unsere Gemeinde sich an den Opfern beteiligt, die für das Vaterland gebracht werden müssen, so gereicht es ihr doch zur großen Freude und Genugtuung, dass auf Grund des Gutachtens [...] unsere beiden Kirchenglocken wegen ihres altertümlichen, geschichtlichen und künstlerischen Wertes von der Beschlagnahme verschont bleiben." Von diesen wertvollen Glocken ist bekannt, dass die kleine Glocke 1636 und die große 1638 in Dienst genommen wurden. Sie sind somit „Zeugen der Schrecken des Dreißigjährigen Krieges gewesen [...]". „Die kleinere Glocke, die auf fis gestimmt ist, trägt in drei Ringen folgende Inschrift: 0 terrarum incolae, auscultate Voci Dei Alexander von Wefort Drost Johannes Becker (erster Ring); Scholteis Adolf von Goor Rentmeister Johannes Luiscius P. Franciskus Hemony et Josef Michelin (zweiter Ring); Me fecerunt Ao. 1636 (dritter Ring). Die größere Glocke, die den Ton e hat, trägt in zwei Ringen folgende Inschrift: Godt und dein heilig Wort zu preisen hat die Gemeinde hier an den Ernst erweisen. Wann ich thue raufen, (erster Ring) schnel solt Ihr laufen zu dieser Stel, das Ihr mugt lehren mit Fleiß anhoren, was Godt geve Rep. Cal. Mart. A. 1638. (zweiter Ring)."

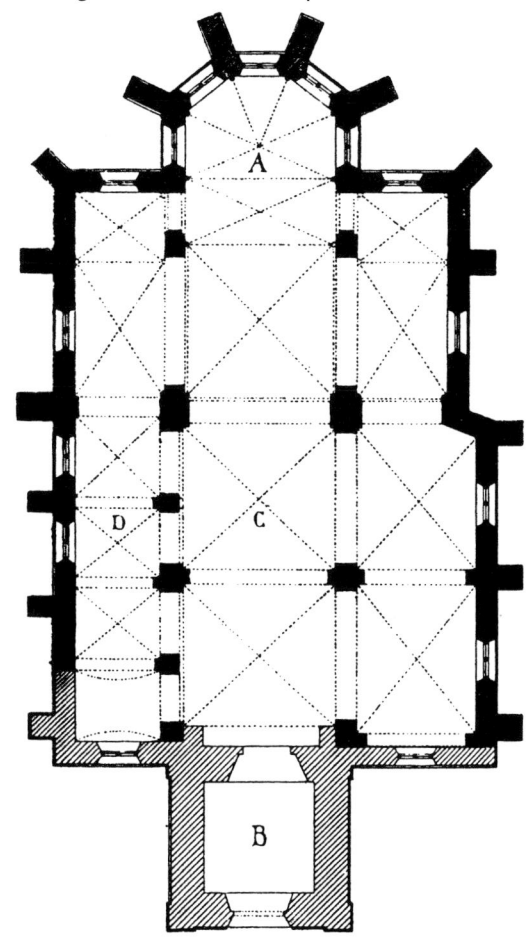

Anmerkungen:
1 In seinem Artikel „Aus der Kirchengeschichte der Gemeinde Repelen" bringt L. Vits im Heimatkalender des Kreises Moers 1951 weitere Namen von Repelen: replere, replar, repeler und replaire.
2 Paul Mast sen.: 400 Jahre Reformation in der Grafschaft Moers. Moers 1960, S. 159.
3 Ebd.
4 Erschienen unter der Leitung von Paul Mast sen., Archivpfleger der Kreissynode Moers, mit einem Geleitwort von Sup. Pabst, 120 S.
5 Paul Clemen: Die Denkmäler des Kreises Moers. Nachdruck. Moers 1979, S. 299–301.
6 Ebd., S. 300.
7 M. Dicks: Die Abtei Camp am Niederrhein. Nachdruck. Moers o. J., S. 9.
8 Wie Anm. 4, S. 70.

Kunst und
Archäologie

HELMUT SCHEFFLER

Die Schermbecker Burg

Zu unserer Vignette

In der einschlägigen Literatur zur niederrheinischen Burgenkunde sucht man vergeblich nach einer umfangreichen Darstellung der Schermbecker Burg, und auch in gedruckten Schriften der Heimatkundler vor Ort entpuppt sich die Burg als ein Stiefkind der Forschung. Der Brichter Heimatforscher Dr. Dr. Arnold Maas starb, bevor die von ihm bis 1972 zusammengetragenen archivalischen Quellen veröffentlicht werden konnten.

Im Raum zwischen Drevenack und Dorsten fassten die Grafen von Kleve schon um 1300 Fuß, nachdem sie bereits seit 1050 für das Stift Xanten als Schutzvögte den Hof Dorsten betreut hatten. Am Ende des 13. Jahrhunderts erwarben die Klever Grafen den Schermbecker Zoll. Ihre Machtstellung hatten die Klever um 1300 bereits so weit gefestigt, so Arnold Maas, „daß sie zum Schutz ihrer Grenze im westfälischen Kirchspiel Schermbeck eine Burg errichten konnten." Im klevischen Urbar von 1318/1319, das sich im Hauptstaatsarchiv Düsseldorf (Kleve-Mark-Akten 662) befindet, wird die Burg erstmals urkundlich erwähnt. Man darf jedoch davon ausgehen, dass die Burg schon vorher existiert hat, denn im Urbar findet man den Hinweis „dit corne hoert ten borgleen van Schyrenbeke" (Dieses Korn gehört zum Burglehen von Schermbeck). Maas geht davon aus, dass die Schermbecker Burg mit der Machtverlagerung Kleves nach Osten an die Stelle der Burg Dravewinkel getreten ist, denn

Am linken Rand des Gebäudekomplexes erkennt man die Schermbecker Burg. Die Vorlage zu diesem Kupferstich wurde um 1660 von dem in Kalkar geborenen Henrik Feltman gezeichnet. Der Stich zeigt die von einer Mauer umgebene Stadt Schermbeck.

Die Schermbecker Burg

Kunst und Archäologie

1363 findet statt des „castellum" nur noch ein Hof Dravewinkel Erwähnung. Von etwa 1350 bis in die Mitte des 17. Jahrhunderts ist die Schermbecker Burg Amtssitz der Drosten und Amtmänner gewesen, auch in jenen Jahren, als das Amt Schermbeck ganz im Amt bzw. Land Dinslaken aufging. Schon frühzeitig verfügte die Burg über nicht unbedeutenden Grundbesitz. Diese Ländereien hatte der Landesherr vertraglich an solche Personen verpachtet, die anstelle eines sonstigen Lehnsdienstes den Burgdienst versahen und somit auch verpflichtet waren, in Notfällen die Burg zu verteidigen. Die Belehnung mit dem Schermbecker Burglehen erfolgte durch die Grafen und Herzöge von Kleve persönlich, wie es die Lehnsübertragungen zwischen 1361 und 1434 ausweisen. Zu den sechs überlieferten Burglehensverträgen gehören die an Goswyn van Blenbroyt (21. Dezember 1361), Johann von der Beke (22. Februar 1362), Chryt von der Beke (22. Februar 1362), Johann von Drevenack (1. Mai 1362), Hermann von Ense (13. August 1434) und Henrick de Rynsche (13. August 1434).

Der Ausbau der Schermbecker Burg zu einem Wasserschloss erfolgte zwischen 1415 und 1420 durch Herzog Adolf, in dessen Regierungszeit die Erhebung Schermbecks zu einer Stadt erfolgte. Während zahlreicher kriegerischer Fehden und während mehrerer Stadtbrände nahm die Burg starken Schaden. Der Verfall war in der Mitte des 17. Jahrhunderts so weit vorangeschritten, dass die Burg mit Ausnahme des im Volksmund als „Diebesturm" bezeichneten quadratischen Eckturms an der Südostseite für Schutzzwecke nicht mehr geeignet war. 1662 wurde sie an Dietrich von der Stegen verkauft. Nach einer notdürftigen Instandsetzung diente sie den preußischen Behörden als „Ablager". Mit der teilweisen Niederlegung von Mauern und Wällen wurde ab 1718 begonnen, wobei auch der Stadtgraben zugeschüttet und das neu gewonnene Land verpachtet wurde. Teile der Burg brannten in der Nacht vom 29./30. September 1742 ab. „1755 wurde die Burg wieder in einen Zustand gebracht", berichtet Arnold Maas, „daß sie öffentlich versteigert werden konnte." In

Das Luftbild aus dem Jahre 1932 vermittelt wegen des inzwischen erfolgten Siedlungsausbaus am ehesten einen Eindruck von der Burg (vorne links) und dem Weichbild der Stadt Schermbeck.

Kunst und Archäologie | **Die Schermbecker Burg**

der Folgezeit hat die Burg, die um 1733 bis auf die Ostseite direkt vom Wasser umgeben war, häufig den Besitzer gewechselt. Seit 1769 wurde sie in Erbpacht bewirtschaftet. Erster Erbpächter wurde der Pächter Schmitz, der im Jahre 1834 beide Burgmühlen kaufte. 1792 ging die Burg in den Privatbesitz der Familie Maassen über. Der neue Eigentümer verfüllte die Burggräfte, so dass die Burg fortan den Charakter einer Wasserburg vollends verlor. Heute befindet sich die Burg im Privatbesitz der Familie Prinz.

„Die Burg und die Stadtbefestigung sind bedeutend für die Siedlungs-, Territorial-, Wirtschafts- und Sozialgeschichte im rechtsrheinisch-westfälischen Raum sowie für die Entwicklung der Stadtplanung und des Befestigungsbaues im Spätmittelalter", begründete das Rheinische Amt für Bodendenkmalpflege seinen Antrag vom 7. September 1988 auf Eintragung des Burgbereiches in die gemeindliche Bodendenkmalliste. Diese Eintragung wurde im Jahre 1994 verfügt und im April 1995 öffentlich bekannt gemacht. Die Ausweisung des mehrteiligen, ringförmigen Gebäudekomplexes als Baudenkmal erfolgte im Jahre 1997.

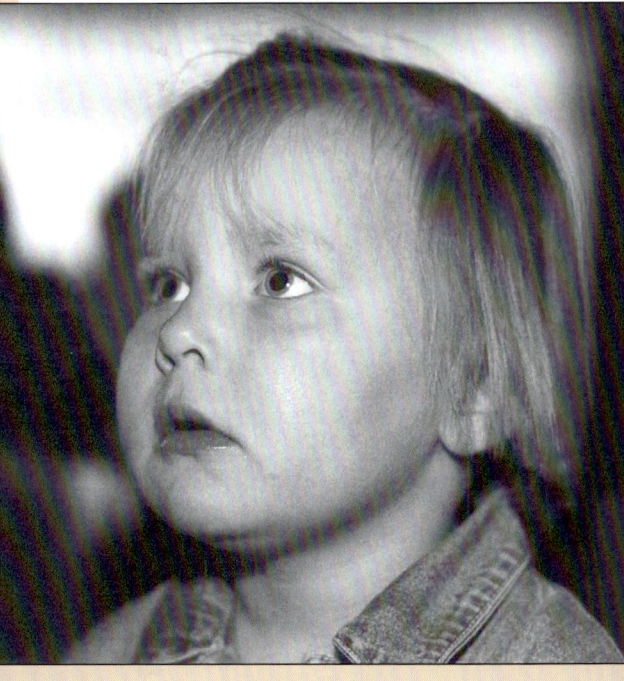

KARL-HEINZ HOHMANN

Die Baudenkmäler der Stadt Rheinberg (III)

Rheinberg

Profanbauten

Der **Kamper Hof**, Stadthaus und Zufluchtsstätte der nahe gelegenen ehemaligen Zisterzienserabtei Kamp, bestand schon im 13. Jahrhundert. 1621/78 bezogen hier die Gouverneure der Besatzungstruppen ihr Quartier. Die Kapelle und ein zweigeschossiger Klostertrakt wurden nach der Säkularisierung zu Wohnungen umgebaut.

Das **katholische Pfarrhaus** in Formen des niederländischen Klassizismus wurde 1729 durch Abt Stephan Broichhausen erbaut; es ist ein breit gelagerter zweigeschossiger Backsteinbau von fünf Achsen mit einem Giebel über der Mitte. Von der ursprünglichen Einrichtung ist nichts mehr erhalten. Zwei Tafelgemälde auf Holz, die Hl. Ursula und Hl. Elisabeth darstellend, werden Derick Baegert zugeschrieben.

Das palaisartige **Wohn- und Geschäftshaus des Fabrikanten Hubert Underberg-Albrecht** wurde nach Abbruch der dort vorhandenen barocken Bürgerhäuser in den Jahren 1878/80 durch den Architekten Ernst Giese, Berlin, errichtet. Es ist ein stark überhöhtes, zweigeschossiges Eckgebäude mit Mittelrisalit zur Orsoyer Straße in Neorenaissanceformen mit reichhaltiger Schmuckornamentik und einem städtebaulich dominierenden Eckturm mit aufgesetzter Kuppel. Zur Underbergstraße schließt sich ein zweieinhalbgeschossiges Fabrikgebäude an, das in der ersten Hälfte des 20. Jahrhunderts mehrfach erweitert wurde. Das Palais steht in unmittelbarer Nachbarschaft zum historischen Rathaus, ohne darauf Bezug zu nehmen. Nach Norden gliedert sich an das Palais eine große Gartenanlage mit wertvollem Baumbestand an, sie wird durch ein hohes schmiedeeisernes und mit Lilien verziertes Gitter aus dem 19. Jahrhundert abgeschlossen.

Von den erhalten gebliebenen **Wohnhäusern** sind einige besonders zu erwähnen: Großer Markt 8, „Im weißen Raben" aus dem Ende des 17. Jahrhunderts; dieses stattliche Bürgerhaus, traufständig zum Platz hin

Häuserzeile am Holzmarkt Rheinberg, 2004: **Holzmarkt 2 (Im Einhorn, 1556), Holzmarkt 4 (Im Weinberg, 16. Jh.), Holzmarkt 6 (Im Scheffel, 1560)**

Kunst und Archäologie — Die Baudenkmäler der Stadt Rheinberg

Haus Rheinstr. 18, Rheinberg, 2004

orientiert, ist ein farbig gehaltener Putzbau mit neubarocken Zierformen und Schiebefenstern im Erdgeschoss. Im Innern ist ein Küchenkamin mit Delfter Kacheln aus dem 16. Jahrhundert erhalten geblieben. Holzmarkt 2, „Im Einhorn" von 1556, Holzmarkt 4, „Im Weinberg" aus dem 16. Jahrhundert, Holzmarkt 6 „Im Scheffel", datiert von 1560, und Fischmarkt 2 von 1644.

Die Wohn- und Geschäftsbebauung der Rhein- und Orsoyer Straße folgte im Wesentlichen der alten, schmalen Parzelleneinteilung. Zahlreiche Häuser im Zentrum, u. a. in der Rheinstraße, Orsoyer Straße und Beguinenstraße wurden im 19. Jahrhundert durch neue Fassaden und Dachformen verändert, wobei der Kern jedoch erhalten blieb. Dabei entstanden sehr dekorative, plastisch gestaltete Häuser mit Stuckornamenten im Jugendstil.

Das **Haus Rheinstraße 38** ist ein dreigeschossiger Bau mit fünf Fensterachsen und einem Balkon über dem zurückgesetzten, mittig angeordneten Eingang; es fällt durch seine gut gestaltete Fassade aus der Mitte des 19. Jahrhunderts besonders auf; von 1910 bis 1916 war es Sitz des Amtsgerichts. Das **Amtsgericht** ist ein stattlicher, zweigeschossiger Bau mit einem Mansardengeschoss von 1914–16; das Gebäude als Backsteinbau mit acht Fensterachsen zeigt Stilelemente der Neorenaissance. Die mittleren vier Achsen werden durch einen vierachsigen, Giebel bekrönten Aufbau risalitartig besonders betont. Der Sockel ist mit Werksteinen aus Basaltlava verkleidet. Die Fenster zeigen wie auch der Eingang eine hellgraue Werksteinumrahmung. Der Entwurf wurde hausintern im Ministerium erstellt.

Das ehemalige **Konvikt St. Josef** des Pallotiner-Ordens entstand in den Jahren 1929 bis 1930 nach einem Entwurf von Professor J. H. Pinand; das dreigeschossige Gebäude umfasste Kirche und Schule sowie das zweigeschossige Schwesternhaus. Der gesamte Gebäudekomplex erhielt eine Ziegelverkleidung, zum Teil mit Werksteineinfassung der Fenster. Der Eingang zum Haus und zur Kirche wird durch ein höheres Glockengeschoss besonders hervorgehoben. Das Konvikt wurde 1960 geschlossen und dient heute u. a. als Bibliotheksgebäude. Das **St. Nikolaus-Hospital** wurde 1907/09 als dreigeschossiger Bau mit Kapelle in neobarocken Formen mit Mansardendach errichtet. Das Erdgeschoss ist als Sockelgeschoss durch ein Gesims von den oberen Geschossen abgehoben.

Haus Cassel, südwestlich der Stadt an der Straße nach Budberg gelegen, ist ein zweigeschossiger, dreiflügeliger Bau des 18. Jahrhunderts mit Putzgliederung aus dem späten 19. Jahrhundert. Weitere Herrenhäuser waren das kurkölnische Ritterlehen Haus Heideberg aus dem 15. Jahrhundert und Haus Gelinde, ein schon 1231 erwähnter Adelssitz, auf dem Stadtgebiet von Rheinberg, dessen Reste letzthin beseitigt wurden.

Außerhalb der mittelalterlichen Stadt an der Römerstraße, auf einer Schanze (dem Annaberg) erbaut, liegt die heutige **Friedhofskapelle St. Anna**; 1555 erstmalig erwähnt, 1631/33 zerstört und abgebrochen, 1724 als schlichter, dreiseitig geschlossener Backsteinbau mit Dachreiter wieder aufgebaut und 1744 geweiht.

Katholische Pfarrkirche St. Anna

Nachdem zunächst 1968 eine aus Holz gefertigte Notkirche nach Entwürfen des Architekten Marré errichtet wurde, folgte 1981/83 der Neubau nach einem Entwurf des Architekten Heinz Dohmen, der auf einem fünfseitigen Grundriss einen um den Altar zentral angeordneten Kirchenraum schuf, wobei die Sakramentskapelle auf der Südseite in den glockentragenden Turm eingebunden ist.

Ehemalige Synagoge

Obgleich die in der Gelderstraße vorhandene ehemalige Synagoge 1938 im Innern zerstört wurde, blieb das Gebäude als solches erhalten. Das Haus stammt von 1764 und trug ursprünglich die Bezeichnung „Zum weißen Kreuz". Der verputzte, zweigeschossige Backsteinbau mit einem Mansardenwalmdach wird heute als Ladenlokal genutzt. Im hinteren Teil des Erdgeschosses lag der Betraum. In dem angemieteten Nachbarhaus stand ein rituelles Bad, eine Mikwe, zur Verfügung.

Jüdischer Friedhof

Bereits Anfang des 18. Jahrhunderts wurde in Winterswick ein jüdischer Begräbnisplatz erwähnt. 1862 wurde der Friedhof erweitert, 1933 erfolgte die letzte Beisetzung. 42 Grabsteine sind nahezu unversehrt erhalten geblieben.

Borth

Katholische Pfarrkirche St. Evermarus

Unsymmetrisch zweischiffige, netzgewölbte Stufenhalle von 1452 aus Tuff und Backstein mit eingebautem, viergeschossigem Westturm; der ältere Chor aus einem Joch mit $^5/_8$-Schluss. Kreuzrippengewölbe im Chor und Seitenschiff. 1937 ein nach Süden orientierter dreischiffiger Erweiterungsbau in Backstein angefügt. 1978/80 nochmals auf der Südseite durch die Architekten J. Deurer und B. Kösters aus Wesel erweitert. Der Altbau wurde im Krieg stark beschädigt. Der barocke Hochaltar von 1728 mit

Kath. Pfarrkirche St. Evermarus, Borth, 2004

Kunst und Archäologie — Die Baudenkmäler der Stadt Rheinberg

einer Kreuzigungsdarstellung zwischen zwei korinthischen Säulen, Ambo aus den Füllungen der ehemaligen Kanzel hergestellt. Holzfigur eines Engels mit Helm als „Schildknappe Christi", niederrheinische Arbeit um 1500. Die Glasfenster entwarf Manfred Espeter aus Münster.

Evangelische Pfarrkirche in Wallach

Einschiffiger rippengewölbter Bau des 15. Jahrhunderts mit viergeschossigem Westturm in romanisierenden Formen. Orgelprospekt des 18. Jahrhunderts aus Viersen erworben.

Budberg

Evangelische Pfarrkirche St. Lambertus

Die Kirche, im Kern ein einschiffiger Saalbau des späten 9. oder 10. Jahrhunderts mit eingezogenem Rechteckchor, wurde 1150 erstmals erwähnt. Die alten Rundbogenfenster und der alte Eingang auf der Südseite sind noch erkennbar. Im 15. Jahrhundert wurde der alte Chor mit einem dreiseitigen Schluss versehen und im Westen ein dreigeschossiger Turm mit geknickter Schieferpyramide vorgesetzt. Im Innern wurden Streben für die Gewölbe eingesetzt, die aber im 18. Jahrhundert durch eine Flachdecke ersetzt wurden. Das Bruchsteinmauerwerk des Kernbaues mit römischen Werkstücken und Ziegeln durchsetzt, die späteren An- und Umbauten in Backstein und Tuff ausgeführt. Um 1544 bereits erste evangelische Predigten.

Katholische Filialkirche St. Marien

Durch Umbau der ehemaligen Windmühle von 1842 entstand in den Jahren 1947/49 nach einem Entwurf des Architekten A. Schepers die einschiffige Kirche.

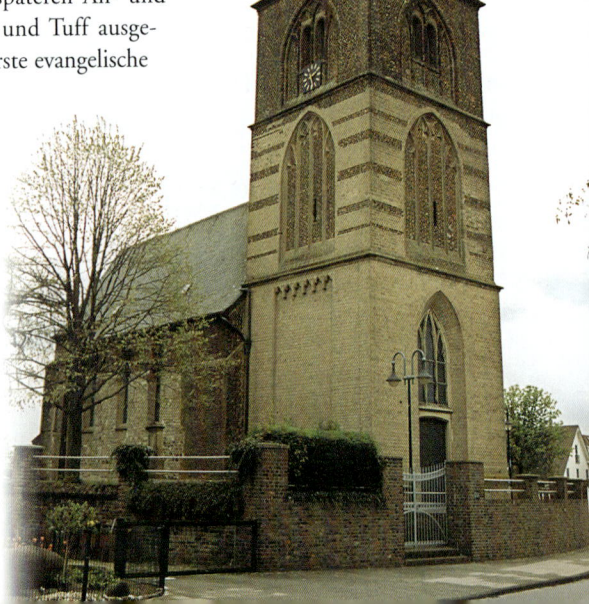

Ev. Pfarrkirche Wallach, 2004

Ev. Pfarrkirche St. Lambertus, Budberg, 2004

Kath. Filialkirche St. Marien, Budberg, 2004

Haus Wolfskuhlen

Ehemalige wasserumwehrte Anlage; das dreigeschossige Herrenhaus ist um 1800 in noblen, klassizistischen Formen errichtet worden. Gegenwärtig ist die gesamte Anlage eine Bauruine.

Ossenberg

1176 erste Erwähnung des Ortes, Ossenberg als Vogtei und Herrlichkeit im 14. Jahrhundert mehrfach erwähnt, wahrscheinlich aus Reichsbesitz an Kurköln gelangt, später ein umstrittenes kölnisches und moersisches Lehen. Ursprünglich im Besitz derer von Ossenberg, in späterer Zeit an die von Wyllich und Lottum übergegangen. 1721 wurde die mittelalterliche Burg abgebrochen und durch einen Neubau der Grafen Truchseß von Waldenburg ersetzt. Dieser war bis vor wenigen Jahren im Besitz der Grafen Berghe von Trips. Heute gehört die Anlage der herzoglichen Familie von Urach (Württemberg). Die umfangreiche Anlage mit dem Herrenhaus von 1721, den Wirtschaftsgebäuden und den Umfassungsmauern bildet ein großes Viereck mit vier dreistöckigen Ecktürmen. Der Zugang führt durch den Torturm auf der Westseite. Nach schwerer Kriegszerstörung wurde das zweigeschossige Herrenhaus mit Rokokoportal und einem mit einem Giebel gekrönten Mittelrisalit wieder hergestellt. Erhalten geblieben sind zwei Räume, wovon der größere durch seine Stuckarbeiten und Malereien besonders zu erwähnen ist. Die Deckengemälde zeigen die symbolische Darstellung der vier Erdteile.

Westlich vom Schloss, außerhalb der Mauern, steht die ursprünglich einschiffige **Schlosskapelle** aus dem 18. Jahrhundert mit einfacher Rokoko-Ausstattung. Sie wird seit 1749 mit wechselvoller Geschichte als Simultankirche benutzt. In den Jahren 1999–2001 durchgreifende, beispielhafte Restaurierung. 1923 wurde das südliche Seitenschiff angebaut.

Katholische Pfarrkirche St. Mariä Himmelfahrt

Bereits 1916 hatten die Architekten Gebr. Langenberg einen Kirchenentwurf gefertigt, der aber nicht zur Ausführung kam. Erst 1952 konnte nach einem Entwurf des Architekten Toni Hermanns aus Goch ein Neubau als dreischiffige Staffelhalle mit eingezogenem Südchor zur Ausführung kommen. Der Fassadenturm im Norden schließt mit einem Satteldach.

Das Kirchenschiff ist ein Stahlbetonskelettbau mit Ziegelausmauerung. Das große Wandbild der Altarrückwand, die Krönung und Himmelfahrt Mariens darstellend, stammt von Grete Grömmer, Ochtrup. Die Glasfenster im Schiff entwarf Günther Reul, Kevelaer. Die Fenster im Chorraum stammen von Vetter-Spilker, Hamminkeln. Die Gestaltung der Taufkapelle erfolgte nach Plänen von Architekt Heribert Reul.

Grundriss Ev. Kirche Rheinberg-Budberg

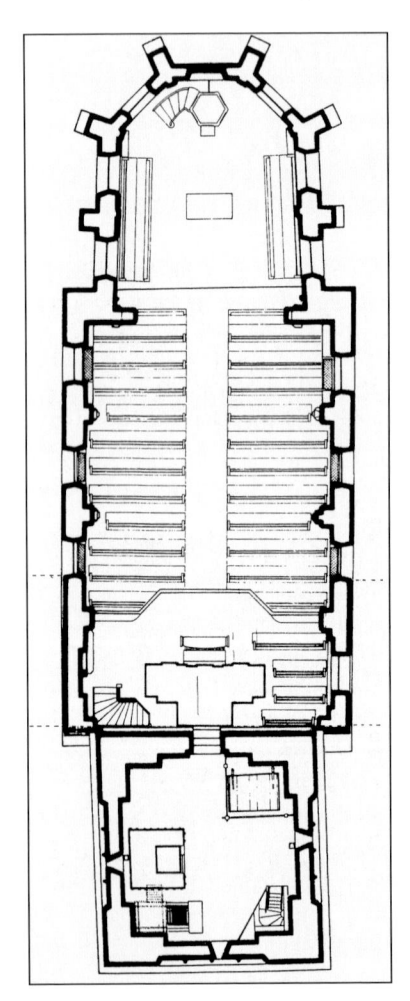

Profanbauten

Kirchstraße 48: Mühlenhaus, ehemalige Pferdewechselstation, zweigeschossiger quadratischer Bau mit zwei seitlichen, eingeschossigen Anbauten aus dem 1. Viertel des 19. Jahrhunderts. Turmwindmühle am Mühlenweg, angeblich spätmittelalterlicher Putzbau von 1450, die ehemalige Kastenmühle wurde 1750 durch den heutigen Bau ersetzt. Die Mühle ist noch in Betrieb.

Literatur:
Heinrich Coopmann, Budberg. Die kleine Kirche und das Dorf. In: Schriften der Stadt Rheinberg zur Geschichte und Heimatkunde. Bd.12, 1999.
Ute Geißler, Die Stadt Rheinberg am Niederrhein und ihre Befestigungsanlagen. In: Schriften der Stadt Rheinberg zur Geschichte und Heimatkunde. Bd. 8, 1995.
Heinrich Goossens, St. Anna, eine Gemeinde entsteht. Rheinberg 2001.
Pfarrgemeinde St. Anna, Festschrift. Rheinberg 1983.
Fritz Hofmann, St. Evermarus, Borth. In: Schnell, Kunstführer Nr. 1736, 1989.
Karl-Heinz Hohmann, Stadt Rheinberg. Rheinische Kunststätten. Köln 1974.
Kath. Kirchengemeinde St. Mariä-Himmelfahrt, Chronik 1953-2003. Rheinberg 2003.
Kath. Pfarrgemeinde St. Evermarus zu Borth, Festschrift zur Konsekration der erweiterten St. Evermaruskirche in Borth, 6. Sept. 1980. Rheinberg 1980.
Markus Krämer, Von der Gasthausstiftung zur gemeindenahen Psychiatrie. Die Geschichte des St. Nikolaus-Hospitals Rheinberg seit 1861.

Die Baudenkmäler der Stadt Rheinberg

Kunst und Archäologie

Alfons Minnerup, 25 Jahre Konvikt St. Josef, Rheinberg. Rheinberg o. J.

Elfi Pracht-Jörns, Jüdisches Kulturerbe in Nordrhein-Westfalen, Teil II: Regierungsbezirk Düsseldorf.

Klaus G. Püttmann, Farbige Holzdecken in der Alten Kellnerei, Rheinberg. In: Denkmalpflege im Rheinland Nr. 2/1989.

Reimer, Neubau des Königl. Amtsgerichts und Gefängnisses in Rheinberg. Krefeld 1917.

Stadt Rheinberg, Die Alte Kellnerei in Rheinberg 2001.

Sabine Sweetsir, 550 Jahre Rathaus Rheinberg 1449-1999. Rheinberg 1999.

Birgitt und Rainer Schiffier, Kunsttopographischer Teil: Rheinberg. In: Der Kreis Wesel. Stuttgart 1983.

Ruth Schmitz-Ehmke, Rheinland. (= Handbuch der Deutschen Kunstdenkmäler, hrsg. von Georg Dehio, 1). 1967.

Hans Vogt, Niederrheinischer Windmühlenführer. Verein Linker Niederrhein e. V., Krefeld 1989.

Aloys Wittrup, Die Schulgeschichte der Stadt Rheinberg. Rheinberg o. J.

Schloss Ossenberg, Kreis Wesel, Schloßstraße: Deckenmalerei im Herrenhaus, 2. Raum nach der Restaurierung.

CLIVE BRIDGER

Archäologischer Bericht für den Kreis Wesel 2000/2001

Der Landschaftsverband Rheinland (LVR) unterhält zwei archäologische Einrichtungen im Kreis Wesel, den Archäologischen Park mit dem Regionalmuseum Xanten (APX/RMX), der für die Erhaltung, Erforschung und Präsentation der Römerstadt Colonia Ulpia Traiana zuständig ist, und die Außenstelle Xanten des Rheinischen Amts für Bodendenkmalpflege (RAB), die für alle archäologischen Belange des Niederrheins und somit auch für den gesamten Kreis Wesel außerhalb der römischen Stadt verantwortlich ist.

Zwischen den Jahren 1990 und 2000 erschien im Jahrbuch des Kreises Wesel in jährlichem oder zweijährlichem Rhythmus ein Bericht über die archäologische Tätigkeit im Kreis für das jeweils vorangegangene Jahr bzw. die jeweils zwei Jahre[1]. Die Fundberichte stellten eine Art Rechenschaftsbericht dar, denn man kann den LVR auch als einen regionalen Dienstleistungsbetrieb betrachten, der u. a. aus den Kreisumlagen finanziert wird. Daher ist es das gute Recht der Bürgerinnen und Bürger im Kreis Wesel zu erfahren, welche archäologische Tätigkeit in ihrem Kreis vorgenommen und welche vorläufigen Kenntnisse gewonnen wurden. Für die Jahre seit 1999 sind bislang keine Fundberichte erschienen. Nun sollen die Berichte mit leichten Änderungen fortgeführt werden und wie früher regelmäßig erscheinen[2].

Für die Jahre 2000 und 2001 hat die Außenstelle Xanten insgesamt 116 Aktivitäten im Kreis Wesel durchgeführt. Hinzu kommen 14 Aktivitäten, die innerhalb eingetragener Bodendenkmäler in so genannten Verursachermaßnahmen durch archäologische Firmen ausgeführt wurden. Hierbei ist zu sagen, dass eine Aktivität sowohl eine Ausgrabung beinhaltet, die das ganze Jahr hindurch geführt werden kann, als auch die Begutachtung eines Fundes, die lediglich eine Stunde dauert. Darüber hinaus werden kürzere Plangrabungen, Notbergungen, Feldbegehungen seitens amtlicher oder vorwiegend ehrenamtlicher Mitarbeiter, die Aufnahme von Einzelfunden oder Sammlungen u. v. m. vorgenommen. Die wesentlichen Aktivitäten sind der hier vorgelegten Kartierung zu entnehmen.

Am zeitintensivsten sind die Plangrabungen, von denen im Berichtszeitraum zwei im Kreis Wesel stattfanden. Über die spektakulären römischen Grabfunde aus einer Baustelle in Xanten haben wir bereits in dieser Reihe als Einzelbeitrag berichtet[3]. Im gleichen Jahr kamen in der unmittelbaren Nähe bei einer Hausausschachtung drei

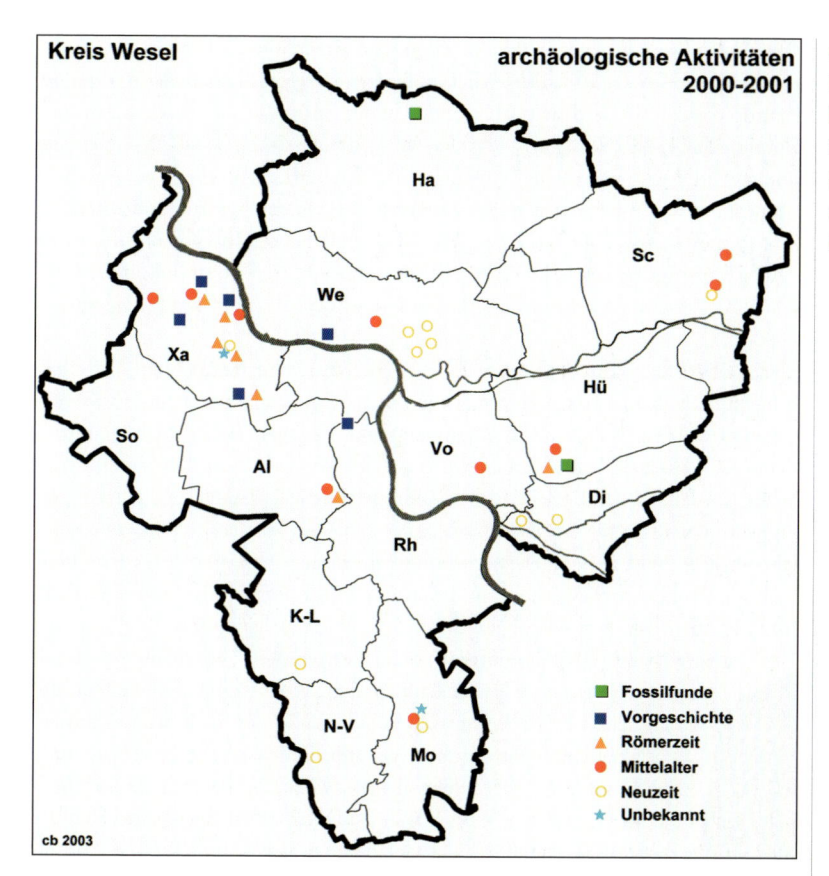

Kunst und Archäologie

Archäologischer Bericht für den Kreis Wesel 2000/2001

Archäologische Fundkarte für den Kreis Wesel 2000–2001 (Verf. unter Anwendung von MapInfo)

weitere Brandgräber des 2. Jahrhunderts n. Chr. zum Vorschein. Teile eines anderen römischen Gräberfeldes in Moers-Schwafheim bildeten einen Schwerpunkt der Grabungstätigkeit in beiden Berichtsjahren. Auf einer Gesamtfläche von ca. 940 Quadratmeter wurden 65 Brandgräber und Verbrennungsgruben vorwiegend des 2. und beginnenden 3. Jahrhunderts freigelegt. Bedingt durch die eher ungewöhnliche Bestattungssitte, den Grubeninhalt direkt nach dem Löschen des Scheiterhaufenfeuers wieder auszuräumen, um die sterblichen Reste der Verstorbenen anderswo (oberhalb?) zu begraben, wurden verhältnismäßig wenig interessante Funde gemacht[4].

Notbergungen bei Hausausschachtungen und ähnlichen Anlässen führen manchmal zu Überraschungsfunden. In der Xantener Innenstadt wurden in einer Baustelle am Westwall neben Fundamenten und einem Brunnen des 16.–18. Jahrhunderts auch der Abschnitt eines bislang unbekannten römischen Grabens angeschnitten. Einen weiteren Graben unbekannter Datierung dokumentierte man 300 Meter weiter östlich in der Straße Mühlenberg. An der Schule in Xanten-Birten wurden erwartungsgemäß römische Siedlungsfunde der ersten drei Jahrhunderte n. Chr. angetroffen. In der Innenstadt von Schermbeck konnte ein neuzeitlicher Brunnen untersucht werden. In nahezu jedem Jahr führen vor allem Kanalisationsarbeiten in der Innenstadt von Wesel zur Aufdeckung von Teilen der ausgedehnten Stadt- und Festungsmauern. Trotz einer nun vorliegenden Kartierung der Fundamente[5] beißen

Kunst und Archäologie | **Archäologischer Bericht für den Kreis Wesel 2000/2001**

sich Bagger immer wieder an breiten Ziegelfundamenten fest, beispielsweise wieder im Berichtsraum an der nordwestlichen Bastion des preußischen Berings, an der Bastion Königin in der Rheinbabenstraße, in der Bismarckstraße sowie im Bereich Kolpingstraße / Am Nordglacis. Weitere Abschnitte der Stadtmauer kamen bei Grabungen im Areal Esplanade / Tückingstraße / Mauerbrandstraße zum Vorschein (Augustastraße). Auch in der Innenstadt von Moers wurden der frühere Stadtgraben in der Oberwallstraße sowie neuzeitliche Hausfundamente nebst einem Brunnen in der Niederstraße untersucht. In der Mittelstraße in Schermbeck konnte ein Abschnitt des hoch- bis spätmittelalterlichen Grabens mit Uferbefestigung dokumentiert werden.

Bodeneingriffe an älteren Bauten können noch ältere Vorbauten zum Vorschein bringen oder aber beweisen, dass manche Teile eines bestehenden Baues später hinzugefügt wurden. Sodann werden Fundamentsanierungen, neue Heizungseinbauten u. ä. an Kirchen, Schlössern etc. auch archäologisch begleitet. Bei Sanierungsarbeiten am Haus Voerde konnte eine Pfahlgründung aus dem 14./15. Jahrhundert festgestellt werden. Im Innenhof des Moerser Schlosses wurden im 700. Jubiläumsjahr im Jahr 2000 umfangreiche Umbauarbeiten begonnen, die auch eine Untersuchung des historischen Untergrundes erforderten. Dabei wurden von einer Fachfirma Fundamente von Vorgängerbauten zu Tage gebracht, die die Ergebnisse aus unzureichend dokumentierten Untersuchungen der 1950er Jahren ergänzen bzw. revidieren. In der Innenstadt von Dinslaken wurden Fundamente der evangelischen Kirche kontrolliert, ebenso an der St. Johanniskirche in Dinslaken-Eppinghoven. In der evangelischen Kirche in Vluyn wurde eine Gruft von 1768 aufgenommen, wobei an dieser Stelle nochmals darauf hingewiesen werden soll, dass die Untersuchung älterer Grüfte nicht ohne gesundheitliche Gefahren vor sich geht, denn in einem solchen über einen langen Zeitraum verschlossenen Milieu können sich lebensbedrohliche Pilze, z. B. Aspergillus flavus, entwickeln. Das Betreten solcher Grüfte sollte nur mit Atemschutz erfolgen.

Viele Aktivitäten erzielen keine positiven Ergebnisse. Dies stellt jedoch auch eine Art positiven Ergebnisses dar, denn die Kartierung archäologisch negativer Merkmale gibt Planungssicherheit für zukünftiger Baumaßnahmen und Geländenutzungen. Sodann wurden über Monate hinweg die Um- und Ausbauarbeiten am sieben Kilometer langen Abschnitt des rheinfernen Deiches zwischen Xanten-Birten und Wesel-Perrich immer wieder kontrolliert. Entgegen der Erwartungen wurden keine archäologisch relevanten Fundstellen ausgemacht, obwohl hinzugefügt werden muss, dass sich durch das massenhafte Auftreten großer Räumfahrzeuge keine idealen Voraussetzungen für eine geordnete Begleitung der Erdarbeiten ergaben. In Moers-Hülsdonk konnte ein Feldweg unbekannter Zeitstellung festgestellt werden. Den Rest einer spätmittelalterlichen Landwehr mit Graben dokumentierte man in Hünxe-Bruckhausen bei der Kontrolle einer Geländeabgrabung. Weitere große Erdbewegungen wurden in den vielen Kiesbaggereien im Kreis vorgenommen. Da dies vorwiegend in ehemaligen Flussarmen geschieht, ist der Fundanfall archäologischen Materials manchmal beträchtlich, denn in

Jungsteinzeitliches Beil aus Xanten-Wardt

Flüssen gehen oft Sachen unabsichtlich verloren, während zu bestimmten Perioden auch Opferfunde in Flüssen gemacht wurden. Im Berichtszeitraum wurden metallzeitliche, römische, mittelalterliche und neuzeitliche Objekte in Hünxe-Bruckhausen, Wesel, Xanten-Lüttingen und Xanten-Wardt zu Tage gefördert. Von diesen sind einige Metallfunde besonders hervorzuheben: aus Wesel-Flüren ein nahezu 60 Zentimer langes, westeuropäisches Schwert der so gennanten Mindeheim-Stufe aus der frühen Eisenzeit, also etwa 1200 bis 800 v. Chr.; aus Xanten eine so genannte Vasenkopffibel aus der jüngeren Bronzezeit, mehrere römische Eisenfunde (u. a. Bootshaken, Lanzenspitze und -schuh, Baumsichel) sowie aus Bronze ein Armreif und drei Eimer von Typ Östland. Darüber hinaus kamen aus Wardt eine mittelsteinzeitliche Geweihhacke und aus Hamminkeln-Dingden eine Geweihaxt heraus. Neben dem archäologischen Fundgut fördern die Kiesbagger auch viele Knochenfunde von hier einst einheimischen Tieren, wie dem Wisent, Mammut, Riesenhirsch und Ren. Reste solcher Tiere des Pleistozäns stammen aus Hünxe-Bruckhausen und Hamminkeln-Dingden.

Einige Einzelfunde oder Ansammlungen von Funden, die auf eventuell abgegangene Siedlungen hinweisen, werden durch Geländebegehungen gefunden. In Alpen-Drüpt konnten römische Siedlungsfunde des 2./3. Jahrhunderts festgestellt werden; anderswo in Drüpt römische, mittelalterliche und neuzeitliche Keramik. In Schermbeck-Rüste wurde ein Spinnwirtel aus dem 11.–13. Jahrhundert aufgelesen. Etwas jüngere Keramik stammt aus Xanten-Mörmter.

Auch interessierte Bürger leihen geerbte Altstücke zum Begutachten aus. Hierdurch gewannen wir genauere Kenntnis über zwei jungsteinzeitliche Steinbeile, die Ende der 1950er Jahre bei der Kartoffelernte in Xanten-Wardt zum Vorschein kamen, die aber damals nicht genau dokumentiert wurden. Bei einem Beil handelt es sich um ein noch gut erhaltenes, eher spitz- bis dünnnackiges Beil mit facettierten Seitenkanten und asymmetrischer Schneide aus einem fein geschliffenen, gefleckten Metamorphit. Beide Schauflächen, die Seiten und das stumpfe Ende weisen Absplitterungen auf, die vermutlich vom Pflügen herrühren. Das 14,4 Zentimeter lange, noch 312 Gramm schwere Gerät ist in das 4. Jahrtausend v. Chr. zu datieren. Dass Funde nicht immer alt sein müssen, um trotzdem interessant sein zu können, zeigt das Beispiel eines modernen Zierschwertes aus dem 20. Jahrhundert, das sich in Kamp-Lintfort befindet.

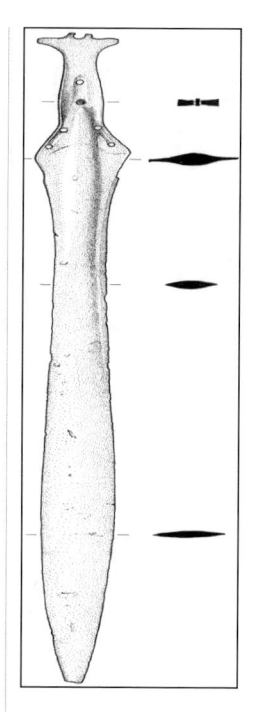

Frühzeitliches Griffzungen-Schwert aus Wesel-Flüren (Zeichnung: H. Stedter, APX/KMX).

Veranstaltungen / Nachrichten 2000–2001

Neben dem gewohnten Abriss über die bodenständigen Tätigkeiten der Bodendenkmalpflege im Kreis Wesel für den jeweils behandelten Zeitraum sollen die archäologischen Nebenprodukte auch nicht unerwähnt bleiben. Vom 15. bis zum 17. Juni 2000 fand im Regionalmuseum Xanten ein Fachkolloquium unter dem Titel "Römische Keramik. Herstellung und Handel" statt, und vom 13. August bis zum 22. Oktober 2000 am selben Ort die Ausstellung "Die Sammlung Gerhard Alsters. Archäologische Kostbarkeiten vom Niederrhein". Bei der Außenstelle Xanten wurde am 27. August 2000 ein Tag der Offenen Tür durchgeführt. Am 21. Dezember 2000 verstarb im Alter von 84 Jahren der erste Leiter der Außenstelle Xanten (Niederrhein) Prof. Dr. Hermann Hinz. Zwischen 1957 und 1965 war er Chefarchäologe am Niederrhein, wo er zahlreiche Ausgrabungen durchführte und eine wahre Flut von Publikationen über nahezu alle seine Grabungen veröffentlichte, bevor er einem Ruf als Professor an die Universität Kiel folgte. Im Kreis Wesel war er vor allem für die folgenden Grabungen verantwortlich: das jungsteinzeitlich-eisenzeitliche Gräberfeld in Alpen-Veen; die römischen Gräberfelder in Xanten-Birten und in Xanten; die großflächigen Untersuchungen innerhalb der CUT, v. a. Thermen und Verwaltungsbau; das fränkische Gräberfeld in Moers-Eick; mehrere kleinere Untersuchungen in verschiedenen Kirchen. Die niederrheinische Archäologie hat ihm viel zu verdanken.

Publikationen 2000-2001

Ebenfalls neu in diesem Überblick soll die Aufnahme der wichtigsten Publikationen über Archäologie im Kreis Wesel für den jeweils behandelten Zeitraum sein. Einige wurden bereits in der entsprechenden jährlichen Auswahlbibliographie von H. Scheffler erwähnt, aber hier finden interessierte Leser die wesentliche Materie an einer Stelle zusammengebündelt. Dominiert wird die Liste von Arbeiten über den archäologischen Schwerpunkt im Kreis, das römische Xanten, wo die Dienststelle APX/RMX dafür sorgt, ihre Forschungsergebnisse über die Colonia Ulpia Traiana auch schriftlich publik zu machen. Um dieser Tatsache Rechnung zu tragen, wird die nachfolgende Liste zwischen dem römischen Xanten und dem restlichen Kreisgebiet untergliedert.

A) Das römische Xanten

Alle fünf Jahre präsentiert das Land Nordrhein-Westfalen die jüngsten Highlights aus der Bodendenkmalpflege in einer Ausstellung. Die folgenden Aufsätze erschienen im entsprechenden Begleitkatalog H. G. Horn / H. Hellenkemper / G. Isenberg / H. Koschik (Hrsg.), Fundort Nordrhein-Westfalen. Millionen Jahre Geschichte. Schr. z. Bodendenkmalpfl. NRW 5 (Mainz 2000): G. Precht, Bodendenkmalpflege in der Colonia Ulpia Traiana / Xanten, S. 37–46; U. Brandl, Süßes für die Ewigkeit – Eine frühe Bustumbestattung auf dem Gebiet der Colonia Ulpia Traiana / Xanten, S. 267f.; N. Zieling, Spuren im Schlamm – Ein Nachweis römischer Schubkarren?, S. 269–271; M. Zelle, Neue Wandmalereien aus einem Wohnviertel der Colonia Ulpia Traiana, S. 272–276; D. von Detten, Das Ladegut eines gekenterten römischen Schiffes aus Xanten, S. 277–279; H.-J. Schalles, ‚Schräge Vögel' – Drei Bronzekasserollen römischer Zeit aus Xanten, S. 280–282.

Die folgenden Aufsätze erschienen in: G. Precht / N. Zieling (Hrsg.), Genese, Struktur und Entwicklung römischer Städte im 1. Jahrhundert n. Chr. in Nieder- und Obergermanien. Kolloquium vom 17. bis 19. Februar 1998 im Regionalmuseum Xanten. Xantener Berichte 9 (Mainz 2001): S. Leih, Ausgewählte Siedlungsbefunde vom Areal der Colonia Ulpia Traiana, S. 17–26; N. Zieling, Konstruktionstypen vorcoloniazeitlicher Gebäude auf dem Areal der Colonia Ulpia Traiana, S. 27–36; G. Precht, Neue Befunde zur vorcoloniazeitlichen Siedlung – Die Grabungen an der Südostecke der Capitols- und Forumsinsula, S. 37–56; C. Bridger, Gräber des 1. Jahrhunderts auf dem Areal der Colonia Ulpia Traiana, S. 57–67; U. Boelick / S. Leih / N. Zieling, Untersuchungen zu ausgewählten Fundgattungen des 1. Jahrhunderts auf dem Areal der Colonia Ulpia Traiana, S. 69–77; K. H. Lenz, Militaria des 1. Jahrhunderts n. Chr. aus dem Areal der Colonia Ulpia Traiana (Xanten), S. 79–85. Folgende Arbeiten entstammen: Th. Grünewald (Hrsg.), Germania inferior. Bevölkerung, Gesellschaft und Wirtschaft an der Grenze der römisch-germanischen Welt. Beiträge des deutsch-niederländischen Kolloquiums in Xanten (21.–24. September 1999). RGA Erg.-Band 28 (Berlin 2001): J. Heinrichs, Römische Perfidie und germanischer Edelmut? Zur Umsiedlung protocugernischer Gruppen in den Raum Xanten 8 v. Chr., S. 54–92; C. Bridger, Zur römischen Besiedlung im Umland der Colonia Ulpia Traiana / Tricensimae, S. 185–211; W. Spickermann, Kultorganisation und Kultfunktionäre im Gebiet der Colonia Ulpia Traiana, S. 212–240; L. Wierschowski, Cugerner, Baetasier, Traianenser und Bataver im überregionalen Handel der Kaiserzeit nach den epigraphischen Zeugnissen, S. 409–430; H.-J. Schalles, Die Wirtschaftskraft städtischer Siedlungen am Niederrhein: Zur Frage der wirtschaftlichen Beziehungen des römischen Xanten mit seinem Umland, S. 431–463.

Die restlichen Veröffentlichungen stammen aus verschiedenen Publikationen: W. Böcking, Der Rheinwasserstand am 16. Februar 1858. Zur Auffindung des „Lüttinger Bronzeknaben". Jahrbuch Kreis Wesel 2001 (Duisburg 2000) S. 149–154. – C. Bridger / K. Kraus, Römische Gräber in Xanten, Viktorstraße 21. Bonner Jahrb. 200, 2000, S. 21–85. – C. Bridger / K. Kraus, Außergewöhnliche römische Gräber aus Xanten. Jahrbuch Kreis Wesel 2002 (Duisburg 2001) S. 223–230. – Th. Fischer, Abschnitt „Xanten". In: Die Römer in Deutschland (Stuttgart ²2001) S. 72–77. – W. Gerwin / J. Obladen-Kauder, Xanten. In: W. Scharff u. a., Schutz archäologischer Funde aus Metall vor immissionsbedingter Schädigung (Stuttgart 2000) S. 113–117. – M. Hilke, Parc Archéologique, Xanten, Allemagne. In: A. Blondé (Hrsg.), Jeunes et sauvegarde du patrimoine - Youth and the safeguard of heritage. Centre International d'Etudes pour la Conservation et la Restauration des Biens Culturels (Roma 2000) S. 41–47. – A. F. Kathage / J. J. M. Wippern / N. Zieling, Scheibchenweise: Untersuchung am Kapitol mit Georadar. Archäologie im Rheinland 2000 (Stuttgart 2001) S. 142–146. – K. Kraus, Tote reich bestattet. Archäologie im Rheinland 2000 (Stuttgart 2001) S. 79f. – G. Platz-Horster, Agrippina minor, eine obsolete Mutter. Neue Gemmen aus Xanten. Bonner Jahrbücher 201, 2001 (2004) 53–68. – G. Precht, Der Archäologische Park Xanten – Geleistetes und Perspektiven. In: Vom Umgang mit Ruinen. Kolloquium des Rheinischen Vereins für Denkmalpflege und Landschaftsschutz e. V. in Trier 12. Juni 1999. Materialien zur Bodendenkmalpflege im Rheinland 12 (Köln 2000) S. 33–44. – G. Precht, Archäologie und Marketing im Archäologischen Park Xanten (Nordrhein-Westfalen). In: G. Weber (Hrsg.), Archäologie und Marketing. Alte und neue Wege in der Präsentation archäologischer Stätten. Beiträge zum 3. Cambodunum-Symposion 9. und 10. Oktober 1998 (Kempten 2001) S. 71–78. – G. Precht, Die Präsentation eines archäologischen Denkmals in Xanten – Schutzbau und didaktisches Modell. In: P. Noelke / B. Schneider (Hrsg.), Archäologische Museen und Stätten der römischen Antike – Auf dem Wege vom Schatzhaus zum Erlebnispark und virtuellen Informationszentrum? 2. Internat. Koll. Vermittlungsarbeit Museen Köln 3.-6.5.1999 (Bonn 2001) S. 102–106. – A. Rieche, Der Archäologische Park Xanten: Konzept, Entwicklung, Perspektive. In: Kulturparks. Erbe und Entertainment. Publikationsreihe AG Donauländer 2 (St. Pölten 2000) S. 23–25. – H.-J. Schalles, Aus dem Gepäck des Legionärs. Außergewöhnlich in Form und Dekor – Drei römische Bronzekasserollen aus Xanten. Antike Welt 31/4, 2000, S. 379–382. – H.-J. Schalles, Städte im Rheinland: das Beispiel Xanten. In: L. Wamser (Hrsg.), Die Römer zwischen Alpen und Nordmeer. Zivilisatorisches Erbe einer europäischen Militärmacht. Schriftenreihe Arch. Staatssammlung 1

(Mainz 2000) S. 104–107. – H.-J. Schalles, Lasst Objekte mitspielen – Gedanken zur Neukonzeption des Römischen Xanten. In: P. Noelke / B. Schneider (Hrsg.), Archäologische Museen und Stätten der römischen Antike – Auf dem Weg vom Schatzhaus zum Erlebnispark und virtuellen Informationszentrum? Referate 2. Internat. Colloquiums zur Vermittlungsarbeit in Museen, Köln 1999 (Bonn 2001) S. 51–56. – M. Zelle, Colonia Ulpia Traiana. Götter und Kulte. Führer u. Schr. APX 21 (Köln 2000). 151 S., 180 Abb.

B) Der restliche Kreis

C. Bridger, Römerzeit und Frühmittelalter auf Ginderischer Gebiet. In: M. Roelen (Hrsg.), Römer – Wallfahrt – Landwirtschaft. Zwei Jahrtausende Gindericher Geschichte. Stud. u. Quellen z. Geschichte von Wesel 23 (Wesel 2000) S. 9–39. – C. Bridger, Römerzeit und Frühmittelalter. In: M. Wensky (Hrsg.), Moers. Die Geschichte der Stadt von der Frühzeit bis zur Gegenwart (Köln, Weimar, Wien 2000) Band I, S. 39–68; 427–452; 456–459. – R. Decker, Scherben, Schalen, Scheiterhaufen. Neues von den alten Gräbern in Asciburgium. Archäologie im Rheinland 1999 (Köln 2000) S. 95–97. – W. Diedenhofen, Hermann Ewich als archäologischer Schriftsteller und Sammler. Zum 400. Geburtstag des Gelehrten am 3. März 2001. Jahrbuch Kreis Wesel 2002 (Duisburg 2001) S. 39–49. – F. Lorscheider / U. Schoenfelder, Neuzeitliche Stadtbefestigungen in Moers. Archäologie im Rheinland 1999 (Köln 2000) S. 152–154. – U. Ocklenburg, Graben, Künette und Konterescarpe – ein Ausschnitt der preußischen Festung Wesel. Archäologie im Rheinland 1999 (Köln 2000) S. 154–156. – Th. Otten, Die fränkischen Bauten unter St. Viktor zu Xanten. Jahrbuch Kreis Wesel 2002 (Duisburg 2001) S. 211–222. – J. Pilarska (Bearb.), Stadt Wesel. Darstellung der Festung im heutigen Katasterplan. Sonderprojekt Archäologische Bestandserhebung NRW (Köln, Bonn 2000). – C. Weber, Naturraum und Vorgeschichte. In: M. Wensky (Hrsg.), Moers. Die Geschichte der Stadt von der Frühzeit bis zur Gegenwart (Köln, Weimar, Wien 2000) Band I, S. 1–38; 401–427; 453–456. – C. Weber, Xanten-Wardt – neue Funde aus der Kiesgrube. Archäologie im Rheinland 1999 (Köln 2000) S. 58–60 (Geweihaxt, bronzezeitliche Lanzenspitze). – C. Weber, Neue Beile der Bronzezeit aus Xanten-Wardt. Archäologie im Rheinland 2000 (Stuttgart 2001) S. 50f.

Anmerkungen:

1 D. von Detten / C. Weber, Archäologischer Fundbericht für den Kreis Wesel 1989. Jahrbuch Kreis Wesel 1991 (Kleve 1990) S. 185–188; für 1990, ebd. 1992 (1991) S. 209–212; für 1991, ebd. 1993 (1992) S. 203–206; für 1992, ebd. 1994 (1993) S. 192–195; für 1993, ebd. 1995 (1994) S. 188–192. D. von Detten, Archäologischer Fundbericht für den Kreis Wesel 1994–1995. Jahrbuch Kreis Wesel 1997 (Kleve 1996) S. 167–170; für 1996, ebd. 1998 (Duisburg 1997) S. 212–215; für 1997, ebd. 1999 (1998) S. 205–208; für 1998/1999, ebd. 2001 (2000) S. 221–227.
2 Ausgeklammert wird die Tätigkeit der Dienststelle APX/RMX, denn diese wird separat in der Reihe Xantener Berichte sukzessiv vorgelegt. Zuletzt für die Jahre 2000–2002 in: Xantener Berichte 13 (Mainz 2003) S. 411–443.
3 C. Bridger / K. Kraus, Außergewöhnliche römische Gräber aus Xanten. Jahrbuch Kreis Wesel 2002 (Duisburg 2001) S. 223–230. Jetzt weit ausführlicher: C. Bridger / K. Kraus, Römische Gräber in Xanten, Viktorstraße 21. Bonner Jahrb. 200, 2000 (2003), S. 25–81.
4 Hierzu jetzt: K. Kraus, Wo lagen die Toten? Bustumbestattungen in Moers-Asciburgium. In: J. Gebauer / E. Grabow / F. Jünger / D. Metzler (Hrsg.), Bildergeschichte. Festschrift Klaus Stähler (Möhnesee 2004) S. 277–294.
5 J. Pilarska (Bearb.), Stadt Wesel. Darstellung der Festung im heutigen Katasterplan. Sonderprojekt Archäologische Bestandserhebung NRW (Köln, Bonn 2000).

Mundart und Vermischtes

EDGAR SCHMITZ

Gedenktafel Arnold Wintgens

Der spätere Spinnereibesitzer Friedrich Arnold Wintgens erblickte am 21. Oktober 1770 in Duisburg das Licht der Welt. Im Jahr 1803 gründete er in Moers eine Baumwollspinnerei.

Friedrich Arnold Wintgens erwarb 1823 die damalige Moerser Schlossruine sowie in nachfolgender Zeit weitere umliegende Grundstücke, die er zum Teil durch den Düsseldorfer Gartenbauarchitekten Weyhe (1775–1846) zu einem Schlosspark ausgestalten ließ. Am 20. April 1856 starb Friedrich Arnold Wintgens in Moers und wurde auf dem Friedhof an der Rheinberger Straße beigesetzt. Das Schloss mitsamt dem Park veräußerten die Erben Wintgens zu einem Preis von 163.000,– Mark an die Stadt Moers.
Die von den Erben Wintgens 1951 gestiftete Gedenktafel wurde am 5. Juli 1952 um 11.30 Uhr im Beisein des Seniors der Großfamilie Wintgens, Herrn Geheimrat Pauli aus Freiburg, feierlich eingeweiht und dem Schlossmuseum übereignet. Die Tafel ist aus Sandstein gefertigt und hat ihren Platz an der Hofseite vom Westflügel des Moerser Schlosses gefunden.

Literatur:
RP, 25.11.1951, 05.07.1952, 07.07.1952.
NRZ, 07.07.1952, 24.12.1977.
Stadtarchiv Moers, Beilage „Land und Leute" Nr. 6, 1923.
„Gedenkblätter an den 25. März 1852", Moers, 1852.
„Friedrich Wintgens - das Schloß und der Park", Werner H. Heinze, in: Heimatkalender Kreis Wesel, 1983.
„Friedrich Wintgens", Paul Beilecke, Festschrift zur Einweihung der Gedenktafel am Moerser Grafenschloß.

Mundart und Vermischtes

HANS EHREN

Die Mairie de Veen

Französische Verwaltung am Niederrhein 1794–1814

Die Auswirkungen der Französischen Revolution von 1789 haben unsere Heimat am linken Niederrhein früher und nachhaltiger beeinflusst als andere Teile Deutschlands und Europas. Bereits Ende 1792 erreichen die Truppen des Revolutionsheeres, nachdem sie Belgien erobert hatten, Geldern, Goch, Kevelaer und Moers.

Die Besetzung des Landes geht einher mit Plünderungen und Verwüstungen. Zwar ziehen sich die Franzosen im Frühjahr 1793 wieder zurück, kommen aber 1794, und nun endgültig, als Besatzer in das Gebiet links des Rheines. Sie werden für 20 Jahre unsere Heimat als Teil Frankreichs ansehen und sie nach ihren Vorstellungen verwalten. Die Übertragung der linksrheinischen Gebiete von Kleve im Norden bis Speyer im Süden an Frankreich erfolgt 1795 im Frieden von Basel und völkerrechtlich verbindlich 1801 im Vertrag von Lunéville. Das Königreich Preußen und die Reichsfürsten nehmen dies ohne großen Widerstand hin. Sie erhoffen sich großzügigen Ausgleich rechtsrheinisch in Form von Ländereien aus geistlichem Besitz. Schon nach der Besetzung der linken Rheinlande plant man ab 1795 neue Verwaltungsstrukturen nach französischem Muster. Sie werden 1797/98 verwirklicht. Vier Départements (Regierungsbezirke) werden eingerichtet. Die hier zu behandelnde Mairie de Veen gehört fortan zum Département de la Roer mit der Hauptstadt Aachen. Dieses wird auf der nächsten unteren Ebene aufgeteilt in vier Arrondissements (Kreise): Aachen, Köln, Krefeld und Kleve. Das Arrondissement Kleve gliedert sich in zehn Kantone (Gerichtsbezirke). Die Mairie de Veen (Bürgermeisterei Veen) ist mit sechs weiteren Mairien Teil des Kantons Xanten. Mairien bestehen meist aus mehreren Communes (Gemeinden) und Bauernschaften, wie weiter unten am Beispiel von Veen aufgezeigt wird.

Die von den Franzosen neu geformten Verwaltungseinheiten führten zur Überwindung der Vielstaaterei im Rheinland. Ein Flickenteppich von z. T. winzigen weltlichen und geistlichen Herrschaftsbereichen behinderte bis dahin das Entstehen eines – wie ihn sich auch deutsche Fürsten vorstellten – modernen Staates. Eine großräumige Verwaltung nach einheitlichen Grundsätzen wurde nun links des Rheines möglich. Die leitenden Beamten der Départements und Arrondissements, Präfekten und Unterpräfekten, waren in der Regel Franzosen. Auf den nachgeordneten unteren Ebenen konnten auch Deutsche tätig sein. Die Ausübung des Amtes erfolgte stets ehrenamtlich. Demnach war es nur wirtschaftlich gut gestellten Personen möglich, z. B. das Amt eines Maire (Bürgermeisters) zu bekleiden.

Die wichtigsten Entscheidungen im Bereich der Verwaltung fielen natürlich in der Hauptstadt Paris. Hier hatte sich schon seit der Revolution ein junger Offizier hervorgetan, der es bald zum Oberbefehlshaber der Armee brachte: Napoleon Bonaparte. Seit 1799 regierte er als Erster Konsul und ab 1804 als von eigener Hand gekrönter Kaiser der Franzosen. Seine Regierungszeit, die für das Rheinland bis März 1814 dauert und für das französische Kernland 1815 mit der Niederlage bei Waterloo zu Ende geht, beeinflusste auch danach noch nachhaltig die Verhältnisse in Verwaltung, Rechtsprechung, Wirtschaft und Verkehr im Gebiet der ehemaligen linksrheinischen Départements.

Wie erlebten nun die Bewohner des Départements de la Roer, also auch die der Mairie de Veen, die Veränderungen in der Franzosenzeit?

1798 wird für jede Mairie ein Standesamt mit Zivilehe eingeführt. Geburtsurkunden und andere Dokumente sind in französischer Sprache abgefasst. Die Amtssprache ist fortan nur noch Französisch. Der Bürgermeister, der bei Amtshandlungen die Kokarde mit den Revolutionsfarben blau-weiß-rot tragen muss, ändert auch schon mal seinen geläufigen Vornamen Johann in Jean. Die des Französischen unkundigen Bürger, und das sind die allermeisten, müssen sich, falls notwendig, eines Übersetzers bedienen. Nicht wenige der Vermittler wirtschaften dabei in die eigene Tasche.

Schon seit 1792, dem „An I" (Jahr 1) der Französischen Republik, gilt im französischen Mutterland nicht mehr die christliche Zeiteinteilung, sondern ein republikanischer Kalender. Die Monate, alle mit 30 Tagen, erhalten allesamt neue Namen, wie z. B. Fructidor (Monat der Früchte; 9. Monat). Die Wochen werden abgelöst durch zehntägige Zeitabschnitte (Dekaden), wobei der letzte Tag ein Ruhetag ist. Am Jahresende (17. bis 21. September des christlichen Kalenders) gibt es dann noch fünf Nationalfeiertage. Ab 1798 gilt dieser Kalender auch in der Mairie de Veen, wie es die noch vorhandenen Eintragungen der Standesbeamten zeigen. Die Menschen sollen sich aber im täglichen Leben nicht an diesen Kalender gehalten haben. Napoleon ließ 1806 die christliche Zeitrechnung wieder aufleben.

Die Trennung von Kirche und Staat, seit 1792 in Frankreich Gesetz, wird auch im Rheinland angewandt. Ab dem Jahre 1798 sind Kreuze von Friedhöfen, an öffentlichen Wegen und von Kirchtürmen zu entfernen. Prozessionen dürfen außerhalb der dafür vorgesehen Gebäude nicht mehr stattfinden. Eine erhebliche Belastung für die Bevölkerung war die befohlene regelmäßige Ablieferung von Lebensmitteln, Tieren, Tiernahrung und manchmal auch handwerklicher Erzeugnisse, wie z. B. 25.000 Paar in Kervenheim in Handarbeit hergestellter Schuhe an die Armee. Dazu kamen noch Kontributionen (Steuern) verschiedener Art. Das linke Rheinland, und hier vor allem die Landbevölkerung, geriet in eine schwere wirtschaftliche und finanzielle Krise. Dazu kam noch die Ungewissheit, auf Grund der bisher unbekannten Militärpflicht aller männlichen Einwohner zwischen 18 und 40 Jahren die Heimat verlassen zu müssen. Insgesamt hatte die rheinische Bevölkerung in den zahlreichen napoleonischen Kriegen zwischen 1801 und 1813 einen erheblichen Blutzoll entrichtet.

Die Eingliederung des linken Rheinlandes nach Frankreich brachte, vor allem während der Kaiserzeit Napoleons, auch Vorteile mit sich. Bisher durch überholte Zunftordnungen, Grund besitzenden Adel und geistliche Herrschaften behinderte Handwerker und Fabrikanten wussten sehr bald die Vorzüge des französischen Systems zu schätzen. Rechtssicherheit durch von Napoleon eingeführtes Zivil- und Handelsrecht, Berufs- und Gewerbefreiheit und verbesserte Exportmöglichkeiten ließen vor allem im Roerdépartement neue Industrien entstehen: Tuchherstellung im Raum zwischen Aachen und Krefeld. Auch Eisenverarbeitung und Bergbau im Aachener Raum blühten auf. Die in unserer Gegend vorrangig betriebene Landwirtschaft erlebte durch neue Anbaumethoden einen starken Aufschwung. Erstmals werden Rüben zur Zuckergewinnung angebaut. 1803 wird ein einheitliches metrisches Maß- und Gewichtssystem gegen den erheblichen Widerstand der Bevölkerung erfolgreich eingeführt.

Besonderen Wert legte Napoleon auf ein gut ausgebautes Straßennetz. So sind Abschnitte der heutigen Straßen B 57 und B 58, die durch die Mairie de Veen führten, Teile eines von ihm geplanten Fernstraßennetzes: Holland, Süddeutschland, Schweiz und Paris-Hamburg über Venlo, Wesel. Ein von Napoleon angedachtes und auch eine kurze Strecke ausgeführtes Projekt war ein Wasserweg zwischen Rhein, Maas und Schelde (Neuss, Venlo, Antwerpen), heute bekannt unter dem Namen Nordkanal. 1804 besucht Napoleon die Baustelle bei Neuss. Er kommt auch nach Xanten und Rheinberg, wo er sich den im 17. Jahrhundert von Spanien begonnenen, aber unvollendet gebliebenen Rhein-Maas-Kanal Fossa Eugeniana zeigen lässt.

Begonnen wurde während der Franzosenzeit auch die Einrichtung eines amtlichen Katasterwesens. Es führte zu einer vollständigen Vermessung aller Grundstücke und deren Archivierung. Auf diese Weise sollte die im Grundgesetz geforderte Gleichheit aller Bürger und somit auch Steuergerechtigkeit erreicht werden.

Die Tranchot-Karte

In Frankreich existierte zur Zeit der Revolution schon eine topographische Karte. Sie sollte auch auf die besetzten Gebiete ausgedehnt werden. Die Aufnahme der linksrheinischen Gebiete überträgt der Erste Konsul Bonaparte 1801 dem Oberst Jean Joseph Tranchot. Mit seinen Helfern gelingt es diesem in fünfjähriger Arbeit von seinem Büro in Aachen aus die Aufgabe zu vollenden. Da das Kartenwerk in erster Linie militärischen Zwecken dienen soll, muss es auf Anordnung Napoleons geheim bleiben. Besonderer Wert wird auf eine vollständige Erfassung des Straßennetzes gelegt, vor allem in Siedlungsbereichen. Die im Feld gezeichneten Karten werden in der

Die Mairie de Veen | Mundart und Vermischtes

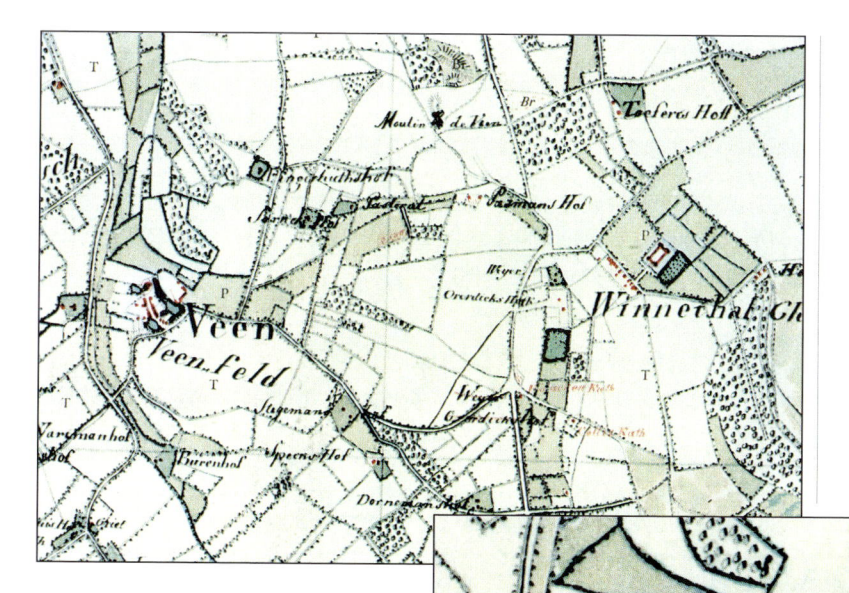

Regel in den Wintermonaten häuslich überarbeitet. Daher tragen sie außer der endgültigen Farbgebung vorläufige Buchstaben zur Darstellung der Nutzung einer Fläche. Gleichzeitig mit den Karten sollen schriftliche Erläuterungen geliefert werden, die Aussagen machen zur Gestalt des in der Karte dargestellten Gebietes, zur Statistik und zu historischen, militärischen und wirtschaftlichen Gegebenheiten dieser Gemeinde. Der Ingenieur-Geograph 3. Klasse, Bürger Raffy, nahm zwischen 1802 und 1804 die topographische Karte Blatt 16 auf. Er verfasste auch die Erläuterungen zur Mairie de Veen, gemeinsam mit dem ortskundigen Maire. Somit entsprechen die Angaben wohl der Wirklichkeit. 1802 heißt der Maire, wie die Urkunden ausweisen, Adam van Treek.

Zunächst gibt Raffy eine genaue Lokalisierung der zu beschreibenden Mairie. Er nennt die betreffenden Verwaltungsebenen Département, Arrondissement, Kanton und dann die Gliederung der Mairie de Veen: die Gemeinden Birten, Bönning, Crayenveen, Menzelen, Veen, Winnenthal. Raffy beruft sich bei der Ausführung seiner Arbeit auf die Verordnung des Ersten Konsuls aus dem Jahre 1801, auf die Anordnung des Kriegsministers und die Vorschriften des Kriegshauptdepots.

Im Folgenden nun wörtlich übernommen der Bericht des Geographen Raffy. Notwendige Erläuterungen stehen in [...].

§ 1. Äußere Beschaffenheit des Gebietes
Atmosphäre
Die Regenfälle sind recht häufig und dauern im Frühling lange an. Man sieht den Grund dafür in der Nähe des Rheines. Das Land leidet darunter nicht, außer in den sehr niedrig gelegenen Teilen. Die vorherrschenden Winde kommen aus Norden und Osten. Wenn sie lange andauern, sind sie für die Früchte schädlich. Die Nebel im Herbst und im Frühjahr sind dicht. Der Frost erstreckt sich oft bis Mitte April und Mai. Die Luft ist bewegt und gesund.

Gewässer
Flüsse
Der Altrhein gegenüber der Insel Bislich fließt im Norden der Gemeinde Birten vorbei und macht eine Schleife gegenüber dem Fürstenberg in Form eines Hufeisens. Er ist für kleine Schiffe befahrbar, aber wenn die Wasser niedrig sind, ist er im hohen Teil nahe des neuen Talweges fast verschlossen durch Sand und Kies.

Flüsschen
In der Gemeinde Menzelen gibt es zwei Flüsschen. Das erste, bekannt unter dem Namen „Bordsche Graben", kommt von Ossenberg, fließt Richtung Norden an Bord vorbei, wendet sich dann nach Westen, zwischen den Weilern Birten und Ginderich vorbeifließend, und mündet ein wenig später in den Altrhein, von dem gerade gesprochen wurde. Es bildet die Grenze der Gemeinde und der Bürgermeisterei ab dem Weiler Rill bis zum Gehöft Iltschen. Dann bildet es die Grenze zwischen Birten und Ginderich ab dem Weg von Xanten nach Büderich.

Das zweite Flüsschen kommt von Alpen, fließt an besagtem Weiler Rill vorbei, unterhalb der Gärten von Menzelen und des Weilers Eppinghoven, und vereint sich mit dem ersten nahe bei Birten. Diese beiden Flüsschen sind sehr vorteilhaft für die Gemeinden Birten und Menzelen für die Bewässerung der Wiesen, die sie säumen.

Kanäle
In der Gemeinde Bönning ist ein breiter Graben, der die Heide von Süden nach Norden durchquert und der von Alpen kommt. Nach seiner Breite zu urteilen, scheint es außer Zweifel, dass man daraus einen schiffbaren Kanal von Alpen bis zum Rhein machen wollte. Man weiß nicht, in welcher Zeit er begonnen wurde und warum er unterbrochen wurde. Es gibt dort fast das ganze Jahr über Wasser. Seine Breite beträgt 18 bis 20 Meter. [Raffy meint wohl den Römergraben, später Winnenthaler Kanal genannt. Er stellt ihn auf der Karte auffällig breit, mit Wasser gefüllt, dar. Es handelt sich um eine von vielen nacheiszeitlichen Hochflutrinnen des Rheines.]

Sümpfe
Es gibt nur sehr kleine sumpfige Teile, wo das Vieh aber trotzdem weiden kann. Dazu gibt es andere Teile, wo man einiges Schilfrohr oder Unkräuter mäht.

Quellen
In den Hügeln der Gemeinde Birten gibt es zwei kleine Süßwasserquellen. Die eine ist nahe dem Gehöft Hoeckens, die andere auf dem Weg, der vom Gehöft Lathmanns zum Fürstenberg führt. Sie geben wenig Wasser, das sich in den Wiesen unterhalb verliert.

Gelände
Gestalt
Die Gemeinden Veen, Crayenveen, Winnenthal, Menzelen und Bönning liegen in ei-

ner tiefen, stark zergliederten Ebene. Die von Crayenveen ist vor allem zergliedert durch eine beachtliche Anzahl von Gräben, die von Bäumen gesäumt sind, und zwischen denen Äcker, Wälder und Wiesen liegen. Der westliche Teil von Birten ist sehr hügelig. Diese Hügel sind Teile des Fürstenberges. Die Hügel sind zum größten Teil mit Gehölz und Heide bedeckt. Der östliche Teil dieser Gemeinde ist eine tief gelegene Ebene am Ufer des Altrheins. Die Gemeinde Bönning besteht zum größten Teil aus Heidegebieten. Die Häuser liegen im Allgemeinen sehr verstreut über die Fläche der Bürgermeisterei.

Lage
Dieses Gebiet ist den Überschwemmungen des Rheines ausgesetzt. Sie geschehen im Winter und sind eher nützlich als schädlich. Durch den kalten Boden sind die Bäume oft in der Gefahr, zu erfrieren, und die Nähe des Rheines trägt viel dazu bei, die Temperaturen abzusenken. Während der großen Hitze besteht die Gefahr, dass der sandige Boden nichts hervorbringt. Alle Pflanzen verdorren.

Ausdehnung
Die Ausdehnung dieser Bürgermeisterei beträgt von Norden nach Süden sieben Kilometer, von Osten nach Westen zehn Kilometer.

Grenzen
Sie ist im Süden durch die Äcker, Wälder und die Heide von Bönninghardt, Bürgermeisterei Sonsbeck, und durch die Äcker und Wiesen der Bürgermeisterei Alpen begrenzt, im Osten durch die Wiesen der Gemeinde Bord, Bürgermeisterei Ossenberg und durch die Äcker von Ginderich, Bürgermeisterei Büderich. Das Flüsschen Bordscher Graben liegt dazwischen. Im Norden wird die Grenze gezogen durch die Wiesen der Gemeinde Ginderich, durch den Altrhein und durch die Äcker der Gemeinden Beck, Xanten und Hochbruch. Im Westen ist die Grenze festgelegt durch die Äcker, Wälder und Wiesen der Gemeinde Ursel (Bürgermeisterei Wardt), Labbeck und Sonsbeck. Die meisten Grenzen sind durch Flüsschen, Wege und Gräben festgelegt.

Bodenqualität
Der Mutterboden ist in den Gemeinden Veen, Crayenveen und Menzelen zusammengesetzt aus Sand und ungefähr ein Viertel Ton. Der Boden ist in Menzelen trocken und lässt Wasser einsickern, in Crayenveen ist er feuchter. In den Gebieten von Winnenthal, Bönning und in Teilen von Birten ist der Mutterboden aus fast reinem Quarzsand zusammengesetzt. Er liegt auf Sand und ist sehr trocken.

Ertragslage
Diese Bürgermeisterei bringt vor allem Holz, Heu, Weizen, Roggen, Gerste und Hafer hervor. Die bevorzugte Pflanze ist der Roggen. Weizen gedeiht schlecht, besonders in Jahren mit großer Trockenheit. In der Gemeinde Bönning erntet man nur Roggen, Buchweizen und ein wenig Gerste. Klee gedeiht gut. Das Korn wird nach außerhalb verkauft, und das Gras dient den Tieren im Winter als Nahrung. Es gibt auch alle Arten Bäume, vor allem Apfelbäume und Pflaumenbäume. Das Getreide ist von recht guter Qualität. Der Ertrag liegt bei 6 : 1.
[Es folgt nun ein Abschnitt über die Vermessung der Landschaft und ihre Unterteilung. Darin werden Maßeinheiten genannt, die in Menzelen andere Größen haben als in den restlichen Gemeinden dieser Bürgermeisterei: der Kölner und der Holländische Morgen. Das liegt darin begründet, dass Menzelen vor der Franzosenzeit zum Kurfürstentum Köln gehörte, die übrigen Gemeinden aber zum Herzogtum Kleve. Diese unterschiedlichen Maße wurden 1803 auf das einheitliche metrische System umgestellt.]

§ 2. Statistik der Bürgermeisterei
Bevölkerung

Nach der Zählung aus dem Jahre X – 1802 – hat die Bürgermeisterei 1.378 Einwohner. Alle diese Einwohner bekennen sich zur katholischen Religion. Die Bevölkerungszahl ist recht konstant. Die Menschen sind im Allgemeinen nicht sehr groß, aber sie sind stark und widerstandsfähig. Ihre gewöhnliche Nahrung besteht aus Schwarzbrot und Gemüse. Die wohlhabenderen unter ihnen ernähren sich auch von Schweinen. Ihr Getränk ist Bier und Kornschnaps. Sie trinken auch viel Kaffee. Ihre Sitten sind in Ordnung.

[In der nun folgenden Tabelle mit den Einwohnerzahlen der Bürgermeisterei fasst Raffy Veen, Crayenveen und Winnenthal zusammen. Veen nannte sich das zur Herrlichkeit Veen gehörende Dorf, während das sich um den Dorfkern schmiegende Gebiet Crayenveen genannt wurde. Diese Bauerschaft war entstanden durch die Arbeit holländischer Kolonisten, die der Klever Herzog geholt hatte, um das Land zu entwässern und zu bewirtschaften. Bei der Rechtsprechung und in der Verwaltung beachtete man genau die Grenzen zwischen den Ortschaften. Die Gemeinde Winnenthal ist das Gebiet der ehemaligen Freiheit mit diesem Namen. Um die Größe der genannten Gemeinden darzustellen, folgen hier die Einwohnerzahlen aus einer Erhebung des Jahres VII (1799):]

Veen (*)	76
Crayenveen	389
Winnenthal	96

Zählung von Raffy – 1802

	Veen (*)	Birten	Menzelen	Bönning
Männer	91	60	70	10
Frauen	101	58	100	17
Jungen	77	50	78	12
Mädchen	146	100	121	20
Alte	32	30	25	4
Rekruten	3	25	25	6
Invaliden	36	15	30	1

Haustiere

	Veen (*)	Birten	Menzelen	
Pferde	108	60	100	25
Rinder	20	10	10	25
Kühe	330	150	300	60
Schafe	550	250	100	200
Ziegen	3	–	–	–

(*) Zu Veen zählen auch die Angaben von Crayenveen und Winnenthal

Die Pferde werden alle zur Feldarbeit gebraucht. Sie sind nicht groß, aber von recht guter Qualität. Die meisten von ihnen sind einheimisch, einige kommen aus Holland. Sie kosten 250 bis 300 Francs. Die Rinder dienen auch der Feldarbeit. Es sind meist einheimische Tiere von kleinerer Rasse. Sie kosten 100 Francs. Die Kühe kosten 75 bis 90 Francs. Schafe kosten 5 bis 6 Francs. Es gibt auch einige Bienenvölker, aber man zieht daraus wenig Nutzen. Dann gibt es noch Hühner, Enten und Gänse in einer mittleren Anzahl. Ihr Preis ist nicht gut.

Kornfelder und Anpflanzungen
Man düngt und bestellt die Felder fast auf die gleiche Weise wie im Innern von Frankreich. Auch die landwirtschaftlichen Geräte sind die gleichen. Bevorzugte Pflanze ist der Roggen. Er wird auch am meisten geerntet. Er ist von guter Qualität und man erzielt einen angemessenen Preis.

Gehölz und Wälder
Es gibt eine Menge Hochwald, Unterholz und einige Wäldchen mit Tannen in der Gemeinde Birten. Hier findet man auch das Bauholz für die Bürger. Das Unterholz dient als Heizmaterial. Die Wäldchen gehören Privatleuten. Vorherrschend sind Eichenwälder. Sie sind nicht durch das Vieh, welches dort weidet, beschädigt.

Wiesen
In allen Gemeinden gibt es vereinzelt Wiesen. Das Heu ist von schlechter Qualität. Die Wiesen sind durch die Überschwemmungen des Rheins genügend bewässert und auch durch die Flüsschen, von denen schon die Rede war. Gedüngt werden sie durch das Weiden des Viehs. Das Heu wird an Ort und Stelle verbraucht. Beim Verkauf erzielt man zwei Francs für 50 Kilogramm. In Menzelen gibt es eine Gemeindeweide.

Wohnungen
Veen, Crayenveen,
Winnenthal: 121 Häuser
Birten: 64 Häuser
Menzelen: 67 Häuser
Bönning: 12 Häuser

Alle diese Häuser liegen vereinzelt und sind von Bäumen umgeben. Der durchschnittliche Preis eines Hauses liegt bei 700 bis 800 Francs. Man kann einen oder zwei Soldaten in jedem Haus unterbringen.

Gärten und Obstgärten
Fast alle Häuser haben einen Garten und einen Obstgarten. In den Ersteren findet man Kohl, Kartoffeln und andere Gemüse, die zum Verzehr dienen. In dem zweiten dient der Rasen als Weide für das Vieh. Der Überschuss an Früchten der Bäume wird in Büderich und Xanten verkauft.

Ödland
Einige kleine Dünen und die Heidegebiete in Birten und Bönning könnten mit Bäumen bepflanzt werden. Sie dienen den Schafen als Weideland.

Gewerbe
In der Gemeinde Veen gibt es eine Mehlmühle, die vom Wind angetrieben wird. Sie ist eine Kastenmühle. Sie liegt auf einer Düne in der Mitte der Ebene nicht weit von den Hügeln des Fürstenberges. Eine andere Mühle in der Gemeinde Bönning ist auch eine Kastenmühle, wird vom Wind angetrieben und mahlt Mehl. Beide Mühlen gehören Privatleuten und sind für die Bürgermeisterei ausreichend.
[Raffy trägt den Standort der Moulin de Veen in der Karte von 1802 als Symbol ein. Er nennt sie in seinem Bericht Kastenmühle. Über ihr Aussehen kann uns eine Veener Schützenplakette des Jahres 1817 Auskunft geben. Auf einem gemauerten runden Fundament steht über schräg nach oben geneigten Balken der hölzerne Mühlkasten. Er kann in den Wind gedreht werden. Im Gelände weist nichts mehr auf die ehemalige Mühle hin. Die zweite Mühle, in der Tranchot-Karte als Moulin de Lohe bezeichnet, war auch eine Bockwindmühle und gehörte zum Haus Loo. Sie wurde zwischen 1870 und 1880 etwas weiter südlich als Turmwindmühle neu gebaut. Sie nennt sich heute Mosters-Mühle.]

Berufe und Handwerker
In der gesamten Bürgermeisterei gibt es 1.000 Arbeitskräfte in der Landwirtschaft, vier Schreiner, fünf Hufschmiede, drei Gastwirte, sechs Schneider, zwei Schuhmacher, zwei Weber, drei Böttcher, zwei Dreher, acht Schnapsfabrikanten.

Verbindungen
Die große Straße von Kleve und Xanten nach Rheinberg durchquert die Bürgermeisterei diagonal von Norden nach Südosten. Die Breite der Straße variiert. Sie ist an einigen Stellen von Gräben und Hecken gesäumt. Sie hat wenig Bäume. Sie ist aus natürlichem Untergrund und, auf Grund der schlechten Pflege, im Winter kaum zu gebrauchen. Ein Weg von Veen nach Xanten ist vorhanden, auch einer nach Büderich, nach Sonsbeck, nach Alpen und zum Kloster Kamp. Alle diese Wege sind während des Winters fast unbenutzbar.

Allgemeine Beobachtungen
Über die Bevölkerung: Die Bevölkerungszahl ist seit längerer Zeit konstant. Die Lebenserwartung liegt zwischen 65 und 75 Jahren.

Über die Landwirtschaft:
In diesem Land, das vor ungefähr einundeinhalb Jahrhunderten nur Heide und Sumpf war, verbesserte sich die Landwirtschaft stark seit etwa 30 bis 40 Jahren. Man drischt das Korn sofort nach der Ernte oder im Laufe des Jahres. Man verschließt das Stroh in den Scheunen. Die Besitzungen sind zum größten Teil von Gräben, Hecken, Bäumen u.a. umgeben. Die Eigentümer sind fast alle Bauern und bearbeiten selber ihr Erbe. Man findet in der Gemeinde leicht Arbeiter. Sie werden mit einem Franc pro Tag bezahlt. Da das Land wenig bewirtschaftet wird, sind die Einwohner nicht reich. Das trifft auf einige Bauern nicht zu. Viele können wegen fehlender Unterweisung weder lesen noch schreiben. Die gewöhnliche Dauer der Pacht beträgt sechs oder zwölf Jahre. Die Bearbeitung eines Hektars kostet ungefähr 15 Francs. Die gewöhnliche Mundart ist ein schlechtes Deutsch. Der Lohn eines Schäfers beträgt 100 Francs, der eines Dienstmädchens 36 bis 40 Francs.

§ 3. Historischer, militärischer und wirtschaftlicher Teil

Geschichte
Alter Zustand: Die Gemeinde Menzelen war Teil des Kurfürstentums Köln. Die anderen waren Teil des Herzogtums Kleve, das dem König von Preußen gehörte. Es gab ehemals in der Gemeinde Birten auf dem Hügel des Fürstenberges ein Nonnenkloster, das im Jahre 1586 während des Niederländischen Krieges zerstört wurde. Die Nonnen zogen sich 1606 nach Xanten zurück. Wo das Kloster war, steht jetzt noch eine kleine Kapelle.

Heutiger Zustand: Diese Bürgermeisterei ist Teil des Kantons Xanten, Arrondissement Kleve, Département de la Roer. Man bemerkt noch nahe bei dem Dorf Birten eine Arena der Römer. Sie hat ihre Form vollständig erhalten. Sie besteht nur aus Erde und ist jetzt mit Gehölz bedeckt.

Militärischer Teil
264 Häuser können je einen oder zwei Soldaten aufnehmen. 200 Pferdeställe können insgesamt 300 bis 400 Pferde aufnehmen. Es gibt kaum öffentliche Öfen. Es gibt keine Nationalgarde. Dieses Land stellt erst seit zwei Jahren Rekruten zur Verfügung. Einen militärischen Geist hat man bei der Bevölkerung noch nicht festgestellt.

Die Mairie de Veen | Mundart und Vermischtes

Wirtschaft

Das Gebiet von Birten würde viel gewinnen, wenn man die Ufer des Altrheins mit Weidengebüsch bepflanzen würde. Die Insel Bislich müsste zu Frankreich zurückgeführt werden. Das könnte geschehen durch den Talweg, der im Norden dieser Insel vorbeiführt.

Quellen:
Archives de l'Armée de Terre, Paris, Département de la Ror, MR 1124.
Kartenaufnahme der Rheinlande 1801–1828 durch Tranchot und Müffling; Reproduktion des Landesvermessungsamtes NRW; Blatt 16, Alpen.
Hantsche, Irmgard, Atlas zur Geschichte des Niederrheins; Essen 1999.
Feldmann, Irene, Der Niederrhein in der „Franzosenzeit". Die französische Verwaltung im Département Roer 1798-1814; Essen 1997.
Schmidt, Angelika, Agrargesellschaft am linken Niederrhein; Kevelaer 1990.
Vogt, Hans, Niederrheinischer Windmühlenführer; Krefeld, 1991.
Hauptstaatsarchiv Düsseldorf; Einwohnerlisten Roerdepartement.

CHRISTA FELTGEN

Vor den Toren der Stadt

Man kann es sich heute kaum noch vorstellen, wieviel Mühe die Menschen aufwenden mussten, bis sich Moers von einer Handvoll Häuser zu einem größeren Flecken und schließlich zu einer Stadt entwickeln konnte. Sagt doch schon der Name etwas über die Beschaffenheit des Bodens dort aus, nass und sumpfig war er, wie ein Morast.

Um größere Bauten zu errichten, mussten erst mühsam genug Holzpfosten in den Boden gerammt werden, auf denen man dann weiterbauen konnte. Die ersten Häuser haben wohl rund um das Schloss gestanden, dann kam allmählich die Altstadt dazu und ihr folgte später die Neustadt. Vor den Toren der Stadt gab es aber nur selten Häuser auf dem ebenfalls nassen, unwirtlichen Boden und es waren sicher keine gut betuchten Menschen, die dort wohnen mussten. Dafür standen aber eine Reihe von Bauernhöfen auf den umliegenden Donken, den etwas höher gelegenen, mit kleinen Bäumen und Buschwerk bewachsenen trockenen Stellen. Das immer wiederkehrende Hochwasser richtete hier nicht so großen Schaden an. Dieses Hochwasser des Rheins, das alljährlich über die Gegend hereinbrach, hatte die meisten Menschen davon abgehalten, sich außerhalb der Stadt anzusiedeln. Dazu bedeutete die Stadt in Kriegszeiten einen sicheren Hort, von dem man sich nicht gerne zu weit entfernte. Außerhalb der Stadttore war man dem Gesindel, das sich in schlechten Zeiten überall herumtrieb, schutzlos ausgeliefert.

Einzelhaus von 1850, ca. 1935

Vor den Toren der Stadt

Mundart und Vermischtes

Irgendwann war es in Moers dann doch recht eng für weitere Neubürger geworden. Trotzdem ging die Besiedlung draußen vor den Toren nur langsam vor sich. Meist waren es Einzelhäuser, die entlang der Wege zur nächsten Ortschaft entstanden. Das änderte sich erst nach dem Bau der Befestigungsanlagen um 1600, als Moers so etwas wie ein Bollwerk wurde. Denn für all das Material, das für die Dämme und Mauern gebraucht wurde, muss die Obrigkeit Wege gesichert und befestigt haben, um es transportieren zu können. Nach der Fertigstellung all der Bauwerke wird wohl der eine oder andere Bauarbeiter, der vor der Stadt gehaust hatte, gleich dort wohnen geblieben sein. Aber es wird nun auch eine Reihe von Moerser Bürgern gereizt haben, sich außerhalb der Stadt niederzulassen. Mit der vorher dort herrschenden Wüstenei hatten sie sich nicht anfreunden können. Wo aber einmal festere Wege waren, auf denen man Moers gut erreichen konnte, da stand sicher auch bald das eine oder andere Haus. Nicht alle Menschen fühlten sich in der engen Stadt wohl und der billigere Baugrund lockte ebenfalls.

Es gab noch eine Reihe weiterer Gründe, draußen zu siedeln. Kleine Handwerker, für die es in der Stadt nicht genug Arbeit gab und die deshalb auf die Bauern ringsum als Kunden angewiesen waren, ließen sich da draußen nieder. Eine Familie hatte vielleicht wie viele Moerser Familien vor den Toren einen großen Garten und irgendwann baute sich dann einer der Söhne dort ein Häuschen im Grünen. Es gab auch Handwerker, die mehr Platz brauchten als andere, Gärtner, die ihre Erzeugnisse in der Stadt anbieten wollten, oder etwa einen Schmied, dem es lieber war, wenn er bei seinem „feurigen" Handwerk nicht so viele Häuser in der Nähe wusste. Es kam auch schon einmal vor, dass irgendein reicher Arbeitgeber einem geschätzten Angestellten dort ein Grundstück für den Bau eines Kottens überließ oder ihn beim Bau eines kleinen Hauses finanziell unterstützte. Oder es zogen in die Außenbezirke notgedrungen Bauern, die ihren Hof nicht zu halten vermocht hatten und dann in irgendeiner alten Kate unterkamen.

Allmählich bildeten sich so rund um Moers kleine Ortschaften, manchmal waren es nur ein Dutzend Häuser, die da beisammen standen. Die Menschen dort, weder Bauern noch Städter, aber von beiden Gruppen herablassend behandelt, begannen untereinander ein eigenes Gefüge aufzubauen. Bei Notfällen konnten sie nur selten auf Hilfe aus der Stadt bauen. Sie mussten sich selber helfen. In Moers gab es da als Notnachbarn die Pumpengemeinschaften, denen man meist als Nachbar angehören musste und deren Mitglieder einander halfen. Aber so etwas konnte man hier nicht gebrauchen. So ergab es sich, dass die Menschen, die außerhalb der Stadt lebten, die Sitten und Gebräuche der Bauern übernahmen. Die waren untereinander ja auch schon immer auf Nachbarschaftshilfe angewiesen.

Wenn man sich also nicht gerade spinnefeind war, wurden Freud und Leid miteinander geteilt. Kam irgendwo ein neuer Erdenbürger auf die Welt, halfen die Nachbarinnen, wo sie konnten, und nahmen sich in der Zwischenzeit der anderen Kinder in diesem Haus an. Sie kochten für die Wöchnerin stärkende Speisen und wenn die Frau wieder bei Kräften war, wurde zusammen Kaffeeklatsch gehalten und der von den Nachbarinnen gebackene Kuchen oder Weck mit Schinken oder Rübenkraut gegessen, je nachdem, wie betucht die Leute dort waren. Bei Hochzeiten aller Couleur bekränzte man die Türen der Feiernden mit Tannengrün und Papierrosen. Dafür bekamen die Nachbarn einen Schnaps ausgegeben und später, nach einer bestimmten Frist, wurde beim Herunterholen des Schmuckes gemeinsam eine kleine Abkränzfeier gehalten.

Mundart und Vermischtes | Vor den Toren der Stadt

Karneval Pumpennachbarschaft Neustr. / Fieselstr., 2/76

Beerdigungen waren immer schon Anlässe, bei denen man Hilfe nötig hatte. Bis in die 60er Jahre des vorigen Jahrhunderts war es zum Beispiel in Hülsdonk noch Aufgabe der Männer aus den drei jeweils rechts und links vom Sterbehaus liegenden Häusern, den Sarg bei der Beerdigung zu tragen. Als sich dann ergab, dass die meisten von ihnen dort tagsüber weit weg von zu Hause ihrem Beruf nachgingen und deshalb den Dienst nicht übernehmen konnten, verschwand der alte Brauch. Die Frauen halfen früher bei Beerdigungen beim Backen und schenkten bei der Nachfeier im Sterbehaus oder in einer Wirtschaft den Kaffee ein. Jede der Frauen besaß damals ein gutes, dunkles Kleid und eine weiße Schürze. Beides wurde bei solchen Anlässen getragen.

Vor den Toren der Stadt

Mundart und Vermischtes

Natürlich stand ein Nachbar auch in allen Nöten dem anderen bei und half bei Überschwemmungen, Bränden oder anderen Unglücksfällen, so gut er konnte.
Wenn sich ein neuer Siedler in der Nähe ein Haus bauen wollte, waren die dort schon Ansässigen verpflichtet, dem Bauherrn zur Hand zu gehen. Diese Art von Hilfe war auf dem Lande üblich, anders als in der Stadt. Solche Hilfe konnte aus Transportarbeiten bestehen, es konnte aber auch sein, dass die Nachbarn gemeinsam die früher noch üblichen Lehmwände errichteten oder ein Dach deckten. Konnte ein Nachbar aus gesundheitlichen Gründen oder aus Zeitmangel nicht helfen, so spendierte er doch wenigstens Getränke für die Bauleute.
Die Grafschafter Häuschen waren außerhalb der Stadt beliebt, weil sie mit ihren kleinen Anbauten für Stall, Küche und Toilette an verkleinerte Ausgaben der niederrheinischen Bauernhäuser erinnerten. Für die Stadt kamen sie nicht so sehr in Frage, denn dort baute man aus Platzmangel meist zwei- oder mehrstöckige Häuser. Wurden draußen vor der Stadt mehrstöckige Häuser gebaut, dann tat man sich oft mit Verwandten zusammen und bewohnte so ein Haus jeweils zur Hälfte. Die meisten der Bauten draußen vor der Stadt waren aus Feldbrandsteinen errichtet. Die dunkleren, harten Ziegel wurden bei den Außenmauern verwendet, aus den helleren, nicht ganz so stabilen Ziegeln wurden innen im Haus die Wände gemauert, die weniger aushalten mussten. Oft konnte man an den Außenmauern der Grafschafter Häuschen noch die kleinen Lücken sehen, in denen beim Bau das Gerüst für die Maurer festgemacht worden war. Zu dem Zweck ließ man einfach beim Mauern in einer Ziegelreihe ein paar Steine weg und dort konnten die Streben dann aufgelegt werden. Doch oft hatte man dann später keine Zeit oder kein Geld mehr, um die Lücken nachzubessern, oder man nahm dafür andersfarbige Steine, so dass man immer noch verfolgen konnte, wie gearbeitet worden war.
Sparsam waren die kleinen Leute da draußen fast immer. Es wäre keinem eingefallen, seinen Sand oder Kies für den Bau nicht in der billigsten Kiesgrube zu holen oder

Repelen

nicht nach einem Posten Steine Ausschau zu halten, die beim Brennen übrig geblieben waren. Der Garten wurde stets gepflegt, wurde aus ihm doch ein Teil der Nahrungsmittel für die oft großen Familien geerntet. Auf schöne Blumen wurde großer Wert gelegt, mit ihnen wurden die Gräber auf den ebenfalls in den Außenbezirken angelegten Friedhöfen geschmückt. Oft waren die Blumenbeete in diesen Gärten, wie in den alten Bauerngärten auch, von Buchsbaumpflanzen umgeben. Manchmal war man also in den Außenbezirken selbständiger als in einem Haushalt in der Stadt, zumal dann, wenn man eine eigene Wasserpumpe im Hause hatte.

Viele Familien schickten ihre größeren Mädchen in einen Moerser Haushalt, damit sie dort als Dienstmädchen alles für den späteren eigenen Haushalt lernen konnten. So konnten sie im Notfall der Mutter zur Hand gehen und auch ein bisschen Geld verdienen. Weil man sich gut kannte, wurden gern Ehen unter Nachbarskindern arrangiert. Brot wurde selbst gebacken, Garn gesponnen und Kleider selbst genäht. Man weckte ein, was der Garten hergab, und schlachtete mindestens einmal im Jahr das selbst herangezogene Schwein. Wenn Platz dafür da war, hielt man Hühner und Ziegen. Die Ziegen wurden von jenen Frauen nicht gerne gesehen, da sie früher auf einem Hof mit Kühen umgegangen waren und jetzt durch widrige Umstände auf einem kleineren „Stück" saßen. „Wenn ich euch schon fressen sehe!", seufzte eine Verwandte oftmals, wenn die Ziegen übervorsichtig ein Hälmchen aus dem Heu rupften, um es von einer Seite des Mauls in die andere zu schieben. Da waren ihre Kühe doch von einem anderen Kaliber gewesen. Die Frauen in den Vororten handarbeiteten gern gemeinsam und versuchten so, ihr Zuhause gemütlich zu machen.

Normalerweise wurden Feiern in diesen Randgebieten nicht in die Wirtshäuser getragen. Man blieb mit der Familie unter sich. Nur beim Schützenfest ging Alt und Jung abends zum Tanz. Das einzige Fest, bei dem es die Ausreißer wieder nach Moers zurückzog, blieb aber die Moerser Kirmes am ersten Septemberwochenende. Alles, was laufen oder fahren konnte, musste dann wenigstens einmal in der Stadt auf den Kirmesplätzen gewesen sein. Wie es immer schon Brauch gewesen war, kamen alle Familienangehörigen dann wieder einmal zusammen und man aß und trank nach Herzenslust, was die Hausfrau anzubieten hatte. Dabei blieb man auch dann in den eigenen vier Wänden, wenn man in der Stadt wohnte. Lange Zeit war es nicht Sitte, zum Essen in ein Restaurant zu gehen. Weil man wusste, dass die Verwandtschaft angereist kommen würde, waren eigens vorher die Wände der Häuser neu gekalkt, Garten und Straße in Ordnung gebracht und das ganze Haus gesäubert worden.

Als dann Ende des 19. Jahrhunderts hier am Niederrhein die großen Industrien entstanden, wurde es noch enger in Stadt und Umland und den Eigentümern von Zechen und Eisenhütten blieb nichts anderes übrig, als ganze Siedlungen für die neu zugezogenen Arbeiterfamilien zu bauen. Nun lohnte es sich auch für manchen Bäcker oder Metzger, einen Laden in den Außenbezirken aufzumachen. Wo es nötig wurde, baute man in den immer größer werdenden Randbezirken kleinere Volksschulen für die Kinder. Die Polizei war jetzt auch für diese Bezirke zuständig. Vor Hochwasser musste man sich nicht mehr fürchten, nur noch in ganz seltenen Fällen durchbrach der Rhein sein jetzt fest eingedeichtes Bett.

Heute, wo Moers eine Großstadt geworden ist, kann man von der einst spärlichen Stadtrandbesiedlung nichts mehr sehen. Fremde entdecken meist nicht einmal mehr den ursprünglichen, von Wasser umgebenen Ortskern von Moers auf den ersten Blick. Alle Ortschaften sind miteinander verwachsen und nur durch die vielen Parks und Gärten ist Moers eine Stadt im Grünen geblieben.

Mundart und Vermischtes

CHRISTINE TOFAHRN

Minn ollen Stuhl

Gedanken eines alten Schiffers aus Götterswickerhamm am Rhein

Achtert Hus, öm de Eck,
wo de Gaden ahnfängt,
dor, wo de Peerenboom na de Son sek drängt,
dor stohnt hej no all manchet Johr
on wacht op mej
met ehne Ruhh – minn ollen Stuhl,
on rührt sej nit van sinne Flek.

De Maert wor all dor, de Schnee öss wek.
De Rägen häd öhm schön blank gefecht,
doch wenn de Son öwer Scholtenbosch opgeht,
gej glöwt et nit, wie mej tumot,
wie ek mej fühl op minne Stuhl.

De Geitling flött, hör, on de Kuckuck rüppt,
de Phlox, de duftet, dat et ehnen schwindelech wöd.
On „Je länger – je lieber" rankt heröm,
on je länger, je liewer wöd do mej.

De Titt, de well nit stelle stohn.
Doch eemol innet ganze Johr,
- wenn ek all dran denk, wat för en Qual –
wenn dat Reisen losgat, öwer Berg on Tal –
dann weet man, dann all metnehmen mot,
- tu Hus kömmt man ohn Täschdüker ut -
on wat Nattes öwer de Backen rennt,
ach, wenn ek doch bloß wer tu Hus sinn könnt!

On eemol, dor häd man Lonte geroken,
man woll öhm heimlech verschwinden looten,
en Nejen soll henn, met allen Rawinessen.
Man häd et sek well vörgenohmen,
doch kenn ehner woll de Saak ütfräten.

Nok stohnt hej dor on wacht op mej.
Ganz fierlech nähm ek Platz op öhm.
De Spatzen nicken vanne Daakrenn tu,
Wenn bloß kenner kömmt on stört minne Ruh.

(eingeschlafen, träumt)

Christine Tofahrn an ihrem 90. Geburtstag am 20.03.2004.

Mundart und Vermischtes

Minn ollen Stuhl

Wat ös dat nu? Wat schaukelt dat nett –
as wenn de Rhinn op eemol Hogwater hädd –

(Tochter:)
„Aber Vater, wo bleibst du nur?
Du fällst noch mal vom Stuhl!"

„Ek, minn Deern, ek hann geträumt
van Wellengang on Schippersglöck
mette ‚Guje Gons' aan Köllen vorbej,
op Ruhrort tu, wo all de Verwandten send
on Tante Gretchen on minne Kend,
on de Sonn werft lange Schatten henn.

Minn Deern, wat ek nok seggen woll,
on eemol kömmt alles aan Ruhh,
minn Deern, dou verstohst mej all –
mej, ons twee, on minn ollen Stuhl?"

THEODOR HORSTER

Et Lääwen an–en Önderrin tösche Nejooer on Selwäster

(Teil 5) De mai (Gramont, Blööjmont, Blumemont, Waijemont, Moodergotes-Mont)

Äntlech ös hai doer, de Mai: büten ös ales an–t grööjen on an–t blööje. De Blaage senge: „De Mai ös gekome, de Bööm, di schlönt nau üt [...]". En ander Liitjen hit: „Ales noi mäk de Mai" [...]. De Buuere häben et et lifs, wän et Weeer wat drüüf on foch ös, wail dan op de Fälder ales bääter wäs.

De Kärschebööm schtönt fol in–e Flööer. Me säät: Wän de Kärsche blööje, dan ös-set mais schrap Weeer. De Mai ös de fifte Mont in–et Jooer on häät eenondärtech Daach. Hai ös de Mont tu Eeer fan de Gotsmooder Maria.
De eerste Schtonde in–e Nach op den eerste Mai ös–et jonge Folek noch an–t danse, öm soo de Mai te begrüüse. Wä an–en eerste Mai as eersten üd–et Bät krüp, dän nümp me de Maiköötel. An–en därde (3.), den tinde (10), den tweeontwentechste (22.) on de fifontwentechste (25.) Mai sol me nit op Rais goon on kene noijen Äärbait in Hüs, Hof, Schtal on Schtoof aanfange.
De Mai maake bedüjne fruger, dat ene Knäch of en Mait op enen Buuerenhof an–en eerste Mai fechtterne, dat hit: se fingen ob–en andere Schtäl aan te äärbaije. Me nümne se doröm ok Maikääfers. Me sach dan: se sint an–t maije, on ok: de Maikääfers sint an–t fliige. Op de noije Schtäl dai me se dan öm–et Haal laije. Den Bautmaister sach dobe det Schpröchsken op: In–e Naam fan–en Heeer(e), wat–e nit kas, dat sol den Buuer on de Frau dech leeere. Hiier ös de Kälder, on doer ös de Kas, on doer et Bät, wo do schloope sos. Et geet nit öm de Kons on de Rinbäärk'se Schwiier <Schwägerin>, et geet öm en Kan Fusel of drij of fiier. Een wele we drengke, on drij wele we dech schängke. Dan dai me dä noije Knäch of di noije Mait no den Heeert in–e Köök laije. Doer wortnen dan et Haal drijmool öm öer herömgeschwonge. Wän dat gedoon woor, dan koomen de Älders on de Ferwante fan dä Knäch / di Mait dotu, on dan wortnen oorntlech der ene geprüüf, bös diip in–e Nach herin gesonge on gedans.
An jeeden Oowent in–e Mai ös in–e katolse Käärke Maiandach tu Eeer fan–e Gotsmooder Maria. De Köster hääd–en groote Moodergotes – Figuuer of en groot Belt fan öer an–en Altooer opgeschtält on mät de schöönste Blume geschmök. Mät Gebäte on Liider flääje we de Gotsmooder öm öer Hölep on öere Sääjen aan. In Rinbäärk worden an twee Oowende di Andachte büten onder de freijen Hemel an–e Hälegen-hüskes in Melenge (Millingen) on Alpsrooj (Alpsray) afgehaale. T–Hüs wört in–e guje Schtoof en Mai–Altöörken ingerech mäd–en Moodergotes–Figüürken of en Moodergotesbelt on fööl Blume drömherom.

Mundart und Vermischtes

Et Lääwen an–en Önderrin tösche Nejooer on Selwäster

In–e Gaade blööje nau de Maiglökskes. Mooder plökt sech wäl es en Schtrükske dofan on sät di in en klaine Waas. Se düüt öer (klaine) Blaage waarschaue, dat di de Maiglökskes nit plöken döörwe, wail di äärch geftech sint. Fruger glöfne me, dat den Dof fan Maiglökskes guut wöör tääge Koppin. Dä, dän in–e Mai en noije Rabat mät Maiglökskes aanpooten dai, dä müs in dat Jooer noch schtäärwe. Ale paar Jooer kömb–et fööer, dat de Maikääfers üt–e Gront kome, öwer de (Aike–) Bööm heeerfale on döks de ganse Blääer ratsekaal affrääte. In ons Gäägent goow–et fruger döks Jooere mät soo fööl Maikääfers, dat de Kööters, di en Pok hade, de Maikääfers fan de Bööm afschokele on an de Poge ferfuueren daije. En Schpröchske säät: Hai grööit wi de Kat fan–e Maikääfers <dat hit: hai wört ömer maagerer>. En ander, löstech Schpröchske: Wat ös den Önderschiit tösche ene Komis <Zollbeamter> (Poletsis) on ene Maikääfer? – Scherzh. Antwort: Ene Komis (Poletsis) ös grüün on drit brun, ene Maikääfer ös brun on drit grüün.

Maipiier / Maifesch <Alse / Elritze> nümp me ene Fesch, fan däm et fruger (in–e Rin) so fööl goof, dat me di fangen on an andere, grötere Fesch <Forellen> ferfuueren dai. Maikükes nümp me di Kükes, di üt di Aijer krupe, di de Hunder in–e Mai gelach häbe. Di Äärte, di al in–e Mai rip worde, nümp me ok Maidöberkes . Maiwortele nümp me di Wortele, di me al in–e Mai ääte kan. In Ginderech (Ginderich) gäw–et (goow–et) en Tsoort Kees, dat me Maikees nümp (nümne). En Maibömke / Maiblümke schiite nümp me et, wän jemes (ene Jong) ene Kuselkop schleet. De Maikätskes fan–e Welegeschtrük, ok Misekätskes genümp, döörf me nit afschnije, wail de Beje dofan fööl Hunech suuge.

Maije <Birkenzweige bzw. junge Birkenstämmchen> säten de Noobere in–e Nooberschop de Schtroote äntlang, wän de Sakramäntsdach ös, föer et Schötsefäs, op Käärmes, wän en grüüne, selwere, goldene … Hochtit gefiiert wört. Wän en noi Hüs gebaut on den Dakschtuul opgebaut ös, dan gäf den Hüsbaas en Rechfäs. Den Tömerman sät boowen op den Dakschtuul ene Maijentak, dä mät bonte Papiier–Bänder geschmök ös. Wän de Famili(s) in en noi Hüs inträk(e), dan worde fööer den Hüsingang ok lengks on rächs Maije gesat. Di Maije bliiwe dan soo lang schtoon, bös de Noobere ob–et Afkränse ingelaaje sint.

Wän laater in–e Somer den Baut ingefaare wört, dan wört op de lätste Bautkar ene klaine, grüüne Maijentak / Maiboom gesat, mät bonte Papiier–Bänder geschmök on no den Hof gefaare. De Knächte on Maide öwergääwe dän Boom an den Buuer on säge: „Nau ös den Baut bene, hiier häbe we de Selboom!" Dan gäw–et en guut Köpke Kofi on en Schnäpske föer de Knächte, de Maide krige dan mais en Kleet, ene Schölek of en Drengkgält.

In Wachtendongk (Wachtendonk) kande me fruger et Maijeschtääke. De Jongesäle fan de Johanes–Brüerschaf koome Posendensdach beeen, daijen de Schtroote hööge on betaiknen di dan as Jachrewiier. Wä dan be et Hööge so–n Rewiier gewonen hat, dä woor de Förster. Öwer alemool schtoon den höchste Förster. Fan dat ganse Gält, wat be et Hööge beeengekome woor, dai me Maije koope. Anderswo wortnen in–et Döörp be en Maischpööl en jonge Därn gehööch: dä Jong, dän be et Hööge gewonen hat, döörfnen (mus) de ganse Somer ööwer mät di Därn ööweral no den Dans goon. Drachterheeer goow–et al es en Maigerech: de jonge Klante miiken en „Gerechsferhantlong" öwer sö–n Därnes, di et in öer Lääwe nit so gans genau noome. Sö–n Därnes, di me Fääger on Gänger nümne, fonden dan määrges an–en eerste Mai fööer öer Hüs enen Hoop Häksel of ene geknekten Tak fan enen Däneboom öwer de

Hüsdööer hange. Föer et Maijefaare schlugen de jonge Klanten an desen Dach ok enen Dänenboom, liiten dän fan de Därnes mäd–ene Krans on mät bonte Bänder schmöke on schtälnen dän fööer de Wiertschaf op (on daijen dat döchtech „begiite"). Wän–et in–e Mai räägent on dan ales guut wäs, loopen de Blaage (oone Möts op de Kop) no büte fööer de Dööer on senge: „Mairääge maak mech groot, ek bön so klain wi ene Bokseknoop." En ander Liitjen hit: „Maikääfer fliich, dine Faader ös in–e Krich, din Mooder ös in Pomerlant, Pomerlant ös afgebrant, Maikääfer fliich!"
Nau, wo et wäärmer wört, kan me sech oowes ok al es büten hänsäte on gemüütlech en läker Dröpken drengke. Mooder düüt al es in en groote glaasere Kom twee, drij ferscheje Tsoort Win on wat Schümkeswin tesaameschöde, enen Deel Piierkse of Eeeertbääse klainschnije on dodrinläge on dat ales en paar Schtont „träke" loote, dat me et dan drachterheeer drengke kann (Bowle). In ferscheje Dööerp (Rees) dai me fruger mät–e Famili on ok in–e Feraine et Maibiier drengke. Besonders de jonge Klante drengke nau geeern al es de Maibok, en läker Biier. Ma se fergääten döks, dat dat schtäärker ös as gewöönlech Biier on häben dan gau der enen dofan „hange".
Et Ganseblümke nümp me ok Maiblümke of Maisüütje. De Blaage gönt nau in–e Waije, plöken en Schtrükske dofan on brengen et mät no Hüs, öm Mooder en Froit te maake. Ok maake se sech en Kränsken dodrüt: se plöken di Maisüütjes, di de längste Schtängels häbe, dauen di Schtängels in–e Mede mät–e Näägel fan–e Medelfenger on den Dum de Längde noer en betjen op, dat–et en klain Lökske gäf, schtääken dööer dat Lökske de Schtängel fan–et näächste Maisüütje – on so wiier, bös se genuch Maisüütjes aneengeschtääken häbe, dat se en Kränske dofan maake köne. Ok üt Pengsblume on Hontsblume maake se sech op di Aat on Wiis sö–n Kränskes.

Walpuurgisnach

Fruger glöfnen de Mänsche äärch dodraan, dad–et Häkse gööf. In–e Nach op den eerste Mai driiwen de Häkse öer Schpööl: se rije op Bäsems hooch dööer de Lof on träfe sech an afgeläägene Plätse. Öm se fan de Hüüser aftehaale, miik me fruger drij Krütstaikes an de Dööere (mät Holtkoole üd–et Posefüüer). Ok in de andere Mai–Nächde driiwe se öer Onwääse: se dansen an di Schtäle ob–enen Bäsem, wo twee Wääch öwer Krüts loope. Wän me üd–et Hüs ging, dan schtälne me twee Bäsems öwer Krüts fööer de Hüsdööer, domät ken Häks in–et Hüs kööm on ken Onglök pasiierne. Wän me Feeerebäde (Kopköses) schläch opschokelt, dan knubele sech de Feeere tu ene Knubel beeen; wän so–ne Knubel wi en Kränsken ütsüt, dan ös dat enen Häksekrans, dän en Häks in dat Köse getsaubert häät, domät Krangkhaiten in–et Hüs kome. En Schpröchske in desen Tesaamenhang säät: Et gäf fandaach enen häten Dach, sach di Häks, du solne se ferbrant worde.

Den eerste Mai

Sait achtinhondertneegenonachtsech <1889> ös den eerste Mai den Dach föer den Äärbait. Sait den tinden Aprel neegentinhondertdrijondärtech <1933> wört an–en eerste Mai in Doitschlant nit geäärbait. Hiier on doer wört an–en eerste Mai ene Maiköneng of en Maikönegen gewäält.

Sait fifhondert Jooer känt me de Maiboom, dä fööer den eerste Mai fan–e jonge Klante in–en Bosch gehaue, in–et Döörp gebroch on an–en eerste Mai meden in–et Döörp (op de Määrt) opgesat wört. Domät de Klante üd–en ander Döörp dä Maiboom nit klaue, moden de Klante ront öm de Uuer op dä Maiboom oppase, bös dän opgesat ös. De Maiboom ös maiste Kiiers enen ömöndech hoogen Dänenboom, fan dän me den Bas afgeschält häät. Bloos boowen an–en Tomp bliiwe nog–en paar Täk draan sete. Dän Bas mot me afschäle, domät sech nit töschen Bas on Schtam den Düüwel in Geschtalt fan ene Kääfer fassäte kan. An–en Tomp mäk me ene Krans fas on düüt dän on di Täk an–en Tomp mät bonte Bänder schmöke. Op halwe Höch worde enen Deel Senbelder fan–e Hantwäärkers fasgemak.

Prosäsi no Kääwele

Be ons an–en Önderrin wört an fiier Schtäle de Moodergotes gans besonders fereeert: in Angenäsch <Aengenesch>, in Kraanebuuerch <Kranenburg>, in Maijenboom <Marienbaum> on in Kääwele <Kevelaer>. De maiste Pelgers kome no Kääwele, so öm de achhondertdausent <800.000> in–et Jooer.

In Kääwele fängk an–en eerste Mai den Tit fööer de Pelgers aan, di fan wit on sit, ok üt Holant, no de Gotsmooder pelgere, di me hiier as „Tröösteren fan–e Bedrüfte" be–taikent. Et Gnaadenbelt fan Kääwele ös–en Belt, dat noer en Moodergotes–Figüüerke gemak ös, teers in en klain Hälegenhüske ondergebroch woor on nau al sait öwer drijhondert Jooer doer in–e Gnaadekapäl fereeert wört. De maiste Pelgers kome sondachs no Kääwele. Een noer de andere Prosäsi träk bääjent on sengent in de Schtat herin on teers no de Gnaadekapäl. Fööer et Gnaadenbelt fan Maria „laaje se al öer Söörch af" on ruupe se öm Hölep aan. As näächstes fiiere se en Mäs mät. De maiste Pelgers dünt dat fan tiin Üüer obaan in–e groote Basilika, di täägenöwer fan–e Gnaadekapäl leet. De een of de andere Prosäsi fiiert de Mäs in–e Keeertsekapäl, di doon be de Gnaadekapäl leet. In–e Keeertsekapäl häben ene gansen Deel Käärkegemainde en groote, gesäägende Prosäsikeeerts ob–ene Keeertseschtänder opgeschtält. Jeedes Jooer, wän di Prosäsi weer no Kääwele kömp, wört di groote Pelgerkeeerts doer dan be de Mäs aangeschtääke. Ok et Jooer öwer wört jeeden Oowent di Keeerts be de Oowentandach aangeschtääke. Wän di Pelgerkeeerts mät–en Tit gans afgebrant ös, dan löt di Käärkegemain weer en noije Keerts opschtäle. Domät ok andere Pelgers weete, üt wat fö–n Käärkegemainde di Keeertse kome, ös be de maiste Pelgerkeeertse en klain Schelt mät–e Naam fan de Gemain aangebroch. En Schelt fan de Käärkegemain üt Rees tsaich ons, dat fan doer üt al sait sästinhondertdrijonfärtech (1643) en Prosäsi jeedes Jooer no Kääwele pelgert. Noer de Homäs träke ene gansen Deel Prosäsis üt de Schtat herüt on bääjen de groote Krütswäch. Noermädachs wört noch de Pelgerandach in–e Basilika afgehaale. De Pelgers kome, in onsen Tit, op ferscheje Aat on Wiis no Kääwele: mäd–et Auto, mät–en Bus, mät–en Tsuch of mäd–et Rat. Andere maake sech te Fuut op de Wäch no de Gotsmooder, bääjen onderwächs de Roosekrans on senge Liider fan de hälege Maria. Fan Rinbäärk bös no Kääwele sind–et der achontwentech Kilemeeters. Dat ös fööer de Fuutpelgers enen hade Wäch, on den eenen of den andere löp sech Blooeren an de Füüt of ene Wolef. Et eene wi et andere kan enen omöndech piiere!! Wän dan ene Fuutpelger äärch an–t hompelen ös, dan wört hai al es op den Äärm genoome on gefroch: „Do hats dech doch wäl beschtemp ongekokte Äärte in de Schuun gelach ?!"

Mooderdach

An–en twäde Sondach in–e Mai fiiere we de Mooderdach, an dä Mooder sech es wat ütröste sol. Dä Fiierdach koom Anfang fan–et twentechste Joerhondert in Ameeerika op on wört sait den därtinde Mai neegentinhondertdrijontwentech <13. 5. 1923> ok be ons gefiiert. Hai woor anfangs gedoch föer di Fraues, di t–Hüs de Famili haden on ok noch in en Fabrek äärbaije muse. Mooder döörf an dän Dach in–et Hüs neks duun. Faader on de Blaage maaken et Früüschtök praat. Se schängke Mooder ene schöönen Blumeschtruk, schtääken en schöëne bonte Kaat drin on läge wat Läkeraije dobe. De Blaage sägen en Gedechsken op. Et Mädachääte wört fan Faader on de Blaage gekok, on föer noermädachs häbe se daachs föerdeem al ene Kuuk gebake. Döks loote se ok föer Mooder ene Glökwonsch in–e Tsaitong säte. En löstech Schprüchske säät: Wail de Liiwen Heeer nit ööweral sin kan, häät hai de Mööder ärfonde.
An–e fifte Sondach noer Pose fängk di Wääk aan, wo de Kateleke an de eerste drij Daach in en Prosäsi fan–e Käärk (in Rinbäärk dan ower de Katewal), döer de Schtat (et Döörp) on weer no de Käärk träke. Föeraan dräch ene groote Mäsendiiner en Draachkrüts, dan komen de andere Mäsendiiners, de Pastooer, de Kaploon on dan de Kreste. Se flääjen den Heeer aan, dat hai mät öer nit so hat in–et Gerech geet on bääje föer Freeje in–e Wält, öm wasbaar Weeer on ene gujen Baut.

Hemelfaat

Färtech Daach noer Pose, ömer ob–enen Donersdach, fiiere we et Fäs Hemelfaat fan Krestes. Fruger fiierne me Hemelfaat on Pengste an enen Dach, ma said–et Jooer fiierhondert <400> häät de Käärk enen aigene Fiierdach föer Hemelfaat ingesat. Et sol ons dodraan äreneren, dat Krestes mät Lif on Seel in–en Hemel opgfaaren ös on doer op den höchsten Troon nääwe Got–Faader set. An dän Dach oot me fruger mööchlechs „Flaisch, wat flüch", also Flaisch fan Hunder, Änte, Fasaane, Fälthunder [...] Fan ene schlächte Mänsch säät me al es: Ek wel däm be sin Hemelfaat nit geeern an–e Been hange.

Faaderdach

Fan de Tsigaremääkers on Mätskers üt Holant häbe we et sait neegentinhondert-säsondärtech <1936> öwernoome, den Hemelfaatsdach ok as Faaderdach te betaikene. An desen Dach welen de Manslüj on de jonge Klante mööchlechs onder sech sin. Se besöörge sech be enen Buuer enen Bautwaage (mäd–en Ferdäk dröwer), en Peeert, on maaken ales föer en Tuuer praat. An dä Waage worde rontöm Maije opgeschtääke, medendrop worden enen Desch on drömheröm enen Deel Schtüül of Bängk opgeschtält. Määrges fruch klöme se op dä Waage on faare dan döer de Gäägent. Op den eenen of den andere Waage set der al es ene, dän op sine Kwätschkas schpölt, on dan wört laut gesonge, dat Jan on aleman et hööere köne. Domät se töschentits nit „ferdorschte", nääme se döchtech wat an Biier (on Schabau) mät, on föer den Honger häbe se guut wat an Broojwörschkes, Kotläts, Schengkeboterame, Kees ... mätgenoome. An dän Dach wört hiier on doer (in en Tsält) enen Dans afgehaale. Et jonge Folek ös löstech on düüt töschen de Däns guut der ene pöösele. Den eenen of den andere wört in sinen besoopene Kop al es fan–e Wälmuut geplooch, on dan bruk me sech nit te wondere, wän der sech es en paar Klante in–e Hööer krige on sech täägesaitech fertsause.

De Ishälege

Mamärt (11. 5.), Pangkraats (12. 5.) on Särwaats.(13. 5.) nümp me de Ishälege. Ok Sänt Bonefats (14. 5.) on Tsöf (15. 5.) tälen dotu. Al sait Mede fan–et achtinde Joerhondert känt me di drij as „kaalde Gesäle" föer et Weeer, dän in des Nächde kan–et nog–es Fros gääwe. Öm desen Tit sol me in–e Gaade ken Gesörts ütschtraue on ken jonge Plante säte, de Schööpers sole be de Schööp nit de Wol afschnije, de Buuere sole ken Fee op de Wai driiwe. Döks haale sech de Gaadeners dodraan on fange mät–en Äärbait in–e Gaaden eers noer de Ishälege aan (Schtaakeboone sääje, Schlaatplante säte, …). Döks wört noer des Daach ok eers et Fee op de Waije gedreewe.

Mamärt (11. 5.) wortnen in–et Jooer fiierhonderteenonsästech (461) Beschof in Frangkraich. As doer öm desen Tit döer schtäärke Eeertbääwes de Schtäte kapot-ginge, liit hai in–et Jooer fiierhondertseewensech (470) an de drij Daach föer Hemelfaat en Prosäsi afhaale, dat de Kreste de Liiwen Heeer öm Hölep föer Gefooere aanflääje kose.

Pangkraats, (12. 5.) ös as färtinjööerege Jong in–et Jooer drijhondertfiier <304> föer sine Glööf in–et aalde Room ömgebroch worde.

Särwaats, (13. 5.): Ob–et Graf fan–en Beschof Särwaats häät noch nii Schnee gelää–ge; dat bedüjt: fan nau aan wörd–et büte wäärmer. Nau kan me ok et Wentertüch weer inmote on de Somerkleeer aanträke.

Bonefats, (14. 5). Hai ös nit te ferwäsele mät Bonefats fan–e 5. Juuni.

Twee Schpröchskes: Beföer Mamärt, Pangkraats on Särwaats föerbe, ös nit seeker föer Kält de Mai. Fööer Pangkraats kene Somer, noer Bonefats kene Fros.

De kaalde Tsöf op de fiftinde (15. 5.) kan ok noch Nachfros brenge. En Schpröchske: Geet de Tsöf föerbe, ös de Wäch föer de Blume frei.

Naamesdaach in–e Mai:

Sänt Joosef (Jup): 1. 5. Fööer tweedausent Jooer trok den Hälege Joosef mät sin Brut, de Hälege Maria, fan Naatsarät no Beetlehäm, wail se sech doer in Schtüüerliste musen indraage loote. In Beetlehäm koom de Hälege Maria as Jöfer neeer on broch in ene Schtal et Jeeseskineken op de Wält. Den Hälege Joosef woor domät de Fläägefaader fan–et Jeeseskineke on Beschötser fan–e hälege Famili. Sait achtinhondertseewensech (1870) ös hai ok de Beschötser föer ale Kreste. De Paaps beschtemne neegentinhondert–fifonfiftech (1955) de Naamesdach fan–en Hälege Joosef, dän enen Tömerman woor, as Fäsdach föer ale Äärbaijers. Hai ös ok de Patroon fan de Schrainers, de Tömerlüj on wört aangeruupe, wän jemes in–e Schtäärweschtont leet.

Sänt Flooer: 4. 5. Sänt Flooer ös de Patroon fan–e Schpoiteweeere. Hai sol ons Hüüser on Schtalonge bewaare fööer Füüer on Waater. En Schpröchske hit: Sänt Flooer, Sänt Flooer, ferschoon ons Hüs, schtääk liiwer andere aan!

Sänt Achaats: 8.5.

An–en achte Mai häbe we et Fäs fan–en hälegen Achaats, ene fan de färtin Noot–hälpers, dän me aanrüp be schwooere Krangkhaite, be groote Lääwesängs of Doojesängs. Noch en paar bekende Naamesdaach üt–e Mai: Häärm (3.), Hana (24.), Majan (26.), Wem (28.), Färnt (30.).

Schprüchskes on Buuerereegele föer de Mai:

In–e Mai läch jeede Foogel en Ai. De Mai läch noch döks en kaalt Ai. Mai wäärm gäf de Mait en guje Gäärf on Hööj in–en Äärm. Den Aprel mot de Mai de Oore leewere. Den Aprel leewert de Mai den Halem fan–e Rok, on de Mai leewert de Juuni de Oore. De Mai mäk fan ene Schpiier twee. Mai nat on wäärm fölt dem Buuer den Däärm. Küüle Mai – groot Geschrai. Enen drööge Mai mäk et Jooer äärm. Ene guje Mairäägen ös den Buuer sine Sääge. Mairääge brengk Sääge. Räägen in–e Mai gäf föer et ganse Jooer Broot on Hööj. Donder in–e Mai brengk Gras in–e Wai. Fööl Geweters in–e Mai, dan rüp den Buuer juchai! Et ös kene Mai so guut, of et krich jeede (Waije–) Pool sine weten Huut <dat hit: Schnee>. Et Ent fan–e Mai ös de Schtärt fan–e Wenter. Maikääfer–Jooer, en guut Jooer. Aprel drööch, Mai nat, fölt de Schüüer on et Fat. Wän de Schpene flitech wääwe, sal–et ok noch kene Rääge gääwe. Je höger de Schwalwe fliige, je mender (wäneger) Rääge we krige. Aalde Wiiwer on de Mai ös nit te traue. De eerste Lifde on de Mai gönt sälden an–e Fros föerbe. Wä schlöp in–e Mai, rüp in–e Säptämber „o wai". enen Bejeschwäärm in–e Mai ös so guut wi en Fuuder Hööj <wail et Gras Wäärmde bruk, dän de Beje dünt eers schwäärme, wän et rechtech wäärm ös>. Ene Schwäärm Beje in–e Mai ös so guut wi en Rent op de Wai. Kapes in–e Mai gäf Denger wi en Ai, Kapes in–e Juuni gäf Denger wi en Wan. „Dat ös de Mairääge," sach dä Jong, du liip öm et Waater dööer de Boks in–e Schuun.
En löstech Schpröchske: Räägend–et in–e Mai, dan ös den Aprel öm.

Wat in–e Mai büten te duun ös

De Buuere driiwen et Fee op de Waije, se sääjen de lätste Rüüwe, de Kleewer, Bukent, Mais on Lupiine. Be drööch Weeer döörf me nit fergääte, de Plante on di Bömkes, di me fresch gesat häät, döchtech nat te haale.
In–e Gaade worden de Waterloojen üt–e Bööm herütgeschneeje on Gef geschpöt täägen de Blatlüüs. Fan–en tinde Mai aan worden de Komkomere on de Schtaake-boone gesat, fan–e fiftinde Mai aan de Tomaate, de Tsälderai on de Prai. Nau kan me ok den eerste Schpaargel (bös op de fiierontwentechste Juuni – Sänt Jan) schtääke.

WILHELM PETER SCHWERTGEN

Eine Kindheit und Jugend am Niederrhein

Teil 2

Natürlich war es nicht nur das kühle Nass, was uns an die Badeplätze lockte, sondern mit den Jahren zunehmend die Mädchen. Für uns waren es die Stunden der Wahrheit.

Was wir übers Jahr nur mutmaßen konnten, wurde jetzt offenbar und konnte echt „gewichtet" werden. In der Tat waren einige zu unserer Freude schon überaus entwickelt. Diese Entwicklungen führten unter uns zu heißen Diskussionen und Schwärmereien. Jeder berichtete stolz über gehabte Berührungspunkte mit dieser und jener. Neid kam dabei kaum auf, denn jeder wusste, dass seine Geschichten reines Wunschdenken waren und somit die der anderen ebenfalls. Nichtsdestotrotz galten ab jetzt Heldentaten bei Abenteuer, Sport und Spiel nichts mehr. Selbstverständlich hatte auch ich meine Favoritinnen - bei keiner habe ich je einen Coup landen können. Meine eigenen erklärten Verehrerinnen waren entweder viel zu jung oder viel zu alt. Eine ältere Schwester einer Schulkollegin schenkte mir mal einen Freundschaftsring. Es war meiner Erinnerung nach das erste Mal, dass mich ein Mädchen so anschaute. Ich habe den Ring nie getragen. Was hätte ich sagen sollen, woher ich ihn hatte? Die Verehrerin war ja keine von unseren Favoritinnen! Einige Objekte unserer Tagträume wohnten auch im Nachbardorf. Sie umgab eine geheimnisvolle, prickelnde Aura. Wir begaben uns einzeln auf „Brautschau". Es war die Phase, in der sich die jungen Wölfe aus dem Rudel absondern, um alleine auf Jagd zu gehen. Mir genügte es zunächst einmal, das Gefühl zu haben, dass ich Erfolg haben könnte, wenn ich ihn denn suchen würde. Einige Altersgenossen, die aber nicht zu unserer Bande gehörten, gaben sich damit allerdings nicht zufrieden. Unsere Erkundungsfahrten zogen indessen immer größere Kreise. Unsere Eltern – sofern sie Rindvieh hatten – nutzen auch Weideflächen auf der Büdericher Insel bei Wesel. Die Weide wurde gemeinschaftlich günstig angepachtet und das Vieh dorthin transportiert.
Wir beauftragten uns selber mit der Kuhkontrolle und radelten bis Wesel. Für den Fall, dass wir erwischt würden, konnten wir berichten, dass jeweils die Eltern des Kameraden uns geschickt hätten. Tatsächlich wäre es denen nicht einmal im Traum eingefallen, uns Böcke zu Gärtnern zu machen. Der wahre Grund war natürlich ein ganz anderer, denn die vermehrte Beschäftigung mit dem anderen Geschlecht führte zu neuen Erkenntnissen. Ein Junge war mit seinem Vater einmal dort gewesen und berichtete von am Lippeufer angeschwemmten Kondomen. Die mussten wir

auch sehen. Wir fanden auch tatsächlich welche, von denen einigen anzusehen war, wofür sie gebraucht wurden. Ganz in der Nähe gab es dann noch zerbombte Weltkriegsbunker, in welche wir reinzukriechen versuchten. Solche harmlosen Abenteuer bereiteten uns seinerzeit Herzklopfen und wir waren froh, unbehelligt wieder zu Hause anzukommen.

In wahren Liebesdingen kamen wir aber immer noch nicht so recht voran, zumal auch noch unverhoffte Konkurrenz auftauchte. Sie kamen mit roten Viktoria-Mopeds aus dem nahen Ruhrgebiet, bepackt mit Zweimannzelten und Lederjacken. Sie campierten im Kirchenwäldchen an der Issel und wir hatten wieder mal das Nachsehen. Sie schleppten unsere Mädchen auf dem Sozius ihrer „Avantis" ab in ihr Zeltlager. Ich sollte auf meine ältere Schwester Acht geben. Wir verharrten in sicherer Entfernung hinter Sträuchern und hörten Gequieke und Gelache, trauten uns aber nicht näher heran. Bei anderen Zeltlagern im Kirchenwäldchen konnte ich persönlich punkten. Und zwar führte ein Ehemann meiner Meidericher Cousinen (eine von jenen, die mich als kleiner Junge verwöhnt hatten) eine christliche Jugendgruppe. Über meinen Freund, den Pastorensohn, vermittelte ich ihnen die Campererlaubnis im Wäldchen der evangelischen Kirche. Ich erinnere mich an wüste Wasserschlachten in der Issel, bei denen schließlich mein Cousin einschreiten musste, weil sie einen Sonderling, den sie „Fliege" nannten, solange untertauchten, bis er keine Luft mehr bekam.

In den letzten Schuljahren bekamen wir wieder besseren Kontakt zu Vaters Cousin, Onkel Anton. Er war ein Spross der Meidericher Linie unseres Clans. Sie hatten ein kleines Eigentum in Obermeiderich nahe am Rhein-Herne-Kanal. Nachdem ich von meinen Eltern anlässlich eines Besuches dort eingeführt war, erklärte ich die Örtlichkeit zu meinem Zweitwohnsitz. Dabei kam mir zu pass, dass der Vater eines Schulkollegen einen Viehhandel betrieb und in dieser Eigenschaft ein- bis zweimal die Woche zum Meidericher Schlachthof musste. Der nahm mich samstags mit und sonntags fuhr ich mit dem Zug zurück. Vaters Cousin hatte eine Tochter Edith, aber keinen Sohn. So konnte ich ein bisschen zum Ersatz hierfür eintreten. In den Ferien blieb ich oft wochenlang dort. Eine neue Welt erschloss sich mir. Die Jungen hatten Räder mit Gangschaltung und Laufschellen. Einer hatte sogar ein Klepper-Faltboot und paddelte damit auf dem Kanal. An der Ecke war ein kleines Kino, ich durfte aber nur in die Nachmittagsvorstellung. Auch ein Stadtmädchen namens Uschi gab es dort, sie turnte gerne an der Wäschestange. Dabei flog ihr Rock hoch und – ich glaubte es nicht – sie hatte bunte Unterwäsche an!

Zur Finanzierung meines aufwändigen Stadtlebens benötigte ich selbstverständlich Barmittel. Die erwarb ich durch allerlei Hilfsarbeiten und Botengänge. So durfte ich Onkel Anton Pausenbrote nachbringen, die er morgens vergessen hatte. Onkel Anton war Schreiner beim Wasser- und Schifffahrtsamt Duisburg und hatte eine Baustelle an der Meidericher Schleuse des Rhein-Herne-Kanals. Ich fand ihn dort auch und durfte auf sein Reparaturboot, von dem aus Reparaturen an Holzpollern durchzuführen waren. Das Boot lag zwischen den Pollern und einem polnischen Lastkahn, der dort vertäut war. An Bord des Polen waren Kinder, die mir bedeuteten zum Spielen an Bord zu kommen. Ich wollte mich an der Bordwand hochziehen, rutschte ab und hing zwischen Lastkahn und Reparaturboot. Und die bewegten sich aufeinander zu. Mit einem Griff hatte mich Onkel Anton und zog mich wieder ins Boot. „Mann, Junge, was da hätte passieren können und dann deine Eltern!" Ich wurde für andere Dienste eingeteilt.

Mundart und Vermischtes — Eine Kindheit und Jugend am Niederrhein

Gegenüber dem Haus meiner Gastgeber wohnte Tante Ernas Nichte, ein kleiner süßer Lockenkopf, sie hing mir an den Augen, folgte mir auf Schritt und Tritt. Ich wäre sie gerne losgeworden, denn als Spielkamerad war sie noch zu klein und zudem ein Mädchen. Ich habe mich leidlich mit ihr arrangiert und mich meist davon gemacht. Jahre später erschien ich in schwarzem Leder mit meinem schnellen japanischen Zweitakter zu Besuch.

Tante Erna erinnerte sich an meine kleine Verehrerin: „Soll ich ihr mal Bescheid sagen? Die mag große Jungs." Meine Cousine Edith blieb cooler: „Das lass mal schön. Was soll der Wim mit diesem Modepüppchen denn anfangen?" Ja, die reale Welt ist ernüchternd. Als ich seinerzeit als junger Bursche dort weilte, war Edith nicht so nüchtern. Sie war gerade dabei sich zu paaren und hatte eine englische Arbeitskollegin, die auch im Hause meines Onkels wohnte. Sie war recht hübsch und geheimnisvoll, aber ich verstand ihre Sprache nicht. Später verbrachte ich den ersten Urlaub meiner Lehrzeit noch einmal in Obermeiderich. Onkel Anton baute gerade das neue Dreifamilienhaus und ich wurde mit eingespannt. Danach riss die Verbindung etwas ab. Ich kam nur noch gelegentlich dorthin.

Ein Wunder, dass mir überhaupt noch Zeit blieb, unsere evangelische Volksschule zu besuchen. Eingeschult wurden wir noch bei Fräulein G. Sie stand kurz vor ihrer Pensionierung, hatte die Bande aber noch gut im Griff. Wir verabschiedeten sie feierlich unter Tränen. Danach kam Sand ins Getriebe. Eine ganze Reihe von Lehrpersonen scheiterten überfordert und wurden immer wieder ausgewechselt, ohne dass die Schulbehörde die Gründe hierfür näher untersuchte. Wir hatten immer noch das einzügige System. Das heißt: ein Lehrer oder eine Lehrerin für acht Jahrgänge bzw. ca. 40 Schülerinnen und Schüler. Wir mittleren Jahrgänge hatten einen Zweifrontenkrieg zu bestehen. Vor uns die Lehrperson und hinter uns die Entlassrüpel in der letzten Bank. Und die wiederum führten einen Kleinkrieg gegen die Lehrperson. Von einem geregelten Unterricht konnte wahrlich nicht gesprochen werden. In dieser Situation wurde ein erfahrener Lehrer, Herr M., eingestellt, der sich allerdings auch schon im letzten Drittel seiner Dienstzeit befand. Während seiner Lehrerschaft eskalierten die Zustände. Aus lauter Verzweiflung prügelte er derart wahllos auf die Übeltäter ein, dass es einmal sogar zu einem Angriff eines Schülers auf ihn kam. Wir bildeten nach Schulschluss ein Komitee und wurden beim Dorfschmied vorstellig der, wie wir wussten, im Gemeinderat war. Er trug unsere Angelegenheit im Rat vor und Herr M. wurde versetzt. Eine junge Lehrerfamilie zog ins Schulhaus ein. Wir mochten und respektierten Herrn V. und waren bereit mit ihm einen Neuanfang zu machen, er hatte jedoch private Probleme, sprach dem Alkohol zu und wurde versetzt. Es folgten Aushilfen und eine zweite Lehrperson in einer Referendarstelle, wir mussten zeitweise sogar in die katholische Schule gehen.

Dann überschlugen sich die Ereignisse, die neue Schule war fertig, es wurde eine Unterstufe eingesetzt und neue Lehrer kamen. Wir mündeten allmählich in einen geordneten Schulbetrieb ein und bekamen in den recht schnell vergehenden restlichen zwei Jahren alle unseren Abschluss. Ist es eigentlich erstaunlich, dass trotz allem ein guter Teil unseres Jahrgangs ohne Probleme in mittlere Führungspositionen aufstieg?

Nun ja, Schule kann äußerst interessant sein, wenn man das Lernen weglässt. Willkommen waren alle möglichen Abwechslungen. Ende der fünfziger kamen „Zonenflüchtlingsfamilien" ins Dorf und ergänzten unsere Reihen um rund ein Dutzend Schülerinnen und Schüler. Die katholische Schule bekam nur einen einzigen „Neuen", eine gelungene Revanche für die Zeit der „babylonischen Gefangenschaft", in der wir in ihre Schule mussten. Die „Neuen" wurden bestaunt und umgarnt, soweit sie uns Respekt abnötigen konnten, jene, die es nicht vermochten, waren arm dran. In der Regel wurden sie aber schnell integriert. Zwei Brüder waren vorzügliche Burschen, sie wurden in unser Fähnlein aufgenommen und gehörten auch zur Besatzung des Forts. Es war die Familie, deren Tochter mir das Ringlein schenkte. Viele Familien verließen uns bald wieder, andere fanden hier eine neue Heimat.

Für Schulfahrten war nie Zeit und Geld da, wir machten nur eine einzige Fahrt nach Wuppertal. Absolute Jahreshöhepunkte waren die alljährlichen Bundesjugendspiele, damals Sportfeste genannt, sie fanden auf dem alten Diersforter Fußballplatz an der B 8 gegenüber dem „Jäger" statt. Die Schulen der Amtsgemeinden, damals noch fünf, legten ihren gesamten sportlichen Ehrgeiz hinein, denn es galt den Wimpel, ein Fähnchen mit dem Amtswappen, zu erringen. Die Siegergemeinde durfte ihn dann bis zu den nächsten Spielen behalten. Unser Lehrer rechnete sich gute Chancen aus, es wurden Sondersportstunden angesetzt. Es gab auch eine viermal 50-Meter-Staffel und ich war zweiter oder dritter Läufer, als unsere Staffel in Führung lag. Meine Sprinterqualitäten waren aber nicht so gut, die Führung war dahin und meine Leichtathletik-Karriere auch. Den Wimpel haben wir nie mit ins Dorf gebracht. Diersfordt dagegen hatte ihn dauernd zu packen, die Waldschrate hatten uns Isselratten offenbar einiges voraus.

Im letzten Schuljahr gab es eine Art Berufsberatung, wir wurden gefragt, was wir werden wollten. Ich sagte: „Maurer." Der Berufsberater schaute sich mein Zeugnis an, ein guter Durchschnitt, und fragte: „Warum?" Auch nach der Schulentlassfeier konnte ich nicht begreifen, warum man uns vorher nie gesagt hatte, wie gute Schüler wir eigentlich waren.

Der letzte Höhepunkt war dann die Konfirmation, noch einmal Mittelpunkt sein, bevor wir im zarten Alter von vierzehn Jahren ins Erwachsenenleben hinausgejagt wurden.

Wenn ich heute oft von meiner anhaltenden Begeisterung für meine Profession schwärme, so gilt dies nur bedingt für meine Berufswahl. Letztendlich lernte ich ein Bauhandwerk, um mein Elternhaus instandsetzen zu können. Somit geschah es eigentlich rein zufällig, dass „bauen und bewahren" zu meiner großen beruflichen Leidenschaft wurden. Drei große Passionen begleiteten mich durch meine Lehr- und Jugendzeit: mein Handwerk, der Motorradsport und die Rock'n' Roll- und Beatmusik, und zwar in dieser Reihenfolge.

Beginnen wir mit dem Handwerk: Ich begann eine Maurerlehre bei einem Bauunternehmer im Nachbarort. Meine Begabung für die mir abverlangten Arbeiten erwies sich zunächst als nur mittelmäßig, als ich dann die nötigen Fertigkeiten beherrschte, verlor ich auch schon das Interesse. Ich zog mich wieder einmal in meine bequeme Traum- und Gedankenwelt zurück und bekam den Meistertitel im vergessen von Fenster- und Türöffnungen. Richtig wach wurde ich erst kurz vor Feierabend, da erreichte meine Arbeitsleistung einen kurzen Höhepunkt.

Interessanter war da schon die Berufsschule. Alle Maurer, Betonbauer, Steinmetze und Fliesenleger des alten Kreises Rees trafen sich einmal wöchentlich in der alten Weseler Berufsschule am Klever-Tor-Platz. Der Pausenhof war Informations-Börse für Zweiradtechnik und Rock'n' Roll-Musik. Ein Reeser kannte einen, dessen Bruder eine „Kreidler" hatte, die 100 km/h Spitze machte. Meine Connections explodierten, als ich mit sechzehn mein erstes Zweirad bekam und meine alten dörflichen Verbindungen lockern konnte. Mein Aktionsradius erweiterte sich über die Dorfgrenzen unserer Gemeinde hinaus auf den gesamten Niederrhein, das westliche Münsterland und ins niederländische Grenzland. Von meinen damaligen Schulkameraden konnte ich nicht einen einzigen aktivieren. Ihre Interessen galten ausschließlich dem runden Leder und den langstieligen Gläsern. Letzteren war auch ich hin und wieder nicht abgeneigt, dies kollidierte mit meiner Fahrtüchtigkeit, ergab zu meinem Glück aber nur abgeknickte Lenkspiegel und leichte Blessuren.

Ich war ständig bemüht Verbindungen zu pflegen und neue zu knüpfen. Diejenigen, die mich zu Motorradrennen am Nürburgring begleiteten, waren nicht dieselben, die ich bei Beatbandauftritten traf. Ich brauchte beides und noch viel mehr. Das bekamen auch einige junge Damen zu spüren, die ich unweigerlich hier und dort wieder kennen lernte. Ich war immer bemüht den Absprung so rechtzeitig zu terminieren, dass ich keiner wirklich wehtun musste. Sie hatten hoffentlich Verständnis dafür, dass man einen Reisenden in Sachen Jugendabenteuer nicht aufhalten soll. Der Winter 1962/63 war ein Jahrhundertwinter. Er fing zwei Wochen vor Weihnachten an und endete erst Mitte März. Die Bautätigkeit bei meinem Lehrbetrieb kam völlig zum Erliegen.

Meine Maurerkollegen saßen drei Monate „in der Tonne", wir Lehrlinge wurden beschäftigt. Unser Oberpolier beaufsichtigte uns. Vormittags Aufräum- und Säuberungsarbeiten, nachmittags Fachtheorie im Aufenthaltsraum. Wir spielten mit Bauklötzchen, übten das fachgerechte Anlegen von Mauerverbänden. Polnischer, Märkischflämischer, Block- und Kreuzverband in verschiedenen Mauerdicken eingebunden. Schornsteine, ein-, zwei- und dreizügig, über eine zweisteinige Mauerecke mit beidseitigem Türanschlag. Die Regel „Ein eineinhalb Stein dickes Mauerende endet entweder mit zwei Paar Binderdreivierteln oder drei Läuferdreivierteln" mussten wir auswendig lernen. Am 31. März 1965 wurden wir morgens zur Ziegelei ten Haef nach Vrasselt gekarrt, wo wir bereits aufgeschichtete Mauerziegel nebst angerührtem Mörtel vorfanden. Unser praktisches Gesellenstück wurde verlangt, ich schnitt gut ab. Dann nachmittags noch Theorie in der Emmericher Berufsschule, das war es. Unser Lehrmeister holte uns ab, wir bekamen jeder acht DM in bar für unsere guten Leistungen und die Lehrzeit war um. Ich blieb noch ein Jahr dort und bemühte mich um Weiterbildung, aber mein erweitertes Wissen war nicht so recht gefragt und ich wechselte in die Bauindustrie. Dort lief alles mehr oder weniger auf Stahlbeton hinaus, meine Kenntnisse komplizierter Mauerverbände konnte ich erst viel später, während meiner Ausbildung zum Baudenkmalpfleger, wieder anwenden. Bei der Fa. Trapp lernte ich gleichaltrige, gleichgesinnte junge Männer kennen, darunter denjenigen, mit dem ich später elf Jahre lang ein mittelständisches Bauunternehmen in Wesel führte. Auf einer Baustelle aus dieser Zeit „Schacht Friedrich-Heinrich" in Kamp-Lintfort musste ich Fersengeld geben. Wir zogen Lasten mit dem Baukran „blind" ein, das heißt, der Kranführer konnte den Bereich der Lastaufnahme bzw. -abgabe nicht einsehen. Um den Kollegen einen Gag vorzuführen, hängte ich mich an den leeren Haken, um mich einige Meter hochziehen zu lassen und im letzten Moment abzuspringen. Diesen Moment verpasste ich aber und hing im Nu zwischen Himmel und Erde. Als der Kranführer wieder Blickkontakt mit der „Last" am Haken hatte, schrie er wie am Spieß und ich nicht minder. Ich musste die Baustelle verlassen und mich bei einem anderen Polier melden. Eine Schicksalsfügung? Wenige Tage später kam es auf „Friedrich-Heinrich" zu einem Unfall. Ein Baugerüst in einem Kohlebunker brach zusammen und riss sechs Kollegen in die Tiefe. Alle kamen zum Glück mit dem Leben davon.

Mundart und Vermischtes

Eine Kindheit und Jugend am Niederrhein

Es war eine aufregende Zeit voller politischer Brisanz. Die 68er Studentenbewegung formierte sich, 1967 der Sechstagekrieg, 1968 der Prager Frühling und sein schmähliches Ende. Die Beatles und die Rolling Stones befanden sich auf ihrem Höhepunkt. In deren Gefolge die heimische Beatbandszene: The Four aus Wesel und die Bocholter Counts lockten ihre jugendlichen Fans aus der Reserve. Kein Wunder dass meine Weiterbildungsbemühungen ins Stocken gerieten. Ich hatte Mühe alle Termine wahrzunehmen.

Im Winter Beatmusik und allerlei rundherum in Wesel und Bocholt. Der Weseler „Pferdestall" oder Hegmann in der Niederstraße waren bekannte Adressen. In Bocholt waren es „Lord Inn" oder das „Underground" am Neutor.

Im Sommer stand der Motorradsport an erster Stelle. Es begann mit dem Eifelrennen Ende April, dann Motocross in Kamp-Lintfort. Im Mai Pokalrennen oder Grand Prix in Hockenheim und am zweiten Pfingsttag Straßenrennen in Tubbergen / Twente, Holland, danach Motocross im Grenzland. Am letzten Samstag im Juni Grand Prix in Assen (NL) und schließlich am ersten Sonntag im Juli Spa-Francorchamps. Den Abschluss bildete das beliebte Straßenrennen in Hengelo-Gelderland (NL).

Ich schloss mich hin und wieder der Truppe aus Bocholt und Isselburg an, zog aber bei weiteren Zielen die Einzelfahrt oder die Reise zu zweit vor. Mit der wilden Horde unterwegs zu sein, war mir zu unfallträchtig. Der Unfalltod begleitete uns praktisch Jahr für Jahr. Schon sehr früh mussten wir von W. F. aus Anholt und von H. B. aus Wertherbruch Abschied nehmen, sie erreichten nicht mal ihr 18. Lebensjahr.

Die Brüder R., die ich aus Bocholt kannte und die später in unserem Dorf wohnten, kamen in den Siebzigern um. Sie überlebten einen Unfall mit ihrer BMW in der Nähe von Alpen nur knapp und verstarben wenige Tage später hintereinander im Krankenhaus.

Meine Arbeit, meine Freizeitleidenschaften und die Instandsetzung meines Elternhauses nahmen mich vollschichtig in Anspruch. Ich war in ständiger Finanznot, die mich bezüglich meiner Zweiradausstattung zwang, bei den kleinen Hubraumklassen zu verharren, zum großen Gespött der anderen Biker.

Die Verbindungen zum anderen Geschlecht verkümmerten gänzlich, wodurch ich in eine Isolation geriet, da meine gleichaltrigen Kollegen Verbindungen eingingen und anschließend nicht mehr zu sprechen waren. So machte ich mich allein auf Richtung Eifel. Es war Ende April – ein Sauwetter! Der laufende Verkehr vor mir überzog mich mit Wasserfontänen. Endlich Schwalbenschwanz – es regnete immer noch. Ich sann nicht lange nach und machte mich auf Richtung Mayen um eine Unterkunft zu suchen. Zu dieser Zeit übernachtete ich des Öfteren in einem Hotel in Niedermendig.

Völlig durchnässt kam ich dort an … und wurde abgewiesen. „Nichts mehr frei!" Beim Nächsten ging es mir ebenso. Warum nur, hier war doch sonst immer was zu machen? Ein Blick in den Lenkspiegel offenbarte den Grund. Mein Gesicht war total schwarz, nur der Bereich der Motorradbrille, die mich unterwegs geschützt hatte, war sauber. Ich sah aus wie ein Opossum, nur umgekehrt. Schnell am nächsten Bach das Gesicht abspülen, na also, in Wassenach fand ich ein warmes Bett.

Es waren nie große und spektakuläre Ereignisse, die mein Leben interessant und lebenswert machten, aber ich glaube, dass mein Leben als junger Christ sich eines besonderen Segens erfreute, ich kam stets mit leichten Blessuren davon. So fuhren wir eines schönen Sonntagmorgens Richtung Dortmund mit dem Ziel: Bykertreff auf der Hohensyburg. Hinter mir ein Freund mit seiner dreieinhalb Kawasaki plus Sozius. Die beiden überholten mich und winkten mich zum Anhalten. „Mir ist gerade etwas gegen mein Knie geknallt. Schau einmal nach, ob bei dir eine Schraube fehlt." Und tatsächlich hatte sich die Mutter der hinteren Stechachse meiner Yamaha verabschiedet und der Achsbolzen war bereits ein Stück weit herausgerutscht. Einen Kilometer weiter wäre ich ohne Hinterrad unterwegs gewesen.

Ein anderes Mal, auf einer Tour in die Hohe Mark, rollten wir auf der Strecke Erle-Rade-Lembeck, als ich in einer Rechtskurve hinten einen Plattfuß bekam. Das Krad war nicht mehr zu halten. Ich schlingerte auf die Gegenfahrbahn und bekam auch noch Gegenverkehr. Der PKW-Fahrer hatte mich aber bereits „zaubern" sehen, bremste und hielt sich äußerst rechts. Wir schossen haarscharf aneinander vorbei. Der untere Niederrhein zog mich immer magisch an. Über Wertherbruch, Isselburg und Millingen auf die B 8 bei Bienen und weiter nach Emmerich. Als ich 1973 meine spätere Frau kennen lernte, wohnte sie in Bienen an der B 8. Sie brauchte mir das Haus nicht zu beschreiben, es erschien mir vor meinem geistigen Auge, so gut hatte ich mir die Strecke eingeprägt. Vielleicht hoffte ich eines Tages eine junge Niederrheinerin aus dieser Gegend kennenzulernen. Ich lernte sie kennen: Eine Französin aus der Provence. Ich durfte mit ihr eine 27-jährige erfüllte Partnerschaft am Niederrhein erleben.

Gegen 1968 begann ich mich auf Emmerich einzuschießen und verbrachte hier über fast vier Jahre hinweg einen Großteil meiner Freizeit. In der Innenstadt gab es ein kleines Lokal namens „Scotch Club", in dem wir uns einfanden, wenn anderswo nichts geboten wurde. Emmerich war wohl auch deshalb so interessant, weil die Fahrt dorthin immer mit einer kleinen Motorradreise verbunden war. War es dort dann doch einmal öde, sprich keine gescheiten Mädels, ging es weiter nach Kleve, Goch oder S'Heerenberg. Zu guter Letzt fanden wir uns aber meist im „Scotch Club" ein. Bei den Mädchen hatte ich auch hier kein Glück. Kaum hatte ich lockere Bande geknüpft, kam irgendetwas dazwischen oder ich konnte aufgrund schlechten Wetters nicht raus. Einmal lernte ich ein hübsches Blondchen kennen, dann sah ich sie nicht mehr, sie sei nach Düsseldorf gezogen. Zwei Jahre später war sie dann wieder in der Stadt, ich sprach sie kurz an und sie erinnerte sich an mich. Von ihrem mädchenhaften Charme war nicht mehr viel übrig geblieben und ich machte mich davon. Ich mochte das Städtchen am Rhein mit der Promenade und der neuen Brücke und lernte hier Freunde kennen. Bei schönem Wetter trafen wir uns zum schwimmen im Freibad oder am Tolkamer See.

Aber auch hier war nichts von Bestand. Kaum hatte ich Freunde gewonnen, bekam ich deren neue Bekanntschaften vorgestellt und weg waren sie.

Endlich hatte ich auch die Nase voll, abenteuersatt und vereinsamt verstärkte ich mein Bemühungen in Sachen Liebe. Letztendlich waren es keine Niederrheiner, sondern ein junges Pärchen aus der Pfalz, das mir beistand. Und so fuhren wir am Nikolaustag 1973 zu viert mit meinem R 5 Richtung Bienen, das Paar aus der Pfalz, Miss Mary-Lee aus Columbus / Ohio und ich, um einer jungen Dame aus der Provence unsere Aufwartung zu machen.

Damit endete ein Lebensabschnitt für mich, nicht aber mein Leben am Niederrhein. Inzwischen ist auch die französische Provence für mich zu einer Art „zweiter Heimat" geworden, ohne mir das Land „zwischen Fluss und Strom" ersetzen zu können.

Mundart und Vermischtes

PETER KORTE

Einst ließ Bellinzona in Vluyn grüßen

Am Anfang stand nur der Name Bellinzona. Angegeben als Heimatstandort auf den abgestellten Güterzugwagen im NIAG-Bahnhof in Vluyn, dem Städtchen am Niederrhein, zu dem bekanntlich Neukirchen gehört.

Aber schon längst existierte dort kein Heizkraftwerk mehr und seit einigen Jahren auch kein Bergwerk. Doch diese Geschichte spielt irgendwann in den achtziger Jahren, da derjenige, der von Neukirchen nach Vluyn fuhr, rechter Hand das Heizkraftwerk liegen sah und gegenüber das Bergwerk Niederberg. Auch der „Schluff" fuhr damals - übrigens: der MAN-Schienenbus tuckerte sogar bis zum Oermter Berg und Hoerstgen-Sevelen.
Zurück in die achtziger Jahre. Da standen ausrangierte Güterwagen aus Bellinzona auf den Abstellgleisen des sich schon im Dornröschenschlaf befindlichen Bahnhofes Vluyn. Bellinzona? Muss wohl irgendwo in Italien liegen! Dachte ich jedenfalls damals, schaute vorsichtshalber aber in den Atlas. Und war verblüfft. Bellinzona liegt in der Südschweiz, im Tessin, allerdings recht kurz vor der Grenze zu Italien. Locarno und Lugano, wie Bellinzona schon italienisch angehauchte Städte, liegen nur einen Steinwurf entfernt. Vorstellen konnte ich mir damals, als ich die verrosteten Wagen im Vluyner Bahnhof stehen sah, nichts unter der Stadt Bellinzona. Sie war damals praktisch so weit weg für mich wie der Mond. Mit den Jahren, ich bin schlichtweg Eisenbahnnarr, dehnten sich meine Eisenbahntouren aus. Bis in die Schweiz, an der ich dann förmlich kleben blieb. Die Schweiz, vielleicht, nein, wahrscheinlich das interessanteste Eisenbahnland der Welt. Jedenfalls für mich. Alle paar Jahre nun mache ich meine Schienenkreuzfahrten durch das Land der Eidgenossen. Immer pünktlich, immer sauber – nach wie vor das Markenzeichen der Züge auf oft imposanten Strecken.

Einst ließ Bellinzona in Vluyn grüßen

Mundart und Vermischtes

Von Basel nach Bellinzona, das ist eine meiner Stamm- und Pflichtstrecken. Eine wirklich angenehme Pflicht. Es geht in Basel SBB ganz harmlos und unspektakulär los, steigert sich aber und findet seinen Höhepunkt in der Hochgebirgsstrecke samt Gotthardtunnel. Dieser ist 15 Kilometer lang und wurde vor mehr als 120 Jahren weltweit als technisches Wunderwerk gefeiert – und ist bald doch nur noch der kleine Bruder des Gotthard-Scheiteltunnels. Noch wird am „Großen" mächtig gebaut, genug Gelegenheit also, die „alte" Gotthard-Strecke zu befahren, zu genießen, zu bewundern. Wenn's geht, Erster Klasse in den Aussichts-Schnellzugwagen der SBB.

Am 1. Juni 1882 war die Gotthardbahn in Betrieb gegangen. Wenige Tage zuvor hatten Extrazüge Festgäste von Luzern im Norden nach Mailand im Süden gebracht. Ein Meilenstein europäischer Eisenbahngeschichte war in Betrieb genommen worden, eine grandiose technische Meisterleistung. Die Ausführung freilich war Knochenarbeit unter zum Teil unmenschlichen Bedingungen. 176 Personen starben bei Unglücksfällen.

Die Gotthardbahn ist für viele vor allem der Gotthardtunnel: Gewaltig, aber langweilig für den Eisenbahnfreund, der durch ihn hindurchfährt. Viel interessanter sind die Rampen auf beiden Seiten. Wobei es an die 70 Alternativen gab, ehe die jetzige Gotthardlinie in Angriff genommen wurde.

Auf der Nordseite, von Erstfeld nach Göschenen galt es eine Höhendifferenz von 634 Metern zu bewältigen, auf der Südseite im oberen Tessintal, in dem auch Bellinzona liegt, sogar 737 Meter bis zum Scheitel auf 1142 Metern. So wurde die Strecke, die Luftlinie 17,5 Kilometer ausgemacht hätte, erheblich verlängert. Insgesamt misst die Gotthardstrecke 86 Kilometer. Die sieben Kehrtunnel, nördlich und südlich dem Gotthardtunnel vor- und nachgeschaltet, tragen Namen wie „Pfaffensprung", „Wattinger" und „Pianotondo".

Die Reise, heute in den bequemen Sitzen nationaler oder internationaler Schnellzug-, IC- und EC-Reisezugwagen, ist kein Abenteuer mehr, aber ein Vergnügen der besonderen Art. Ist es im „Norden" noch trüb und regnerisch, lacht den Reisenden beim Verlassen des Gotthardtunnels oft die Sonne ins Gesicht. Die Sonne des Südens, des milden Tessins.

Im Anfang zogen mächtige Dampfloks die Züge im Schneckentempo die Rampen hinauf, das Personal auf den Loks leistete fast unmenschliche Schwerstarbeit. Erst die Elektroloks sorgten für bequemeres Hantieren auf den Führerständen. Zum Beispiel auf dem des „Krokodils" Ce 6/8 mit Stangenantrieb. Doch auch die gibt's schon längst nicht mehr auf der Gotthardbahn. Und auch nicht die „Ae 8/14", mit 11.100 Pferdestärken einst die „kräftigste" E-Lok der Welt. „Ganz gewöhnliche" Elektrolokomotiven sind heute die Zugpferde, haben den Zug von Basel bis Bellin-

Mundart und Vermischtes | **Einst ließ Bellinzona in Vluyn grüßen**

zona oder noch weiter am Haken. In ein paar Stunden ist der Reisende von hüben nach drüben gefahren. Zeitmäßig etwas länger im Schnellzug als im Eurocity. Hier wie dort sollte man sich das Vergnügen des Speisewagens während der Fahrt gönnen. Eine Übernachtung muss natürlich nicht mehr eingeplant werden.

Im Mittelalter sah's ganz anders aus. Da musste für die Reise über die mächtige Bergkette gut ein Monat einkalkuliert werden. Benutzt wurde der Gotthard-Saumpfad. An besonders schwierigen Stellen wurden die Kutschen demontiert und getragen. Heute lächelt man vielleicht darüber. Aber man sollte an jene ebenso denken, die den Saumpfad vor 500 Jahren schufen, wie an die, die vor 120 Jahren schufteten, damit wir heute ganz bequem nach Bellinzona reisen können. Oder nach Lugano, Locarno, Como oder Mailand.

ERICH REHNE

Die Kunst zu lachen
Oder: Ist das Ihr Ernst?

Glosse

Mir scheint, die wichtigste Redensart im Deutschen heißt: Spaß beiseite.
Sigismund von Radecki
(dt. Schriftst.)

Wie so oft, haben wir der Statistik mal wieder eine Erkenntnis zu verdanken, die uns aufhorchen lässt. Die tägliche Lach-Zeit ging in Deutschland in den letzten 50 Jahren von 18 auf sechs Minuten zurück. Kein Witz. Wie? Das liegt an den schlechten Zeiten? Ach, hören Sie doch auf! Die ersten Menschen sollen sogar nach der Vertreibung aus dem Paradies gelacht haben. Natürlich nicht über die fristlose Kündigung des Herrn, gottbewahre. Das war ein Schlag, härter noch als die Reformpolitik mehrerer Bundesregierungen. Nein, nein, als Adam und Eva aus dem Garten Eden stolperten, war zunächst ziemlich dicke Luft. Eva fing sogar ein wenig zu weinen an, doch plötzlich stellte sie ihrem Partner die Frage: „Möchtest du wirklich Kinder haben ... mit mir?" Ein bisschen ruppig, aber wahrheitsgemäß antwortete Adam: „Ja, mit wem denn sonst?", worauf Eva ihren Lebensgefährten verblüfft anschaute und dann kurz und trocken lachen musste. Vermutlich handelt es sich hier um den ersten überlieferten „Lacher" der Menschheitsgeschichte. – Was wollte ich ...?

Ach ja. Die Kunst zu lachen. Natürlich war dieser Lacher keine Kunst. Er war einfach da. Nehmen wir einmal an, Eva wäre Frau Stratmann alias Elke Heidenreich gewesen und man hätte sie gefragt, warum sie in dieser Situation gelacht hat. Dann hätte sie geantwortet: „Weissich aunnich. Is mich so gekomen." Wie auch immer, dieses Lachen hat Adam und Eva wahrscheinlich unzählige Sitzungen bei der Eheberatung erspart. Seitdem ist das Gerücht auch nicht mehr aus der Welt zu kriegen, dass Lachen gesund sei. Es muss auch was dran sein, wenn man mal die boshaften oder krankhaften Formen ausschließt, also etwa das unstillbare Zwangslachen des Psychopathen, das mephistophelische Lachen wie es in der Oper „Freischütz" aus der Wolfsschlucht ertönt und überhaupt diese vermeintlich grundlosen, boshaftverzweifelten Selbsthassorgien der Hahaha-Bajazzos in der Oper. Deren Bezugspersonen haben in den mir bekannten Fällen wenig zu lachen und enden vorzugsweise tragisch. – Was wollte ich ...?

Ach ja. Die Kunst zu lachen. Kunst kommt von Können, aber natürlich können nicht alle über das Gleiche lachen. Das hat Hanns Dieter Hüsch bereits früh erkannt:

Mundart und Vermischtes | Die Kunst zu lachen. Oder: Ist das Ihr Ernst?

„Also dat will ich Ihnen gleich sagen
Wenn Se mal lachen müssen dann lachen Se ruhig
Un wenn Se nich lachen müssen dann lassen Se et sein
Man kann auch nich verlangen dat alle gleichzeitig lachen."

Signifikante Unterschiede im Lachverhalten erleben wir mit ungebrochener Regelmäßigkeit während der sogenannten fünften Jahreszeit. Während beispielsweise die Moerser „KG Humorica", die Grafschafter Karnevalsgesellschaft „Fidelio" und sogar die KfD Menzelen-Ost in der abgelaufenen Session nicht wenige Lacher auf ihrer jecken Seite hatten, brachten sich die Unjecken (wie jedes Jahr) vor den Übergriffen des rheinischen Frohsinns in Sicherheit, indem sie sich in die bekannten Fluchtburgen absetzten. Und das, obwohl die Jecken aus Neukirchen-Vluyn noch einmal unmissverständlich auf die Wechselwirkung von Lachen und Gesundheit hingewiesen hatten, mit einem ultimativen Reim: „Humor ist unser Hit - der hält uns alle fit." – Was wollte ich …?

Ach ja. Die Kunst zu lachen. Bisher haben wir eigentlich nur zufällige oder saisonale Erscheinungsformen behandelt. Schauen wir mal, was der Brockhaus dazu sagt. Da lesen wir: „Lachen, eine ererbte menschliche Ausdrucksbewegung." Das halte ich für einen sehr arroganten Anspruch des Homo sapiens. Schon die Redensart „Da lachen ja die Hühner!" lässt Zweifel daran aufkommen. Interessant ist zumindest, dass der Brockhaus den Verhaltensforscher Konrad Lorenz mit der Feststellung zitiert, dass Lachen ursprünglich zum Repertoire des Drohverhaltens gehörte, das mit dem Zähnezeigen begann. Ich unterstelle mal, dass diese Drohgebärde später mit den Jacketkronen und einer umfänglichen prothetischen Versorgung zum entwaffnenden Lächeln degenerierte. Aber die Aussichten stehen nicht schlecht, dass wir durch einschlägige Gesundheitsreformen wieder zu den Wurzeln zurückfinden. – Was wollte ich …?

Ach ja. Die Kunst zu lachen. Es hilft ja alles nichts. Der spontane Lacher, der Wegwerf-Brüller, er dümpelt vor sich hin. Die Menschen haben das spannungslösende, befreiende, von Herzen kommende, gesunde Lachen verlernt. Doch man kann es wieder lernen. In Deutschland am besten im Verein. „Ho-ho-ho" und „ha-ha-ha" schallt es regelmäßig durch den Saal des Dortmunder Kneipp-Vereins. Hier trifft sich einmal wöchentlich der Verein „Lachsalve" zum organisierten Ab- und Schlapplachen. Arme fliegen durch die Luft, man geiert im Hopserlauf oder brüllt wie ein Löwe. Ähnliche Abroll-Kommandos treffen sich in Krefeld und Köln zum organisierten Geier-Abend. Die Prozedur wird auch Lach-Yoga genannt. Viele Lach-Clubs berufen sich auf den indischen Arzt Dr. Madan Kataria. Der Mediziner gilt als Begründer des spontanen, erlernbaren Gelächters. Er hat festgestellt, dass die Menschen viel zu wenig lachen. Sina Traube, die Vereinsgründerin und Chefin des Dortmunder Clubs, erinnert sich noch, dass Dr. Kataria zunächst Witze erzählte. Als ihm keine mehr einfielen, erfand er spezielle Übungen, die auf Yoga-Praktiken basieren. Im Dortmunder Club dauert es üblicherweise eine Viertelstunde, bis sich nach dem grüßenden Lachen, dem Ein-Meter-Lachen, dem Hexen- und dem Bogen-Lachen alle den Bauch halten. Natürlich bestätigt auch Sina Traube, dass Lachen gesund ist. Sie verweist auf den US-Kardiologen Michael Miller, der in einer Studie zu dem Ergebnis kommt, dass Humor vor Herzerkrankungen schützt. Gut sei auch die bessere Sauerstoffversorgung des Körpers, und außerdem würden Glückshormone frei. Die Dortmunder Lachclub-Chefin ist davon überzeugt, dass es sich durch Übung

Die Kunst zu lachen. Oder: Ist das Ihr Ernst?

Mundart und Vermischtes

besser lacht. Dann sei es nämlich leichter abrufbar, das Lachzentrum im Gehirn. Auf dieses Zentrum hatte es eine größere Tageszeitung Ende vergangenen Jahres in ihrer Niederrhein-Ausgabe abgesehen. Es war ein Schuss ins Schwarze. Das Vorurteil vom verstockten Landvolk, das die Zähne nicht auseinander kriegt, wurde eindeutig widerlegt. Auf einer ganzen Zeitungsseite lachten und lächelten sie oder machten zumindest ein freundliches Gesicht: die Annika aus Ginderich, der Dirk aus Voerde, der Dennis aus Xanten, die Britta aus Dinslaken, der Jürgen aus Wesel u. v. a. m., insgesamt 98 Menschen. Na bitte, geht doch. Reihen Sie sich ein. Gehen Sie, sooft Sie wollen, in den Keller, aber nicht zum Lachen. Lachen Sie, wenn Ihnen danach ist, vielleicht sogar nach dem Lesen dieser Glosse. Tschüs dann, bis zum nächsten Mal: Auf Wieder-Lachen.

Aus dem Kreis Wesel

Chronik des Kreises Wesel 2003

Januar

Der Superintendent des ev. Kirchenkreises Moers, Nikolaus Schneider, wird zum Präses der evangelischen Kirche im Rheinland gewählt.

Die Ortsbauernschaften von Neukirchen, Vluyn-Niep und Rayen-Vluynbusch demonstrieren gegen Milch, die zu Schleuderpreisen auf den Markt geworfen wird.

Bundeskanzler Schröder spricht auf der Konferenz der Bergbaubetriebsräte in Wesel.

In Mehrum wird ein 33 Pfund schwerer Hecht aus dem Baggerloch gezogen.

Die Dinslakener Stadtwerke feiern 100-jähriges Bestehen.

Die Kinderklinik des Krankenhauses Bethanien wird fertiggestellt.

Thyssen-Krupp schließt den Standort Dinslaken nach 100 Jahren.

Die Hochwasserwelle am Rhein geht ohne größere Schäden vorüber.

Kloster Kamp soll wieder geistliches und kulturelles Zentrum am Niederrhein werden.

Im Jahr 2010 soll die Betuweline fertiggestellt sein.

Februar

Die Volksbank Niederrhein fusioniert mit der Moerser Volksbank.

Der Stadtrat Neukirchen-Vluyn wehrt sich vergeblich gegen die Teilung der Stadt in 2 Wahlkreise für die Landtagswahl.

In der Zentralbibliothek Moers wird eine H.-D. Hüsch-Büste aufgestellt.

Die Regionale Schulberatungsstelle nimmt ihre Arbeit im Kreishaus Wesel auf.

25.000 Euro aus dem Ehrenamtsfonds des Kreises Wesel kommen zur Preisverteilung.

Der Deichverband Xanten-Kleve verplant acht Millionen EUR für Hochwasserschutz am Niederrhein.

Die Historische Rathausfassade in Wesel soll wieder entstehen. Ein Verein sammelt Geld.

März

100 Polizeibeamte und 10 Staatsanwälte durchsuchen wegen des Verdachts auf Bestechung, Bestechlichkeit und Untreue die Geschäftsräume der Kreis Weseler Abfallgesellschaft sowie die Privaträume des Geschäftsführers und des Prokuristen.

100.000 Teilnehmer werden am Nelkensamstagszug in Moers gezählt.

Die Stadt Kamp-Lintfort will der linksrheinischen Sparkassenfusion nicht beitreten.

Die Reitzensteinkaserne in Wesel wird an den Investor Tecklenburg verkauft.

Der Kreistag spricht sich gegen den Kohleabbau unter dem Rhein aus.

Die Varroamilbe sorgt für große Ausfälle bei den Bienenzüchtern.

Die Schienen der Bahnlinie Xanten-Nimwegen werden demontiert.

Die Caritas schafft in Moers 60 neue Arbeitsplätze für Behinderte.

April

Die Halde Norddeutschland wird vom KVR erworben und von Wanderern und Paraglidern genutzt.

Die Bezirksregierung genehmigt den Kohleabbau für das Bergwerk West bis 2019.

Die Bundes-FDP verklagt ihren ehemaligen Geschäftsführer Hans-Joachim Kuhl aus Kamp-Lintfort.

Das beliebte Bad Bettenkamper Meer hat endlich gute Wasserwerte.

Die Seestern, das neue Fahrgastschiff, schippert über die Xantener Südsee.

Der Kreistag beschließt, dass der Kreis Wesel dem Regionalverband Ruhrgebiet nicht beitritt.

Die erste Holzpellets–Herstellung in NRW geht in Sonsbeck in Betrieb.

Eine Geldfälscherwerkstatt in Moers-Meerbeck wird ausgehoben.

Der Bau der Nord-West-Umgehung und die Verlegung der B 57 in Xanten ist beschlossene Sache.

Vor 75 Jahren schlossen sich die Kommunen Neukirchen und Vluyn zusammen.

Chronik des Kreises Wesel 2003

Mai

Arbeiten an der Lippebrücke in Wesel führen zum Verkehrschaos.

Die Erörterung über den Betriebsplan des Bergwerks Lohberg endet nach zweieinhalb Verhandlungstagen.

Zu „Schwerter, Brot und Spiele" kommen Tausende in die Xantener Arena.

Beim Brunnenlauf in Sonsbeck gehen 1.500 Läufer an den Start.

Der gesamte Bestand an 4.500 Legehennen eines Moerser Betriebes musste wegen Geflügelpest getötet werden.

Fa. Winergy in Voerde installiert den weltgrößten Serienprüfstand für Windgetriebe.

Eine nach alten Vorlagen errichtete Bönninghardter Plaggenhütte erinnert an die Armut der ersten Siedler.

Die Planung für die neue Weseler Rheinbrücke steht. Ab wann gebaut wird, ist unsicher.

Die Tausendjahrfeier der Stadt Rheinberg gelingt mit großem Auftakt.

Zehn Jahre Standorttreue feiert der Flugzeugoldtimer – die Antonov vom Flugplatz Schwarze Heide in Hünxe.

Zum 775-jährigen Stadtjubiläum ist in Xanten ein Drachenstich zu sehen.

Das Roadbook Niederrhein für Motorradfahrer wird veröffentlicht.

Eine Bürgerinitiative will das Peschkenhaus in Moers für die Kultur retten.

Juni

Der Duisburger Stadtrat gibt grünes Licht für die Fusion der Stadtsparkasse mit der Sparkasse Kamp-Lintfort.

Zum 32. Mal sind tausende Besucher zum Jazz-Festival nach Moers gekommen.

100 Jahre Amplonius-Gymnasium in Rheinberg

Das Heimatbuch des Kreises Wesel erreicht die Rekordauflage von 100.000 Stück.

Das Freizeitprojekt Moto-World Moers passiert den Bauausschuss der Stadt Moers.

Deutschlands schönste Kuh kommt aus Loikum im Kreis Wesel.

Das Landeskabinett tagt unter Ministerpräsident Steinbrück in Xanten.

Der Kulturfonds des Kreises Wesel unterstützt zwölf Projekte im Kreis.

Der Kohleabbau unter dem Rhein bringt Bürgerinitiativen Zulauf.

Die erste Ich-AG im Kreis entsteht in Hamminkeln.

Das ehemalige Munitionsdepot Hünxe wird in ein Biotop verwandelt.

Die Corus-Alu-Hütte wird durch Freistellung von Auflagen in Höhe von fünf Millionen EUR gerettet.

Juli

150 Siemens-Mitarbeiter demonstrieren um den Erhalt ihrer Arbeitsplätze in Kamp-Lintfort.

Brandstiftung auf dem Flugplatz Schwarze Heide

Risse im Deich am Stapp mobilisieren die Bürgerinitiative Bergbaubetroffener.

Der Kreis Wesel bekennt sich zum Niederrhein und damit zum Rheinland im Rahmen der Diskussion um die Neuordnung der Mittelinstanzen.

Die Stutenprämierung in Birten wird ein großer Erfolg.

Loikum gewinnt Silber beim Landeswettbewerb „Unser Dorf hat Zukunft".

Das Weseler Andreas-Vesalius-Gymnasium wird 150 Jahre alt.

Der Heimatverein Ringenberg gestaltet den Schlosspark neu.

Das Wasser im Rhein ist so gut wie vor 100 Jahren.

August

Hitzewelle am Niederrhein

Das 27. Comedy Arts Festival in Moers wird durch Helge Schneider eröffnet.

Zwei Segelflieger aus Venlo stoßen über Flüren zusammen und stürzen ab.

Erdbeben in Hiesfeld durch Kohleabbau der Zeche Lohberg

Die Naturschutzstiftung Niederrhein wird vorgestellt.

Die Stadt Wesel übernimmt das Lebenswerk des Künstlers Gerhard Finke.

Die Sommerhitze verbiegt die Bahnschienen in Rheinberg.

Das Bergwerk Walsum soll bis 2012 Kohle fördern.

Störche brüten mit Erfolg auf der Bislicher Insel.

September

Haus Ahr, ein Jahrhunderte alter Adelssitz, wird abgerissen.

Aus dem Kreis Wesel

Chronik des Kreises Wesel 2003

Die Zeche Lohberg soll 2007 geschlossen werden.

Die Steag will 85 Mio. Euro in eine Rauchgasentschwefelung investieren.

25.000 Schützen ziehen zum Bundesfest durch Xanten.

427 Seiten dick ist die Ortschronik von Sonsbeck geworden.

Als erste Kommune im Kreis startet Xanten sein Stadtbusprojekt.

Die Kreiskulturtage finden zukünftig im Zweijahresrhythmus statt.

Das Landestheater Burghofbühne erreicht als Einspielergebnis Platz eins aller NRW-Theater.

In Schermbeck wird die barocke, reformierte Kirche nach der Restaurierung für kulturelle Veranstaltungen wieder eröffnet.

Mit der Aufstellung der Kandidaten durch die Parteien beginnt der Wahlkampf für die Kommunalwahl 2004.

Die historische Bärenschleuse an der Issel bei Wesel erhält eine Fischtreppe.

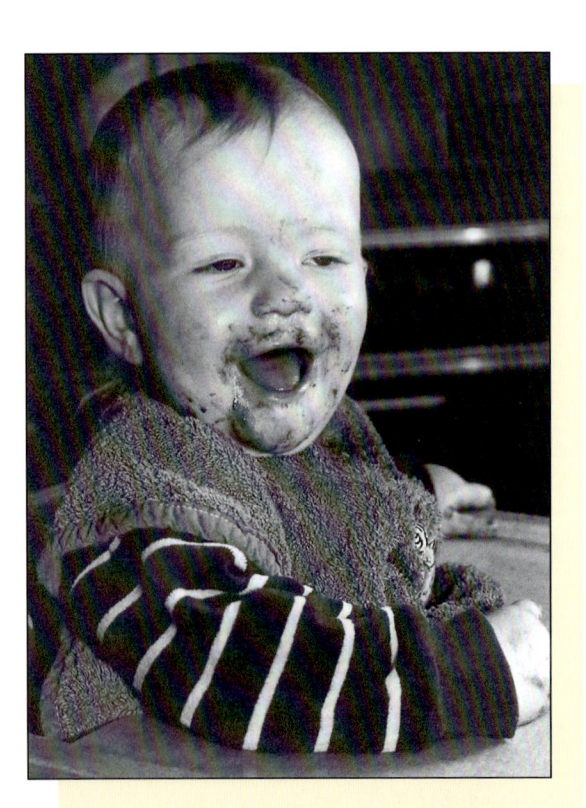

Oktober

Die Sparkassen Moers, Neukirchen-Vluyn und Rheinberg wollen zur Sparkasse am Niederrhein fusionieren.

Das Betriebsgebäude der Zeche Niederberg wird in Neukirchen-Vluyn gesprengt.

Die Spendenpraxis im Bauverein Wesel schlägt hohe Wellen.

Die Dinslakener Stadthalle trägt den Namen der ehemaligen Intendantin Kathrin Türks.

NRW-Umweltministerin Bärbel Höhn kommt zum Dorfaktionstag nach Marienbaum.

Zwei Frachtschiffe kollidieren auf dem Rhein vor Wesel.

November

Der Polizei geht eine Autoschieberbande in Kapellen ins Netz.

Die Stadt Moers will das Peschkenhaus verkaufen.

Trauer um den ehemaligen Landrat Werner Röhrich

Alarmplan für das Issel-Hochwasser entwickelt

Zum 25. Mal erscheint das Jahrbuch des Kreises Wesel.

Auf der A 3 wird nach einer Verfolgungsjagd ein Menschenschmuggler mit acht Männern und zwei Kindern aus Somalia gestoppt.

Die Kriminalität im Kreis Wesel ist um 11,5 Prozent gestiegen.

Dezember

Das Bergwerk West leitet radioaktive Grubenwässer in die Fossa Eugenia.

Weltrekord: Auf dem Weihnachtsmarkt in Kamp-Lintfort wird der größte Stutenkerl der Welt gemessen und gegessen.

31 Verkehrstote im Kreis Wesel sind im vergangenen Jahr zu beklagen.

Der Zwang zum Sparen wird in allen Grußworten zum Neuen Jahr besonders hervorgehoben.

Der „Runde Tisch Hochwasserschutz" stellt eine Höhenkarte für den Kreis Wesel vor.

Die Burghofbühne in Dinslaken erhält mit Thorsten Weckherlin einen neuen Intendanten.

Die Kreisumlage im Kreis Wesel bleibt konstant bei 34,65 Prozent.

Die Landrätin Birgit Amend-Glantschnig eröffnet die neue Kreisstraße K 31n in Rheinberg.

HELMUT SCHEFFLER

Auswahlbibliographie des Kreises Wesel für das Jahr 2003

Die Erstellung der vorliegenden Auswahlbibliographie war nur möglich, weil zahlreiche Informanten ihr Wissen um Neuerscheinungen in den Dienst einer zentralen Literaturdokumentation stellten.

Für die zurückliegenden 30 Jahre seit Bildung des Kreises Wesel konnten auf diese Weise über 15.000 Titel gesammelt und etwa 4.800 als Auswahlbibliographie veröffentlicht werden. Im Jahre 2003 haben sehr viele Autoren und Verlage die Chance genutzt, durch die Abgabe eines Belegexemplares ihrer Publikationen eine Aufnahme in die Bibliographie des Kreises Wesel zu erreichen. Die Übersendung eines Exemplares an das Kreisarchiv Wesel (Reeser Landstraße 31, 46483 Wesel) stellt zudem sicher, dass sich an einer zentralen Stelle im Kreis Wesel möglichst viele Publikationen über die 13 Städte und Gemeinden des Kreises Wesel befinden. Diese Bestände hat die Verwaltungsangestellte Marina Tsoukalas dem Autor für die Auswahlbibliographie zur Verfügung gestellt. Wertvolle Hilfestellung gab es ebenfalls von Rainer Maas (Stadtarchiv Moers), Peter Pechmann (Stadtarchiv Neukirchen-Vluyn), Sabine Sweetsir (Stadtarchiv Rheinberg), Gisela Marzin (Stadtarchiv Dinslaken), Ortwin Nißing (Stadtarchiv Hamminkeln), Klaus Braun (Verkehrsverein Hamminkeln), Hermann Kleinholz (Historischer Arbeitskreis Wesel), Günther Wabnik (Stadtarchiv Voerde), Dietmar Dzienus (Gemeindearchiv Hünxe), Brigitte Weiler (Kreisarchiv Wesel) sowie von den Damen und Herren des Regionalmuseums Xanten, der KVR-Bibliothek in Essen, der Buchhandlungen Dambeck (Wesel), Dom-Buchhandlung (Xanten), Keuck (Geldern), Spaethe (Moers), Baedecker (Dinslaken) und des Bonner Röhrscheid-Verlages.

1. Amplonius-Gymnasium Rheinberg. 100 Jahre lebendige Schule (1903–2003). Hrsg. von der Schulleitung des Amplonius-Gymnasiums Rheinberg. Rheinberg: Selbstverlag d. Hrsg., 2003. 192 S.

2. Arand, Werner: In Wesel verschwunden – in Maastricht aufgetaucht. Ein Apothekermörser des Tilman van Venlo. In: Salhof, Festung, freie Stadt. Beiträge zur Geschichte der Stadt Wesel und des Niederrheins. Hrsg. von der Historischen Vereinigung Wesel e. V. Wesel: Selbstverlag d. Hrsg., 2003. S. 105–112.

3. Das Archiv der Evangelischen Kirchengemeinde Drevenack. Bearbeitet von Hermann Kleinholz. In: Mitteilungen aus dem Schloßarchiv Diersfordt und vom Niederrhein. Hrsg. vom Historischen Arbeitskreis Wesel. Selbstverlag d. Hrsg. Beiheft XX. S. 1–19.

4. Das Archiv der Evangelischen Kirchengemeinde Hamminkeln. Bearbeitet von Hermann Kleinholz. In: Nr. 3. Beiheft XX. S. 118–136.

Auswahlbibliographie des Kreises Wesel für das Jahr 2003

5. Das Archiv der Evangelischen Kirchengemeinde Wertherbruch. Von Dietrich Schepper (†) und Heinz Weyer. In: Nr. 3. Beiheft. XX. S. 220–243.

6. Aus der Biologischen Station Wesel 2002. Jahresbericht. Hrsg.: Biologische Station im Kreis Wesel e. V. Wesel: Selbstverlag d. Hrsg., 2003. 84 S.

7. Beckers, Hermann: Das Herzogtum Geldern. Ein grenzüberschreitendes Geschichtsbuch für Schule, Museum und Archiv. Lehrerband. Mit Beiträgen von Gerd Halmanns und Willi Nikolay. In deutscher und niederländischer Sprache. Hrsg. i. A. des Historischen Vereins für Geldern und Umgegend. Geldern: Verlag des Historischen Vereins für Geldern und Umgegend, 2003. 97 S. [betr. den linksrheinischen Teil des Kreises Wesel].

8. Das Beerdigungsregister der katholischen St. Mariae Himmelfahrt Gemeinde zu Wesel 1771–1790. Bearbeitet von Hermann Kleinholz. In: Nr. 3. H. 13. S. 75–139.

9. Bibliographie Naturschutzgebiete des KVR und Naturkunde im Verbandsgebiet. Hrsg. vom Kommunalverband Ruhrgebiet. Essen: Selbstverlag d. Hrsg., 2003. 102 S.

10. Biendara, Gabriele: Rheinberg. Erfurt: Sutton Verlag GmbH, 2003. 127 S. (Die Reihe Archivbilder) [Bildband].

11. Biesemann, Beate: Die Entdeckung der Welt. 15. Juni 2003–27. Juli 2003. Hrsg. von Jürgen Becks i. A. der Stadt Wesel. Wesel: Städtisches Museum, 2003. 48 S. [Malerin; geb. in Wesel].

12. Blomberg, Bernd von: Burg und Schloß Diersfordt. Hrsg. vom Historischen Arbeitskreis Wesel. Wesel: Selbstverlag des Hrsg., 2003. 40 S.. (= Mitteilungen aus dem Schloßarchiv Diersfordt und vom Niederrhein, Sonderheft 2).

13. Blomberg, Bernd von: Schreibpapier mit Wasserzeichen im Schloßarchiv Diersfordt. In: Nr. 3. H. 13. S. 25–36.

14. Blomberg, Bernd von: Nachruf auf Siegfried Graf zu Stolberg-Wernigerode. In: Nr. 3. H. 13. S. 1–7.

15. Böcking, Werner: Von Köln zum Meer. Schifffahrt auf dem Niederrhein. Erfurt: Sutton Verlag, 2003. 127 S.

16. Böcking, Werner: Aalschokker „Anita" in Fangposition. Idealisten am Niederrhein – Teil 2. In: Der Niederrhein. Zeitschrift für Heimatpflege und Wandern. Hrsg. vom Verein Niederrhein. e. V. 70. Jg. Krefeld 2003. H. 1. S. 9–11.

17. Bonnekamp, Heinz Dieter: Ein weiter Weg für die Bauern am Hochwald in Issum. Das Leibgewinnswesen des Hauses Eyll in Kamp-Lintfort. In: Geldrischer Heimatkalender 2004. Hrsg. vom Historischen Verein für Geldern und Umgegend. Geldern: Selbstverlag d. Hrsg., 2003. S. 157–167.

18. Bridger, Clive: Das spätantike Xanten. Eine Bestandsaufnahme. In: Kontinuität und Diskontinuität. Hrsg. von Thomas Grünewald. Berlin u. a. 2003. S. 12–36. (= Reallexikon der germanischen Altertumskunde, Ergänzungsbände, 35).

19. Bridger, Clive; Rehren, Thilo: ‚Grobkeramik'. Erster Nachweis römischer Zinnverarbeitung in Xanten. In: Archäologie im Rheinland. 2002. Hrsg. vom Landschaftsverband Rheinland, Rheinisches Amt für Bodendenkmalpflege. Stuttgart: Konrad Theiss Verlag GmbH, 2003. S. 107–109.

20. Bridger, Clive; Kraus, Kerstin: Römische Gräber in Xanten, Viktorstraße 21. In Erinnerung an Hermann Hinz 21.12.2000. In: Bonner Jahrbücher des Rheinischen Landesmuseums in Bonn und des Rheinischen Amtes für Bodendenkmalpflege im Landschaftsverband Rheinland und des Vereins von Altertumsfreunden im Rheinlande. Bd. 200. Mainz am Rhein: Verlag Philipp von Zabern, 2003. S. 25–81.

21. Brüggemann, Ludwig: Vor 300 Jahren in Altschermbeck. Heinrich Holtrichter, 1681-1724 Pastor in Altschermbeck, und die Todesangst-Christi-Bruderschaft. In: St. Ludgerus Schermbeck. Pfarrbrief Advent und Weihnachten 2003. Hrsg.: Pfarrgemeinde St. Ludgerus. Schermbeck: Selbstverlag d. Hrsg., 2003. S. 69–70.

22. Brüggestraß, Anne: Damals. Neukirchen im 17.–19. Jahrhundert. Band III: Alte Höfe und ihre Familien im Umfeld von Geschichte, Kultur und

Auswahlbibliographie des Kreises Wesel für das Jahr 2003

Alltag. Neukirchen-Vluyn: Selbstverlag d. Verf., 2003. 127 S.

23. Brüggestraß, Anne: Damals. Neukirchen im 17.–19. Jahrhundert. Alte Höfe und ihre Familien. Band IV c: Der Tersteegen-Hof. Neukirchen-Vluyn: Selbstverlag d. Verf., 2003. 67 S. + Anhang. Bd. IV f: Der Herk-Hof (Opherk) 49 S. + Urkunden-Anhang. Band IV g: Der Dorster-Hof. 28 S.

24. Chronik 1953–2003. 50 Jahre Pfarrkirche St.-Mariä-Himmelfahrt Ossenberg. Hrsg. von der Pfarrkirche St.-Mariä-Himmelfahrt. Rheinberg-Ossenberg: Selbstverlag d. Hrsg., 2003. 160 S.

25. Chronologie zur Ansiedlung und späteren Gemeindewerdung Ringenbergs (Rinkellenberg; Ryngelberge). Zusammengestellt von Klaus Berendsen. In: Nr. 3. Beiheft. XX. S. 189–190.

26. Conradi, Christian: Optimierung von Projekten zur Bewegungserziehung in Kindergärten. Eine Analyse unter Berücksichtigung zweier Projekte zur Bewegungserziehung im Landkreis Neuss und in der Stadt Kamp-Lintfort. Diplomarbeit an der Sporthochschule in Köln. 2003. 105 S.

27. Coopmann, Heinrich: Budberg. Aus alten und neuen Tagen. Hrsg.: Arbeitskreis „1000 Jahre Budberg". Rheinberg-Budberg, 2003. 125 S.

28. Cornelissen, Georg: Kleine niederrheinische Sprachgeschichte (1300–1900). Eine regionale Sprachgeschichte für das deutsch-niederländische Grenzgebiet zwischen Arnheim und Krefeld. Geldern – Venray: Stichting Historie Peel-Maas-Niersgebied / Stiftung Geschichte des Raumes Peel-Maas-Niers, 2003. 144 S. [betr. Kapitel über Dinslaken, Wesel, Sonsbeck, Rheinberg, Hünxe, Loikum, Moers].

29. Denkmäler und Plastiken von Moers. Nachtrag. Zusammengestellt von Edgar Schmitz. Moers: Selbstverlag Edgar Schmitz, 2003. 31 S. [1 Ex. im Stadtarchiv Moers, Sign. B 13/118].

30. Ehlers-Kisseler, Ingrid: Die Cappenberger und das Prämonstratenserinnenstift Oberndorf in Wesel. In: Nr. 2. S. 59–66 + Gemälde der Klosterkirche auf der S. 58.

31. Einfach Lecker. Kochen am Niederrhein. Hrsg.: Heike Waldor-Schäfer. Essen: Klartext-Verlag, 2003. 80 S.

32. Erlebnis Ruhrgebiet 2003. Ausflüge – Freizeit – Kultur. Der Reiseführer zur RuhrPottCard. Hrsg.: Ruhrgebiet Tourismus GmbH & Co. KG. Essen: Klartext-Verlag, 2003. 190 S. [S. 18–27: Xanten und Wesel].

33. Evangelisches Krankenhaus Wesel. Der Mensch im Mittelpunkt. Hrsg.: Evangelisches Krankenhaus Wesel GmbH. Wesel: Selbstverlag d. Hrsg., [2003]. 43 S.

34. Feltes, Paul: Ein Rundgang durch die Innenstadt von „Alt-Rhinberk". Erlebtes und Erzähltes aus einer vergangenen Zeit in Wort und Bild. Rheinberg: Selbstverlag d. Verf., 2003. [34 S.].

35. Fleer, Christian: Gestempelte Ziegel aus Asberg. Duisburg: Selbstverlag der Stadt Duisburg, Amt für Bauordnung und Bauberatung / Untere Denkmalbehörde in Verbindung mit TV Die Naturfreunde Duisburg, 2003. 56 S. (= Funde aus Asciburgium, 13).

36. Forstamt Wesel. Hrsg. vom Staatlichen Forstamt Wesel. Wesel: Selbstverlag d. Hrsg., [ca. 2002/03]. Faltprospekt. 8 S.

37. Frauenunternehmen Niederrhein. Hrsg.: Schöne Aussichten. Verband selbstständiger Frauen e. V. 1. Jg. Köln: Selbstverlag d. Hrsg., 2003. 56 S.

38. Freytag, Nils: Aberglauben im 19. Jahrhundert. Preußen und seine Rheinprovinz zwischen Tradition und Moderne (1815–1918). Berlin: Duncker und Humblot, 2003. 506 S. (= Quellen und Forschungen zur brandenburgischen und preußischen Geschichte, 22). [zugleich Dissertation an der Universität Trier, 1998].

39. Frings, Bernhard: Zwangsarbeiter im Bistum Münster. Kirchliches Handeln im Spannungsfeld von Arbeitseinsatz, Seelsorge und Krankenpflege. Münster: dialogverlag, 2003. 431 S. [u. a. Aufsatz über Schwester Maria Euthymia in der „Barbara-Baracke" des Dinslakener St.-Vinzenz-Hospitals, S. 98–102].

40. 25 Jahre Heimatverein Ringenberg e. V. 1978–2003. Hrsg.: Heimatverein Ringenberg. Hamminkeln-Ringenberg: Selbstverlag d. Hrsg., 2003. [20 S.].

Auswahlbibliographie des Kreises Wesel für das Jahr 2003

41. 50 Jahre in Bewegung. KLJB Schermbeck. 1953–2003. Hrsg.: KLJB Schermbeck. Schermbeck: Selbstverlag d. Hrsg., 2003. 92 S.

42. Gallas, Carmen: Baggerseen im Moerser Donkenland. Vergleichende ökologische Untersuchungen. Hrsg. vom Naturwissenschaftlichen Verein zu Krefeld e. V. in Zusammenarbeit mit der Linksniederrheinischen Entwässerungs-Genossenschaft. Krefeld: Niederrhein-Verlag, 2003. 50 S.

43. Gartenkultur im Rheinland vom Mittelalter bis zur Moderne. Mit Beiträgen von Judith Andrae u. a. Fotografien von Jürgen Gregori. Petersberg: Michael Imhof Verlag, 2003. 320 S. (= Landschaftsverband Rheinland, Arbeitsheft der rheinischen Denkmalpflege, 60).

44. Gläser, Mathias; Gockel, Mike; Trebing Timo: „Wendeltreppe" der Evangelischen St. Georgskirche zu Schermbeck. Projektarbeit im Rahmen der Fortbildung zum Staatlich geprüften Techniker in der Baudenkmalpflege und Altbauerhaltung am Berufskolleg Borken und der Akademie des Handwerks Schloss Raesfeld, Mai 2003. 84 S. [1 Ex. im Archiv der Evangelischen Kirchengemeinde Schermbeck].

45. Graevenitz, Christel Maria von: Die Landfriedenspolitik Rudolfs von Habsburg (1273–1291) am Niederrhein und in Westfalen. Köln u.a.: Böhlau, 2003. 334 S. (= Rheinisches Archiv, 146)

46. Grafenauer, Celine: Die Entstehung und die Funktion der Hitlerjugend in Kamp-Lintfort zur Zeit des Nationalsozialismus. Arbeit im Rahmen des Leistungskurses Geschichte am Städtischen Gymnasium Kamp-Lintfort. Kamp-Lintfort. Schuljahr 2002/03. 16 S. [1 Ex. im Kreisarchiv Wesel].

47. Hantsche, Irmgard: Freiheit und Repression. Spuren des Verhältnisses von ‚Individuum', Gesellschaft und Obrigkeit in Wesel von der Mitte des 16. Jahrhunderts bis in die napoleonische Zeit. In: Nr. 2. S. 87–104.

48. Hantsche, Irmgard: Geldern-Atlas. Karten und Texte zur Geschichte eines Territoriums. Geldern: Verlag des Historischen Vereins für Geldern und Umgegend, 2003. 128 S. (= Veröffentlichungen des Historischen Vereins für Geldern und Umgegend, 103). [betr. in vielen Karten den Kreis Wesel].

49. Harzheim, Gabriele: Der Terrassengarten von Kloster Kamp. In: Gartenkultur im Rheinland vom Mittelalter bis zur Moderne. Mit Beiträgen von Judith Andrae u. a. Fotografien von Jürgen Gregori. Petersberg: Michael Imhof Verlag, 2003. S. 19–22. (= Landschaftsverband Rheinland, Arbeitsheft der rheinischen Denkmalpflege, 60).

50. Harzheim, Gabriele: Der jüdische Friedhof in Xanten. In: Nr. 49. S. 192–193.

51. Heilige Erinnerung. Reliquien und Reliquienbehälter aus der Sammlung Harrie Hamers / Ger Ijsebrand. Sonderausstellung vom 28. September bis 16. November 2003. Goch: völcker druck, 2003. 108 S. (= Führer des Niederrheinischen Museums für Volkskunde und Kulturgeschichte Kevelaer, 47).

52. Heinrich, Hayo: Neuzeitliche Befestigungen am Flesgentor in Wesel. In: Nr. 19. S. 161–163.

53. Hermann, Wilhelm und Gertrude: Die alten Zechen an der Ruhr. 5., völlig neu bearbeitete und erweiterte Auflage. Königstein im Taunus: Karl Robert Langewiesche Nachfolger Hans Köster Verlagsbuchhandlung KG, 2003. 328 S. [betr. die Zechen in Lohberg, Moers, Neukirchen-Vluyn, Kamp-Lintfort].

54. Herz, Yitzhak Sophoni: Fast vergessen? Erinnerungen an die „Kristallnacht" in Dinslaken am 10. November 1938. Hrsg:. Stadt Dinslaken. 3. Auflage. Dinslaken: Selbstverlag d. Hrsg., 2003. 35 S.

55. Hofmann, Fritz: Bernardus Wiegels, letzter Abt des Klosters Kamp, und die Säkularisation am linken Niederrhein. In: Nr. 16. H. 4. S. 196–199.

56. Hostermann, Peter: Moerser Straßen. Geschichte und Deutung zum 700-jährigen Stadtjubiläum. Hrsg. von der Stadt Moers. 2. Auflage. Moers: Selbstverlag d. Hrsg., 2003. 237 S.

57. Horster, Theodor: Grammatik einer niederrheinischen Mundart. Rheinberg: Selbstverlag d. Verf., 2003. 456 S.

58. Horstkötter, Ludger: Norbert von Xanten (1080–114). Stiftsherr, Bußprediger, Ordensgründer und

Auswahlbibliographie des Kreises Wesel für das Jahr 2003

Reichsfürst. Duisburg 2003. 69 S. (= Xantener Vorträge zur Geschichte des Niederrheins, 41).

59. Hüsch, Hanns Dieter: Zugabe. Unveröffentliche Texte aus sechs Jahrzehnten. Köln: KIWI, 2003. 624 S.

60. Hüsch, Hanns Dieter: Mein Traum vom Niederrhein. Zeichnungen von Hein Driessen. 3. Auflage. Duisburg: Mercator-Verlag, 2003. 72 S.

61. Hüting, Jörg: Kiesgewinnung als Chance für den Niederrhein. Wirtschaftlich wichtiges Standbein für den Niederrhein. In: Thema Wirtschaft. Zeitschrift der Niederrheinischen Industrie- und Handelskammer Duisburg-Wesel-Kleve. Hrsg.: Niederrheinische Industrie- und Handelskammer Duisburg-Wesel-Kleve zu Duisburg. 59. Jg. Duisburg: Selbstverlag d. Hrsg., 2003. H. 10. S. 8–9.

62. 100 Jahre Bahnhof Dingden, 125 Jahre Bahnstrecke Wesel-Bocholt. Hrsg. vom Heimatverein Dingden. Text: Josef Hülsken; Sven Joosten. Hamminkeln-Dingden: Selbstverlag d. Hrsg., 2003. 74 S. (= Dingdener Schriftenreihe, 3).

63. Kastner, Dieter: Der klevische Ritter Johann vom Loe und der Bau zweier Zellen für das Kartäuserkloster auf der Gravinsel. In: Annalen des Historischen Vereins für den Niederrhein insbesondere das alte Erzbistum Köln. H. 206. Pulheim: Rheinland-Verlag, 2003. S. 51–93.

64. Kelemen, Alexandra: Bodendenkmalpflege in Wesel. In: Nr. 2. S. 81–86.

65. Kemmerich, Hetty: Sagt, was ich gestehen soll! Hexenprozesse. Entstehung – Schicksale-Chronik. Dortmund: Ingrid Lessing Verlag, 2003. 340 S. [betr. Prozessopfer am Niederrhein].

66. Das Kirchenbuch der lutherischen Gemeinde Hamminkeln 1676 bis 1704. Bearbeitet von Hermann Kleinholz. In: Nr. 3. Beiheft. XX. S. 137–188.

67. Das Kirchenbuch der reformierten Gemeinde Ringenberg 1684–1724 (Lücken). Bearbeitet von Hermann Kleinholz. In: Nr. 3. Beiheft. XX. S. 213–219.

68. Das Kirchenbuch der reformierten Gemeinde Wertherbruch Sterbefälle 1743–1831. Von Heinz Weyer. In: Nr. 3. Beiheft. XX. S. 244–295.

69. Klausmann, Theo: Consuetudo consuetudine vincitur. Die Hausordnungen der Brüder vom gemeinsamen Leben im Bildungs- und Sozialisationsprogramm der devotio moderna. Frankfurt am Main: Lang, 2003. 449 S. (= Tradition – Reform – Innovation, 4). [Zugleich Dissertation an der Universität in Münster 1998].

70. Das kleine Buch vom Glücklichsein am Niederrhein. Mit Fotos von Georg Sauerland und Zeichnungen von Thomas Plaßmann. Duisburg: Gert Wohlfarth GmbH, 2003. [48 S.].

71. Kleinholz, Hermann: Das Inventar über den Besitz des Heinrich von Wylich aus dem Jahre 1475. In: Nr. 3. H. 13. S. 37–74.

72. Kleinholz, Hermann: Soldatenschicksale 1823, 1941–1945. In: Nr. 3. H. 13. S. 13–21.

73. Kleinholz, Hermann: Kindererholung in Diersfordt während des Ersten Weltkriegs. In: Nr. 3. H. 13. S. 22–24.

74. Klinge, Ekkart: Josef Hehl 1885–1953. Mit Beiträgen von Wilhelm Müllers und Dietrich Feller. Hrsg.: Verein Stadtkultur Xanten e. V., Regionalmuseum Xanten. Xanten: Selbstverlag d. Hrsg., 2003. 143 S.

75. Das Kloster Marienvrede. Säkularisation in Westfalen 1803–2003. Hrsg. vom Heimatverein Dingden. Text: Bernhard Großbölting; Sven Joosten. Hamminkeln-Dingden: Selbstverlag d. Hrsg., 2003. 88 S. (= Dingdener Schriftenreihe, 2).

76. Knoll, Gabriele M.: Xanten erleben. Eine Stadt und seine sechs Dörfer am Niederrhein. Hrsg. von der Arbeitsgemeinschaft Bildband Xanten; Tourist-Information Xanten. Kleve: B.O.S.S Druck und Medien GmbH, 2003. CXXXII S.

77. Knoll, Gabriele M.: Xantener Zeitreise. Kleve: B.O.S.S Druck und Medien GmbH, 2003. 240 S.

78. Kocks, Volker: Die Weseler Rheinbrücken vom 18. Jahrhundert bis zum Ende des 20. Jahrhunderts. In: Nr. 2. S. 113–128.

79. Kohl, Heinrich: Die Geschichte der Fusternberger Gemüsebauern und ihre vergangene Ära. Wesel-Fusternberg: Selbstverlag d. Verf., 2003. [ca. 90 S.]. [1 Ex. im Kreisarchiv Wesel, Sign. A-We 123].

80. Kolks, Wilhelm: [Protokollbuch des Gerichts Spellen von 1620–1653]. Maschinenschriftliche Übertragung. Voerde-Spellen: Selbstverlag d. Verf., 2003. 223 S.

81. Kolodziej, Agnes: Frühneuzeitliche Modernisierungsprozesse in der Sprache des Rheinmaaslandes, dargestellt am Beispiel der Stadt Rheinberg. Magisterarbeit zur Erlangung des akademischen Grades. Magister Artium (M.A.). Duisburg: Universität Duisburg, Geisteswissenschaftliche Fakultät, 2003. 107 S. + 150 S.[1 Ex. im Stadtarchiv Rheinberg, Sign. B II/76].

82. Kontakte. Kirchengemeinden in Schermbeck & Gahlen. Hrsg. vom Neubürgerkreis „Die Schmiede". Schermbeck: Selbstverlag d. Hrsg., 2003. 80 S.

83. Kraus, Kerstin: Römischer Turm wiederaufgebaut [Xanten]. In: Nr. 19. S. 220–221.

84. Kreis Wesel. Offen für alle. [Dienstleistungszentrum in Moers]. Hrsg.: Kreis Wesel. Wesel: Selbstverlag d. Hrsg., [2003]. [16 S.].

85. Kremer, Bruno P.: Arktische Gänse am Niederrhein. In: Rheinische Heimatpflege. Mitteilungen des Rheinischen Vereins für Denkmalpflege und Landschaftsschutz e. V. Hrsg. vom Verband Rheinischer Museen in der Rheinland-Verlag- und Betriebsgesellschaft des Landschaftsverbandes mbH. 40. Jg. Pulheim 2003. H. 4. S. 266–274.

86. Krueger, Ingeborg: Der Xantener Rippenkelch. Ein Glas-Rarissimum aus dem 14. Jahrhundert. In: Das Rheinische Landesmuseum Bonn. Berichte aus der Arbeit des Museums. Hrsg. vom Landschaftsverband Rheinland, Rheinisches Landesmuseum Bonn. Jg. 2003. Bonn: Selbstverlag d. Hrsg., 2003. H. 2. S. 25–30.

87. Kurat, Helmar: Nepix-Kull war Turnplatz und städtische Bleiche. Moerser Heimatgeschichten. In: Moerser Monat. Hrsg. vom Heimat- und Verkehrsverein Moers e. V. Moers: Selbstverlag d. Hrsg., 2003. H. 2. S. 4-5.

88. Kurat, Helmar: Prozessakte von 1786: Meerturm – stinkendes Gefängnis. In: Nr. 87. H. 3. S. 6–8.

89. Kurat, Helmar: Juwel an der Haagstraße: Kaufmannshaus von 1640. In: Nr. 87. H. 3. S. 10–12.

90. Kurat, Helmar: Polizeiordnung des Grafen: Kupplerinnen auf dem „Kax" [Polizeiwesen in Moers]. In: Nr. 87. H. 4. S. 4–7.

91. Kuropka, Nicole: Wilhelm von Neuenahr († 1553). Ein vergessener Botschafter der Reformation [Grafschaft Neuenahr-Moers]. In: Monatshefte für Evangelische Kirchengeschichte des Rheinlandes. I. A. des Vereins für Rheinische Kirchengeschichte hrsg. von S. Flesch u. a. 52. Jg. Bonn: Verlag Dr. Rudolf Habelt GmbH, 2003. S. 49–65.

92. Landschaftsplan des Kreises Wesel Raum Hünxe/Schermbeck. Textliche Darstellungen und Festsetzungen. Entwurf. Hrsg. i. A. des Kreises Wesel von GfL Planungs- und Ingenieurgesellschaft GmbH. Koblenz: GfL, 2003. 164 S + Kartenanhang. Dazu: Erläuterungsband. 121 S. + Kartenanhang.

93. Landschaftsplan des Kreises Wesel Raum Hamminkeln. Textliche Darstellungen und Festsetzungen. Entwurf. Hrsg. i. A. des Kreises Wesel von GfL Planungs- und Ingenieurgesellschaft GmbH. Koblenz: GfL, 2003. 131 S + Kartenanhang. Dazu: Erläuterungsband. 94 S. + Kartenanhang.

94. Landschaftsplan des Kreises Wesel Raum Sonsbeck/Xanten. Textliche Darstellungen und Festsetzungen. Entwurf. Hrsg. i. A. des Kreises Wesel von GfL Planungs- und Ingenieurgesellschaft GmbH. Koblenz: GfL, 2003. 145 S + Kartenanhang.

95. Lehmann, Michael: Das grüne Gold von Marienbaum. Der Hopfengarten des Marienbaumer Klosters. In: Kalender für das Klever Land auf das Jahr 2004. 54. Jg. Kleve: B.O.S.S Druck und Medien, 2003. S. 154–159.

96. Lehsten, Leopold von: Die Niederrhein-Akademie/Academie Nederrijn (NAAN) mit Sitz in Xanten und das Institut für Niederrheinische Kulturgeschichte und Regionalentwicklung (InkuR-Institut) an der Universität Duisburg. In: Archiv für Familiengeschichtsforschung. 7. Jg. 2003. S. 45–50.

97. Leistner, Rolf: Menzelen und seine Bahnstationen. Rheinberg: Verlag Heidi Leistner, 2003. 12 S.

98. Mädchenmerker 2003/2004 für Kamp-Lintfort, Moers, Neukirchen-Vluyn, Rheinberg. Hrsg. von der Regionalstelle Frau und Beruf für die

Auswahlbibliographie des Kreises Wesel für das Jahr 2003

Städte Kamp-Lintfort, Moers, Neukirchen-Vluyn und Rheinberg. Kamp-Lintfort u. a.: Selbstverlag d. Hrsg., 2003. 160 S.

99. Martell, Ingo: Das Regionalmuseum Xanten – Runderneuerung mit Bordmitteln. In: Museen im Rheinland. Informationen für die rheinischen Museen. Hrsg. vom Archiv- und Museumsamt des Landschaftsverbandes Rheinland. Pulheim: Selbstverlag d. Hrsg., 2003. H. 2. S. 15–18.

100. Marzin, Gisela M.: Geläut zu Ehren des Heiligen Vincentius und zur Freude der Menschen (Dinslaken). In: Nr. 16. H. 4. S. 200–203.

101. Matzke-Hajek, Günter: Gänsemarsch zum Niederrhein. Ausflug zu den Gästen aus Sibirien. In: Die NRW-Stiftung. Naturschutz, Heimat- und Kulturpflege. Hrsg.: Nordrhein-Westfalen-Stiftung. Düsseldorf: Selbstverlag d. Hrsg. 2003. H. 3. S. 8–12.

102. Mitteilungen 2002/2003. Hrsg.: Otto-Pankok-Gesellschaft e. V. Hünxe-Drevenack: Selbstverlag d. Hrsg., [2003]. 118 S.

103. Moers, Nicola: Reiterverein Lippe-Bruch Gahlen e. V. In: Heimatkalender der Herrlichkeit Lembeck und der Stadt Dorsten 2004. Hrsg.: Heimatbund Herrlichkeit Lembeck und der Stadt Dorsten e. V. 63. Jg. Dorsten: Selbstverlag d. Hrsg., 2003. S. 175–177.

104. Müller, Regina: Bisher 343 Brutpaare gezählt. Steinkauz-Projekt im Kreis Wesel. In: Naturspiegel. Das Magazin für Natur und Umwelt am Niederrhein. Hrsg. vom Naturschutzbund Deutschland. NABU. Bezirksverband Krefeld/Viersen e. V. 26. Jg. Krefeld 2003. H. 1. (= H. 49). S. 8–9.

105. Museumshandbuch Ruhrgebiet. Kunst, Kultur und Geschichte. Hrsg. von Heinrich Theodor Grütter. Essen: Pomp-Verlag, 2003. 455 S. [betr. Museen im Kreis Wesel].

106. Neu, Rainer: ‚Kraftort' Wesel. Zur Frühgeschichte und Namensdeutung der Stadt. In: Nr. 2. S. 53–57.

107. Niederrhein-Malbuch. Hrsg. von Petra Remy. Xanten: Petra Remy, [ca. 2003]. [24 S.].

108. Die NiederRheinroute. Reise & Radwanderführer zu Kultur & Natur am Niederrhein. 8. aktualisierte Auflage. Bocholt: NRV Niederrhein Reiseführer Verlags GmbH, 2003. 186 S.

109. Niemöller, Bernhard: Von der Ziegelhütte zur Ringofenziegelei. 700 Jahre Backsteine und 250 Jahre Dachpfannen aus Kamp-Lintfort. Hrsg.: Verein Niederrhein, Ortsverband Kamp-Lintfort e. V. Kamp-Lintfort: Selbstverlag d. Hrsg., 2003. 175 S.

110. Nißing, Ortwin: Bestattung der gefallenen Kriegstoten im Amtsbezirk Ringenberg und Entstehung der Kriegsgräberanlage Diersfordt. In: Nr. 3. H. 13. S. 8–12.

111. Noch mehr Rückenwind. Hrsg. vom Autorenkreis Neukirchen-Vluyn. Neukirchen-Vluyn: Selbstverlag d. Hrsg., 2003. 212 S.

112. Norbert von Xanten (1080–1134). Stiftsherr, Bußprediger, Ordensgründer und Reichsfürst, dargestellt anhand von Gravuren der Antwerpener Gebrüder Galle aus dem Jahre 1622 von Ludger Horstkötter. 46. Vortrag der Vorträge zur Geschichte des Niederrheins, gehalten im Sitzungssaal des Rathauses der Stadt Xanten am 27. Mai 2003. Duisburg: Gerhard-Mercator-Universität, 2003. 69 S. (= Xantener Vorträge zur Geschichte des Niederrheins, 41).

113. Orgs, Joachim: Pannekuk muss antreten. Geschichten aus bewegten Zeiten [Kinder- und Jugendzeit in Wesel; 1920er-Jahre bis Ende des Zweiten Weltkriegs]. Frankfurt a. M.: R.G. Fischer Verlag, 2003. 196 S.

114. Pieper, Michael: Kreis Wesel - Wirtschaftsraum mit Zukunft. Strukturwandel erfordert Modifikation des Standortpotenzials. In: Nr. 61. H. 10. S. 4–5.

115. Pizmoht, Rudolf: Gründer retteten das Schloss und den Park. Moerser Museumsverein wird 100 Jahre alt. In: Nr. 87. H. 12. S. 10–12.

116. Possmann, Marianne; Kreß, Hans-Ulrich: Zeitreise am Niederrhein. Gudensberg-Gleichen: Wartberg-Verlag, 2003. 80 S.

117. Precht, Gundolf: Colonia Ulpia Traiana. Archäologische Ausgrabungen im Jahre 1998. In: Nr. 20. S. 489–494.

118. Preußen an Peel, Maas und Niers. Das preußische Herzogtum Geldern im 18. Jahrhundert. Hrsg. von

Stefan Frankewitz. Kleve: B.O.S.S Druck und Medien, 2003. 391 S. (= Führer des Niederrheinischen Museums für Volkskunde und Kulturgeschichte, 45; Geldrisches Archiv, 7; Schriften des Preußen-Museums Nordrhein-Westfalen, 5).

119. Preußens schwieriger Westen. Rheinisch-preußische Beziehungen, Konflikte und Wechselwirkungen. Hrsg. von Georg Mölich, Meinhard Pohl und Veit Veltzke. Duisburg: Mercator-Verlag, 2003. 408 S.

120. Reinders, Clemens: Damals am Niederrhein. Private Fotografien 1900 bis 1960. Duisburg: Mercator Verlag, 2003. 128 S.

121. Rhinberksen Dagwieser 2003. Herütgegäwe van de plattdeutsche Sprookverein „Ohmen Hendrek". Erste neue Johrgang. Rheinberg: Schiffer, 2003. 98 S.

122. Roelen, Martin Wilhelm: Die Kinder des Deric Pellierre. Vormundschaft im spätmittelalterlichen Wesel.[Vormundschaft für ein Kind]. In: Nr. 2. 67–73.

123. Römische Keramik. Herstellung und Handel. Kolloquium Xanten, 15.–17.6.2000. Hrsg. von Bernd Liesen und Ulrich Brandl. Mainz: Verlag Philipp von Zabern, [2003]. 443 S. (= Xantener Berichte, Grabung – Forschung – Präsentation, 13).

124. Rüter, Ursula: Das Bruderschaftsbuch von 1751 im Fraterhaus. Ein Beitrag zum Bruderschaftswesen in der Stadt Wesel. In: Nr. 2. S. 75–80 + Kopie einer Seite aus dem Bruderschaftsbuch von 1751 auf der S. 74.

125. Runde, Ingo: Xanten im frühen und hohen Mittelalter. Sagentradition – Stiftsgeschichte – Stadtwerdung. Köln: Böhlau-Verlag GmbH & Cie, 2003. 646 S. (= Rh. Archiv, 147).

126. Scheffler, Helmut: Bibliografische Auswertung des Gemeindebriefes der evangelischen Kirchengemeinde Bislich-Diersfordt-Flüren. Jahrgänge 1971 bis 2003. In: Nr. 3. Beiheft. XX. S. 296–312.

127. Scheffler, Helmut: Mosaiksteine zur Dammer Schulgeschichte. In: Schermbecker Schaufenster. Hrsg. von der Werbegemeinschaft Schermbeck. Schermbeck: Selbstverlag d. Hrsg., 2003. H. 4. S. 14–17.

128. Scheffler, Helmut: Außergewöhnliche zwischenmenschliche Erfahrungen. [Künstlergruppe Nebelhorn]. In: Nr. 103. S. 78–81.

129. Scheffler, Helmut: Vom Gotteshaus zum Musentempel. Die Geschichte der reformierten Kirche in Schermbeck (Teil 2). Hrsg. vom Verkehrsverein Schermbeck. Schermbeck: Selbstverlag des Hrsg., 2003. Faltprospekt.

130. Die Schlosskirche zu Diersfordt. Hrsg.: Historischer Arbeitskreis Wesel in Verbindung mit der Evangelischen Kirchengemeinde Bislich-Diersfordt-Flüren. Wesel: Selbstverlag d. Hrsg., 2003. 36 S. (= Mitteilungen aus dem Schloßarchiv Diersfordt und vom Niederrhein, Sonderheft 1).

131. Schlosstheater Moers 1999–2003. Hrsg.: Schlosstheater Moers. Moers: Selbstverlag d. Hrsg., [2003]. [ca. 120 S.].

132. Schnittpunkte. Deutsch-Niederländische Literaturbeziehungen im späten Mittelalter. Hrsg. von Angelika Lehmann-Benz, Ulrike Zellmann und Urban Küsters. Münster u. a.: Waxmann Verlag, 2003. 352 S. (= Studien zur Geschichte und Kultur Nordwesteuropas, 5).

133. Schröder, Horst: Wesels spanische Jahre. In: Mitteilungen der Historischen Vereinigung Wesel e.V. Hrsg.: Historische Vereinigung Wesel e. V. H. 106. Wesel: Selbstverlag d. Hrsg., 2003. S. 11–15. [16. Jh.]. H. 107. S. 24–28. H. 108. S. 33–40.

134. Schroeder, Horst: Die Weseler Bürgerwehr in der Schlacht auf dem Kleverham im Spiegel der Stadtrechnungen. In: Nr. 2. S. 9–18.

135. Schustereit, Manfred: Hermann Ludwig Blankenburg. Verzeichnis der erfassbaren Kompositionen. Münster: agenda Verlag, 2003. 224 S. (= Neue Beiträge zur Musik in Westfalen,7).

136. SF Lohberg 1953. 50 Jahre. 1953–2003. Hrsg. vom Schachverein SF Lohberg. Dinslaken-Lohberg: Selbstverlag d. Hrsg., 2003. [12 S.].

137. Sonsbeck. Die Geschichte der niederrheinischen Gemeinde von der Frühzeit bis zur Gegenwart. Hrsg. von Margret Wensky. Köln u. a.: Böhlau Verlag, 2003. 425 S.

Auswahlbibliographie des Kreises Wesel für das Jahr 2003

(= Stadt und Gesellschaft, Studien zum Rheinischen Städteatlas, 3).

138. Stadt Dinslaken. Provinzial-Report. In: Neues Rheinland. Hrsg. Landschaftsverband Rheinland. 46. Jg. Pulheim: Rhein Eifel Mosel Verlag, 2003. H. 6. [6 eingeheftete Seiten].

139. Steinbicker, Otmar: Die schönsten Radtouren am Niederrhein. Bielefeld: Bielefelder Verlag GmbH & Co KG, 2003. 141 S.

140. Stempel, Walter: Ehemalige Gotteshäuser in Wesel (2): Die Gasthauskapelle im Heiliggeisthospital. In: Nr. 133. H. 106. S. 9–11. Die Johanniskirche. H. 107. S. 20–23. Die Kapelle oder Kirche des Melaten- oder Siechenhauses. H. 108. S. 31–33.

141. Stempel, Walter: Der Willibrordi-Dom in Wesel. München, Berlin: Deutscher Kunstverlag GmbH, [2003]. 24 S. (= DKV-Kunstführer, 347/3).

142. Stempel, Walter: „Willibrordi muß erhalten bleiben". Zur Wiederherstellung des Willibrordi-Doms 1945–1948. [Wesel]. In: Nr. 2. S. 39–52.

143. Streiflichter zur Rheinberger Frauengeschichte. Eine Dokumentation des Rheinberger Frauengeschichtsprojektes. Hrsg. vom „Rheinberger Frauengeschichtsprojekt" in Verbindung mit der Gleichstellungsstelle der Stadt Rheinberg. Rheinberg: Selbstverlag d. Hrsg., 2003. 53 S.

144. Syré, Christiane: 1000 Jahre Kirchspiel Götterswickerhamm. Hrsg. vom Verein für Heimatpflege und Verkehr Voerde e. V. Voerde: Selbstverlag des Hrsg., 2003. 172 S.

145. Tabula Rasa. Xanten. [Hausrat in römischer Zeit]. In: Nr. 85. H. 2. S. 153–154.

146. 1853–2003. Kirchenchor St. Nikolaus Orsoy. Hrsg. vom Kirchenchor St. Nikolaus Orsoy. Orsoy: Selbstverlag d. Hrsg., 2003. 67 S.

147. 1928–2003. 75 Jahre Diesterweg-Schule Neukirchen-Vluyn. Hrsg. von der Diesterweg-Schule. Neukirchen-Vluyn: Selbstverlag d. Hrsg., 2003. 34 S.

148. Tervooren, Helmut: Der Niederrhein. Ein alter Name für eine junge Region. In: Nr. 16. H. 3. S. 126–132.

149. Van Örschau on dröm haröm. Vertellekes on Lieder gesammelt on opgeschreewe van Marga Härter on die Örschauer Plattsprääkers. Hrsg. Orschauer Plattsprääkers. Rheinberg-Orsoy: Selbstverlag d. Hrsg., [2000]. 223 S.

150. Veltzke, Veit: Krone und Krieg. Die Bedeutung der Festung Wesel innerhalb der preußischen Machtpolitik zur Zeit des Spanischen Erbfolgekrieges 1701–1713/14. In: Nr. 2. S. 135–154.

151. Veltzke, Veit: Brandenburg-Preußen und der Niederrhein. Die Rolle Gelderns und die Beziehung zu Wesel im Rahmen der preußischen Politik. In: Nr. 119. S. 69–79.

152. Verbücheln, Georg; Weyer, Klaus van de: Faszination Niederrhein. Mit allen Sinnen Natur erleben. Landschaften, Pflanzen und Tiere, Wanderungen, Kochen mit Kräutern. Duisburg: Mercator-Verlag, 2003. 248 S.

153. Vereinszeitschrift MGV „Liederkranz" Barmingholten 1889. Hrsg. vom MGV „Liederkranz" Barmingholten 1889. 8. Jg. Barmingholten: Selbstverlag d. Hrsg., 2003. Nr. 16. [44 S.].

154. Vogt, Josef: Erneuerung der Torbekrönung auf dem Berliner Tor in Wesel 1995–1996. In: Nr. 2. S. 129–134.

155. Warthuysen, Günter: Zwischen Widerstand und Huldigung. Die Stadt Wesel und der große Kurfürst [17. Jh.]. In: Nr. 2. S. 19–38.

156. Werner, Manuela: „Gott geb, daß dis das letzte sey". Alltag im Krieg und Kampf der Konfessionen im Spiegel der Weseler Chroniken um 1600. Hrsg. i. A. der Stadt Wesel von Martin Wilhelm Roelen. Wesel: Selbstverlag d. Hrsg., 2003. 111 S. (= Studien und Quellen zur Geschichte von Wesel, 26).

157. Wieder seh ich den Mond. Niederrheinische Tag- und Nachtgeschichten. Ein Bilder-, Lese- und Liederbuch von Christian Behrens & Thomas Hansmann. Moers: Edition Aragon, [ca. 2003]. 46 S.

158. Wietzorek, Paul: Zum Titelbild: 775 Jahre Stadt Xanten (1228–2003). In: Nr. 16. H. 3. S. 122–124.

159. Wolfgang Kessler. Zwischenräume. [Maler, Kunstausstellung des Niederrheinischen Kunstvereins im Jahre 2003]. Hrsg. vom Interna-

Aus dem Kreis Wesel

Auswahlbibliographie des Kreises Wesel für das Jahr 2003

tionalen Künstlerhaus Villa Concordia. Bamberg: Selbstverlag d. Hrsg., 2003. 48 S.

160. Wozny, Annette; Hesse, Thomas: Inlineskaten am Niederrhein. Der Routenführer. O.O.: Hermann-Josef Emons Verlag, 2003. 80 S. [Kreise Wesel und Kleve].

161. Xanten erleben. Eine Stadt und ihre sechs Dörfer am Niederrhein. Mit Texten von Gabriele M. Knoll. Kleve: B.O.S.S Druck und Medien, 2003. [ca. 100 S.].

162. Xanten und seine Ortsteile in alten Bildern. Erschienen zum 775-jährigen Stadtjubiläum von Xanten. Horb am Neckar: Geiger, 2003. 312 S.

163. Xantener Dom. Geheimnisse eines Raumes. Kleve: Boss-Verlag, 2003. 87 S.

164. Zeitreise durch die Hamminkelner Geschichte. Text: Adolf Bovenkerk. Hrsg. vom Hamminkelner Verkehrsverein. Hamminkeln: Selbstverlag d. Hrsg., 2003. 12 S.

165. Zieling, Norbert: Die Grossen Thermen der Colonia Ulpia Traiana. Die öffentliche Badeanlage der römischen Stadt bei Xanten. 2., veränderte Auflage. Köln: Rheinland-Verlag, 2003. 75 S.

Es verstarben

Brigitte Ziemialkowski am 10.10.2003
Fine Isselhorst am 07.03.2004
Heinz Buchmann am 02.07.2004
Heinz Lechtenberg 15.07.2004
Werner Rodermond am 23.07.2004

Als Mitglieder verschiedener Ausschüsse und Gremien des Kreistages haben sie sich in der Zeit ihrer politischen Tätigkeit vorbildlich für das Gemeinwohl eingesetzt und an der Lösung kommunaler Aufgaben entscheidend mitgewirkt.

Kreistag und Verwaltung des Kreises Wesels sind den Verstorbenen zu Dank verpflichtet und werden ihnen stets ein ehrendes Gedenken bewahren.

Inhalt

Geschichte

Theodor Mintrops „Album für Minna"	Margaret A. Rose	7
Rheingold aus Büderich	Günter Warthuysen	22
Das Dinslakener Stadtgründungsprivileg	Anton Weise	30
Die Weseler Schillfeiern von 1835 bis 1959	Tobias Arand	39
„…und schlug ihn blunt und blaw"	Isabella Benninghoff-Lühl	47
Zeitreise durch die Hamminkelner Urzeit	Adolf Bovenkerk	50
Wie ich vor 60 Jahren das Kriegsende erlebte	Heinrich Reginald Anschütz	55
Xanten – Günthal – Wallach im März 1945	Friedrich Nühlen	57

Aus dem Kreis Wesel

Als die Maut noch Chausseegeld hieß	Hermann Josef Stenkamp	63
Ziegelbäcker in und um Rheinberg	Heinrich Coopmann	70
Der Lippemündungsraum – das neue Logistik-Zentrum?	G. Gerharz, D. Eckhard P. Kaub, M. Rosenberger	78
Die Regionale Schulberatungsstelle für den Kreis Wesel	W. Burggraf, N. Dams F. Kröner, A. M. Schirm S. Vogelmann	85
Kanonenbau am Niederrhein (1)	Raimund Lorenz	93
Auswahlbibliographie des Kreises Wesel für das Jahr 2003	Helmut Scheffler	233
Chronik des Kreises Wesels 2003		230

Volkskunde, Erzählungen

Die Textilsammlung des Museums Voswinckelhof	Christiane Syré	99
Gedenktafel Gerhard Tersteegen	Edgar Schmitz	104
Preußens Soldatenwerbung im 18. Jahrhundert	Karl Lange	105
„Gottlose Schule" oder „Freie weltliche Schule"? (1)	Inge Litschke	112

Natur und Umwelt

Esskastanien auf der Bönninghardt	Karl Bröcheler	123
Das Diersfordter Wildgatter und sein Umfeld (1)	Rolf Bräsecke	128
Warum singen Vögel eigentlich?	Karl-Heinz Gaßling	134
Bienenhaltung und Bienenzucht	Eckhard Uhlenbruck	140
Varroa – ein aktuelles Problem der Imkerei	Egon Unterberg	143

Inhalt

Wölfe am Niederrhein	Josef Böhmer	146
Die Wollhandkrabbe	Wilhelm Busch	
	Heinz Kreymann	150

Kunst und Archäologie

Vitrea dedicata	Jens Lieven	154
Der Spanische Vallan in Rheinberg	Werner Kehrmann	160
Die Evangelische Kirche in Repelen	Edgar Reitenbach	168
Die Baudenkmäler der Stadt Rheinberg (3)	Karl-Heinz Hohmann	177
Archäologischer Bericht für den Kreis Wesel 2000/2001	Clive Bridger	184

Mundart und Vermischtes

Gedenktafel Arnold Wintgens	Edgar Schmitz	191
Die Mairie de Veen	Hans Ehren	192
Vor den Toren der Stadt	Christa Feltgen	202
Minn ollen Stuhl	Christine Tofahrn	207
Et Lääwen an–en Önderrin tösche Nejooer on Selwäster (5)	Theodor Horster	209
Eine Kindheit und Jugend am Niederrhein (2)	Wilhelm P. Schwertgen	216
Einst ließ Bellinzona in Vluyn grüßen	Peter Korte	224
Die Kunst zu lachen. Oder: Ist das Ernst?	Erich Rehne	227

Mitarbeiter / innen

Anschütz, Heinrich Reginald, Magdalenenweg 9, Wesel
Arand, Tobias, West. Wilhelms-Universität Münster, Pferdegasse 1, Münster
Benninghoff-Lühl, Isabella, Lühlshof, Hünxe
Böhmer, Josef, Wasserburgallee 22, 47533 Kleve
Bovenkerk, Adolf, Asternstr. 3, Hamminkeln
Bräsecke, Dr. Rolf, Am Wäldchen 9, Wesel
Bridger, Dr. Clive, In der Allmende 11, Xanten
Bröcheler, Karl, Heideweg 2a, Alpen
Burggraf, Wilfried
Busch, Wilhelm, Am Alten Busch 22, Wesel
Coopmann, Heinrich, Birkenweg 13, Rheinberg
Dams, Nadine
Eckhardt, Daniel
Ehren, Hans, Kirchstr. 11, Alpen
Feltgen, Christa, Kapellenweg 7, Steffeln
Gaßling, Karl-Heinz, Drosselweg 4, Rheinberg
Gerharz, Günter, Heinz-Bello-Str. 32, Wesel
Hohmann, Karl-Heinz, Cloudtstr. 12, Moers
Horster, Theodor, Kapellenweg 6, Rheinberg
Kaub, Patricia
Kehrmann, Werner, Bussardweg 2, Rheinberg
Korte, Peter, Emil-Bath-Straße 12a, Xanten
Kreymann, Heinrich, Baustraße 13, Moers
Kröner, Frank
Lange, Karl, Hirschkampstr. 36, Oberhausen
Lieven, Jens, Heimweg 82, Xanten
Litschke, Inge, Auf dem Loh 14, Dinslaken
Lorenz, Raimund, Woltersberg 12, Essen
Nühlen, Friedrich, Ringstr. 55, Alpen
Rehne, Erich, Otto-Ottsen-Straße 10 e, Moers
Reitenbach, Edgar, Agavenweg 15, Duisburg
Rose, Margaret, 8 Amhurst court, Grange Road, Cambridge
Rosenberger, Malte
Scheffler, Helmut, Rittstege 86, Schermbeck
Schirm, Alexandra Maria
Schmitz, Edgar, Henriettenweg 7, Moers
Schwertgen, Wilhelm Peter, Zingelstraße 12, Hamminkeln
Stenkamp, Hermann-Josef, Heisterweg 1, Hamminkeln
Syré, Christiane, Weiherstr. 28, Bochum
Tofahrn, Christine
Uhlenbruck, Eckhard
Unterberg, Egon
Vogelmann, Simone
Warthuysen, Günter, Flamer Mittelweg 3, Wesel
Weise, Anton, Hist. Seminar d. Universität Hannover, Postfach 60 09, Hannover

HÜLSKENS
GMBH & CO.KG

Kies -und Sandgewinnung
Förderung
Aufbereitung
Rekultivierung

Wasserbau
Hafenbau
Dükerverlegung
Deichbau
Naßbaggerung
Engineering

Schiffahrt
Transport
Umschlag

Hülskensstraße 4-6
46483 Wesel
Tel.: 0281/204-0
Fax: 0281/204-446

Partner für eine bessere Umwelt

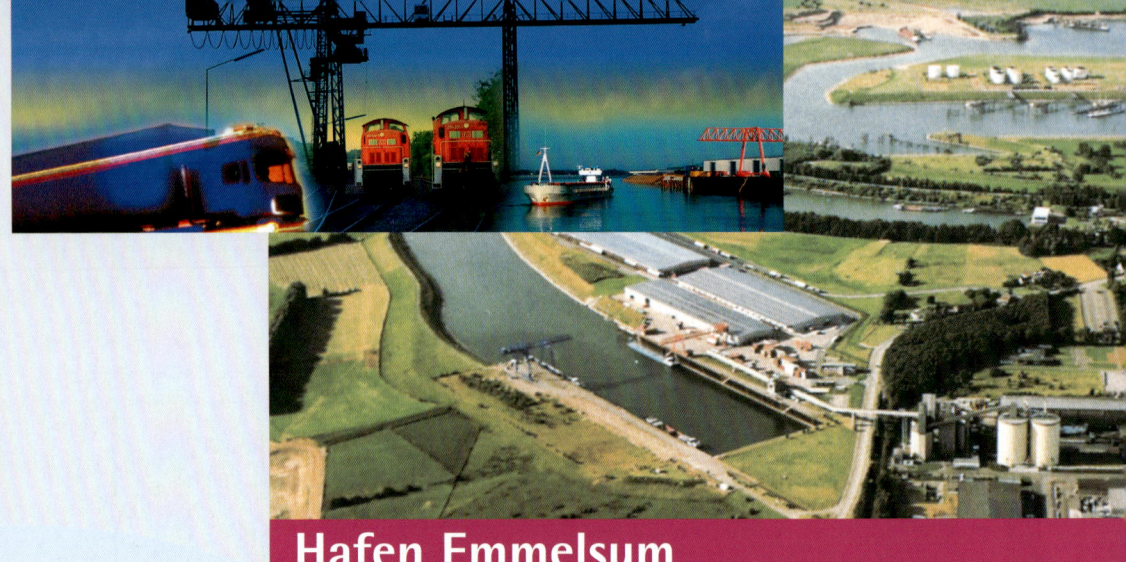

Hafen Emmelsum

Echtes Standortjuwel mit lupenreinen Logistik-Vorteilen

Warum genießt der Hafen Emmelsum bei Logistik-Unternehmen den Ruf, ein echtes Standortjuwel zu sein? Dafür gibt es viele Gründe:

- das engagierte Team, das Sie spürbar entlastet
- die hervorragende Lage zwischen dem Großhafen Duisburg und den Nordseehäfen Amsterdam, Rotterdam und Antwerpen
- der attraktive Einzugsbereich, der bis ins Ruhrgebiet, die Niederlande und nach Düsseldorf reicht
- die moderne Hafenbahn mit DB-Anschluss
- die zeitsparende Anbindung ans Autobahnnetz
- die Nähe zum Flugplatz
- das leistungsfähige Logistik- und Distributionszentrum
- das multimodale Containerterminal
- die attraktiven Flächenangebote
- der neue Nordkai mit 10.000 m² Containerfläche

Um von den Vorteilen dieses Schmuckstücks zu profitieren, müssen Sie kein Vermögen investieren. Ganz im Gegenteil! Wir informieren Sie gern!

Hafen Emmelsum · Eigenbetrieb des Kreises Wesel
Reeser Landstraße 31 · 46483 Wesel
Tel.: 0281 207-2341 · Fax: 0281 207-4341
E-Mail: dezernat2@kreis-wesel.de · www.kreis-wesel.de

Seit 1. Januar 2004 gemeinsam und stark für die Region

Sparkasse am Niederrhein

Mit 43 Geschäftsstellen in Alpen, Moers, Neukirchen-Vluyn, Rheinberg, Sonsbeck und Xanten immer in Ihrer Nähe.
Sparkasse am Niederrhein, Ostring 4-7, 47441 Moers
Telefon: (0 28 41) 2 06-0, Telefax: (0 28 41) 2 06-3 08
www.sparkasse-am-niederrhein.de, eMail: info@sparkasse-am-niederrhein.de

Wir schaffen Landschaft

Abendstimmung am „Diersfordter Waldsee"

Suhrborg & Co.
GmbH

Kies- und Sandgewinnung

Buchhandlung Daniel & Haibach

Bahnhofstraße 61 · 46562 Voerde
Telefon (0 28 55) 79 58 · Fax 8 21 83
www.buch-voerde.de • info@buch-voerde.de

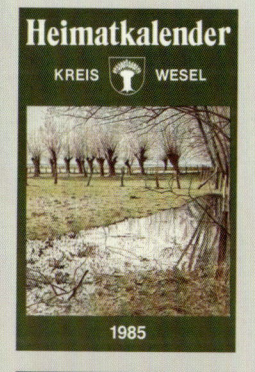

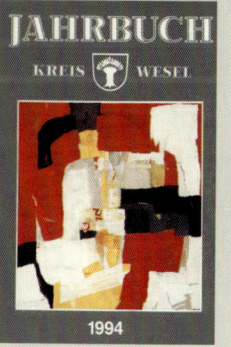

DANIEL & HAIBACH

Wilfried Albrecht
Barbara Greiffer
Heidi Wolff-Giese
Sigrid Koch

Wir beraten Sie gerne! *Ihr Team von der Buchhandlung Böckler*

böckler – So richtig loslesen

www.buchhandlung-boeckler.de
Jetzt auch im Internet!

Kirchstraße 11 · 47441 Moers
Tel. (0 28 41) 2 22 65 · Fax - 17 83 55

Jahrbuch Kreis Wesel Sammler/innen!

Wollen Sie Ihre Sammlung noch ergänzen, komplettieren oder neu beginnen?

Die Jahrgänge von 1980 bis 2004 (außer 1984) sind noch beim Kreisarchiv Wesel zum Preis von € 7,70 zu bekommen.

Bestellungen an folgende Adresse:

Kreis Wesel
Die Landrätin
FB 51-7
Kreisarchiv Wesel
Reeser Landstr. 31
46483 Wesel
kreisarchiv@kreis-wesel.de

Jahrgänge ab 1998 sind auch zu beziehen bei:
Verlagshaus Wohlfarth
Postfach 10 14 61, 47014 Duisburg
Telefon: 02 03 / 3 05 27-0, Fax: 02 03 / 3 05 27-8 20
eMail: info@wohlfarth.de

Neue Niederrhein-Bücher

Schenken macht Freude.
Niederrhein auch.

Ausflugsziele an Rhein und Maas
Ein Reiseführer

Über 100 Ausflugsziele aus dem Kreis Mettmann, der Stadt Düsseldorf, dem Rhein-Kreis Neuss, der Stadt Krefeld, dem Kreis Viersen, der Stadt Mönchengladbach und den Provinzen Noord- und Midden-Limburg beweisen, dass das Gute oft sehr nahe liegt.

Der Reiseführer orientiert sich an den Ausflugszielen und Projekten der EUROGA 2002plus, die mit dicken gelben Plus-Zeichen in der deutsch-niederländischen Grenzregion herausragende Natur- und Kulturschätze markiert hat.

160 Seiten, kartoniert mit Altarfalz, ISBN 3-87463-370-5, 14,90 Euro

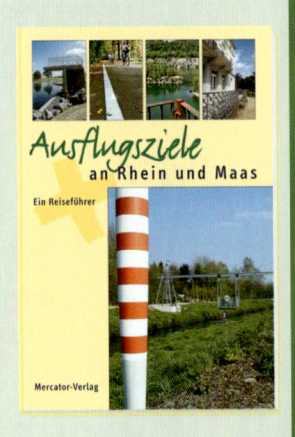

Der Naturführer in 3. Auflage

Georg Verbücheln / Klaus van de Weyer
Faszination Niederrhein
Mit allen Sinnen Natur erleben

Landschaften, Pflanzen und Tiere, Wanderungen, Kochen mit Kräutern
3. überarbeitete Auflage 2004, 248 Seiten in Farbe, über 300 Fotos, kartoniert mit Altarfalz,
ISBN 3-87463-361-6, 19,80 Euro

24 Gärten am Niederrhein, die man besichtigen kann

Susanne Paus / Hans Glader
Blühende Paradiese
Niederrheinische Gärten öffnen ihre Pforten

144 Seiten mit über 270 Fotos, Übersichtskarte, Großformat 25 x 31 cm, gebunden mit Schutzumschlag, ISBN 3-87463-360-8, 26,80 Euro

In Ihrer Buchhandlung   **Mercator-Verlag, Duisburg**